dtv

D1869193

Zwei mal zwei ist vier, das weiß jeder Mensch, der irgendwann einmal rechnen gelernt hat. »Da ist nicht dran zu tippen«, heißt es in Alfred Döblins Roman ›Berlin Alexanderplatz‹ und auch sonst allenthalben, wenn man zum Ausdruck bringen will, daß etwas unumstößlich und unanfechtbar ist. Darin liegt jedoch eine Provokation. »Zweifle an allem wenigstens einmal, und wäre es auch der Satz: zweimal 2 ist 4«, sagt Georg Christoph Lichtenberg. So wenig fragwürdig der Satz scheint, wurde er doch regelmäßig mehr oder weniger ernsthaft in Frage gestellt – und damit zur meistzitierten Rechnung der Weltgeschichte. Gerald Hühner ist dem nachgegangen, und hat im Alltag wie in der Literatur, Philosophie und Wissenschaft reichhaltiges Material aufgespürt. Ergebnis seiner amüsanten und anregenden Spurensuche: Zwei mal zwei ist vier – das ist der Basistext abendländischen Wissens schlechthin.

Gerald Hühner, geboren 1958, ausgebildeter technischer Zeichner, studierte Germanistik, Philosophie und Kunstgeschichte in Bonn. 1989 Magisterexamen, 1993 Promotion in Literaturwissenschaft in Bielefeld. Seit 1995 arbeitet er als Bundesprogrammlehrer in Gyönk/Ungarn.

Gerald Hühner

Zwei mal zwei ist vier

Mutmaßungen über Selbstverständliches

Deutscher Taschenbuch Verlag

August 1997
Deutscher Taschenbuch Verlag GmbH & Co.KG, München

Umschlagkonzept: Balk & Brumshagen
Umschlagbild: © Transglobe Agency, Hamburg
Gesetzt aus der: Garamond 10/11
Satz: Design-Typo-Print, Ismaning
Druck und Bindung: C.H. Beck'sche Buchdruckerei, Nördlingen
Gedruckt auf säurefreiem, chlorfrei gebleichtem Papier
Printed in Germany · ISBN 3-423-33004-X

Inhalt

»EIN GELEHRTES HUHN wollte seinen Mithühnern das Zählen und Addieren beibringen. Es schrieb die Zahlen 1 bis 9 auf eine Wand des Hühnerstalls und erklärte, wenn man sie zusammentue, könne man noch größere Zahlen bekommen. Um den anderen das Addieren beizubringen, schrieb es auf eine andere Wand: 1 + 1 = 11; 2 + 2 = 22; 3 + 3 = 33 und so weiter bis 9 + 9 = 99. Die Hühner lernten die Addition und fanden sie sehr zweckmäßig.« (Luigi Malerba (1984): Die nachdenklichen Hühner, S. 30)

Vorschlag

Eine Kulturgeschichte von »2x2=4«? Als *eine* Geschichte der Entfaltung abendländischer Formen des Wissens? Die Leserin und der Leser werden vielleicht Augen machen. Oder dieselben niederschlagen. Nur zu![1]

Dieser Text ist ein Grenzgänger zwischen Zeiten, Disziplinen, Fakultäten. Gekehrt wird nicht nur vor der eigenen Tür. Vielleicht wirbelt das ein wenig Staub auf. Das muß die Sicht nicht unbedingt trüben. Alles andere als gradlinig kommt dieser Text daher. Seine Haltung ist die des Fragezeichens. Förderung des aufrechten Gangs? Anreize zu eigener Beobachtung, zur Reflexion, zum Weiterfragen? Auch das Ende dieser Geschichte ist längst nicht erreicht.

- Und wenn man diesen Text auch für den weiteren Versuch einer fröhlichen Wissenschaft hielte? – Na, um so besser!

[1] Achten Sie bitte auf die Fußnoten!

I. Zweifle an allem wenigstens einmal …

»›Wir leben in einem großen Jahrhundert -‹
›Meinen Sie?‹
›Das meine ich nicht bloß, es ist so.‹
›Habe noch wenig davon gesehen; zwei mal zwei ist noch immer nicht mehr wie vier.‹«[2]
»Nichts ist trügerischer als eine offensichtliche Tatsache.«[3]

»Seit der Antike bilden die Interpretation von Texten und die Reflexion über Regeln und Prinzipien dieses Vorgehens ein permanentes Thema der abendländischen Geistesgeschichte.«[4]

Mittlerweile jedoch sind Interpretationskonzepte längst nicht mehr ausschließlich auf Texte im traditionellen Sinne perspektiviert; prinzipiell wird perspektivische Gebundenheit von Erkenntnis reflektiert. Auch moderne Naturwissenschaft rechnet damit, denn »vom prinzipiellen Standpunkt aus ist es ganz falsch, eine Theorie nur auf beobachtbare Größen gründen zu wollen. Denn es ist ja in Wirklichkeit genau umgekehrt. Erst die Theorie entscheidet darüber, was man beobachten kann.«[5]

Moderne Theorie bestimmt Wissenschaft nicht mehr als richtigen Objektbezug, sondern durch die Konsistenz ihrer Konstruktions- oder Diskursregeln. Und so stimmen - bei aller Unterschiedlichkeit ihrer Voraussetzungen und Schlußfolgerungen - moderne wissenschaftstheoretische Konzepte, seien sie etwa diskurstheoretischer[6], radikal-konstruktivistischer[7] oder

[2] Georg Weerth (1971): Humoristische Skizzen aus dem deutschen Handelsleben, S.74. (Zitiert wird mit der Jahreszahl der Veröffentlichung und Kurztitel. Komplette Quellenangabe in den Literaturverzeichnissen. Eckige Klammern in Zitaten von mir.)

[3] Dr. Watson zu Sherlock Holmes, zit. nach: Die Zeit, 3.5.1991, S.86.

[4] Hans Lenk (1993: Philosophie und Interpretation, S.15) hat dazu kürzlich einen historischen Abriß vorgelegt.

[5] Albert Einstein, zit. nach Heisenberg (1973): Der Teil und das Ganze, S.96f.

[6] Vgl.: Fohrmann und Müller (Hrsg. 1988): Diskurstheorien und Literaturwissenschaft.

[7] Vgl.: Siegfried J. Schmidt (Hrsg.): Der Diskurs des Radikalen Konstruktivismus. Bd. 1: 1987, Bd. 2: 1992.

systemtheoretischer Provenienz, hinsichtlich einer Konsequenz überein, die in folgender Formulierung weitgehend geteilt werden dürfte: »Was für Ludwik Fleck noch eine Entdeckung war [Anm. 21], wird heute allgemein akzeptiert.«[8] »Wissenschaft ist nicht Entdeckung, sondern Konstruktion.« (Ebd., S.714.) Diese These wird zumindest umfangreich diskutiert und verbreitet. Konstruktivistische Modelle stehen in der Diskussion, in Wissenschaft und Medien[9]. Sie werden adaptiert, kritisiert, erweitert[10].

Insgesamt scheint die wissenschaftstheoretische Situation solchen Konzepten entgegenzukommen; und so zieht Niklas Luhmann - mit ironischem Schlenker - den Schluß: »Es ist unter den jetzigen Bedingungen eben sehr viel leichter, Konstruktionen zu entwerfen und nachzuvollziehen, als richtige Realitätswahrnehmungen zu behaupten und durchzusetzen. Selbst die Religion, selbst die Politik muß das erfahren. Und selbst Habermas!« (Ebd., S.634.) »Weil es nur interpretierte Wahrnehmungen gibt, muß man sich die Interpretationen anschauen.«[11] Im modernen Wissenschaftsdiskurs konstatiert wird die »Unhintergehbarkeit der Interpretationsabhängigkeit«[12].

[8] Niklas Luhmann (1992): Die Wissenschaft der Gesellschaft, S.288. Die Anm. 21 lautet: »Siehe Ludwik Fleck, Entstehung und Entwicklung einer wissenschaftlichen Tatsache. Einführung in die Lehre vom Denkstil und Denkkollektiv (1935), Neudruck Frankfurt 1980. Siehe auch ders., Erfahrung und Tatsache: Gesammelte Aufsätze, Frankfurt 1983.«

[9] Vgl.: Funkkolleg »Medien und Kommunikation. Konstruktionen von Wirklichkeit.« Weinheim und Basel 1990.

[10] Vgl.: Niklas Luhmann (1992): Die Wissenschaft der Gesellschaft, bes. die Seiten 521ff. mit dem Hinweis auf den »sog. ›radikalen Konstruktivismus‹, der seine Hausaufgaben noch nicht zureichend erfüllt hat« (S.521).

[11] Jürgen Habermas: Die zweite Lebenslüge der Bundesrepublik: Wir sind wieder »normal« geworden. In: Die Zeit, 11.12.1992, S.48. Selbstverständlich ist das keine Kapitulationserklärung, ist der Disput weder beendet noch sollen die unterschiedlichen Voraussetzungen und Schlußfolgerungen der Luhmannschen bzw. Habermasschen Konzepte eingeebnet werden. Verwiesen wird auf eine Erkenntnisvoraussetzung: Interpretierende Beobachtung.

[12] Hans Lenk (1991): Zu einem methodologischen Interpretationskonstruktionismus, S.287. Lenk ist im übrigen bemüht, dem »in seiner Bedeutung hinsichtlich der verschiedenen Anwendungsbereiche nicht spezifizierten Interpretationsbegriff« (ebd., S.284) einen »methodologischen Interpretationismus« (ebd.) entgegenzusetzen.

Kants Formulierung »Es ist so bequem, unmündig zu sein«[13] scheint manchen längst zitierbar geworden als bloß nostalgische Reminiszenz: In unseren bescheidenen Kopfhütten ist es ungemütlich geworden. Es zieht gewaltig im alten Haus gewohnter (Denk-)Sicherheiten. »Die Durchlüftung«, von der Lichtenberg im Zusammenhang mit Aufklärung sprach[14], ist eher zu einem Perspektivengewitter geworden, in dem noch jede sicher geglaubte Erkenntnisbastion Risse erfuhr.

Wie hätte Literaturwissenschaft von solchen Reflexionen verschont bleiben können? »Der Streit der Interpretationen«[15] ist »von der Sache her« nicht mehr zu schlichten: »Interpretieren - ganz gleich, ob in buchstäblicher, allegorischer, symbolischer, anagogischer, typologischer, hermeneutischer oder dekonstruktivistischer Form«[16], scheint unumgänglich geworden, »solange man nicht auf eine extramundane Perspektive setzen will, und wer will das schon ernstlich, solange man lebt«.[17] Selbst wenn man sich umstandslos auf die Seite einer der Parteien schlüge -, wäre diese Entscheidung noch auf eine Substanz »Autor«, »Werk«, oder »Fach« zu gründen?

Alte, einst favorisierte Instrumente haben ihren Schliff weitgehend eingebüßt; das Tafelsilber des germanistischen Feinschmeckers ist zumindest angelaufen.

> »Hermeneutik - das ehrwürdige Besteck, mit dem Exegeten sich nicht erst seit Schleiermacher, sondern womöglich schon seit der ersten Generation nach dem Auftreten von Schriftzeugnissen ihren Texten nähern (und auch von ihnen nähren), - kann abdanken; aber dafür tut sich dem Philologen die viel schönere Gelegenheit auf, einer Autonomie der

[13] Immanuel Kant (1977): Beantwortung der Frage: Was ist Aufklärung?, S.53.

[14] »Die Lüftung der Nation kommt mir zur Aufklärung derselben unumgänglich nötig vor. Denn was sind die Menschen anders als alte Kleider? [...]« (Lichtenberg (1984), S.336f. (I/225,1).)

[15] Umberto Eco (1987): Streit der Interpretationen.

[16] Harro Müller (1988): Kleist, Paul de Man und Deconstruction. Argumentative Nach-Stellungen, S.90f.

[17] Harro Müller (1990): Zur Kritik herkömmlicher Hermeneutikkonzeptionen in der Postmoderne, S.590.

Textarbeit teilhaftig zu werden, die er bislang dem Schriftsteller noch neiden mußte.«[18]

Der Literaturwissenschaftler: entbunden aus der festgefügt geglaubten Ordnung des Textes, der geltenden Methode, des Faches, nunmehr frei gegenüber den Fragen »Was?«, »Wie?« und auch noch »Wozu?«; interpretieren in eigener Sache, auf eigene Rechnung und Verantwortung, nicht mehr unter dem Diktat eines Sachzwangs? Selbstbestimmt im Rahmen eines gewählten Diskurses? Auch für Literaturwissenschaft gilt: Wer vom Apfel neuerer Erkenntnistheorie gegessen hat, dem droht umgehend die Weisheit: »Paradigm lost«.[19]

So sind alte Sicherheiten schal und brüchig geworden, die Zeichen stehen, so gesehen, eher auf Sturm, und wohl nicht nur unter den »Interpretationshelden im wissenschaftspolitischen Wendewetter«[20] hält manch einer, der in dieser Situation den (Dis-)Kurs, die Perspektive nicht wechseln oder erweitern, sozusagen nicht rudern mag[21], Ausschau nach dem Orientierung bietenden, allgemeinverbindlichen Fixpunkt.

Man könnte ja auch glauben, fündig zu werden: Denn un-

[18] Eberhard Lämmert (1990): Geschichte unter wechselndem Blick, S.419. Daß allerdings auch dieses Instrument noch immer schneidet, wieder aufpoliert wird und - in anderem Design - vielleicht gar unverzichtbar sein könnte, dies erwähnt Lämmert selbst (ebd., S.422) und darauf läßt auch die Diskussion zwischen Diskurstheoretikern und Konstruktivisten schließen (vgl.: S.J. Schmidt (1988): Diskurs und Literatursystem, sowie: Harro Müller (1990): Zur Kritik herkömmlicher Hermeneutikkonzeptionen in der Postmoderne). Wer freilich derzeit »Positionen und Perspektiven nach der ›Theoriedebatte‹« fixiert, setzt die Akzente schon von vornherein ganz anders. (Vgl.: Danneberg und Vollhardt (Hrsg.) (1992): Vom Umgang mit Literatur und Literaturgeschichte.)

[19] Vgl.: Niklas Luhmann: Paradigm lost. Über die ethische Reflexion der Moral. Frankfurt/M. (stw 797).

[20] Fohrmann und Müller (1988): Einleitung. Diskurstheorie und Literaturwissenschaft, S.12.

[21] »Übrigens meinten meine Bootskameraden fälschlich, ich hätte erst dann mit dem Philosophieren begonnen, als ich, die sogenannte Bugnudel, die Witze im Mittelschiff des Achters nicht mehr verstanden hätte. - Als ich Bücher über Semantik während der Regattareisen las, hieß es: ›Er hat 'nen Seemannstick!‹ - Doch auch die andere Seite, die philosophische, blieb zum Teil verständnislos - in umgekehrter Richtung. Sagte doch ein Altordinarius, als ich für eine Berufungsliste diskutiert wurde: »›Wir wollen doch einen Philosophen berufen - und keinen Olympioniken!‹« (Hans Lenk (1987): Kritik der kleinen Vernunft, S.149, Fußnote 23).

berührt von solchen Reflexionen und Anfechtungen scheint ja nun auch ein Text-Phänomen, vor dem das Interpretieren vermeintlich endgültig zur Ruhe käme, ein Phänomen, das als gesichertes Fundament von Erkenntnis gelten könnte, bei dem wir nämlich nicht immer wieder auf neue Lösungsmöglichkeiten stießen, sondern geradezu auf Erlösung von Interpretationsentwürfen und -verwürfen hoffen könnten. Denn hier dürften wir damit rechnen, auf einer wertneutralen, soliden Basis nüchterne Argumentationsgebäude zu errichten, die sowohl von den Abbruchunternehmen derjenigen unbeschadet bleiben, die eventuell unter einer Theorie- oder Diskursphobie leiden, die aber auch frei wären von postmodernen Schnörkeln eines scheinbar alles relativierenden Theoriedesigns.

Denn vor diesem Phänomen, so wäre zu erwarten, sind wir alle gleich: verspielte Kinder und weise gewordene Greise, militanter Macho und radikale Feministin, wissenschaftlich tätige Menschen und auch der Papst - alle tun es, alle rechnen damit, und bemühen wir einen Erkenntnistheoretiker, so liefert uns dieser das (Er-) Lösungswort:

> »Wenn man rechnet: ›2 x 2 = 4‹, so werden die Zahlen ›Zwei‹ und ›Vier‹ einfach verwendet, und niemand hat dabei Skrupel.«[22]

Keimfrei! Rational! Jenseits von Gut und Böse! Ohne interpretative Kontamination. Der Text ohne Eigenschaften. Denn mag die Kunst auch »kommentarbedürftig« sein[23], der »Kommentar als diskursive Einheit der Wissenschaft«[24] fungieren und der Konstruktivist behaupten: »Wahrnehmung ist Interpretation, ist Bedeutungszuweisung«[25] - es bleibt dabei: 2x2=4! Der Vorhang zu und keine Fragen offen![26] Wozu überhaupt darüber reden?

[22] Bruno Heller (1983): Erkenntnistheorie, S.127.

[23] Gehlen, zit. nach: Hannes Böhringer (1991): Attention im Clair-obscur: Die Avantgarde, S.17.

[24] Jürgen Fohrmann (1988): Der Kommentar als diskursive Einheit der Wissenschaft.

[25] Gerhard Roth, zit. nach: S. J. Schmidt (1987): Der Radikale Konstruktivismus: Ein neues Paradigma im interdisziplinären Diskurs, S.15.

[26] Frankfurter »Urbi et orbi«? Klaus-Peter Schmid: Vorhang auf und alle Fragen offen. Nach dem Ja der Dänen zu Maastricht hat auch das britische Unterhaus zugestimmt. Wie geht es weiter mit Europa? In: Die Zeit, 28.5.1993, S.8.

Wer sich vorsichtig auf ungesichertem Terrain bewegt, tut in geisteswissenschaftlichem, naturwissenschaftlichem Kontext gut daran, einige »Gedankentiere« aufmarschieren zu lassen. Schrödingers Katze, Wittgensteins Löwe, Whiteheads Schildkröte oder, wie hier, »Pembrokes Katze« schleichen dann etwa um den heißen Theorie-Brei:

»Sie wußte, daß zwei plus zwei vier ergeben, und sie wußte es auf eine unergründliche Weise. Sie wußte ebenfalls, daß diese Tatsachen für ihre Zeitgenossen Binsenwahrheiten waren, und sie gut daran täte, sich eine pfiffige Anwort einfallen zu lassen.«[27]

Zwei heiße Eisen: Unergründliches Wissen und pfiffige Antworten. Die Finger davon lassen? Als ob das nicht ein für allemal klar wäre:

»2 mal 2 ist 4, da ist nicht dran zu tippen.«

Nur keine Blamage wagen, kein interpretatorisches Rest-Risiko eingehen. Niemand wird wohl zur Literatur, wie hier etwa Döblins ›Berlin Alexanderplatz‹ greifen müssen, um mit ihr diese Behauptung zu vertreten[28]. Ist sie überhaupt diesen Einschub wert, ist die Fußnote gerechtfertigt? Wer sieht hier schon die Chance, sich zum »Meister der Fußnote«[29] zu promovieren?

[27] Philip J. Davis (1991): Pembrokes Katze, S.14; zu den »Gedankentieren« dort S.31–37; vgl. auch: Peter Schattschneider (1993): Von Katzen, Quanten und Cephalopoden. Eine Katzengeschichte.

[28] Alfred Döblin (1986), S.112.

[29] Wie es aus angelsächsischer Perspektive schon mal über deutsche Literaturwissenschaftler heißt: »Das einzige, was sie hervorragend beherrschen, ist die Kunst des Bibliographierens: Im Anhäufen von Fußnoten und Hinweisen auf die Sekundärliteratur sind sie nicht zu übertreffen. [...] Wir in Amerika [...] kennen diese strenge Trennung zwischen Literatur, Literaturwissenschaft und Essayistik überhaupt nicht; bei uns sind bekannte Schriftsteller wie Joyce Carol Oates, Philip Roth oder Saul Bellow Hochschullehrer an einer Universität.

Okay, aber bei euch sind Hochschullehrer auch keine Staatsbeamten!« Zit. nach: Rolf Spinnler (1991): Die Meister der Fußnoten. Über die Beschädigung der Literatur in der Literaturwissenschaft, S.210. (Wir machen tapfer weiter.)

> **»Mehr Genauigkeit beim Zitieren, bitte!**
> *Peter Köhler drängt es zur richtigen Quellenangabe*
>
> ›Zwei mal zwei – das macht nach Adam Riese vier!‹ Falsch. Denn wer jemanden zitiert, darf die genaue Quellenangabe nicht vergessen: Rechnung auff der Linien und Federn / Auff allerley Hantierung / Gemacht durch Adam Rysen, Frankfurt 1544, S.12.
> Genauigkeit ist alles. Der Buchtitel muß sein wie ein Musiker vor dem Konzert: er muß stimmen. Nur allzuschnell wird sonst Günter Grass' ›Blechtrommel‹ zur ›Rohrdommel‹, Heinrich Bölls ›Und sagte kein einziges Wort‹ zu ›Und quatsche ihnen die Ohren voll‹ [...].
> [...] und schon Jonathan Swift schrieb irgendwo, nachdem er zur Illustration einer These zwei Beispiele versprochen und erst eins davon angeführt hatte: ›Das andere Beispiel aber besteht in dem, was ich irgendwo bei einem sehr alten Autor über einen mächtigen König gelesen habe‹ – getreu dem Motto: Jemandem Worte in den Mund legen darf man zwar; aber korrekt zitieren muß man sie schon! Genau, einzig richtig nämlich ist: ›Irgendwer sagt irgendwo irgend etwas, und das beweist doch wieder einmal, wie recht ich habe.‹« [30]

Nun besteht andererseits jedoch ein Verdacht: »Das Universum ist eine Bibliothek, und sobald man den Mund aufmacht, zitiert man bereits.«[31] Wenn man nun derart auf geborgtem Fuß lebt, was taucht alles auf, wenn es sich entblättert –

[30] Süddeutsche Zeitung, Ausgabe vom 28./29. März 1992, »Die letzte Seite«.

[31] Dagmar Leupold (1992): Edmond: Geschichte einer Sehnsucht, S.52. »[...] Wer sind wir denn, wer ist jeder von uns, wenn nicht eine Kombination von Erfahrungen, Informationen, Lektüren und Phantasien? Jedes Leben ist eine Enzyklopädie, eine Bibliothek, ein Inventar von Objekten, eine Musterkollektion von Stilen, worin alles jederzeit auf jede mögliche Weise neu gemischt und neu geordnet werden kann.« (Italo Calvino (1991): Sechs Vorschläge für das nächste Jahrtausend, S.165.)

»Das Papierne Zeitalter

Ich bin Papier, du bist Papier.
Papier ist zwischen dir und mir,
Papier der Himmel über dir,
die Erde unter dir Papier.
Willst du zu mir und ich zu dir:
hoch ist die Mauer von Papier.
Doch endlich bist du dann bei mir,
drückst dein Papier an mein Papier:
so ruhen Herz an Herzen wir!
Denn auch die Liebe ist Papier -
und unser Haß ist auch Papier.
Und zweimal zwei ist nicht mehr vier:
ich schwöre dir, es ist Papier.«[32]

Wohin setzen wir den Fuß? Welche Note zählt? Lassen wir diese Stimme zu? Und welche bleibt draußen?[33]

»Ja, aber 2x2 ist doch 4! Gewiß, wir sagen es und weiter geht die Sache niemanden an.«[34]

Doch sind Turbulenzen, Irritationen, Halluzinatorisches ausgeschlossen? Wer garantiert die Festigkeit, den Bestand der Perspektive, den richtigen, (end-)gültigen Abschluß der Operation?

Gut, aber haben wir damit überhaupt etwas zu tun?

»[...] ich bin jetzt promoviert und habe eine Stellung da gegenüber... haha, jaja! Und im Herbst bekomme ich einen Posten an einer Schule... dann lerne ich mit den Jungen die gleichen Lektionen, die ich selbst die ganze Kindheit, die

[32] Gerhart Hauptmann (1964), S.353 (Der Text wurde u.a. zitiert von Rolf Michaelis: Wenn die Bücher sauer werden; in: Die Zeit, 23.10.1987, S.61, sowie in der Rezension von Roland Mischke zur 4. Biennale der Papierkunst in Düren, erschienen unter dem Titel: ›Zwei mal zwei ist Papier‹; in: FAZ, 2. Juli 1992, S.32.

[33] Von den Dateien der »computer community« einmal ganz zu schweigen. (Friedrich A. Kittler (1993), S.16.)

[34] Robert Musil (1955): Aus dem stilisierten Jahrhundert <Die Straße>, S.28.

ganze Jugend hindurch gelernt habe, die gleichen Lektionen, die ich nun das ganze Mannesalter und schließlich die ganze Greisenzeit lernen muß, immer die gleichen Lektionen: Wieviel ist zwei mal zwei? Wie oft ist zwei in vier enthalten?... Bis man mich pensioniert, bis ich gehen muß [...] Das ist sicher das Ärgste nach zwei mal zwei ist vier: wieder mit der Schule anfangen zu müssen, nachdem man nun promoviert ist, die gleichen Fragen stellen zu müssen, bis in den Tod...«

Das hatten wir uns wohl – offen gesagt – etwas anders vorgestellt. Aber was hatten wir erwartet? Immerhin: im Kontext unserer Fragen salviert vielleicht der Titel des Textes: ›Ein Traumspiel‹. Strindberg. Nachtgedanken. Gehen wir zur Tagesordnung über.[35] Lassen wir es damit auf sich beruhen. Wenn es drunter und drüber geht, die äußere Welt zerbricht, innere Stürme toben, sicher Geglaubtes überspült wird, halten wir uns doch an das, was bleibt –

»Julie: Gott erhalte dir deine Sinne –
Georg, Georg, erkennst du mich?
Danton: Ei warum nicht, du bist ein Mensch und dann eine Frau, und die Erde hat fünf Weltteile, Europa, Asien, Afrika, Amerika, Australien, und zwei mal zwei macht vier. Ich bin bei Sinnen, siehst du. Schrie's nicht September? Sagtest du nicht so was?« –

Was bleibt? »2x2=4«: Der erratische Block in der diskursiven Brandung? Und alles ward wieder gut? Irrungen, Wirrungen. Georg Büchner, Dantons Tod. Ein Drama.[36]

Kommen wir so weiter? Vielleicht tut Ablenkung not. Laben wir uns an der Sicherheit des Funktionalen. Wechseln wir das Medium. Ein anderes Programm. Schalten wir doch einmal den Rechner ein.

»2 + 2 = 9
Verwirrung in israelischen Computern. Ein neues heimtückisches Virus bewirkt, daß die Maschinen bei einfachen Rech-

[35] August Strindberg (1983): Ein Traumspiel, S.38.
[36] Zit. nach Georg Büchner (1978), S.59.

nungen wie zwei plus zwei auf das Ergebnis neun kommen und aus dem Buchstaben C ein K wird. Schwierige hebräische Texte werden völlig unleserlich. Die Fehler erskheinen nikht auf dem Bildskhirm, sondern erst beim Ausdrukken.«[37]

Kleine Platitüde - großer Absturz? Hohlspiegel?

Schieben wir endlich die Fragen auf, die Emotionen beiseite. Mit kaltem Verstand an die Arbeit: Bereiten wir endlich nüchtern Zahlen und Figuren das Feld. Blättern wir um. Nur eine kurze Lektüre weiter, eine geringfügige Wendung, und ich

> »[...] befand mich sofort in einer freundlichen Gegend, im Gebiete der Zahlen, wo ein hübsches arithmetisches Städtchen lag. -
> [...] Der Morgen brach an. Einige unbenannte Ackerbürger vor dem Tore bearbeiteten schon zu so früher Stunde ihr Einmaleins. Diese Leutchen vermehren sich schlecht und recht, und wenn sie auch nicht viel hinter sich bringen, so wollen sie auch nicht hoch hinaus.
> Mehr schon auf Rang und Stand geben die städtischen Beamten. Man sprach viel über eine gewisse Null, die schon manchem redlichen Kerl im Wege gestanden, und wenn einer befördert würde, sagten sie, der's nicht verdient hätte, dann steckte, so gewiß, wie zweimal zwei vier ist, die alte intrigante Null dahinter.«

Auch das noch. Aber war damit nicht zu rechnen? Haben wir je rein mit Zahlen zu tun? Ganz gewiß? Freilich, wir befinden uns hier, die Quelle sei endlich genannt, bei Wilhelm Busch, in »Eduards Traum«.[38] Kontext sei Dank. Und weiter fällt uns nichts dazu ein? Haben wir das nicht schon immer geahnt? (Die »diskursiven Macht- und Verteilungskämpfe um das, was innerhalb der Institution zugelassen wird und was nicht«?[39])

[37] Aus der Münchner ›Abendzeitung‹. Zit. nach: Der Spiegel, Nr. 27, 3.7.1989, S.182.

[38] Wilhelm Busch (1974): Eduards Traum, S.39f.

[39] K.-M. Bogdal (1990): Einleitung: Von der Methode zur Theorie. Zum Stand der Dinge in den Literaturwissenschaften, S.24. Ja, gewiß doch: »Was eine Null ist, wissen wir, und manchmal meinen wir auch zu wissen: Wer.« (Günter Kunert (1993): Die Macht der Zahl, S.562.)

Jetzt aber mal ernsthaft. Halten wir inne. Ob das so weiter gehen könnte? Fragen über Fragen? Mutmaßungen über Selbstverständliches? Ein Essay über »2x2=4«, über Gebrauch und Interpretationen dieses Textes? Ob sich das rechnen würde? Ausgerechnet?

»Man vergißt immer wieder, auf den Grund zu gehen. Man setzt die Fragezeichen nicht tief genug.«[40] Geht es noch tiefer, gründlicher, grundsätzlicher?

Wer denn fühlte sich anläßlich von »2x2=4« schon von Ehrfurcht einflößendem Geiste umweht (Kant: Das »mathematisch Erhabene«) oder von »des Gedankens Blässe angekränkelt« (Hamlet)? Wer denn, um diese Variante ins Spiel zu bringen, wollte hier versuchen,

> »die wahre ästhetische Dimension des Textes zu erreichen, seine unbequeme Mischung aus Affirmation und Absage, Grazie und Gewalt, Mystifikation und Luzidität, Eulenspiegelei und Ernsthaftigkeit, die ihn charakterisieren und seine anhaltende Faszination bedingen«?[41]

Und wenn gefragt wird:

> »Ist es nicht möglich, von der rhetorischen Sprache der Literatur zu einer Sprache fortzuschreiten, die, wie die der Naturwissenschaft oder der Mathematik, epistemologisch zuverlässiger wäre?«[42]

– sind wir dann hier nicht langst am Ziel, im Zentrum der Antwort? Eine an Schlichtheit nicht mehr zu überbietende Selbstverständlichkeit – oder doch – »so gewiß wie zwei und zwei vier ist« – zur Selbstverständlichkeit geronnen, scheint uns dies doch ein Beispiel von »keimfreier Rationalität«[43], das interpretieren zu wollen eher weniger als müßig erscheint. Machte man sich nämlich nach Henning Boëtius schon lächerlich,

[40] Ludwig Wittgenstein (1984,2): Vermischte Bemerkungen, S.538.

[41] Paul de Man; zit. nach Harro Müller (1988): Kleist, Paul de Man und Deconstruction. Argumentative Nach-Stellungen, S.83.

[42] Paul de Man (1988): Allegorien des Lesens, S.153.

[43] »[...] man versteht, wie ich hoffe, ihr Anrecht auf Gänsefüßchen?« (Friedrich Nietzsche (1981): Jenseits von Gut und Böse, S.17.)

wenn man Clemens Brentano interpretiert[44], so vermutlich in der Mehrzahl der Kontexte, in denen nach »Zwei mal Zwei« gefragt wird, doch wohl erst recht.

> »Wenn man einen Bekannten trifft und ihn gespannt fragt, wieviel 2 x 2 ist, so ist das eine irrenhäuslerische Frage, aber in der ersten Volksschulklasse ist sie sehr gut angebracht.«

Wer wagte Einspruch? Auch wenn Franz Kafka, der dies am 10. Juni 1920 an Milena schreibt[45], dann fortfährt:

> »Mit meiner Frage an Sie Milena ist es nun so, daß sich in ihr Beides vereinigt, das Irrenhäuslerische und das Volksschulhafte, glücklicherweise ist also auch ein wenig Volksschulhaftes dabei.« (Ebd.)

Immerhin. Die Perspektiven sind gemischt. Fragen wir nun doch noch etwas weiter, unterstützt durch den großen Namen: Kafka. Denn offensichtlich ist Bedeutung - etwa die einer Frage, eines Textes, einer Quelle - nichts Situationsfreies; allem Anschein nach macht in entscheidendem Maße der Kontext die Musik. Nun schafft der Kontext »Kafka« in literarischen, literaturwissenschaftlichen Konzerten noch allemal einen anderen Ton. Ließe sich aber die Vermutung anschließen, daß die Vorstellung einer Einstimmigkeit der Urteile über »2x2=4« kontrastiert werden könnte mit der einer Polyphonie von Lesarten und Bedeutungsvarianten, von Streit über die »richtige« Interpretation?[46]

Der Verdacht scheint zunächst aber noch eher unbegründet. Schieben wir ihn von uns. Lehnen wir uns zurück. Die Gültigkeit des Beispiels könnte nach wie vor so frei von kontextuellen Beimischungen erscheinen, daß man nicht den frühen Wittgenstein bemühen müßte, um zu behaupten, daß »es unsinnig wäre, zu sagen: ›2 + 2 ist um 3 Uhr gleich 4‹.«[47]

[44] Vgl. Henning Boëtius (1985), S. 10: »Es heißt, daß er allem und jedem durch die Lappen geht, entwischt. Daß seine Sprache Deutungen gegenüber auf der Flucht ist. Wenn man ihn interpretiert, macht man sich lächerlich.«

[45] Zit. nach Franz Kafka (1986), S. 49.

[46] Aber »der Kontext« entscheidet nicht endgültig: »Das ist *wohl* gedacht.«

[47] Tractatus, Nr. 4.1272. Und damit auch der Hinweis beim Blick auf »2x2=4« in dieser Arbeit: »Genaugenommen gelten die [...] hier gegebenen Alternativ

So ist heute zwar auch eine Skepsis unhintergehbar geworden gegenüber einer Historiographie, die nicht ihre kontextuellen Einbindungen, ihre perspektivischen Setzungen reflektiert, sondern für sich reklamiert, das große Ganze in einer Art »Realpräsenz« (vgl.: George Steiner, 1990) zu liefern, hält sich doch mittlerweile hartnäckig das Gerücht, daß »Auch Klio dichtet« (Hayden White), daß man »gleichzeitig die Historizität von Texten und die Textualität von Geschichte einzufangen« hätte.[48]

Kaum jemand stellt diese These ernsthaft in Frage, sie scheint vielmehr auch außerhalb der akademischen Diskussion weitgehend konsensuell geworden.[49]

Doch wenn zu den kritischen Skeptikern auch bereits Theodor Lessing gehörte, der »Geschichte als Sinngebung des Sinnlosen« verstand, so bleibt von diesem Zweifel doch scheinbar mit Notwendigkeit auch bei diesem Autor unberührt, scheint bei

formulierungen für den Satz ›2 + 2 = 4‹, der aber, im Gegensatz zu ›zwei mal zwei ist vier‹ nicht eigentlich zur ›Arithmetik der Umgangssprache‹ gehört. Die Vertauschbarkeit von Addition und Multiplikation in diesem Falle erlaubt eine Konzession an die Geläufigkeit, die bei genauerer logischer Analyse rückgängig gemacht werden müßte. (Anm. d. Üb.)« (Bertrand Russell (1986): Probleme der Philosophie, S.92.) Da sind wir nun schon ein ganzes Stück weiter, erlauben uns weiterhin, dieser Vertauschbarkeit zu frönen, in guter Gesellschaft mit Wittgenstein, Russell und vielen anderen.

48 Louis Montrose; zit. nach Stephen Greenblatt (1991): Schmutzige Riten, S.15, im Zusammenhang mit einer Erläuterung des sog. »New Historicism«. Zur Darstellung und Kritik des »N.H.« vgl.: Eggert, Hartmut et al. (Hrsg.) (1990) und Zapf, Hubert (1991). Kurze Geschichte der anglo-amerikanischen Literaturtheorie; vgl. auch: Anton Kaes: Rückkehr der Geschichtlichkeit. Der New Historicism: ein neues Paradigma in der Literaturwissenschaft, in: Frankfurter Rundschau, 3.11.1992, S.15, und als Antwort darauf: Hannelore Schlaffer: Geschichte als Anekdote. Die Unübertragbarkeit des New Historicism auf europäische Verhältnisse; in: Frankfurter Rundschau, 17./18.11.1992, S.19.

49 Was Peter Glotz 1992 unter dem Titel »Republikchen – Das Ende der Tschechoslowakei« notierte, scheint daher einen allgemeinen Mechanismus zu beschreiben, die perspektivische, interessengebundene Sinnausstattung von Historie: »Die Geschichte hat keinen Sinn, das kann man spätestens seit Karl Poppers Studien über den Historismus wissen, nur den, den man ihr aufgrund der eigenen Interpretationsbedürfnisse unterschiebt. Da solche Interpretationsbedürfnisse aber existieren, werden die Slowaken demnächst ihre Befreiung feiern.« (Die neue Gesellschaft, Frankfurter Hefte, 9/1992, S.773.) Daß mit dem Wechsel der Perspektive die Sicht anders ausfällt, fügt Glotz wenig später hinzu: »Der Beobachter von außen aber kann seine Trauer, seine Skepsis, seine Bitterkeit nur mühsam verstecken. Was für ein sinnloses, was für ein blutiges, was für ein schwindelhaftes Jahrhundert.« (Ebd.)

historischer, genealogischer Beschreibung doch mit Notwendigkeit ein Phänomen auszuscheiden, daß nämlich »eine ›Wahrheit‹ (a=a; 2x2=4) von aller Wirklichkeits-Erkenntnis so völlig verschiedene Bündigkeit besitzt, daß ich diejenigen für Narren halte, welche heute zu zeigen unternehmen, daß a=a oder 2x2=4 ›relativ‹ sei und ›nichts als denknotwendige Fiktion‹. Skepsis hat guten Sinn innerhalb der mittleren Sphäre (réalité). Dagegen an Leben und Wahrheit läßt sich nicht zweifeln.«[50]

Also: Vorsichtig närrisch! Diskursiver Aschermittwoch. Laufen wir in die Fallen eines Zitatismus? Kaprizieren wir uns doch auf das, was bleibt. (»Geht nicht, sagten kluge Leute, zweimal zwei ist niemals drei.«[51] Das Beispiel, so vermuten manche, ist präexistent und Markenzeichen innerweltlicher Idealität, Fixpunkt prästabilierter Harmonie. Hier scheinen wir endgültig im Gleichgewicht, schwingen vielleicht sogar mit im Rhythmus universaler Sphärenmusik, genießen unantastbare Sicherheit.

Machte man sich diese Position zu eigen, so wäre spätestens an dieser Stelle dringend angeraten, die diskursive Flinte ins Korn zu werfen und sich etwa auf die Seite von Theodor Lessing zu schlagen, weitere Überlegungen, bezogen auf »2x2=4«, unverzüglich abzubrechen. Eine Kulturgeschichte von »2x2=4« als »Unvollendete Vergangenheit?«[52] Aber ist vielleicht nicht gerade der Abbruch die Krankheit, für deren Therapie er sich hält? [53]

> »In einer delikaten Umkehrung der bekannten These von Jaques Derrida, der abendländische Geist sei ›logozentrisch‹, behauptet Foucault, er sei im Gegenteil von einer tiefen ›Logophobie‹ beherrscht, von einer stumme(n) Angst, vor jenen Ereignissen, vor jener Masse von gesagten Dingen, vor dem Auftauchen all jener Aussagen, vor allem, was es da Gewalttätiges, Plötzliches, Kämpferisches, Ordnungsloses und Gefährliches gibt, vor jenem großen und unaufhörlichen Rauschen des Diskurses.«[54]

[50] Theodor Lessing, zit. nach 1983, S.257.

[51] Christa Wolf (1992): Was bleibt, S.9.

[52] Vgl.: Roger Chartier (1992): Die unvollendete Vergangenheit.

[53] Nach dem Diktum von Karl Kraus über die Psychoanalyse. (Karl Kraus (1986): Aphorismen, S.351.)

[54] Michel Foucault: Die Ordnung des Diskurses. Zit. nach: Fink-Eitel (1989): Foucault zur Einführung, S.64.

Beziehen wir uns doch einmal auf den vielleicht meistgebrauchten Diskurs-Filter, der dem Rauschen Einhalt gebietet. Firmenname: »Mathematik«, Modell: »2x2=4«. Denn gerade hier ist es möglich,

> »Beispiele für Bedeutungsverluste in intellektuellen Prozessen zu finden. Betrachten wir die Mathematik: [...] sie abstrahiert, generalisiert und dichotomisiert. Nehmen wir die Abstraktion: Zwei Finger zusammen mit nochmals zweien ergeben vier Finger, und zwei Kühe zusammen mit zwei weiteren ergeben vier Kühe. Gehen wir von diesen Einsichten zur Aussage 2 + 2 = 4 über, so vollziehen wir die einfachste Art einer mathematischen Abstraktion. Wir haben, indem wir die arithmetische Gleichung aufstellen, ›das konzentrierte Wesen aus dem größeren Ganzen‹ (so ein Wörterbuch) herausgelöst. Die Abstraktion ist die Quelle vieler Wohltaten, aber möglicherweise auch die vielerlei Übel. Das Übel rührt von der Täuschung her, man habe tatsächlich das Wesen des größeren Ganzen entdeckt. Solche Operationen müssen eine gewisse Verfälschung hervorrufen.«[55]

Was blieb in den Maschen unseres Filters hängen? Von wo, auf welchem Wege sind wir denn zu »2x2=4« gekommen? Welchem Wegweiser sind wir gefolgt? Welche Abzweigung haben wir verworfen? Was außer Fingern und Kühen blieb sonst noch auf der Strecke? Skrupel, Zweifel, Glaube, Liebe, Hoffnung? Tod und Teufel? Ob wir nicht gerade hier Anschauungsmaterial vorfinden für Ausdrucksmöglichkeiten, für Aspekte menschlicher Kommunikation?

Riskieren wir also einmal das Übel der Abschweifung. Wenn Sie mir bitte folgen wollen. Denn auch Theodor Lessing benennt die Perspektive und den Ansatzpunkt seiner Kritik, die sich festmacht an »anti-metaphysischen ›Richtungen‹ [...], also Strömungen wie: Empirismus, Positivismus, Kritizismus, Relativismus, Pragmatismus, Fiktionalismus u. dgl.« (1983, S.257), die zur Zeit der Abfassung seines Textes die akademische Diskussion beherrschten.

[55] So die Mathematiker Davis und Hersh (1990): Descartes' Traum, S.361f.

Und so läßt gerade die Vehemenz der Kritik in Verbindung mit der Angabe ihrer Perspektive die Vermutung begründet erscheinen, wir hätten es bei »2x2=4« innerhalb der Kulturgeschichte vielleicht doch nicht mit einer einfachen Milchmädchenrechnung, sondern mit Varianten, Demonstrationen, Reklamationen, Überzeugungen, Wissen, Glauben und Zweifeln, kurz, mit einer Vielzahl möglicher Perspektiven und daraus resultierender Lesarten zu tun.

Verstehen wir also hier Historie nicht teleologisch, so als gelangten wir schon noch zum endgültigen, allzeit und überall richtigen, metaphysischen Verständnis. »2 x 2« ausgemendelt? Evolutionäre Mathematik? Das Gleichheitszeichen als darwinistische Meßlatte: Was kommt drüber, was fällt durch? »2 x 2 = 4« - der erhabenste Zacken in der Krone der Schöpfung?

> »›Du rechnest da 2 x 2 = 4; aber die Zahlvorstellung hat ja eine Entwicklung, eine Geschichte! Man kann zweifeln, ob sie damals schon so weit war. Woher weißt du, daß in jener Vergangenheit dieser Satz schon bestand? Könnten die damals lebenden Wesen nicht den Satz 2 x 2 = 5 gehabt haben, aus dem sich erst durch natürliche Züchtung im Kampf ums Dasein der Satz 2 x 2 = 4 entwickelt hat, der seinerseits vielleicht dazu bestimmt ist, auf demselben Wege sich zu 2 x 2 = 3 fortzubilden?‹« [56]

Das ist offenbar Ironie, sagen wir. Was markiert, was repräsentiert nun unser Beispiel? »2x2=4«: Ende der Diskurse?[57]

Was also halten wir in diesem Zusammenhang von dem Ausspruch, »daß wir das *Wesen* der Dinge nicht erkennen können«? Ein Pfad, kulturgeschichtlich breitgetreten, auf den einst etwa auch Friedrich Engels die Aufmerksamkeit lenken wollte.[58]

[56] Gottlob Frege (1987): Grundlagen der Arithmetik, S.20.

[57] Oder gar »Ende der Geschichte«, wie uns kürzlich kulturkonservative Kreise einflüsterten: Francis Fukuyama (1992): Das Ende der Geschichte. Wo stehen wir?

[58] Friedrich Engels (1962,1): Dialektik der Natur. Notizen und Fragmente, S.507.

»Abstrakt genommen klingt er ganz verständig. Aber man wende ihn an. Was denken von dem Zoologen, der sagte: ›Ein Hund scheint 4 Beine zu haben, wir wissen aber nicht, ob er in Wirklichkeit 4 Millionen Beine hat oder gar keine‹? Vom Mathematiker, der erst ein Dreieck als 3 Seiten habend definiert und dann erklärt, er wisse nicht, ob es nicht 25 habe? 2 x 2 *scheine* 4 zu sein? [...]
Historisch gefaßt hätte die Sache einen gewissen Sinn: Wir können nur unter den Bedingungen unsrer Epoche erkennen und soweit diese reichen.« (Ebd., S.507f.)

Fassen wir es so:

»Das provinzielle Selbstbewußtsein der Zeit, die Unfähigkeit, über den Tellerrand der je herrschenden Selbstverständlichkeiten zu schauen, das war und ist: die These vom Ende der Gesellschaftsgeschichte.«[59]

Davon gehen wir hier einmal insofern aus, als wir beobachten, auf welche Weisen das Beispiel »2x2=4« verstanden, erzeugt, instrumentalisiert wird. Haben wir da nicht schon einiges an Material? Perspektiven, die sich vielfach brechen und überschneiden? Wegmarken, die sich kreuzen?

Kleiner kulturhistorischer Abriß

Sehen wir einmal zu und zunächst in den Kontext der europäischen Aufklärung. In diesem Zusammenhang wäre ja eine herrschende Überzeugung zu verzeichnen, nämlich die, mittels richtigen Vernunftgebrauchs die wahre Wirklichkeit sozusagen kontextfrei erkennen zu können. Wo aber sahen »Aufklärer« die Vernunft am Werk und ihre Überzeugung bestätigt? Es waren nicht wenige in diesem Zusammenhang, die glaubten, nun sei die Menschheit endlich und auf ewig in diesem Zeichen beisammen:

[59] Ulrich Beck (1988): Gegengifte, S.13.

»Es ist das Werk dieser höheren Vernunft, daß die Chinesen in der Geometrie fast auf dieselben Lehrsätze gekommen sind, wie die Europäer, da sie doch so weit von einander entfernt, einander unbekannt geblieben sind. Ihr Werk ist es, daß in Japan, wie in Frankreich, zweymal zwey vier macht, und man keine Ursache hat zu fürchten, daß die Völker hierin je ihre Überzeugung ändern werden.«[60]

»In hoc signo vinces« - das Versprechen »rechnenden Denkens«[61] hat hier allem Anschein nach sein Wappen, das Identität stiftende Markenzeichen erhalten.

Nun war dies artig gesprochen und kommt der eingangs geäußerten Vermutung entgegen, »2x2=4« sei ein Stück »keimfreier Rationalität«, bündelt sich der gesamte Vernunftoptimismus (nur dieser Epoche?) doch scheinbar situationsfern in dieser Formel, die zum Erkennungszeichen vernünftigen Handelns schlechthin promoviert wird. Rückblickend aus heutiger Perspektive aber läßt sich wohl mit Berechtigung sagen: waren Aufklärer auch über Strecken vernünftig, so glaubten viele doch (und vielleicht zu sehr) an die Vernunft.[62]

Im übrigen - kulturhistorisch ist dies längst aufgearbeitet - ist auch hier die epochale Eingrenzung, ausgehend von diesem Aspekt, mehr als problematisch. Denn es gab offenbar bereits in diesem Zeitraum, etwas abseits des heute als herrschend verstandenen Diskurses, auch »verständige, geistreiche, lebhafte Menschen, die wohl einsahen, daß die Summe unsrer Existenz, durch Vernunft dividiert, niemals rein aufgehe, sondern daß immer ein wunderlicher Bruch übrig bleibe.« Ein Wunder, wenn sich bei Goethe, von dem dieses Zitat stammt[63], folgende Reflexion finden läßt?

[60] Fénelon, zit. nach Sailer (1987): Die Weisheit auf der Gasse, S.24. »Was dem Maß von Berechenbarkeit und Nützlichkeit sich nicht fügen will, gilt der Aufklärung für verdächtig. [...]: die Zahl wurde zum Kanon der Aufklärung.« (Max Horkheimer u. Theodor W. Adorno (1984): Dialektik der Aufklärung, S.9f. Vgl. auch: Eberhard Reichmann (1968): Die Herrschaft der Zahl.)

[61] Heidegger, zit. nach Wolfgang Welsch (1990,1): Zur Aktualität ästhetischen Denkens, S.47.

[62] In Anlehnung an eine Formulierung von Peter Pütz (1978: Die deutsche Aufklärung, S.31).

[63] Wilhelm Meisters Lehrjahre, IV,18; zit. nach J.W. Goethe (1979), S.290.

»Die Mathematik [...] steht ganz falsch im Rufe, untrügliche Schlüsse zu liefern. Ihre ganze Sicherheit ist weiter nichts als *Identität*. 2 mal 2 ist nicht vier, sondern es ist eben 2 mal 2, und das *nennen* wir abkürzend *vier*. Vier ist aber durchaus nichts *Neues*. Und so geht es immer fort bei ihren Folgerungen, nur daß man in den höhern Formeln die Identität aus den Augen verliert.«[64]

Noch ein Großer, an dessen Schulter sich bei der Beobachtung unseres Beispiels geruhsam anlehnen läßt. Kommt uns da nicht plötzlich auch das Zeichen als Zeichen in den Blick? Mehrere (etwa philosophische) Einwände dagegen wären denkbar (trotz Goethe?). Lassen wir diese selbst hier einmal außer acht und beziehen uns auf die Interpretation des Beispiels: »Vier« wird hier offensichtlich als eine Lesart des Textes »2 mal 2« verstanden, die selbst aber nicht mehr der Text, nicht mehr mit ihm identisch wäre. Würde die Interpretation den Text selbst fassen wollen, müßte sie ihn dieser Interpretation nach nicht zitieren: »2 mal 2« = »2 mal 2«? Wäre dies dann die beste, die richtige Interpretation?

Strapazieren wir das Beispiel nicht zu sehr. Sehen wir noch einmal weiter.

Im abendländischen Kontext hat man ja nun spätestens im Zeichen der »Moderne« nicht nur die Zeit erreicht, als die Bilder laufen lernten, sondern auch lernen müssen, wie die Wörter und die Bedeutungen – als Konventionen erkannt – aus dem Leim gingen, wie mit manifest gewordener Sprachskepsis scheinbar unantastbare Gewißheiten fundamentale Erschütterungen erfuhren und Risse in beständig geglaubten Ordnungen aufbrachen, die mit den traditionellen Mitteln nicht mehr zu kitten waren. Was hätte davon unbeschadet bleiben können, erscheint doch plötzlich, mit ironisch oder konzentriert gekniffenem Auge, ein Beobachter auf der Bühne und sinniert also:

64 Gespräch mit F. v. Müller am 18.6.1826; zit. nach: Goethes Gespräche (1972), S.52.

»Kann schon sein, daß zwei und zwei vier ist, aber sie sind nicht die einzigen, die vier ergeben, eins und drei tun es auch.«[65]

Wie rechnen wir sie zusammen? Welche Ordnung zählt? Was fügt die Zeichen? Also auch bei diesem scheinbar eindeutigen Beispiel schon zumindest ein wenig - spielerisch eingeworfene - Skepsis hinsichtlich des einzig »richtigen Ergebnisses«, des »einen gültigen Sprachgebrauchs«. Denn nicht nur, daß nun bereits mehrere Lesarten des vermeintlich eindeutigen, richtig gefaßten Phänomens vorliegen. Was auch hier ver-rückt wird, scheint doch die Vorstellung der einen richtigen Perspektive, die sich als Diktat von Konventionen entpuppt, mit dem reduziert wird, was nicht »von sich aus« auf einen Nenner geht.

Nun könnte man sich, etwas rasch an diesem Punkt abendländischer Kulturgeschichte angelangt, ja Nietzsches Philosophie der Interpretation zuwenden, deren Einfluß auf die Literatur der Moderne wie ihre Affinität zu Aspekten avancierter Wissenschaftstheorie kaum zu übersehen ist, und zu deren zentralen Vorstellungen die von der perspektivischen Konstruktion pluraler Welten gehört:

»Unser neues ›Unendliches‹. - [...] Die Welt ist uns vielmehr noch einmal ›unendlich‹ geworden: insofern wir die Möglichkeit nicht abweisen können, daß sie ›unendliche Interpretationen in sich schließt.‹«[66]

Aber immer noch weit davon entfernt, diese Überlegung auf das hier ausgewählte Beispiel anzuwenden, könnten wir uns einem weiteren »Klassiker« der Moderne zuwenden, etwa James Joyce. Und würde nun jemand nach deutschsprachiger Lesehilfe für dessen Text »Finnegans Wake« Ausschau halten, so könnte da Arno Schmidt ins Blickfeld geraten mit seinen »Überlegungen zur Lesbarmachung von ›Finnegans Wake‹«. In diesem Funkessay taucht die Frage nach der Bedeutung der in »FW«

[65] Alain Bosquet, in den »Cahiers d'Art«, 1936 in Paris erscheinend. Zit. nach Gabriele Wix (1990): Vampir und Verbrechen. Zu Max Ernsts Collagenroman ›La femme 100 têtes‹ (1929), S.47.

[66] Friedrich Nietzsche (1982): Die fröhliche Wissenschaft, S.270f.

2 mal 2 ist vier, im Zorne brüllt der Stier.

»ständig auftretenden ›Großen Vier‹« auf [67], und im Zuge der Überlegungen zu einer Interpretationsstrategie heißt es dann:

> »Aber sehr richtig: *ver*-schlüsseln ist um 500% und fast unanständig, leichter, als das Wieder-*Ent*schlüsseln! Denn wohl ist 2 mal 2 gleich 4; und ›ganz leicht & einfach‹. Wenn aber der Entzifferer die ›4‹ sieht; dann kann das ja 121 weniger 117 sein; oder 64 durch 16; oder Logarithmus 10 000; unendlich verwirrende Möglichkeiten präsentieren sich zunächst einmal.« (Ebd., S.231.)

Perspektivengewitter. Gestöber semantischer Partikel. Was gilt? »› ganz leicht & einfach ‹« »2 x 2«? Bringen wir »Vorurteile des gesunden Menschenverstandes (die unter Literaturwissenschaftlern besonders verbreitet sind)«[68] ins Spiel?

Lassen wir common sense als »gemeine Sense«[69] genau die Spitzen kappen, die als Kreativität, Innovation, Erweiterung, Neu-Beschreibung über das normativ Gesetzte, Geltende herausragen? Mit steifem Nacken und geneigter Stirn geradeaus zur DIN-Interpretation?

[67] Arno Schmidt (1981): Der Triton mit dem Sonnenschirm, S.225.

[68] Manfred Frank (1992): Wörter, Wörter, Wörter. Eine Abrechnung mit dem Poststrukturalismus, S.74. Kleine Querelle: »Mit den ›Resten an gesundem Menschenverstand‹, die er sich ›durch frühzeitiges Ausscheiden aus dem Club der Philologen bewahren konnte‹, hat er in seinem Buch ›Der andere Brentano. Nie veröffentlichte Gedichte. 130 Jahre Literatur-Skandal‹ einiges für die Netzbeschmutzung seiner Zunft getan.« (Ludger Lütkehaus (1992): Portrait eines Zwerges. Henning Boëtius: Restaurator und Künstler, S.75.)

[69] Oskar Pastior; zit. nach Harro Müller (1990): Zur Kritik herkömmlicher Hermeneutikkonzeptionen in der Postmoderne, S.599.

Unser Merksatz?[70] Oder lassen wir einmal Vorbehalte beiseite? »Wirklich angemessen wäre ein spielerischer Umgang. Gerade weil es um ernste Dinge geht, sollten wir versuchen, heiter von ihnen zu reden.«[71] (Ironie im literaturwissenschaftlichen Diskurs? Ironie ist eine rhetorische Figur.)

Ist denn die Vorstellung vom »semantischen Überschuß« der Zeichen, gerade im Kontext der Literaturkonvention, je prägnanter, witziger formuliert worden als mit Schmidts spitzbübischen Zeilen?

So wäre man also auch dabei gewesen, als die Zahlen laufen lernten, und schon reichen die Finger zum Abzählen der Lesarten nicht mehr aus. - Wie schließt man nun daran an? Immerhin wäre hier eine Beobachtung möglich, die zumindest der Vermutung, Interpretationen seien perspektivisch angeleitet, per se unabschließbar und unvermeidbar weitgehend entgegenkäme.[72]

Denn sehr wohl könnte dies zunächst als ein brauchbares, anschauliches Bild beschrieben werden, um schon rezeptionstheoretische Überlegungen daran anzuknüpfen, denn die gelieferten Lesarten von »4« sind ja keinesfalls falsch. Doch sind sie dasselbe wie »4« (wenn sie auch - »bestens« - passen)? Sind sie, unabhängig von einer Zuschreibung durch interpretierende Beobachtung, in »4« enthalten? Wäre insofern »4« dann doch nicht *die* richtige, weil abschließend einzig gültige Lesart von »2x2«, da schon bei diesem, sicher fundiert geglaubten Beispiel, die Operationen »64 durch 16« und »121 weniger 117« nicht dieselben sind, *deren* Bedeutung sowie die von »4« und »Logarithmus 10.000« - schon aufgrund des Wissens um verschiedene funktionale Aspekte und Möglichkeiten - wohl nicht deckungsgleich ist?[73] Lieferte insofern bereits bei diesem Beispiel - läßt man sich auf den Gebrauch und die angedeutete Bewegung ein -

[70] Mit Franz von Pocci (1989): Das Einmal Eins, S.232.

[71] Peter Bürger (1992,1): Schwarze Philosophie. Über die Aktualität des Poststrukturalismus. Entgegnung auf Manfred Frank, S.83.

[72] Ob man denn hier ein anschauliches Beispiel für die dekonstruktivistische Wendung vom »Gleiten des Signifikats unter der Signifikantenkette« (Lacan) finden mag, für die »radikal-konstruktivistische« Überlegung, daß prinzipiell jede Wahrnehmung schon perspektivisch angeleitete Interpretation sei?

[73] Der Marionettenspieler tut »etwas ziemlich Geistloses [...?] Keineswegs, antwortete er. Vielmehr verhalten sich die Bewegungen seiner Finger zur Bewegung der daran befestigten Puppen ziemlich künstlich, etwa wie Zahlen zu

Interpretation als »Anschlußhandlung« keine »Sinn-entnahme«, keine »Sinnrekonstruktion«, sondern »Sinnproduktion«?

Wir kommen also wieder auf die Zeichenhaftigkeit auch dieses Beispiels, auf die Arbitrarität von »2x2=4« zurück. Möglich wären also auch hier Fragen, die spätestens seit dem »linguistic turn« auch literaturwissenschaftliches Arbeiten anleiten. Doch auch Fragen nach Perspektiven, die lange Zeit Interpretationspraktiken anleiteten. Denn in folgender Hinsicht dürfte die Kritik von Jürgen Habermas aus »Erkenntnis und Interesse« noch immer zutreffen:

> »*Sinnverstehen* wird in methodologischer Hinsicht problematisch, wenn es, wie in den Geisteswissenschaften, um die Aneignung tradierter Bedeutungsgehalte geht: der ›Sinn‹, der expliziert werden soll, hat hier, seines symbolischen Ausdrucks ungeachtet, den Status einer Tatsache, eines empirisch vorgefundenen.«[74]

Wie sieht es in diesem Kontext mit unserem Beispiel aus? Liefert uns die Traditionspflege verschiedenen – und wenn ja, welchen gültigen – Sinn?

Wir bleiben am Ball. Denn das von Arno Schmidt gelieferte Bild wäre auch zu diskutieren hinsichtlich einer scheinbar naheliegenden Konsequenz, nämlich der, Literaturproduktion und -rezeption funktionierten oder erschöpften sich gar im Ver- und wieder Entschlüsseln (vor-)gegebener Sinngehalte, im lustvollen Wiederauffinden spitzbübisch versteckter Bedeutungen; Produktion und Rezeption gingen letztlich – nach Disziplinierung der »verwirrenden« und Reduzierung der »unendlichen« auf die »richtigen« Möglichkeiten – restlos auf in einer umkehrbaren Relation.

Gegen diese Vermutung wissenschaftstheoretische Argumente anzuführen ist wahrscheinlich müßig. Träfe sie nämlich zu, könnten wir dann nicht das gesamte, noch eher verniedlichend als »Betrieb« apostrophierte Literatursystem bequem im

ihren Logarithmen oder die Asymptote zur Hyperbel.« (Kleist (1980): Über das Marionettentheater, S.315f.) Auf das Schmidtsche Beispiel und seine Interpretation kommen wir später in zeichentheoretischer Perspektive zurück.

[74] Jürgen Habermas (1988): Erkenntnis und Interesse, S.204.

stillen Winkel der beliebten Rätselecke des ZEIT*magazins* ansiedeln?

Nun ist die »Interpretationsindustrie«[75] innerhalb dieses Systems ja selbst ein sehr differenzierter und unverzichtbarer Zweig. Würde Literaturwissenschaft aber sich selbst in den oben skizzierten Rahmen bescheiden, reduzierte sie die Interpretation (von »4«) auf das, der Norm gemäß »richtige Ergebnis« (»2 x 2«), dann würde sie wohl zur »5. Grundrechenart«[76], der das »Werk stets gegenwärtig«[77], sein Sinn als Ergebnis vorgegeben ist, und die unter Ausblendung aller Brüche, aller imaginären und komplexen Größen, der Logarithmen und nichteuklidischen Verfahren den Schlußstrich zieht, um auf diesem dann »den Rest« zurechtzubiegen und ein harmonisches Ganzes zu liefern.

Wäre ihre hervorragende Aufgabe dann noch anders zu modellieren denn als »Rätselraten im Höheren Ton«[78], durch das zuletzt eben »die richtige Bedeutung« (als die durch Verfasserinstanz intendierte) ermittelt würde? Die wieder einmal gestellte Frage nach der »gesellschaftlichen Relevanz« des Faches Literaturwissenschaft nährt sich offensichtlich von dieser Annahme. Träfe diese zu, wäre damit nicht auch die Frage hinreichend beantwortet?

Wer aber wollte ernsthaft für sich reklamieren, er könne diese introspektive Leistung - also die Ermittlung von Autorbewußtsein als Autorintention - restlos erbringen?

(Was macht derweil eigentlich Arno Schmidt?)

Blicken wir zurück zu seinem Funkessay über »Finnegans Wake«, so konzediert dort auch bereits die Position des Sprechers, »das tolle Wort vom ›Leser der den Inhalt bestimmt‹ (habe seine) vollkommene Berechtigung« (ebd., S.228). Vieles spricht in erkenntnistheoretischer Perspektive dafür. In der Rezeptionsgeschichte zu Arno Schmidt liegt ein geradezu paradigmatisches Beispiel vor, und dies - wir bleiben beim Beispiel -

[75] Gerhard Roth: Die Kultur vernichtet die Kunst, in: Die Zeit, 27.3.1987, S.67.

[76] In Anlehnung an Christoph Hein (1990): Die fünfte Grundrechenart. Rede auf der Tagung des Ost-Berliner Schriftstellerverbandes v. 14.9.1989.

[77] Jürgen Fohrmann und Harro Müller (1988): Einleitung: Diskurstheorien und Literaturwissenschaft, S.12.

[78] Arno Schmidt (1981), S.203.

bereits mit Blick auf die oben zitierte »rezeptionstheoretische Überlegung« von Schmidt selbst: Boy Hinrichs nämlich beruft sich zur Unterstützung seiner Schmidt-Interpretation zustimmend auf diese Formel[79], Stefan Gradmann dagegen schließt, aus seinen »Bemerkungen zur Zeichensynthesis in ›Finnegans Wake‹ dürfte ersichtlich sein, daß schon die folgende Grundvoraussetzung Schmidts falsch ist«[80], die nämlich, meint Gradmann, die Hinrichs affirmativ zitiert (nämlich Schmidt 1981, S.231).

Unter welchen Voraussetzungen aber sollen wir diesen Unterschied (diese »Differenz«) endgültig einebnen? Wer hat nun - »2x2=4« - abschließend recht? Literaturwissenschaft als Zerschlagung des semantischen Knotens? Der entblätterte Sinn? »Das Schreiben eines Romans ist ein umgekehrter Striptease«?[81] Demzufolge betreiben wir - Literatur-Voyeure - »Textualität als Striptease«[82]? Bis zur nackten Wahrheit, zum Ur-Text, kommentarlos?

Doch bleiben wir nicht bei Schmidts Arno hängen, - nichts gegen Joyce, als ob dieser nicht selbst Zahlenjojo gespielt hätte:

> »Nummern, das stimmt. Alle Musik überhaupt, wenn mans recht bedenkt. Zwei, multipliziert mit zwei, geteilt durch die Hälfte, ist zweimal eins. [...] Man kann machen was man will, wenn man mit Zahlen jongliert. Immer kommt raus, daß dieses gleich jenem ist, Symmetrie einer zementierten Kirchhofsmauer.«[83]

Werfen wir also diese Fragen auf: Kann man mit Texten machen, was man will? »Anything goes«? Pure Beliebigkeit?

Es besteht ja schon bei der Schmidtschen Variante ein Verdacht: In gewisser Hinsicht entsprechen schon die verschiedenen, von Schmidt angegebenen Operationen nicht der Bedeutung von »2x2«. Beziehen wir uns hier einmal auf die Vierzahl.

[79] Boy Hinrichs (1986): Utopische Prosa als längeres Gedankenspiel, S.62.

[80] Stefan Gradmann (1986): Das Ungetym, S.75f.

[81] Mario Vargas Llosa, zit. nach: Fritz Gesing (1992): Die Schreib-Maschine. In: Die Zeit, 6.11.1992, S.23.

[82] David Lodge (1990): Schnitzeljagd. Ein satirischer Roman, S.27 (und bes. S.31-35).

[83] James Joyce (ohne Jahreszahl): Ulysses, S.385.

Denn Vieldeutigkeiten und Widersprüche sind bei deren Interpretation außerhalb rein operationaler Kontexte unvermeidlich. Die »4« mit Inhalt zu füllen erfordert Entscheidungen, die durch »die Sache 4« nicht determiniert werden, nicht kontextunabhängig nachvollziehbar sind. Auch hier gilt: »unendlich verwirrende Möglichkeiten bieten sich zunächst einmal« (so man etwa den lexikalischen, den kulturhistorischen Filter ausschüttelt):

»Literarisches Quartett«, anders gemischt: Für die Literatur im deutschen Mittelalter sei nur erinnert an die »4 Elemente, 4 Temperamente, 4 Himmelsrichtungen, 4 Jahreszeiten, 4 Kardinaltugenden, 4 Weltreiche (nach Daniel), 4 Evangelien, 4 Kreuzesarme, 4 Tiere der Apokalypse, 4 Schriftsinne«.[84] Reichen »Vier Freiheiten« (F. D. Roosevelt) bei der Bedeutungszuweisung aus? Großes Spiel: Semantischer »Grand mit Vieren«.[85] Mit der Zeit wandern wir in die vierte Dimension. Flüchtige Viererbande: Mit vier Reitern auf dem Weg zur (semantischen) Apokalypse? In alle vier Winde zerstreut?

Diese Frage zumindest scheint klar: Ist diesen Zeichen eindeutig (kontextlos) Bedeutung ein- oder zugeschrieben?

»4 Evangelien«: 4 Fäuste –, »Vier Tage für ein Halleluja«?[86] »Vier Jahreszeiten«: Vivaldi? »4 Himmelsrichtungen«: Ost-West? Nord-Süd? Semantisches Gefälle?

Oder:
»Vier Elemente
Innig gesellt,
Bilden das Leben,
Bauen die Welt.«

Empedokles verrührt die kosmischen Urstoffe des Mythos? Hier wird Schillers Punschlied zelebriert –, und trunken der Zitrone, des Zuckers, Wassers und des Geistes »Labet der

[84] Max Wehrli (1987): Literatur im deutschen Mittelalter, S.219.

[85] Z.B.: Bernd Loppow: Grand mit Vieren. Luftfahrt: KLM, SAS, AUA und Swissair unter einem Dach – Gefahr für Lufthansa. In: Die Zeit, 16.4.93, S.28.

[86] Cornelia Glees: »Vier Tage für ein Halleluja. Das schwierige Verhältnis zwischen Kunst und Kirche: Beim Kirchentag wird Toleranz demonstriert.« In: Süddeutsche Zeitung, 8.6.1993, S.15.

Quell«[87]. Doch die »Bausteine des Lebens« bleiben auch postmetaphysisch 4 an der Zahl: Adenin, Thymin, Guanin, Zytosin: Watson, Crick, Wilkins und die DNS, 1953, nunmehr vor 4 x 10 Jahren.[88] Jaja: die phantastische »4«.[89]

Immerhin bleibt für den abendländischen Kontext zu erwähnen: Mit der Konjunktur der Vierzahl »konkurriert [schon im Mittelalter] in gewisser Weise die Dreizahl, die nicht nur die Trinität bedeutet«.[90] Bleiben wir jedoch nicht vierschrötig-abendländisch, so spricht auch dafür einiges: »Nach der Entdeckung [Amerikas] verlor die Dreiheit ihre Vorrechte. Nicht mehr drei Dimensionen und eine einzige wahre Wirklichkeit: Amerika fügte eine weitere Dimension hinzu, die vierte, die unbekannte Dimension. Ihrerseits wurde die neue Dimension nicht vom Dreierprinzip beherrscht, sondern von der Zahl vier. Für die amerikanischen Indianer entsprachen Raum und Zeit, besser gesagt: der Zeit-Raum oder die Raum-Zeit [...] dem System der vier Kardinalpunkte: vier Schicksale, vier Götter, vier Farben, vier Zeitalter, vier jenseitige Welten. Jeder Gott hatte vier Gesichter, jeder Raum vier Richtungen, jede Wirklichkeit vier Seiten.«[91]

Verglichen mit der abendländisch rechnenden also 2x2? Begeben wir uns auf ein anderes Feld: Die »altindische Wunderkuh Kamadhenus hat 4 Euter, aus denen vier Milchströme sich ergießen. Es sind die vier Ströme des Paradieses, die vom Alten Testament aus viel früheren Vorstellungskomplexen übernommen wurden.«[92] Milch und Honig.

Die Vorstellungen reichen also sehr weit zurück und hoch hinaus: Würde »die Zahl 4 [nicht] auch ›Mond‹ heißen können, weil er vier verschiedene Phasen zeigt«?[93]

[87] Zit. nach: Friedrich Schiller (1983): Gedichte, S.47.

[88] Zur »4« vgl.: Endres und Schimmel (1990): Das Mysterium der Zahl, S.101-119. Im übrigen scheint seit geraumer Zeit ein neues Interesse an Zahlen zu bestehen; Aufsätze in so unterschiedlichen Zeitschriften wie »Cosmopolitan« (»Sieben + Sieben = Dreizehn. Rätselhafte Zahlen-Magie«, Heft 7/1992, S.52-56) und die Zeit-Serie »Zweisteins neue Zahlenrevue« (beginnend am 24.7.1992, über die »4« als »Vierfältig« am 14.8.1992, S.39) lassen darauf schließen.

[89] »Die Fantastischen Vier sind übrigens klasse! Allein *Arschloch* ist eine Gigantennummer.« (Herbert Grönemeyer, in: Wiener, Juni 6/1993, S.34).

[90] Max Wehrli (1987), S.219.

[91] Octavio Paz (1984): Zwiesprache. Essays zu Kunst und Literatur, S.10.

[92] Franz Carl Endres (1951): Mystik und Magie der Zahlen, S.127.

[93] Fritz Mauthner (1982): Beiträge zu einer Kritik der Sprache, Bd.3, S.150.

Vielleicht liegt uns solches aber auch nicht mehr nahe genug. Rücken wir zusammen. Unter 4 Augen gesagt: Hat nicht »ein boshafter katholischer Theologe, Victor White OP, in seinem Buch *Soule and Psyche* bemerkt, daß ›[C.G.] Jung für Vier getan habe, was Freud für Sex getan habe‹, d.h. ihr eine grundlegende psychologische Funktion zugesprochen«?[94] Vier - das höchste der Gefühle? Auf der Suche nach dem wahren Glück ins Kleefeld geraten, vierblättrig?

Was ist nun die »richtige« Bedeutung in »The Sign of the Four«[95]? Wer erinnert nicht Noten-Nöte der Schul- oder Studienzeit: »Schreibste 4, bleibste hier!«

Und was ist schon der Mensch? Ein »Rumpf und 2 x 2 Arme und Beine«.[96] Ja, da streckt man dann wohl - Sanguiniker, Choleriker, Phlegmatiker, Melancholiker hin oder her - endgültig ernüchtert alle Viere von sich.

Brechen wir hier also ab. Halten wir inne. Deklinieren wir unser Beispiel einmal artig durch: »1 ist Freiheit. 2 - Ursache (Gesetz). 3 - Abhängigkeit (Folge). 4 - Gehorsam.»[97] In diesem Sinne: Arno Schmidt - sein Funkessay wurde etwas vernachlässigt - hatte darin allerdings auch schon vorausgesetzt, daß »jede redliche ›Lesbarmachung‹ das ›andere Lesemodell‹ selbstverständlich ausreichend mit anführen« würde[98]. Damit bliebe, in der Konsequenz dieser Voraussetzung, Interpretation als Versuch der Ermittlung richtiger Bedeutung, in dieser Perspektive potentiell nicht abschließbar. So präsentiert der Schmidtsche Funkessay zuletzt denn auch eine Lesart, nämlich: »›4‹ war die ›Zahl der Gerechtigkeit‹« (ebd., S.251).Wird uns dies bei Schmidt auch eher mit dem Gestus »Tolle, lege!« (Augustinus) vorgeworfen, als Wissensbrocken ohne genaueres Herkunfts- oder Bestimmungszertifikat, so verweist diese Interpretation im abendländischen Kontext doch nicht nur auf ein hervorgehobenes, sondern geradezu auf ein Beispiel grandioser Einmaligkeit:

[94] Zit. nach: Endres und Schimmel (1990), S.118.
[95] Sir Arthur Conan Doyle, London 1890.
[96] Endres und Schimmel (1990), S.121.
[97] Novalis (1960): Schriften. Das philosophische Werk, S.229.
[98] Arno Schmidt (1981), S.230.

»Weil 4 so bereitwillig in die gleichen Hälften 2 und 2 zerfällt, galt 4 als Symbol für Gerechtigkeit. Ein Überrest dieser Vorstellung findet sich in der Redeweise ›a square deal‹ (ein gerechtes Geschäft). Die Orthogonalität der Seiten macht die Quadrat- oder Rechteckform ideal zu Bauzwecken. Vielleicht war es diese Solidität, die das Wort ›square‹ zur Bezeichnung für einen soliden (und irgendwie aufreibenden) Bürger werden ließ. Ein einmaliger Aspekt an 4 ist, daß 4 nicht nur 2 plus 2, sondern auch 2 mal 2 und 2 hoch 2 ist. Auf diesem Niveau der niedrigen Zahl ist die Unterscheidung zwischen Addition, Multiplikation und Potenzbildung noch nicht vollständig entfaltet.«[99]

Endlich: Hier können wir einmal restlos Gerechtigkeit üben. Innerweltliche Idealität. Elementarbaustein abendländischer Kulturgeschichte; Maßstab aller (gerechten) Dinge -, wir haben offenbar allen Grund, auf dieses Beispiel weiter zu bauen.

Doch wie weit reicht das Symbol? »Wo knüpft das Zeichen an die Welt an?«[100] Was wurde auf diesem Grund weiter errichtet?

Bleiben wir also bei »› 4 ‹ war die ›Zahl der Gerechtigkeit ‹«.[101] Wäre damit nun zwar des Kreuzworträtselns ein Ende, so aber abschließend Bedeutung wohl kaum gefaßt. Ersetzt wurde ein (sprachlich-mathematisches) Zeichen durch ein anderes, das in weit höherem Maße selbst wieder der Interpretation bedürfte: Was ist »Gerechtigkeit«? Wer wollte den potentiellen Antworten auf diese Frage, in abendländischer Tradition, um zwei Eckpunkte zu nennen, zwischen Sokrates und Jacques Derrida, in der Kürze gerecht werden, wenn nicht - Komplexitätsreduktion - derart, daß gar ein juristischer Zugriff erfolgte? Im strikten Bezug auf gesetztes Recht ist interpretierende Bewegung zu einem vorläufigen Stillstand zu bringen, denn - so Derrida - das »Recht ist das Element der Berechnung; es ist nur (ge)recht, daß es ein Recht gibt, die Gerechtigkeit indes ist unberechen-

[99] Rudy Rucker (1988): Der Ozean der Wahrheit oder Die Fünf Arten zu denken. Über die logische Tiefe der Welt, S.69. (Im Verweis auf kulturgeschichtlich vermittelte Zahlenmuster.) Und die Vertauschung von »2x2=4« und »2+2=4« lassen wir nunmehr - gerechterweise - erst recht durchgehen.

[100] Wittgenstein (1981): Philosophische Bemerkungen, S.70.

[101] Arno Schmidt (1981), S.251.

bar: sie erfordert, daß man mit dem Unberechenbaren rechnet.«[102] Und so läßt sich beobachten, »was manchmal zutrifft« (ebd., S.48), daß nämlich »sich der Richter als eine Rechenmaschine« (ebd.) erweist. Denn, mag der Angeklagte sich auch noch so winden, –

»Staatsanwalt: Wieviel ist Ihrer Ansicht nach zwei mal zwei?
Adolf: Herr Staatsanwalt, ich bin kein Mathematiker.«[103]
– die Rechnung wird zum Abschluß gebracht:
»Die Untersuchungsrichterin: Zwei mal zwei ist vier.«[104]

Ausgerechnet. Der Interpretationsmaschinerie wird die Wurzel gezogen.

Dies heißt wohl kaum, daß das Feld der Jurisprudenz mit purer Logik und Arithmetik beackert wird. Wem die Interpretation von Gesetzen alles andere als nachvollziehbar, als unlogisch erscheint, und wer darüber klagt, könnte sich mit den Bemerkungen eines nüchternen Gesetzgebers konfrontiert sehen:

»›Sie beherrschen die Mathematik?‹
›Ja!‹
›Die Gesetze funktionieren wie die Mathematik:
Manchmal gibt 2 und 2 5; setzen Sie sich.‹«[105]

Denn: »Recht ist nicht nur Interpretation, sondern Interpretationsherrschaft«?[106]

Im übrigen kommt der Hinweis auf die Interpretation abschließenden, selbst interpretatorisch operierenden Festlegungen auch im Kontext von Arno Schmidts Texten nicht von un-

[102] Jacques Derrida (1991): Gesetzeskraft, S.33f.

[103] Ephraim Kishon (1988): 2 x 2 = Schulze, S.108. (Auf diesen Text wird unten noch ausführlicher eingegangen.)

[104] Titel der Episode einer französischen Fernseh-Serie mit Simone Signoret. Regie: Claude Chabrol. WDF-TV Spiel (3. Programm), 4.5.1987.

[105] Frage und Anworten eines Kriminalbeamten; aus: »Das Gesetz der Angst.« US-Psycho-Thriller 1991. Regie: John Pasquin. Mit Victoria Principal, William Paul Sorvino, Danielle Harris, Jonathan Banks.

[106] So der Berliner Professor für Rechtsgeschichte und Zivilrecht, Uwe Wesel, der sich auf konkrete Beispiele bezieht, in: »Fast alles was Recht ist«; zit. nach: Die Zeit, 21.8.1992, S.38.

gefähr. Anknüpfend an die bisherigen Überlegungen lassen sich nämlich weitergehende Fragen stellen.

Verweilten wir nämlich noch ein wenig bei Schmidt, etwa bei seinem Text »Das steinerne Herz. Historischer Roman aus dem Jahre 1954«, so wird mit einer weiteren Variante eine Perspektive möglich, in der nach dem Status unseres Beispiels im Kontext geltender Sprachregelungen selbst zu fragen wäre.

Nennen wir ihn einen typischen Schmidt-Protagonisten, Walter Eggers mit Namen, mit Zitaten gut ausgestattet und mit Selbstvertrauen, satt, stets auf der Lauer nach der provozierenden Pointe, und beobachten wir ihn im Dialog mit einem auf Einhaltung der Norm pochenden Juristen, der sich also gestaltet:

> »*2 mal 2* (und er wurde beim bloßen Zuhören so wütend, daß man ihm bläßlich gut sein *mußte*!): ›Der Lügner würde behaupten: 5! – Der Neutrale: weder 3 noch 6.‹ – ›Und sonst kennen Sie keine Alternative?!‹ (erstickt; die besseren Kreise). ›Doch‹, sagte ich nachdenklich: ›soo – der vorsichtige Esoteriker würde sich etwa äußern: Logarithmus 10.000 oder so.‹ ›Und?: Wie wäre es mit 4!?‹ schlug er verächtlich vor. ›Ja, das sind die ausgesprochenen Fanatiker!‹ lehnte ich sofort ab: ›Denken Sie doch an die Politiker: die deklamieren auch nur vorsichtshalber von A.C. Kultur, diesem moro bianco; anstatt die Wähler simpel zu fragen: ‹Na wie iss es: wollt ihr wieder auf Kasernenhöfen liegen, mit der Schnauze im Dreck?› – – Neenee: gehen Sie mit Ihrer 4 weg!‹.«[107]

Wir halten die Nase im Wind und fragen weiter: Wer bestimmt? Was stimmt? Welcher Sprachregelung folgen wir? Auf welche Seite schlagen wir uns? Lügen? Unentschieden, standpunktlos bleiben? Kein Risiko eingehen? Ins Esoterisch-Abgehobene ab-

[107] Arno Schmidt (1985): Das Steinerne Herz, S.31. Schmidt bezieht sich hier auf Sprachregelungen im Zusammenhang mit der Debatte um die Wiederbewaffnung.

Anläßlich dieser Textstelle begann einst die Geschichte der vorliegenden Arbeit. Mit der Lektüre von Schmidts »Steinernem Herzen« und diesem Zitat setzte die Aufmerksamkeit für Gebrauch und Interpretationen von »2x2=4« ein. Und plötzlich lauerte das Beispiel an unzähligen Lektüre-Wegen.

driften? Dem Exaktheitsfanatismus huldigen? Welche Perspektive wählen wir?

Diskursive Praktiken geraten ins Blickfeld, die vor dem Hintergrund einer herrschenden Lesart (Stichwort: »Keine Experimente!«) Mechanismen von Bedeutungszuweisungen erkennbar werden lassen. Ein möglicher Blick auf die Verfestigung von Lesarten, ihre Sedimentierung zu fundamentalen Selbstverständlichkeiten. Aber nicht auch ihrer potentiellen Hintergehbarkeit und Aufbrechung?

Denn beschreibt man diese Variante, über eine zeitspezifische Perspektivik hinausgehend, als ein mögliches interpretations-theoretisches Modell, so geht es hier nicht mehr um das Heben richtiger Bedeutung, vielmehr wird Deutung, verstanden als Lieferung der abschließend richtigen Interpretation, als unmöglich betrachtet. Deshalb dann auch hier konsequent sabotiert?

Wenn denn die Frage nach und die geltende Antwort schon auf »2 x 2« nicht »in der Sache selbst« enthalten ist - wird auch sie determiniert durch einen - wenn wir das vorliegende Beispiel so interpretieren, ohne auf theoretische Konzepte in diesem Zusammenhang näher einzugehen - durch einen interessegebundenen »herrschenden Gedanken« (Nietzsche), mit dem die Bedeutung der Zeichen festgeschrieben und durchgesetzt wird?[108]

[108] »Die Macht des kritischen Diskurses bewegt sich auf mehreren Ebenen: die Macht der ›Überwachungs‹-Sprache - der Festlegung, daß bestimmte Äußerungen ausgeschlossen werden müssen, weil sie nicht dem entsprechen, was akzeptabel gesagt werden kann; die Macht, das Schreiben selbst zu überwachen, es als ›literarisch‹ oder ›unliterarisch‹, als dauerhaft Großes und populäre Eintagsfliege zu klassifizieren. Es ist die Macht der Autorität gegenüber anderen - der Machtverhältnisse zwischen denen, die den Diskurs definieren und aufrechterhalten, und denen, die selektiv zu ihm zugelassen werden: die Macht, denen Zeugnisse auszustellen oder zu verweigern, deren Fähigkeit, den Diskurs zu sprechen, als besser oder schlechter beurteilt ist. Und schließlich ist es eine Frage der Machtverhältnisse zwischen der literarisch-akademischen Institution, wo all dies vor sich geht, und den herrschenden Machtinteressen der Gesellschaft im Großen, deren ideologischen Bedürfnissen gedient wird und deren Personal durch den Erhalt und die kontrollierte Ausweitung des in Frage stehenden Diskurses reproduziert wird.« (Terry Eagleton (1992): Einführung in die Literaturtheorie, S.197f.) »Wir müssen also, trotz vermeintlicher akademischer Ruhe, den Blick auf die Machteffekte lenken, die die Literaturtheorien bestimmen und vor allem auf jene, die sie selbst verursachen. Literaturtheorie hat auch in einer Zeit vermeintlicher akademischer Harmonie politische Dimension.« (K.-M. Bogdal (1990): Einleitung, S.24.)

Weitgehend unstrittig wurde, daß Bedeutung den Zeichen nicht inhärent ist, sich Bedeutung - in dieser Perspektive - aufgrund von Zuweisungen ergibt, die Stoppregeln erfordern, sollen sie nicht beliebig werden. Wie erfolgen die Festlegungen? Wie kommen wir zu »2x2=4«? Nicht immer wird es so deutlich:

> »Ich untersage Ihnen, weiter doppeldeutige Gedichte zu schreiben! Auch keine dreideutigen! Wir haben Experten, die alles entschlüsseln!«[109]

Wer zweifelt schon anläßlich von »2x2=4« an seiner Kompetenz? Mag es noch immer eher irritieren: Mechanismen einer diskursiven Terrainbesetzung können nun aber entgegen der weit verbreiteten Annahme, dies sei ein wertneutrales, theorieunabhängiges Phänomen, genau an »2x2=4« anschaulich gemacht und demonstriert werden. Ganze Interpretationsindustrien, die hier ihren Claim abstecken. Schürfrechte reklamieren. Massiv investieren. Und ausbeuten.

Gezeigt werden kann, wie der Wechsel des Referenzrahmens den vermeintlich stabilen Referenten »2x2=4« beständig verbiegt, seinen »Sinn« verändert. Eingangs ließ sich vermuten, man unternehme keinen wackligen Brückenschlag über Zeiten, Sprachräume und Kulturen, wenn man sich auf »2x2=4« bezieht, da dies ein vermeintlich absolut sicheres Erkenntnis-Fundament markiert. Ob nicht aber auch »2x2=4« seine Bedeutung ändert und dies abhängig vom diskursspezifischen Ort seiner Erzeugung? (Wäre schon hier zu zeigen, daß mit der These von der Konstruktivität, also nicht Vorgängigkeit von Sinn, komplementär die einer zunehmenden Verantwortlichkeit der modernen Gesellschaft zu verbinden wäre?)

Versuchen wir diesen Fragen also anläßlich von »2x2=4« weiter nachzugehen, denn ausgehend von dem letzten Schmidt-Zitat sind einige Anschlußbeobachtungen möglich. Blickt man daraufhin nämlich einmal genauer in unsere alltäglichen Diskurse, sei es die privater, politischer, wissenschaftlicher Art, so werden anläßlich des Beispiels Bausteine einer Rhetorik des Selbstverständlichen beobachtet. Auch der Modus des ent-

[109] Ein Jenaer Stasi-Offizier 1976 zu Lutz Rathenow, vom Schriftsteller mitgeteilt in der FAZ und abgedruckt im Spiegel 49/1991, S.267.

schieden Unverbindlichen, des per se Unentscheidbaren wird hiermit in Form gebracht. Auf welche Fundamente gründen sich diese Redeweisen? Worauf gründet unser Beispiel? Ist es eigentlich ein »Sachzwang«, zu sagen, »2x2=4«?

> »Derjenige der sagt, daß 2 mal 2 4 sei, hat der mehr Kenntnis, als derjenige welcher sagen möchte: 2 mal 2 ist 2 mal 2?«[110]

Skeptiker treten auf: *Was* wissen diejenigen überhaupt, die sagen: »2x2=4«? *Wie* verbindlich ist dieses Wissen und *wie* kommt es überhaupt zustande? Zu stellen wären also Fragen nach einer Ontologie, aber auch Methodologie bei der Erzeugung des Beispiels.

Und was hat das mit Literaturwissenschaft zu tun?

Zwar ist uns nun »2x2=4« bereits wiederholt in literarischen und nicht-literarischen Kontexten begegnet, aber deshalb noch nicht unmittelbar erkennbar als prädestinierter Gegenstand (literatur-) wissenschaftlichen Interesses.

> »2 x 2 = 4, das ist noch kein Gedicht.«

So formulierte Kurt Schwitters in den Bemerkungen über das »Selbstbestimmungsrecht der Künstler«.[111] Aber wie sie bestimmen, die »Grenzen des Ästhetischen«?[112] Die Koordinaten des Literaturbegriffs sind – ja gerade auch »nach« Kurt Schwitters – längst nicht mehr als solche »der Sache Literatur« zu fassen. Die Beschreibung eines Phänomens als »literarisch« hängt in hohem Maße ab vom Kontext des Erscheinens und der favorisierten Perspektivik.

[110] D'Alembert, zit. nach Goethe (1893): Über Mathematik und deren Mißbrauch, S.80f.; ebenfalls zitiert bei Fritz Mauthner (1982): Beiträge zu einer Kritik der Sprache, Bd. 3, S.145: »Ob der (d'Alembert, Disc. prél.), der sagt 2+2=4, irgend etwas mehr weiß als der, der sich begnügt zu sagen, 2+2 ist 2+2?«

[111] Kurt Schwitters (1981), S.38.

[112] Karl Heinz Bohrer (1992): Die Grenzen des Ästhetischen, S.56f.

Dennoch aber mag das Phänomen »2x2=4«, insofern eine literaturwissenschaftliche, eher kulturgeschichtlich perspektivierte Arbeit darum kreist, als einer solchen Betrachtung nicht unbedingt würdig erscheinen, und dies gerade für ein Vorverständnis, das von der Erhabenheit großer Dichtung ausgeht, »kann man doch wohl nicht sagen, daß dies der Harfenklang echtester Poesie ist.«[113] (Andererseits: Kein Weihrauch, der sich uns vor den Blick legte.) Vor diesem Hintergrund befinden wir uns hier geradezu am anderen Ende der Skala, liegt allenfalls ein mikroskopisches Randphänomen, ein diskursives Quark-Teilchen der Kulturgeschichte, ein quasi subatomarer Text vor, von den Vorgaben her in keiner Weise kompatibel mit der Vorstellung vom literarischen Höhenkamm. Aber vielleicht gilt: »Es hört doch jeder nur, was er versteht.«[114] Und da wahrscheinlich auch hier »[e]rst die Theorie entscheidet [...], was man beobachten kann«[115], geraten die theoretischen Grundbausteine auch dieses Gipfels zunehmend als solche in den Blick, wird diese Vorstellung auf ihre Basis hin abgeklopft: Grundlagenforschung.[116]

Über die Bedeutung der Kunst war bei Hegel zu lesen: »ihre Form hat aufgehört, das höchste Bedürfnis des Geistes zu sein. [...] unser Knie beugen wir [...] nicht mehr«.[117] Aber das Knie beugen vor »2x2=4«, dieser Selbstverständlichkeit kulturwissenschaftliche Reverenz erweisen?

> »Literaturwissenschaft hat ja durchaus mit der Bedeutung von Zeichen zu tun. Eine Literaturwissenschaft, die sich für Buchstaben und Zahlen verantwortlich fühlt, wäre schon hübsch - es hat noch nie ein sprachliches System gegeben,

113 Hans-Georg Gadamer (1988): Gedicht und Gespräch. Überlegungen zu einer Textprobe Ernst Meisters, S.315 (mit Blick auf Withof, einen Nachfolger Hallers).

114 Goethe (1976): Maximen und Reflexionen, Nr. 887, S.163.

115 Wie Einstein für die moderne Naturwissenschaft formulierte, s.o., S.11.

116 Vgl. etwa Rembert Hüser: »Frozen Fritz«. Diskussionspapier zum Literaturwissenschaftlichen Kolloquium von Jürgen Fohrmann, WS 1992/93, Uni Bonn.

117 Hegel (1971): Vorlesungen über die Ästhetik, S.170. Vgl. zu dieser Hegel-Stelle zuletzt: Wolfgang Welsch (1992): Topoi der Postmoderne, S.36 und: Peter Bürger (1992): Prosa der Moderne, S.443.

in dem es nur Buchstaben gibt und keine Zahlen. [...] Man kann im übrigen auch Handbücher interpretieren.«[118]

Auch Bedeutungsvarianten und die Geschichte von (Leer-) Formeln wecken nicht als bloß eskapistische Unternehmen das Interesse kulturgeschichtlicher Beschreibung. Zeichentheoretiker machen gerade auch hier das Problem der Vieldeutigkeit zum Thema, das

»der ›entgleitenden Sinne‹ und der niemals eindeutigen Sprache (oder Zeichen, denn auch die syntaktischen Systeme: + - % = Wasser; + % = Erde, sind auf verschiedene Weise interpretierbar).«[119]

In diesem Zusammenhang läßt sich auch auf Ivan Illich verweisen: »H_2O und die Wasser des Vergessens«[120]. Präsentiert wird die Formel: »Wasser ist ungleich H_2O.« (Ebd., S.7.) Und so wird etwa zu fragen sein, ob das Gleichheitszeichen zwischen den verschiedenen Interpretationen von »2x2=4« einen gerechtfertigten Platz einnehmen könnte.

Zunächst ist es jedoch auch eine Frage des Stils, sich auf das »kleine Beispiel« als Analyse- oder Demonstrationsobjekt einzulassen. Zitieren wir einen Verbündeten als Mentor, Bertrand Russell, der auf »2x2=4« (bzw. »2+2=4«) immer wieder zurückgriff, um hieran Aspekte philosophischer Konzepte (auch eigener) zu illustrieren. Im Rückblick auf »die Entwicklung [s]eines Denkens« formulierte er 1959:

[118] Friedrich A. Kittler, zit. nach: Peter Michalzik (1992): Die digitale und die analoge Sicht der Welt, S.13. Freilich liest man bei Kittler auch an anderer Stelle: »Formeln lassen sich lesen und schreiben, aber schlechthin nicht interpretieren« (Friedrich A. Kittler (1993), S.16), – was der Interpretation ja wohl nur förderlich sein kann. Und so schließen wir uns nicht in diesen Kontext ein: »Die Mathematik und ihre Geschichte, obzwar das Zentrum neuzeitlicher Philosophie und Rationalität, werden anders als die Logik geisteswissenschaftlich eher verdrängt.« (Florian Rötzer in seiner Rezension zu Herbert Mehrtens: Moderne Sprache Mathematik. Eine Geschichte des Streits um die Grundlagen der Disziplin und des Subjekts formaler Systeme, Frankfurt/M. 1991; Süddeutsche Zeitung 1991.)

[119] Christa Dericum in ihrer Besprechung von Umberto Eco: Die Grenzen der Interpretation. München 1992; in: Süddeutsche Zeitung, 30.9.1992, S.25.

[120] Ivan Illich (1987): H_2O Und die Wasser des Vergessens.

»Die Hegelianer hatten immer behauptet, daß 2 + 2 = 4 nicht so ganz wahr sei; aber sie meinten damit natürlich nicht, daß 2 + 2 in Wirklichkeit 4,00001 oder etwas ähnliches ergibt. Was sie meinten (aber nicht sagten) war, daß es für das Absolute würdigere Gegenstände der Kontemplation gab als das kleine Einmaleins – weil es ihnen gegen den Strich gegangen wäre, sich so simpel auszudrücken.«[121]

Wertschätzungen spielen bei der Objektkonstitution und Diskussion offensichtlich auch eine entscheidende Rolle. Weniger Text- oder Objekteigenschaften als vielmehr Diskurseigenschaften bestimmen die fachwissenschaftliche Dignität.

»Nicht nur Partys müssen durch eine bestimmte Bearbeitungsweise erst zu lohnenden literarischen Gegenständen *gemacht* werden, sondern auch Shakespeare war nicht große Literatur, die bequem zur Hand war und dann von der literarischen Institution glücklich entdeckt wurde; er ist große Literatur, weil ihn die Institution als solche konstituiert. Was nicht heißen soll, daß er nicht ›wirklich‹ große Literatur ist – das ist einfach eine Ansichtssache –, da es so etwas wie Literatur, die unabhängig von der Art ihrer Behandlung innerhalb bestimmter Formen des gesellschaftlichen und institutionellen Lebens ›wirklich‹ groß oder ›wirklich‹ irgendetwas ist, einfach nicht gibt«, schreibt Terry Eagleton.[122] Seiner »Meinung nach ist es am sinnvollsten, ›Literatur‹ als einen Namen anzusehen, den die Menschen verschiedenen Arten des Schreibens innerhalb des ganzen Feldes dessen, was Michel Foucault die ›diskursiven Praktiken‹ genannt hat,

[121] Bertrand Russell (1988): Philosophie. Die Entwicklung meines Denkens, S.64. Auf Russell wird später noch ausführlicher eingegangen. Und wir behalten – »schlichtes Gemüt« hin oder her – den Luhmannschen Hinweis im Blick: »Mehr als andere Funktionssysteme ist die Wissenschaft […] ausdifferenziert durch die selbstgeschaffenen Probleme ihrer eigenen Kommunikation. Es gibt keine (oder nur extrem sekundäre) Gründe für das ›Fernhalten‹ anderer. Um so berechtigter ist der immer wieder zu hörende Appell, sich doch verständlicher auszudrücken und Wissen mehr zu verbreiten – nur daß niemand zu sagen weiß, wie das ohne Verlust an Sinngenauigkeit und Komplexität zu machen wäre.« (Luhmann (1992): Die Wissenschaft der Gesellschaft, S.626.)

[122] Terry Eagleton (1992): Einführung in die Literaturtheorie, S.196 f.

von Zeit zu Zeit aus verschiedenen Gründen geben, und daß, wenn es überhaupt einen Untersuchungsgegenstand geben soll, dieser eher dieses ganze Feld von Praktiken sein sollte als nur die, die ziemlich obskur als ›Literatur‹ etikettiert werden.« (Ebd.)

Denn zunächst kann ja schon vergleichsweise mühelos anläßlich von Beobachtungen der literaturwissenschaftlichen Praxis demonstriert werden, daß das »WIE« des Zugriffs, also etwa die Methodologie, das »WAS« des Zugriffs und damit auch den (ontologischen) Status konstituiert. Terry Eagleton folgert daraus, die Hoffnung, »sich an ein Objekt namens Literatur zu klammern« (ebd., S.199), sei verfehlt, und plädiert im folgenden für einen

»Weg, der weder ontologisch noch methodologisch ist, sondern strategisch. Dies bedeutet, daß nicht die Frage danach, *was* der Gegenstand ist oder *wie* wir uns ihm nähern sollten, an erster Stelle steht, sondern die, *warum* wir uns überhaupt mit ihm befassen wollen.« (Ebd., S.205f.)

In diesem Zusammenhang kommt unserem Beispiel dann mehr als der Status eines bloß stilistischen Favoriten zu. Stellt man die Frage nach »Grundlage und Wandel der Geisteswissenschaften«[123], nach den »Geisteswissenschaften heute«, wie dies in letzter Zeit wiederholt unternommen wurde[124], so sieht man deren interdisziplinär und kulturwissenschaftlich perspektivierte Paradigmatik für das Projekt einer

»neuen Anthropologie [dann] von Nutzen, sofern sie Zugänge eröffnet, die nicht allein Werke der Kunst oder Ereignisse der Geschichte, sondern alle Äußerungen menschlichen Handelns erschließen. Die Geisteswissenschaften werden

[123] Gunter Scholtz (1991): Zwischen Wissenschaftsanspruch und Orientierungsbedürfnis. Zu Grundlage und Wandel der Geisteswissenschaften.

[124] Vgl. etwa: »Geisteswissenschaften heute. Eine Denkschrift« (Wolfgang Frühwald, Hans Robert Jauß, Reinhard Koselleck, Jürgen Mittelstraß und Burkhart Steinwachs, 1991). »Wozu Geisteswissenschaften?« (Kursbuch 91, 1988). »Wozu noch Germanistik? Wissenschaft-Beruf-Kulturelle Praxis« (Hrsg. von Jürgen Förster, Eva Neuland und Gerhard Rupp, 1989). »Wozu Literaturwissenschaft?« (Hrsg. von Frank Griesheimer und Alois Prinz, 1991.)

im Dialog der Disziplinen unersetzbar bleiben, wenn es darum geht, einen Gegenstand aus seinem Begriff, aus seiner Geschichte, aus seinem Zeichencharakter oder aus seiner Form, nämlich philosophisch, historisch, sprachlich oder ästhetisch zu verstehen.«[125]

Auch in diesem Kontext erfolgt die Beobachtung von »2x2=4«: Interpretation ist ja kein konkreter Gegenstand, sondern vielmehr ein kaum faßbares vielschichtiges Phänomen, zu dem bereits - wie eingangs kurz skizziert - eine unübersehbare Fülle theoretischer Konzepte vorliegt. Metaphorisch gesprochen: Um den Täter »Interpretation« bei der Erzeugung von Wirklichkeiten dingfest zu machen, soll er hier über einen längeren Zeitpunkt und in verschiedenen Situationen beobachtet, verfolgt und - anläßlich von »2x2=4« - sozusagen auf frischer Tat ertappt werden.

Denn bei unserem Beispiel handelt es sich um ein Phänomen, von dem Variationen und Verwendungsweisen geradezu auf der Straße liegen. Sie nicht wahrzunehmen gehört zum blinden Fleck einer Optik, die das selbstverständlich Gewordene deshalb nicht perspektivieren kann, weil es den Standort der Beobachtung selbst bezeichnet (Für uns ist 2 x 2 eben 4!), weil es die Dignität einer solchen Zuwendung nicht zu verdienen scheint; ein auch spektakulärer Problemaufriß scheint hier ja kaum zu erwarten.

Hier jedoch Beobachtungen anzuknüpfen hat u. a. den Vorteil, »klein« anzufangen, nicht schon mit einem »Groß-Begriff« eine Menge vorauszusetzen, hat den Vorteil, daß hier ein Phänomen vorzuliegen scheint, das ja gerade nicht mit ideologischen und emotionalen Anteilen kontaminiert wäre, das sozusagen *das* Objekt einer Betrachtung »sine ira et studio« abgeben konnte: »2x2=4« - kleinster Nenner abendländischen Wissens?

Doch gerade anläßlich dieses Beispiels sind hohe emotionale und perspektivische Anteile der Phänomenkonstitution und des Gebrauchs, damit einhergehende semantische Verschiebungen demonstrierbar.

Und vor allem: Unser Beispiel ist dabei alles andere als beliebig herausgegriffen, alles andere als willkürlich gewählt. Hier geht es kaum um Minimalistisches. Anläßlich von »2x2=4« geht

[125] Fruhwald et al. (1991): Eine Denkschrift, S.71f.

es buchstäblich um ein Allerweltsphänomen, buchstäblich um Gott und die Welt. Gerade hier wird die Standortgebundenheit von Beobachtungen deutlich: Interpretationen »im Modus einer Input-Hermeneutik«[126]. Welche Perspektiven stellen wir dabei in Rechnung? So überraschend und vielleicht auch kontraintuitiv es zunächst auch sein mochte und immer noch sein mag, aber der folgende Aphorismus deutet das präsentierbare Spektrum bereits an, von dort aus ist dieses als eine Geschichte des Beispiels zu entfalten:

> »In dem Satz 2 mal 2 ist 4 oder 2 • 2 = 4 liegt wirklich schon etwas von der Parallaxe der Sonne, oder von der pomeranzenförmigen Gestalt der Erde.«[127]

Das Beispiel als *die* Projektionsfläche für Interpretationen, Argumentationen, Perspektiven: platonisch und prominent, paradigmatisch und programmatisch, politisch und privatistisch, peinlich, pomadig und protzig, permanent und penetrant.

Marginalien und grandiose Bedeutungszuweisungen, Slapstick-Aufnahmen und zentrale Bezugnahmen, kabarettistische und satirische Szenen, aber auch mit hohem Anspruch einhergehende Philosopheme tauchen in unserer Bibliothek auf. (Auf eine monoperspektivisch zentrierte Hierarchisierung wird verzichtet, gerade um die schillernde Vielfalt, den Facettenreichtum eines scheinbar eindeutigen, einfachen Phänomens und daran anschließbare Beobachtungen nicht unter den Teppich zu kehren, sozusagen mit diskursivem Filter abzusaugen.)

Hätten wir es also vielleicht bereits auf dieser Ebene (»2x2=4«) zu tun mit einem Text als »Maschine zur Erzeugung von Interpretationen«[128]? Eine Art diskursives perpetuum mobile, solange es Diskurse gibt?

[126] Wolfgang Welsch (1990,2): Für eine postmoderne Ästhetik des Widerstands, S.159.

[127] Lichtenberg (1984), S.49 (B 126). Dies bedeutet keinesfalls eine Erfolgsmeldung, so, als seien wir bei folgender Suche fündig geworden: »Ich habe gesucht, ich suche und werde weitersuchen nach dem, was ich das Totale Phänomen nenne, das heißt das Ganze des Bewußtseins, der Beziehungen, der Bedingungen, der Möglichkeiten und Unmöglichkeiten...« (Paul Valéry: Cahiers, XII, S.722; zit. nach: Italo Calvino (1991): Sechs Vorschläge für das nächste Jahrtausend, S.158.)

[128] Umberto Eco (1987,1): Nachschrift zum ›Namen der Rose‹, S.9.

Nicht nur die Bedeutung der Frage nach »2 x 2« (Kafka, Schmidt) wird dabei kontextabhängig variiert, nicht nur »2x2=4« über Sprachen, Kulturen und Zeiträume hinweg unterschiedlich instrumentalisiert, sondern das Phänomen »2 x 2 = 4« selbst wird durch Sinnzuschreibungen in Bedeutung und Aussage verändert, abhängig vom diskursspezifischen Ort seiner Verhandlung. Die verschiedenen Erklärungs- und Beschreibungsweisen erzeugen dabei nicht-kompatible Phänomene »2 x 2 = 4«. Und es wird am Ende das als konstitutiv für Wirklichkeitserfahrung, exemplifiziert an »2x2=4« beschreibbar, was gemeinhin als Problem der Interpretation von Literatur betrachtet wird: ihre Perspektivität, ihre prinzipielle Unabschließbarkeit. Müßte nicht auch für »2x2=4« gelten:

> »Ein Ding wäre bezeichnet, wenn an ihm erst alle Wesen ihr ›was ist das?‹ gefragt und beantwortet hätten. Gesetzt, ein Wesen mit seinen eigenen Relationen und Perspektiven zu allen Dingen fehlte, so ist das Ding immer noch nicht ›definiert‹«?[129]

Aber wäre dies einlösbar? Liefe dies nicht auf völlige Verflüchtigung hinaus? So kann auch gezeigt werden, wie inflationäre Bedeutungszuweisungen (anläßlich »2x2=4«) limitiert werden, um Kommunikation zu ermöglichen; für Beliebigkeit wird gerade nicht plädiert.

Damit läßt sich denn auch der Faden zu der eingangs skizzierten wissenschafts-theoretischen Situation wieder knüpfen. Angesichts ihrer Abstraktion und Irritation ertönt immer wieder der Ruf nach mehr Anschaulichkeit. Diskurstheoretische, radikal-konstruktivistische oder systemtheoretische Annahmen und Schlußfolgerungen laufen traditionellen (auch [literatur-]wissenschaftlichen) Annahmen gründlich zuwider. So soll hier nicht der Expertendiskurs fortgeschrieben werden, sondern es geht anläßlich des Beispiels um den Versuch einer anschaulichen Fallstudie.

Wollen wir an dieser Stelle das Beispiel nicht mit theoretischen Vorgaben überfrachten; lassen wir uns doch weiter auf seine Beobachtung ein. Vorerst stellt sich die Frage: Welches

[129] Friedrich Nietzsche (1984): Nachlaß, S.79.

Original, was liegt »2x2=4« zugrunde? Gilt auch hier: »Wir übersetzen, ohne den Urtext zu haben?«[130] »Rezipienten erzeugen Lesarten (Kommunikation), ohne Original«?[131]

Zum Grundbegriff konstruktivistischer bzw. systemtheoretischer Erkenntnistheorie wurde »Kommunikation«. Stand über einen längeren Zeitraum »Sprache« paradigmatisch in dieser Rolle, so heißt es etwa im Rahmen der Luhmannschen Konzeption, »daß man von Sprache auf Kommunikation als Grundbegriff umstellen muß.«[132] Pointiert und auf unser Beispiel angewandt:

> »Nichts ist ewig, grundsätzlich kann alles verändert werden. Auch zwei mal zwei ist nur so lange vier, als eine durch Kommunikation befestigte Konstruktion aufrechterhalten wird. In diesem Fall freilich eine Konstruktion, die sehr resistent ist gegen Veränderung, da sie bereits bei der Vereinbarung über die zugrundeliegende Logik ansetzt. Daß diese Logik so wenig infrage gestellt wird, ist aber kein Beweis für ihre Richtigkeit; es ist nur ein Hinweis dafür, daß diese Konstruktion sich relativ gut bewährt hat.«[133]

Dies mag - je nach kommunikativ vermitteltem Standard - selbstverständlich oder eher irritierend sein. Die durch »Kommunikation befestigten Konstruktionen« müssen dabei als solche eben nicht mehr bewußt in den Blick geraten, es sei denn, sie werden genau auf diesen Punkt hin, hinsichtlich »ihrer« Selbstverständlichkeit befragt. Dies soll hier unternommen werden, und es wird sich dabei zeigen lassen, daß auch schon »2x2=4« als Vehikel rhetorischer Präferenz(en) erscheint, das ebenso wie die sich darauf beziehenden Konzepte »an sich« eine zumindest labile Größe ist, die erst in geborgter Affinität oder hergestellter Differenz, die erst vor dem Hintergrund anderer Größen und Zeichen Gestalt gewinnt.

[130] Günter Eich: Der Schriftsteller vor der Realität. Zit. nach Wolfgang Hildesheimer (1969): Die Wirklich-keit des Absurden, S.64.

[131] Um die handliche Formel von Siegfried J. Schmidt anzuführen (Schmidt 1988, S.151).

[132] Luhmann (1992): Die Wissenschaft der Gesellschaft, S.51.

[133] Klaus Merten (1990): Inszenierung von Alltag. Kommunikation, Massenkommunikation, Medien, S.19.

Zur Motivation

> »Eine ›Kritik der kleinen Vernunft‹ tut not. Hat die vielbeschworene Weisheit in der okkasionellen Vernunft ihr Zukunftsziel? Mikrovernunft der Situationen - einzige ökologische Nische der Weisheit - angesichts der großen Unvernunft des Ganzen? Ist das ein postmoderner Widerruf der Grundsatzweisheiten dieses unseres Abendlandes? Fragen, Fragen … Offene, unvollendete. Der Status nascendi, bleibende Geburtswehen, und die ewige Unvollendetheit scheinen das Schicksal der Philosophie zu sein: dynamischer Zoom des Seins? Nein, des unverbesserlichen(?) Werdens.«[134]

Steigen wir von der Höhe herab. »2x2=4«: Die Mühe der Ebene. Betrachten wir die Basis, das, was scheinbar unerschütterlich gilt. Hier schließen wir an, beginnen den Prozeß, nehmen nichts als selbstverständlich hin, solange nicht die Voraussetzungen geprüft wurden. »Ich mache mich auf die Suche nach den Stoffen, aus denen unsere Selbstverständlichkeiten bestehen.«[135]

> »Die Philosophie soll nichts erklären oder begründen. Eine philosophische Betrachtung soll darin bestehen, das bereits Bekannte und Selbstverständliche, aber Unbeachtete in einer solchen Weise zusammenzustellen, daß keine Veranlassung zum Philosophieren mehr besteht.«[136]
> »Was wir liefern, sind eigentlich Bemerkungen zur Naturgeschichte des Menschen; aber nicht kuriose Beiträge, sondern Feststellungen, an denen niemand gezweifelt hat, und die dem Bemerktwerden nur entgehen, weil sie ständig vor unsern Augen sind.«[137]

[134] Hans Lenk (1987): Kritik der kleinen Vernunft, S.82.
[135] Ivan Illich (1987): H_2O und die Wasser des Vergessens, S.8.
[136] Jan Riis Flor (1993, S.232) über den »späten Wittgenstein«.
[137] Ludwig Wittgenstein (1984): Philosophische Untersuchungen Nr. 415, S.411.

Behaupten wir nicht, dies sei *das* repräsentative Beispiel, aber was liegt uns da näher als »2x2=4«? Und war zu Beginn auch vermutet worden, »2x2=4« rechne man immer ohne alle Skrupel, bestand der Verdacht, wer »2x2=4« interpretiere, mache sich lächerlich, sind universalistisch gemeinte Appelle auch mit Skepsis zu behandeln, so wurde das hier perspektivierte Projekt, eher am Rande der »Aufklärung«, längst in Auftrag gegeben.

> »Man soll öfters dasjenige untersuchen, was von den Menschen meist vergessen wird, wo sie nicht hinsehen, und was so sehr als bekannt angenommen wird, daß es keiner Untersuchung mehr wert geachtet wird.«[138]

Und Lichtenberg lieferte auch gleich das Zeichen mit, in dem wir in dieser Arbeit nun weiter antreten:

> »Zweifle an allem wenigstens ein Mal, und wäre es auch der Satz: zweimal 2 ist 4.«[139]

Wer sich, mit Lichtenberg im Gepäck, auf in die Kulturgeschichte macht und in der Gegenwart bewegt, hat jedenfalls »Aufklärung« nicht unbedingt als Epoche diszipliniert.

Ob sich das aber rechnen wird? In jedem Fall ist diese (kulturgeschichtliche) Rechnung, soweit wir die Bilanzen einsehen, noch offen.

[138] Lichtenberg (1984), S.32, KA 13.

[139] Ebd., S.534, II/136,4. Das bedeutet allerdings nicht, dabei völlig abzutauchen: »Zweifel muß nichts weiter sein als Wachsamkeit, sonst kann er gefährlich werden.« (Ebd., S.279 (F 443).)

Als aktuelle Variante: Ulrich Beck: Der Zweifel – eine Lebenskunst. Plädoyer für ein aufklärerisches Prinzip der modernen Gesellschaft. In: Süddeutsche Zeitung, 27.1.1993, S.13: »[…] in welcher Gesellschaft leben wir eigentlich? […]: in einer Moderne, die an sich selbst zu zweifeln beginnt, die, wenn es gut geht, den Zweifel zum Maßstab und Baumeister ihrer Selbstbegrenzung und Selbstveränderung macht. Zweifel befreien. Und zwar gerade auch von der Expertenherrschaft, der sie an die Macht verholfen haben. […] Zweifel – die Spätmoderne wird mehr Namen für ihn haben als die Eskimos für Schnee.« Aber selbstverständlich läßt sich der Zweifel auch auf diese Art Zweifel hetzen: Genügen wir hier bloß »dem überholten Plädoyer für eine skeptische Kultur«? (Ludger Heidbrink: Zurück zur Bescheidenheit. Der resignierte Utopist als Skeptiker: Heinz Abosch über ›das Ende der großen Visionen‹. In: Die Zeit, 28.5.1993, S.19.)

»... und flicke daraus etwas zusammen«[140] – Methodisches

> »Die Philosophie in ein Prokrustesbett zwingen zu wollen, beraubte sie ihres eigentlichen inhaltlichen Kerns, der mit der Freiheit und dem Humanum ebenso zu tun hat wie mit Kunst, Lebenskunst, Stil, Kreativität und Poiesis wie auch mit Antidogmatismus, Ironie, Humor und – last but not least – allen Weisen der bewußten und durchdachten Selbsterfahrung.«[141]
>
> »Es gibt keine alleinwissendmachende Methode der Wissenschaft! Wir müssen versuchsweise mit den Dingen verfahren, bald böse, bald gut gegen sie sein und Gerechtigkeit, Leidenschaft und Kälte nacheinander für sie haben. Dieser redet mit den Dingen als Polizist, jener als Beichtvater, ein dritter als Wanderer und Neugieriger.«[142]

Ob dieses Design nicht auch einer Literaturwissenschaft gut stünde, so sie denn wirklich »allherbstlich die Haute Couture ihrer Methoden wechselt«[143]? Andere kritisieren anders, bemäkeln eine High-Tech-Methodik, plastik-verpackt und abwaschbar samt Kreativitätskondom: »Wie verkehre ich regel-

[140] Lichtenberg (1984), S.527 (I/23,6). (Man könnte natürlich weiterhin einfach von »Konstruktion« sprechen. Doch das erinnert – zumal einen ausgebildeten Technischen Zeichner – manchmal doch zu sehr an Reißbrett, rechte Winkel und ein ebensolches Maß: 2x2=4.)

[141] Hans Lenk (1987): Kritik der kleinen Vernunft, S.105. »Die Methode kommt als Ausschluß des Interpretationsbedürfnisses in die Philosophie, als Reflexion auf in sich zu Ende kommende, ›notwendige‹ Verbindungen ohne fraglichen Rest, als Lösung durch Auflösung des Problematischen ins Unproblematische. Sie ist die Arbeit an einem Begriff des Zeichens, nach dem es ›für‹ eine, für ›seine‹ Bedeutung stehen soll. Wo eine restlose Auflösung des Problematischen, Interpretierbaren, also des Zeichens in verstandene Bedeutungen durch Methode nicht aussichtsreich sei, solle man überhaupt nicht weitersuchen.« (Josef Simon (1989): Philosophie des Zeichens, S.33.)

[142] Friedrich Nietzsche (1983,1): Morgenröte, S.238.

[143] Roger Willemsen (1991): Tragödien der Forschung. Über eine Literaturwissenschaft ohne Literatur, S.48.

mäßig mit der Literatur, ohne geistig in andere Umstände zu kommen?«[144]

Lassen wir uns also darauf ein: Erfahrungen machen mit Texten. Essayistisch verfahren. Fachgrenzen einmal übersehen.

> »Durch das planlose Umherstreifen, durch die planlosen Streifzüge der Phantasie wird nicht selten das Wild aufgejagt, das die planvolle Philosophie in ihrer wohlgeordneten Haushaltung gebrauchen kann.«[145]

Wir kleinen Strolche: In fremden Revieren wildern? Wo kommen wir da hin? Aber besitzen wir für unser »2x2=4« nicht alle den gleichen Jagdschein? Grenzmarkierungen scheinen hier doch gar nicht vorhanden. Oder werden sie bloß übersehen? Liegt Staub drauf?

Versuchen wir es so:

> »Lesen heißt borgen, daraus erfinden abtragen.«[146]
> »Habe nie ein Hehl aus meinen Quellen gemacht, Zitat ist Teil meiner Schreibmethode, dies alles habe ich entlehnt: seht her und sieh da!«[147]

Wissenschaft betreiben als den Versuch, »›Dinge zueinander in anmutige Beziehung zu setzen‹ (... ut res sibi pulchra proportione respondeant)« .[148]

Keinesfalls wird hier eine abschließende Erklärung geliefert, keine Resolution. »2x2=4«? »›Deutlichkeit ist eine gehörige Vertheilung von Licht und Schatten.‹ *Hamann.* Hört!«[149] Angeboten wird »ein Durch-Imitieren ein Wandern durch ein Motiv,

[144] Harald Fricke (1991): Literatur und Literaturwissenschaft. Beiträge zu Grundfragen einer verunsicherten Disziplin, S.174.

[145] Lichtenberg (1984), S.444 (J 1278).

[146] Ebd., S.237 (F 7).

[147] Friederike Mayröcker (1985): Das Herzzerreißende der Dinge, S.30. Oder: »Einen Menschen ganz aus Zitaten zusammensetzen.« (Robert Musil (1955): Tagebücher, Aphorismen, Essays und Reden, S.226).

[148] Giambattista Vico: De antiquissima Italorum Sapientia, 1710, Ch. 7, §IV. Zit. nach Ernst von Glasersfeld (1992): Aspekte des Konstruktivismus: Vico, Berkeley, Piaget, S.23.

[149] Johann Wolfgang Goethe (1976): Maximen und Reflexionen, Nr.251, S.56.

eigentlich [sind] es Variationen eines einzigen Themas«.[150] Diesem »nähere [ich] mich mit Tangenten und Marginalien, mit reflektierenden Einschüben und ausführlichen Hinweisen auf vertiefende Literatur«.[151], auf langen Umwegen und mit (radikalen) Abkürzungen, mit Beobachtungen in Alltag, Wissenschaft und anderen gesellschaftlichen Bereichen, in Sprüngen über (Kultur-, Sprach-)Räume und Zeiten. Wiederholt werden dabei scheinbar längst »offene Türen« stürmisch eingerannt (Was verbirgt der Hinweis, was liegt dahinter?), und nicht wenige Wegmarken werden wahrscheinlich einfach übersehen: Stolperdrähte zeigen sich erst retrospektiv; gemeinsam mit Umwegen, um ein asiatisches Sprichwort abzuwandeln, verbessern sie vielleicht die Orientierung.

Und das alles anläßlich von »2x2=4«? Wird das gutgehn? »Den Sprunggelenken der Assoziationen vertrauen: Verbindungen *finden*, nicht suchen«?[152] Ein Seiltanz, ohne Netz und doppelten Boden?

> »[...], weil der vorliegende Text ein Essay ist. Ein Essay ist Versuch, andere zum Überlegen anzuregen, sie zu Nachträgen zu bewegen. [...] Beim Auflegen eines Essays geht es also nicht darum (wie etwa in einem Experiment), etwas zu belegen oder zu widerlegen, sondern darum, dialogisch alles immer wieder neu zu überlegen. [...] Das eben ist das Dramatische am essayistischen Denken: Es kennt seine eigene Inkompetenz und wendet sich an Kompetentere, um den Versuch fortzuführen.«[153]
>
> »Die Entstehung des Neuen ist Ausfluß einer Paradoxie, die sich [...] als ein ›Flik-Flak‹ zwischen den Eingebungen des Subjekts und der intersubjektiven Verhandlung dieser Eingebung im Rahmen des Kommunikationsprozesses niederschlägt. Das ist sicherlich eine abstrakte Beobachtung.«[154]

[150] Friederike Mayröcker (1987): Die Abschiede, S.159.

[151] Ivan Illich (1987): H_2O und die Wasser des Vergessens, S.9.

[152] Wolfdietrich Schnurre (1981): Der Schattenfotograf, S.53.

[153] Vilém Flusser (1992): Die Schrift. Hat Schreiben Zukunft?, S.143f. Für essayistisches Schreiben im literaturwissenschaftlichen Zusammenhang hat zuletzt Bernd Scheffer plädiert (1992: Interpretation und Lebensroman). Dort auch umfangreiche bibliographische Angaben zum Thema.

[154] Dodo zu Knyphausen (1992): Paradoxien und Visionen. Visionen einer paradoxen Theorie der Entstehung des Neuen, S.156.

Und wie läßt sich dies konkreter, kürzer, prägnanter sagen? Wie bringt man, mit spitzer Feder, essayistisches Schreiben auf den Punkt?

> »Logik ist die Feindin der Kunst. Aber Kunst darf nicht die Feindin der Logik sein. Logik muß der Kunst einmal geschmeckt haben und von ihr vollständig verdaut worden sein. Um zu behaupten, daß zweimal zwei fünf ist, hat man zu wissen, daß zweimal zwei vier ist. Wer freilich nur dieses weiß, wird sagen, jenes sei falsch.«[155]

Lesen und Schreiben als »eine Art mentalen Essens und Trinkens«[156]. Versuchen wir dieses Rezept: Essay als Appetithappen, als das,

> »was Jakob Böhmes unsterbliche Werke in Prose sind, eine Art Picknick, wobei der Verfasser die Worte (den Schall) und der Leser den Sinn stellt. Will er nicht, oder kann er nicht, gut so läßt er's bleiben. Zu einem solchen Kränzchen finden sich immer Leute.«[157]
> Der Text als Appendix? Als Endlager in kulturellem Entsorgungspark?
> »Freilich tut, um dergestalt das Lesen als Kunst zu üben, eins vor allem not, was heutzutage gerade am besten verlernt worden ist [...], zu dem man beinahe Kuh und jedenfalls nicht ›moderner Mensch‹ sein muß: das Wiederkäuen...«[158]

»2x2=4«: ein frugales Mahl? Gehen wir also zu Tisch. Bedienen wir uns. Halten wir die Augen offen und sehen uns zunächst einmal in unserer unmittelbaren Umgebung, im Alltag um.

[155] Karl Kraus (1986): Aphorismen, S.325. (Zuerst: Die Fackel, Nr. 381/382/383, 19.9.1913, S.72.)

[156] Werner Dürrson (1986): Wie ich lese? - Selbstbefragung eines Autors, S.23.

[157] Lichtenberg (1984), S.192 (E 103).

[158] Friedrich Nietzsche (1983): Zur Genealogie der Moral, S.15.

II. Paare, Passanten: Alltägliches »unter lauter 2x2=4-Menschen«

»Es gibt Gesetze, die sind einfach von vornherein wahr und bedürfen deshalb keiner rigorosen empirischen Überprüfung. Zum Beispiel das 1.Gesetz der Häuslichen Hypertrophie: ›Es wird immer mehr Krempel als Schubladen geben.‹ Oder Murphys Kulinarische Ableitung: ›Die Wahrscheinlichkeit, daß ein Butterbrot auf die gebutterte Seite fällt, ist direkt proportional zu den Kosten des Teppichs.‹ Jedermann weiß, daß solche Gesetze so unbestreitbar richtig sind wie die mathematische Tautologie 2 + 2 = 4.[...]«[159]

Gewiß! Ja doch! Genau! Und jeden Morgen zeigt die Ampel rot! Halten wir an.

Wie ließe sich schon ohne Mythen des Alltags leben?[160] Das war schon immer so und wird wohl so bleiben. Alltag: Hier sind wir naive Realisten, rechnen mit dem Üblichen, argumentieren im Modus des Selbstverständlichen. Unsere Perspektive allzeit fest im Blick – »Diese Selma sah Edith sehr, sehr zweimal-zwei-sind-vier-mäßig an«[161] – präsentieren wir unverzüglich die Rechnung. »Das kommt von der zweimalzweiistvier-Logik.«[162] Bedarf diese überhaupt der Pflege, der Kontrolle? Handeln wir hier nicht vielleicht unmittelbar? (Wert-)Schöpfungen aus dem Erbgut? Instinktive Sicherheit? Unsere chemisch codierte, unsere »angeborene 2x2=4-Logik«?[163]

159 Das »Streiflicht«, Süddeutsche Zeitung, 2.8.1990, Titelblatt.

160 Auf die sich Roland Barthes analysierend bezog und die, als karrieremachende Gerüchte, Rolf Wilhelm Brednich, Prof. für Volkskunde an der Uni Göttingen, seit geraumer Zeit mit publizistischem Erfolg sammelt. Vgl.: Brednich (1990): Die Spinne in der Yucca-Palme. Sagenhafte Geschichten von heute. München. Ders. (1991): Die Maus im Jumbo-Jet. München. Ders. (1993): Das Huhn mit dem Gipsbein. Neueste sagenhafte Geschichten von heute. München.

161 Robert Walser (1988): Der Räuber, S.134.

162 Robert Musil (1955): Aus dem stilisierten Jahrhundert ›Die Straße‹, S.28.

163 Ebd. Und eine wissenssoziologische Anmerkung: »Alltägliches Verstehen

Was alles auf der Straße liegt

In unserem Alltag wimmelt es von Selbstverständlichkeiten, deren unhinterfragte Geltung geradezu zum Aufweis von Alltäglichkeit zu gehören scheint. Zu diesen Selbstverständlichkeiten gehört offensichtlich - und geradezu als Paradigma - der diskursive Gassenhauer »2x2=4« in einer kaum übersehbaren Vielzahl von Varianten, die links und rechts »auf der Straße liegen«. Doch was sich vor aller Augen abspielt, das kommt selten in den Blick.[164] Derart gehören nicht nur die Mechanismen ihrer Erzeugung, sondern selbstverständlich gewordene Phänomene selbst zu den blinden Flecken, die auch jedem interesse- bzw. theoriegeleiteten Blick zu eigen sind.

Alltag also als der Kontext, wo noch alles stimmt. Alles beisammen ist, bevor etwa der wissenschaftliche Verstand kommt, Ordnungen auflöst, Ordnungen stiftet.[165] Hier graben wir uns ein - im Séparée der eigenen 4 Wände, der (Denk-)Gewohnheiten wohl eingerichtet.[166]

Wer sich von seinen 4 Buchstaben erhebt, gerät nicht automatisch in einen anderen, polyperspektivischen Zusammen-

- Alltagshermeneutik - vollzieht sich im alltäglichen Interaktionszusammenhang auf der Grundlage impliziten Wissens, von dem man eigentlich nicht sagen kann, daß die Deutenden es *haben*: sie leben es.« (Hans Georg Soeffner (1989): Auslegung des Alltags - Alltag der Auslegung, S.137.) Zur Spezifizierung der Termini »Alltag«, »Alltagsbewußtsein«, »Alltagswelten« vgl.: Ebd., S.13f.

[164] »Die für uns wichtigsten Aspekte der Dinge sind durch ihre Einfachheit und Alltäglichkeit verborgen. (Man kann es nicht bemerken - weil man es immer vor Augen hat.) Die eigentlichen Grundlagen seiner Forschung fallen dem Menschen gar nicht auf.« (Ludwig Wittgenstein, zit. nach Oliver Sacks (1989): Der Mann, der seine Frau mit einem Hut verwechselte, S.69.) »Das wahre Geheimnis der Welt ist das Sichtbare, nicht das Unsichtbare...« (Oscar Wilde (1985): Das Bildnis des Dorian Gray, S.35.)

[165] »Allen wissenschaftlichen und vor allem wissenschaftstheoretischen Entwicklungen zum Trotz ist das Wirklichkeitsbild des gesellschaftlichen Alltags ungebrochen monokontextural geblieben.« (Luhmann (1992): Die Wissenschaft der Gesellschaft, S.632.)

[166] »Die Stereoanlage hatte die zentrale Funktion der Telefunken-Großraumtruhe mit Sitzecke aus dem Wohnzimmer der frühen sechziger Jahre eingenommen. Die Boxen wurden häufig neben der 2x2-Meter-Matratze plaziert, um in entspannter Rückenlage den optimalen Klangeffekt genießen zu können.« (Reinhard Mohr (1992): Zaungäste. Die Generation, die nach der Revolte kam, S.180.)

hang. »Treten Sie auf die Straße hinaus so sind Sie plötzlich unter lauter 2x2=4-Menschen.«[167] Das Beispiel und seine mechanische, obsessive Verwendung fällt uns wohl nicht einmal auf. Aber nicht nur, daß dieses »2x2=4« offenbar einer unter vielen Common-sense-Artikeln ist, - wenn nichts mehr geht, dann wird dieser noch immer geboten. Schnittmuster im »2x2-Design«.[168] (Quadratisch, praktisch. Gut?) Konventionsware, die immer geht. Denn ist das Sensorium einmal geschärft, begegnet uns das Phänomen unausweichlich auf Schritt und Tritt.

Denn akademisch präparierten Zweifeln, ob ein für allemal ausgemacht wäre, was »2x2« denn nun wirklich sei, müssen wir nicht akribisch nachgehen. Unser Alltagsgeschäft läßt uns dazu auch keine Zeit, solch elaboriertes Terrain zu erkunden. Stellen wir uns vor, wir sind gerade - entsprechend präpariert - auf dem Weg zu einem Vorstellungsgespräch. Und gerade noch der festen Überzeugung, die richtige Qualifikation zu besitzen, das rechte Profil zu zeigen, fällt uns die folgende Karikatur zum Thema auf.[169]

Banales Beispiel, heikles Thema. Gleichberechtigung der Geschlechter. Setzen wir hier das Zeichen »=« einmal nicht ein. Und wir erinnern uns:

In ähnlichen Fällen tritt wiederholt der Witzableiter in Aktion.[170]

[167] Robert Musil (1955): Aus dem stilisierten Jahrhundert ›Die Straße‹, S.28.

[168] Was in der Psychologie freilich auf Erinnerungshilfe bezogen wird. Zit. nach: Grabowski et al. (1990): Sprechen, Handeln, Regulieren, S.70.

[169] Aber: »[…] wer hat das gesagt, manchmal weiß ich nicht mehr wo es herkommt, okkulte Zitate oder was, pausenlose Kurskorrektur während der Reinschrift […].« (Friederike Mayröcker (1985): Das Herzzerreißende der Dinge, S.51.)

[170] 1990 witzelte man über Bewerbungsgespräche von Buchhaltern in der UdSSR, daß derjenige eingestellt werde, der auf die Frage des Firmenleiters: »Wieviel ist 2x2?« zur Antwort gebe: »Soviel Sie wünschen!«

Und auch die Kulturgeschichte verzeichnet eine Variante. Der »Stern« in seiner Erstausgabe, 1.8.1948, S.12:

»Knesebeck braucht eine neue Sekretärin. Sie sollte durch einen Psychologen geprüft werden. Besser war besser, sicher war sicher. Der Psychologe kam: ›Wieviel sind zwei und zwei?‹

›Vier!‹ antwortete die erste.

›Es können auch zweiundzwanzig sein‹, sagte die zweite.

›Es können vier sein und auch zweiundzwanzig‹, sagte die dritte.

Als die Mädchen das Zimmer verlassen hatten, rief der Psychologe: ›Sehen Sie, das ist Psychologie! Jetzt wissen Sie's. Die erste ist geradezu, die zweite vorsichtig, die dritte hält sich alle Wege offen. Nun, welche möchten Sie haben?‹

Knesebeck war begeistert. ›Die Blonde mit den blauen Augen!‹«

1
Natürlich macht unsere
Firma bei der Vergabe von
Lehrstellen keinen Unterschied
zwischen Mädchen und
jungen Männern.
2
Um mich deshalb objektiv
für einen von Ihnen beiden
entscheiden zu können, bitte
ich Sie, mir je eine
Frage zu beantworten.
3
Die Frage an die junge
Dame lautet: Wenn ein
Flugzeug direkt von Rio de
Janeiro nach Kopenhagen
fliegt, in welchem Winkel
kreuzt es den Äquator?
4
Und die Frage an den
jungen Mann lautet:
Wieviel ist 2 x 2 ?

Doch wie immer auch das Gespräch verlief, für den Abend ist ein Kino-Besuch geplant. Denn wir haben das Beispiel vielleicht nicht nur eines Morgens über das Titelblatt der Süddeutschen Zeitung streiflichtern sehen, wir schauen gelegentlich auch schon mal in den Spiegel, und die dortige Fernsehvorschau, die uns gelegentlich Vergnügen und Nutzen bereitet, hat für den Abend nichts Gutes verheißen:

»Schreinemakers live
In ihrer Sendung ›Wortschätzchen‹ fiel sie vor allem durch überlautes Lachen und kreischende Veitstänze auf, wenn eine Kandidatin ein Rätsel von der Qualität 2 + 2 = 4 lösen konnte, nun will sie uns das kleine Einmaleins der journalistischen Unterhaltung beibringen. Wenn das mal keine Fehlkalkulation wird.«[171]

Kalkulieren wir einmal ungeprüft: das ist nun überhaupt nicht unser Niveau. (Polemik hin oder her.) Wir wenden uns also lieber dem Kinoprogramm zu. Von der »Pleite des deutschen Films« sind wir - Liebhaber der Literatur (»aut prodesse volunt aut delectare poetae«, Horaz) - seit Carl Einsteins gleichnamiger Polemik überzeugt[172]. Wir versuchen es trotzdem. (Kulturtheoretischer Sisyphos!) Angezeigt wird der Filmtitel

»Zwei Mal Zwei«.

Was erwartet uns hier? Nachhilfestunde im Kleinen Einmaleins? Eine Arithmetik der Lust? Womit rechnen wir?[173]

[171] Der Spiegel, 27.1.1992, Fernsehvorschau. Im übrigen bewegen sich schon Programmtitel und -ankündigungen auf ähnlichem arithmetischen Niveau: SAT 1, 17.1.1993, 4.05: »5 mal 5. Quizsendung für Schnelldenker (Wdh.)«.

[172] Carl Einstein (1922): Die Pleite des deutschen Films, S.128.

[173] »Wer den Inhalt dieser reichlich verzwickten Verwechslungskomödie (USA 1987, Regie: Jim Abrahams) beschreiben will, sieht bald alles doppelt: Doppelte doppelte Lottchens, vier unterschiedliche Charaktere, aber nur zwei Schauspielerinnen: Bette Midler und Lily Tomlin. Die Rechnung geht so: In der amerikanischen Provinz bekommen eine Millionärin und eine Bäuerin jeweils weibliche Zwillinge, von denen je ein Geschwisterchen vertauscht wird. Das bedeutet im weiteren Verlauf der Handlung eine Doppelrolle für Bette Midler: in New York ein Biest, auf dem Lande ein Herzchen. Die Tomlin spielt den Part umgekehrt. Die Süddeutsche Zeitung bewunderte die saubere Konstruktion des Films, der Zeit stieg dessen Dramaturgie zu Kopf: ›Schafft zwei, drei, viele Bette Midlers!‹« (Der Spiegel, 16/1994, S.234.) »Enttäuschende, langatmige Unterhaltung nach den üblichen Mustern.« (Lexikon des Int. Films)

Verlassen wir den Ort: »De gustibus non est disputandum!« (Gerade rauscht »ein modifiziertes, zum ›2 + 2‹-Sitzer aufgewertetes XJS-Cabriolet«[174] vorüber. Und wir bleiben bei unserem Modell, 2+2=4: Der VW unter den mathematischen Sätzen.) Warum eigentlich gehen wir nicht einmal wieder ins Ballett?

> »EIN TANZFEST beschert John Neumeier den Hamburgern, auch wenn er diesmal als Choreograph Pause macht. ›Zwei mal Zwei‹ heißt der Abend. Er wird zum Großen Einmaleins eines Tanzmeisters, des 1945 in Malmö geborenen Mats Ek. [...]«[175]

Unser Beispiel geht tanzen! Hätten wir, am Morgen nach »2x2« gefragt, damit gerechnet? Nun könnte uns bereits im Alltag doch ein Verdacht kommen. Offensichtlich steht das Zeichen »2x2« nicht für ein und dasselbe, allem Anschein nach sind die Kontexte seiner Verwendbarkeit per se kaum abschließbar. So verwunderlich es auch sein mochte, offenbar geht es auch anläßlich der Frage nach der Bedeutung von »2x2« nicht ohne Spezifizierung des Kontextes. Weder ist mit dem Zeichen »2x2« schon die allgemeingültige Bedeutung mitgeliefert - wir müssen, abhängig vom Kontext, immer noch etwas dazu sagen - noch muß auf »2x2« als »Redefortsetzung« »4« folgen. Was ist schon:

»2 x 2 aus Holland«?

Die Antwort ist eindeutig: »2x2 ist eine Ausstellung mit vier Künstlern, deren Nationalität die holländische ist.«[176] Eine Kunstausstellung, die »vier bedeutende Künstler zweier Generationen zusammenführt«.[177] Und nicht das Kleine Einmaleins, »nicht Form und Inhalt, sondern Inhalt durch Form und Form durch Inhalt sind das Fundament für die kreative Energie der

[174] »Mit dem Herzen. Jaguar installiert seinen modernisierten Zwölfzylindermotor nun auch in Coupés und Cabrios - ein umstrittenes Bauprinzip auf Erfolgskurs?« In: Der Spiegel, 18/1993, S.266-267.

[175] Die Zeit, 1.1.1993, S.46.

[176] Annelie Pohlen (1987): Was ist noch zu tun? Über Bilder nachdenken, über Skulpturen nachdenken ... und über Kunst, S.7.

[177] Ebd., Vorwort, S.6.

CAREL VISSER

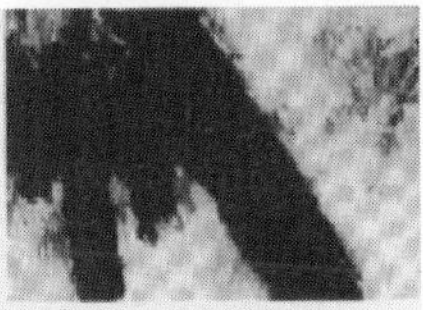

ARMANDO

2 x 2
aus
HOLLAND

RENE DANIELS

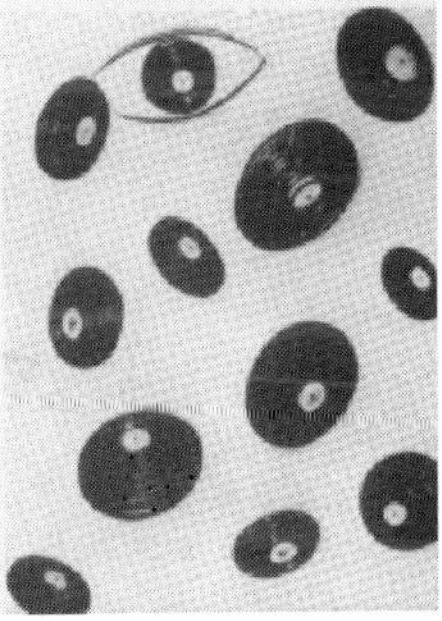

NIEK KEMPS

Werke in ›2 x 2 aus Holland‹.«[178] Grundlagenforschung! Form und Inhalt: Hand in Hand. Wir gehen weiter mit.
Und begegnen dem Phänomen unausweichlich: Kochen wir etwa nach diesem langen Tag zur Entspannung streng nach Rezept, so liefert uns die Formel auch für die Zubereitung mancher Speise das rechte Maß:

> »*Serviettenknödel: 6 Scheiben altes Kastenweißbrot, 2 Scheiben Graubrot, Milch, 2 Eier, Knoblauch, frischer Majoran, Pfeffer, Salz.*
> Kastenweißbrot und Mischbrot toasten. In 2 x 2 cm große Würfel schneiden, mit Milch befeuchten und mit den übrigen Zutaten und einem Hauch Knoblauch vorsichtig durcharbeiten. [...]«[179]

Unweigerlich werden wir mit dem Beispiel konfrontiert. Fragen zur Rechtschreibung? Benutzen wir ein Wörterbuch, so stellen wir unweigerlich fest: es nistet auch im literarischen Unterholz, gedeiht üppig in unserer Bibliothek. Kaum ein Lexikon, das Pardon geben würde. Willkürlich herausgegriffen und ohne Anspruch auf Vollständigkeit[180] würden wir etwa unter folgenden Stichworten fündig:

> »gewiß«[181], »gleich«[182], »mal«[183], »sicher«[184], »zwei«[185] und

[178] Ebd., S.14.

[179] Zeitmagazin, 13. November 1992, S.88. »Rezeptwissen« nennt der Soziologe Alfred Schütz so etwas. Wird hier nicht gar eine Art Gourmet-Ästhetik formuliert? Ist »2x2« nicht gar oft das Maß feinschmeckender Dinge? Und obendrein eine kulturspezifische Eigenart? Verzeichnen asiatische oder afrikanische Rezepte genaue Größen- und Mengenangaben?

[180] Dennoch aber braucht auch hier »Zettels Traum« (Arno Schmidt) Platz. Manche kommen in solchem Zusammenhang auf die Idee, »beim Tischler eine dicke Sperrholzplatte zu bestellen, 2 x 2 Meter; aus der einen Ecke wurde ein Viertelkreis, Radius 1 Meter 20, herausgesägt; und fertig war die allerschönste Schreibfläche, ›Limba‹ bezogen, ein Hölzernes Meer von 3 Quadratmetern!« (Arno Schmidt (1979): Der Platz, an dem ich schreibe, S.200.)

[181] Z.B.: Der deutsche Wortschatz nach Sachgruppen. Von Franz Dornseiff, Berlin [5]1959.

[182] Z.B.: Wörterbuch der deutschen Gegenwartssprache. Hrsg. Von R. Klappenbach und W. Steinitz, Bd.3, Berlin1977.

»vier«. (Dies gilt auch als Beispiel für die verschiedenen Schreibweisen):
»das ist so gewisz als zweimal zwei vier ist«[186];
»das ist so klar, wie zweimal zwei * ist«[187];
»das ist so gewiß, wie zweimal zwei v. ist«[188];
»das ist so gewiß, wie zwei mal zwei v. ist«[189];
»das ist so gewiß, wie zwei mal zwei v. ist (das ist ganz gewiß)«[190].
Und selbstverständlich finden wir auch Varianten mit Ziffern: Unter dem Stichwort »mal« etwa: »2 * 2 ist 4«[191].

Sprichwörtliches

Bei aller Verschiedenartigkeit des Gebrauchs scheint doch eine Figur zugrundezuliegen, die nämlich, daß »2+2=4« oder 2x2=4« eine Eindeutigkeit, eine Festigkeit garantiert, an der wir irgend wie teilhaben möchten, vor deren Hintergrund wir uns, so oder so, abheben wollen. Kein Wunder, daß es sogar sprich-

183 Z.B.: Knaurs Rechtschreibung. München und Zürich 1973.

184 Z.B.: Moderne deutsche Idiomatik. Systematisches Wörterbuch mit Definitionen und Beispielen. Von Wolf Friedrich. München 1966.

185 Z.B.: Der große Duden. Bd.9. Hauptschwierigkeiten der deutschen Sprache. Mannheim 1965. Hier heißt das Beispiel: »Zwei und zwei macht vier.«

186 Deutsches Wörterbuch von Jacob und Wilhelm Grimm. Bd.12, II. Abteilung, bearbeitet von Rudolf Meiszner, Leipzig 1951.

187 Gerhard Wahrig. Das große deutsche Wörterbuch. Gütersloh 1967.

188 Der große Duden. Bd.2. Stichwörterbuch der deutschen Sprache. Mannheim 1956.

189 Wörter und Wendungen. Wörterbuch zum deutschen Sprachgebrauch. Hrsg. Von Dr. E. Agricola unter Mitwirkung von H. Görner u. R. Küfner, München 1970.

190 Wörterbuch der deutschen Gegenwartssprache. Hrsg. von R. Klappenbach und W. Steinitz, Bd.6, Berlin 1977.

191 Lutz Mackensen: Deutsches Wörterbuch. München 1983; und die Formen: »2x2=4« und »2 • 2 = 4« sollten nicht unerwähnt bleiben.

wörtlich wird. Wußten wir es nicht schon zuvor, so sind wir spätestens an dieser Stelle auf das Sprichwort gestoßen, pflegen die »Weisheit auf der Gasse«[192]:

»so sicher, wie 2x2=4 ist, wie das Amen in der Kirche«.[193]

Was könnte auch gewisser, sicherer, gültiger sein, sich »noch viel mehr von selbst verstehn, als daß 2 Mal 2 vier ist«?[194]

Aber ist dieser inflationäre Gebrauch eine sprachspezifische Eigenart? Deutsches Brauchtum? Eine Art Germanistick?

Dies ist es offenbar - zumindest christlich abendländisch betrachtet - nicht. Wir haben es hier mit einer diskursiven Währung zu tun, die nahezu frei konvertibel erscheint, gehandelt auf Märkten und Gassen, wohl auch auf dem Parkett, weit über nationale Grenzen hinaus[195]:

14	En	As sure as eggs is eggs.
	Fr	Aussi sûr que deux et deux font quatre.
	De	So gewiss, wie zweimal zwei vier ist.
	It	Cosi sicuro, come è certo che la uova sono uova.
	El	Tan cierto como dos y dos son cuatro.
	Ru	Verno, kak dvašdy dva - četyre.

Lassen wir einmal die Frage außer acht, nach welchem Wechselkurs »Zwei mal zwei ist vier« mit »Eier sind Eier« zu verrechnen wäre, die Frage, die an die Beobachtung anschließbar wä-

[192] Johann Michael Sailer (1987): Die Weisheit auf der Gasse. Sinn und Geist deutscher Sprichwörter (zuerst 1810).

[193] Franz Dornseiff: Der deutsche Wortschatz nach Sachgruppen. Berlin [5]1959; Stichwort: »gewiß«. Müßig, sich bei Sprichwörtern aufzuhalten? »Einen Beweis durch Sprichwörter könnte man presque géométrique nennen.« (Lichtenberg (1984), S.507 (L 521).)

[194] Arthur Schopenhauer (1977): Die Welt als Wille und Vorstellung. Band II/I, S.199, in einer Kritik an Aspekten der Philosophie Spinozas, denen Schopenhauer entgegensetzt: »Diesem Allem ist nun aber ganz und gar nicht so.« (Ebd.)

[195] Die folgend zitierten Beispiele aus: Gluski, Jerzy (1971): Proverbs, S.XV. (Ausgehend von englischen Sprichworten, werden 1100 in 6 Sprachen zitiert: englische, französische, deutsche, italienische, spanische, russische Sprichwörter. Dagmar Schmitz hat mir das russische Beispiel übersetzt. Auch darin geht der Bezug auf »2x2=4«.)

re, daß auf Identität von Eiern die Sicherheit einer Behauptung gegründet wird. Es ist ja nicht gerade gewinnbringend, diesen Sprachschatz bloß auf die hohe Kante, in den lexikalischen Tresor zu legen. Interessanter dürfte sein, warum überhaupt dieser dort deponiert wird, was wir uns mit dieser Währung einhandeln, wo und wie sie geboten wird. Denn wer mit diesem diskursiven Pfund wuchert, der spekuliert - mit einiger Berechtigung - auf Gewinn: die hinterlegte Sicherheit, soweit nicht hinterfragt, scheint für Seriosität zu bürgen. Kreditwürdig scheint der Händler allemal. Selbstverständlich sind aber entscheidend auch hier die Kontexte der Verwendung.

Und diese sind ziemlich weit gefächert. Selbst derzeit aktueller Szene-Jargon huldigt - in einer Variante - ihrer Verbindlichkeit:

> »›Was ist mit Skipper?‹ frage ich. ›Meinst du, er wird zwei und zwei zusammenzählen?‹
> ›Der? *Nee*. Sein Hirn wird noch von vorsintflutlichen Keilriemen angetrieben.‹«[196]

Wir sind uns also sicher. Ein die Generationen übergreifender Konsens. Die altväterliche Frage: »Wo bleibt das Positive?«, bleibt nunmehr nicht unbeantwortet, ihr Ort ist markiert:

> »[...] und erst am Mittwoch vergangener Woche hat sein verstorbener Großvater Ilarion positiv, wie zweimal zwei vier ist, behauptet, daß Ariadna ihn schließlich heiraten werde. Positiv! [...]«[197]

[196] Douglas Coupland (1992): Generation X, S.145.

[197] Anton Tschechow (1963): Ariadna, S.770. Als weiteres Beispiel aus russischem Sprachraum: Dostojewski: »Die Dämonen«. Wie gehen hier verschiedene Übersetzer mit dem Beispiel um? Betrachten wir 4 verschiedene Übersetzungen. Zitiert wird die Übertragung einer bestimmten Textstelle, und in Klammern wird auf weitere verwiesen:

»Ich trat zurück, überzeugt, daß er ohne Katastrophe von dort nicht zurückkehren werde.« (F. M. Dostojewski (1921): Die Dämonen, S.748; dort auch: S.464 und S.866.)

»Ich trat zurück. Ich war fest überzeugt, daß er ohne Katastrophe von dort nicht zurückkehren werde.« (F. M. Dostojewski (ohne Jahreszahl, 1): Die Dämonen, S.715; dort auch: S.422 und S.813.)

»Ich trat zurück. So sicher, wie zweimal zwei vier ist, war ich auch davon überzeugt, daß er von dort nicht ohne Katastrophe wieder zurückkommen

Kleiner Schönheitsfehler, negativer Begleitumstand: der Mann ist tot (»und läßt schön grüßen«, nach Faust, der Tragödie erster Teil); keine Rückversicherung einzuholen. Auch wir müssen dran glauben.

Bleiben wir im Gespräch: Der diskursstrategische Einsatz des Beispiels zieht Kreise. Manchen wird er zum Ausdruck von Selbstvergewisserung, innerer Festigkeit, nicht mehr überbietbarer, orientierender Gewißheit.

> »Ich glaube, ich erkläre meinen Rücktritt, ehe ich dem Sheriff damit komme, sonst schmeißt der mich hinterher hinaus, so sicher wie zweimal zwei vier ist.«[198]

Und der so berechneten Zukunft kommt man besser zuvor. (Damit es besser wird. Selbstverständlich.) Ein kurzer Blick in die englischsprachige Vorlage hält eine Variante bereit:

> »I think I'll resign before I tell the sheriff, because he's sure as hell going to fire me afterword [...].«[199]

Was sichert das Amen in der Kirche? Auf welcher Basis? Und wo bleibt die Gewißheit der Hölle? Alles genau wie »2x2=4«? Todsicheres Wissen? Existiert ein Unterschied der Evidenzen? Wer oder was macht ihn?[200]

Bei Steinbeck erfährt die individuelle Perspektive im Laufe der Romanhandlung keine Ratifizierung. Niemand wir gefeuert

würde.« (F.M. Dostojewskij (ohne Jahreszahl,2): Die Dämonen, Bd.2, S.215; dort auch: Bd.1, S.450 und Bd.2, S.318.)

[198] John Steinbeck (1987): Jenseits von Eden, S.261f.

[199] John Steinbeck (1979): East of Eden, S.209.

[200] Selbstverständlich: Wir können mit Wittgenstein sagen: »›Ich bin sicher‹ ist entweder ein grammatischer Ausdruck oder eine Aussage bzw. ein Satz. Ein Beispiel für die erste dieser beiden Verwendungen [Anm.] ist ›Ich bin sicher, daß 2 x 2 = 4‹, doch hier hat es eigentlich keinen Sinn zu sagen: ›Ich bin sicher‹, denn wo immer ein Satz auf ›Ich bin sicher‹ folgt, ist dies unnötig und entspricht dem Multiplikator 1 (z.B. 276 x 1 = 276).« (Wittgenstein (1989): Vorlesungen 1930-1935, S.102). Nur - derart sophisticated funktioniert wohl unser Alltag nicht, und die Beobachtung unterbleibt, in welchen Systemen Sicherheit verrechnet wird. »Es sei sicher, behauptete er, daß jener zehnmal gewisser vom Einmaleins oder von den Regeln der Sittlichkeit überzeugt sei als von seinem Gott, aber sich, indem er für seine Gottesüberzeugung wirke, dieser Schwierigkeit größtenteils entziehe.« (Robert Musil (1983): Der Mann ohne Eigenschaften, S.1461.)

– außer der vorausberechneten Zukunft. Ob sich dies auf die Evidenz von »2x2=4«, der Hölle abfärben muß? Diskursives Fegefeuer?

Sicherheit ist einem komplexen Beziehungsgeflecht eingeordnet. Das bringt Unwägbarkeiten mit sich. Monokontexturale Sicherheit, über jeden Zweifel erhaben? Was ist schon todsicher?

> »Also die Indre muß fort. Das ist beschlossene Sache. Es fragt sich bloß, wie. [...] Manche Frauen sterben im Kindbett – man braucht kaum einmal nachzuhelfen, aber das kann lange dauern und bleibt eine unsichere Sache.
> Gift? Das kommt auf. So sicher, wie zwei mal zwei vier ist. Und wer's dann getan hat, weiß heute schon das ganze Dorf.
> Ertrinken? Aber die Indre geht nicht aufs Wasser. Das ganze vorige Jahr ist sie nicht einmal auf dem Wasser gewesen.
> Sie wird schon gehen – man muß ihr nur zureden.
> Na, und dann? Wird sie freiwillig reinspringen? Ja, selbst wenn sie's täte, wer würde es glauben? Kommt man ohne sie zurück, sitzt man auch schon in der Untersuchung.
> Gift oder Ertrinken – es ist ein und dasselbe.«[201]

Manches ist ins Kalkül »so sicher wie 2x2=4 ist« einzubeziehen. Aber oft ist es uns einfach und ungeprüft evident: »so gewiß, wie zweimal zwei vier ist, will der was von mir.«[202] Also sagen wir uns: Vorsicht. Manche immunisieren sich, gehen nicht zu weit aus sich raus. (Man kann ja nie wissen. Nur ja keine Reaktionen zeigen.) Aber man macht dies wohl besser nicht zu *der* Lebenspraxis. Das hat nicht nur etwas mit Lust und Unlust zu tun.[203] Orientieren läßt sich auch an anderen Gerüchten. Auch Gerüchte sind u.U. nahrhaft, schaffen (Lebens-)Perspektiven:

> »[...] Ich will nicht Kartoffeln stehlen wie Mischa, der praktischer veranlagt ist und zwei mal zwei denkt, ich werde,

[201] Hermann Sudermann (1917): Die Reise nach Tilsit, S.454 f.

[202] Alfred Döblin (1986): Berlin Alexanderplatz, S.290 (7. Buch: »Liebesleid und -lust«).

[203] »No. I guess I could figure out – put two and two together. I don't want to. I'm not ready to – [...].« (John Steinbeck (1979): East of Eden, S.576.)

wenn es gut geht, ein paar Gramm Nachrichten entführen und mache euch eine Tonne Hoffnung draus.«[204]

Selbstverständlich: Das Beispiel wird strategisch eingesetzt. Die postulierte Beweiskraft erwächst aus einer mit Emotionalität angereicherten Suggestion:

> »Maler, Landkartenmacher, Blümchenzeichner, Stubensitzer, Herrenknecht! Handlanger der Geldaristokraten, Gehilfe des Luxus und der Verweichlichung, als Landkartenmacher sogar direkter Vorschubleister des bestialischen Kriegswesens! Handwerk, ehrliche und schwere Handarbeit ist bei uns vonnöten, gute Frau! Wenn Euer Mann lebte, so würde er den Jungen so gewiß durch schwere Handarbeit ins Leben führen als zwei mal zwei vier sind! Zudem ist der Junge schon ein bißchen schwächlich und verwöhnt durch Euere Weiberwirtschaft; laßt ihn ein Maurer oder Steinmetz werden, oder besser, gebt ihn mir, so wird er die gehörige Demut und damit den rechten Stolz eines Mannes aus dem Volke gewinnen, und bis er imstande ist, einen guten Schuh fix und fertig zu arbeiten, soll er gelernt haben, was ein Bürger ist, wenn er anders seinem Vater nachfolgt, den wir sehr vermissen, wir andere Handwerksleute! Besinnt Euch, Frau Lee! Von der Pike auf dienen, das macht den Mann! Waren die neuen Schuhe doch nicht zu eng, die ich letzthin schickte?«[205]

Wie wird ein Schuh draus? Indoktrinismus - pur? Wer ratifiziert diese Behauptung, steht für das kleine Sicherheitsrisiko gerade? Muß man - in jedem Fall - dran glauben, und die Sicherheit steckt - ein für alle mal - schon im Namen, im Begriff?

> »[...] Pfarrer, die nicht glauben können, Chirurgen, die nicht schneiden können, Chauffeure, die noch nie in einem Auto gesessen haben, Seeleute, die noch nie etwas von Navigation gehört haben, Piloten, nur mit einer Ausbildung zum Typographen, Krankenschwestern, die stenographieren

[204] Jurek Becker (1982): Jakob der Lügner, S.102.
[205] Gottfried Keller (1966): Der Grüne Heinrich, II,3, S.223.

müssen..., nein, das ist alles Unsinn, das sind Dinge, die nicht sein können und nicht sein dürfen. Nimm bitte eins von mir an, mein lieber Junge..., ein Pfarrer ist ein gottesfürchtiger und gläubiger Mann, genauso sicher wie zwei mal zwei vier ist und ein Mensch nicht zum Mond fliegen, darauf herumlaufen und wieder zurückkommen kann.‹ Ich sah ihn an, wir waren nur kurz vor seinem Haus, und begann zu zweifeln.«[206]

Ja, unsere ewigen Gewißheiten: »Ein kleiner Schritt für einen Menschen, aber ein großer für die Menschheit!« Und plötzlich ist alles anders: Neil Armstrong (20.7.1969) - im hier beschriebenen System, abhängig vom der Beobachtung zugrundeliegenden Background - vielleicht eine Figur im Rahmen von »Peterchens Mondfahrt«, eines Romans von Stanislaw Lem oder vielleicht ein Kollege von Mr. Spock: »Energie!«

Manchmal fällt es ja direkt auf; Wissen und Erwartungshaltungen sind entscheidend für Aussagen über den Zustand und die Sicherheiten der Welt.

Beispiele der Indoktrination im Modus einer Rhetorik des Selbstverständlichen, der Selbstbeschreibung bzw. Abgrenzung sind beobachtbar. Unser Sprichwort ist wiederholt in solchen Kontexten eingesetzt, in denen auf bröckliger Basis aufgebaut wird, Erwartungshaltungen, gewünschtes Verhalten in Form gebracht, gegossen, zementiert wird. Was reden wir uns und anderen nicht alles ein, was lassen wir uns erzählen. Muß man es nicht nur mit Nachdruck tun?

[206] J.M.A. Biesheuvel (1986): Mein schwerster Schock, S.107f. Der Text wurde erstmals 1977 in Amsterdam publiziert und kann als Rückblick auf die Jugend des Autors, einen Weihnachtsabend des Jahres 1955 gelesen werden. »›Aber gibt es denn da keine objektive Wahrheit? Ist es nicht wahr, oder aber falsch, daß jemand auf dem Mond war?‹ Wenn wir in unserm System denken, so ist es gewiß, daß kein Mensch je auf dem Mond war. [...] Wie aber, wenn uns statt allen diesen Antworten entgegnet würde: ›Wir wissen nicht, *wie* man auf den Mond kommt, aber die dorthin kommen, erkennen sofort, daß sie dort sind; und auch du kannst ja nicht alles erklären.‹ Von Einem, der dies sagte, würden wir uns geistig sehr entfernt fühlen.« (Wittgenstein (1984,2): Über Gewißheit, Nr. 108, S.142, vgl. dort: Nr. 106-111 u. 117.) »Wir«! Was macht die Differenz?

»Sag' ich zu jemandem: ›Du bist ein Löl‹, so stellt er so sicher daraufhin eine Lölerei an, als zwei mal zwei vier sind.«[207]

Zwischenfrage: Ist denn dem Beispiel gar nicht zu entgehen? Selbstverständlich: Als Kind läßt es sich leicht umgehen, flexibel, und ungeheuer ungezwungen.[208] Aber sonst? Wohl kaum.[209] Halten wir eine kurze Einkehr. Machen wir eine kleine Konferenzschaltung.

In Ostfriesland ging man beim Bezug auf unser Sätzchen offensichtlich vorsichtig zu Werke, sicherte sich ein weiteres Mal ab, zitierte eine Quelle:

»Dat is so secker as twe mal twe ver sünd, na Folkert Krey sin Rekenbok.«

Auf den Schultern des regionalen Riesen (Adam) steht es sich fest und bequem, ihm schiebt man die Verantwortung für die Geltung des Sätzchens in die Schuhe:

»Folkert Krey, Schullehrer zu Buttfrede im Harlingerland, gab 1738 ein Rechenbuch heraus, welches lange Zeit in ostfriesischen Schulen gebraucht und das noch 1839 in 15. Auflage von Hoffmann in Blersum besorgt wurde.«[210]

[207] Robert Walser (1988): Der Räuber, S.68. (Georg Weerth (1971, S.7) ironisiert solchen Gebrauch im Kontext seiner Verwendung im Bankwesen.)

[208] »... jeder, der uns mag, kriegt unser Einmaleins gelehrt: Zwei mal drei macht vier, widdewiddewitt, und drei macht neune, wir machen uns die Welt, widdewidde, wie sie uns gefällt...« (Pippi Langstrumpf und ihre Freunde. Aus dem Titelsong der Filmfassung.)

[209] Zitieren wir ein literarisches Beispiel, dann sind wir auch auf dem Lande, draußen vor dem Tor, nicht unbedingt sicher. »Von ferne ein Tosen und Lärmen. Eine tausendköpfige Menschenmenge schiebt sich über die Straße gegen mich heran. An der Spitze ein Wagen, der anstatt von Pferden von Damen gezogen wurde. Hüte und Tücher wurden geschwenkt. Hochrufe. Ich wurde von der enthusiasmierten Menge an die Wand gedrückt. ›Abel - Marlow - 2 x 2 = 5 - Abel!‹ hörte ich die Leute rufen.« (Hermann Harry Schmitz (1992): Mein erster Mittag an der Table d'hôte und was daraus entstand, S.143.) Rheinischer Karneval? Blödsinn, bacchantisch? Kontextlos ist das kaum verstehbar, da müßten wir energisch nachhaken.

[210] K.F.W. Wander (1876), S.550. (»Mehr Genauigkeit beim Zitieren« - s.o., bzw.: Süddeutsche Zeitung, 28./29.3.1992, »Die letzte Seite« - hier wird sie entschieden geübt!)

Nun wissen wir längst, daß wir es hier durchaus mit einer international gebräuchlichen Formel zu tun haben: diskursiver Binnenmarkt, weit über den Geltungsbereich Ostfriesland hinaus. »2x2 aus Holland« war als Kunstausstellung zu besichtigen. Und es gibt keine »2x2=4-freie Zone«, wenn uns das alles Verdruß bereitet?

> »Spanien ist das einzige Land, in dem zweimal zwei nicht vier ist, behauptete der Marschall Wellington, als er in Spanien mit den Spaniern gegen Napoleon kämpfte. Auch den Marschällen der Legion Condor, den Marschällen der italienisch-faschistischen Regimenter, den Marschällen der Internationalen Brigaden im Bürgerkrieg ist die Rechnung nach Adam Riese nicht aufgegangen. Heute hat Spanien amerikanische Luftbasen und Flottenstützpunkte, und amerikanische Marschälle studieren die spanische Mathematik.«[211]

Ein Strich durch die Rechnung? Und nix wie hin? Immerhin mußten in diesem Kontext viele klein beigeben. Der kontextuelle Wind hat sich abermals gedreht. Präludiert wird ein Stück Mentalitätsgeschichte, eine kulturspezifische Finesse. Südländisches Laisser faire, mathematisch? Nationalcharakter?

Im Kontext ihrer Verwendung macht die Formel auch hier wieder Sinn. Doch: »Willst du immer weiter schweifen? Sieh, das Gute liegt so nah.«[212] Schauen wir uns doch in unserer näheren Umgebung um, bleiben wir im Rheinland. »Rheinisch beim Wort genommen«:

> »Lange vor Einstein hat der Rheinländer die Relativität allen Seins erkannt. [...] Den Schlüssel zu diesem Reich und seinem relativistischen Park voller wunderlicher Blumen stellt das Wörtchen ›quasi‹ dar. Man schreibt es so, wie man es spricht: k-w-a-a-s-i. Man kann es quasi überall einschieben, et tut keinem weh *un is immer parat, ne. Zwei und zwei is ebends quasi vier*. Klar. Wer kann es schon sagen? [...]«[213]

211 Wolfgang Koeppen (1979): Ein Fetzen von Stierhaut, S.11f.

212 Goethe: »Erinnerung«, zit. nach: Goethe (1982), S.222.

213 Konrad Beikircher (1991): Himmel un Äad. Rheinisch beim Wort genommen, S.47.

Philosophie des Als ob. Rheinisch gesprochen: »Jede Jeck is anders.« Skeptisch und heiter. Der Verführbarkeit durch die scheinbare Einfachheit der alles erklärenden Formel die Stirn bieten.

> »Ein einfaches Beispiel: stellen Sie diesen Rheinländer vor die Tatsache, daß zwei und zwei vier ist; die Bedrohung besteht darin, daß er sofort denkt: ›*Do könnt jo jet draan sinn, ich weiß nur im Moment net esu jenau...*‹, was dazu führt, daß er auf diese Information mit dem Satz reagiert: ›*Passup Du, nicht mit mir, ne, nicht mit mir!*‹« (Ebd., S.13.)

Ein rheinisches Elixier gegen progredierende Diskursverhärtung? Na, wir können auch anders. Schwebt der Geist über den Stammtischen - repräsentativer Mikrobereich? -, labt er sich auch schon mal an einem alchemistischen Gebräu.

Goldene Lebensregel

> »Es gibt zwei goldene Lebensregeln, an die man sich halten kann. Die eine heißt: ›Zwei mal zwei ist vier‹ und die andere: ›Auf Frauen muß man warten.‹«

Vox populi? Väter der Klamotte: 3 Männer im Schnee[214], konserviert, alles frisch. Auch eine Art »gesunder Menschenverstand«.

Das Orchester, das unter diesem Namen gelegentlich aufspielt (den Marsch bläst: »Sie gehen zwei und zwei wie Militär«, Joachim Ringelnatz), produziert häufig äußerst schrägen Ton, redet Blech, aufgelegt die Partitur »Ewige Werte«, »Universale Sphärenmusik«.

Common sense als »das Bestreben, die Welt eindeutig zu machen«[215], haut dann schon mal mächtig auf die Pauke, huldigt

[214] Also philosophiert »der olle Geheimrat Schlüter« in Erich Kästners »Drei Männer im Schnee«, zit. nach der Verfilmung in der Regie von Kurt Hoffmann. Requisit altväterlicher Klamottenkiste?

[215] Clifford Geertz (1987): Common sense als kulturelles System, S.267; dort auch umfangreiche Literaturangaben und Diskussion.

dem arithmetisierten Politjargon und hat den horizontal und vertikal (welt-)offenen Rechenarten Differenzieren und Integrieren gründlich die Wurzel gezogen. Argumentativer Minimalismus.

> »Jeder, der zwei und zwei zusammenzählen kann, weiß, daß es bei uns schon in wenigen Jahren zu chaotischen Zuständen kommt, wenn unsere Regierung sich nicht endlich dazu aufrafft, etwas gegen das Asylanten-Unwesen zu unternehmen. Der Staat hat das Recht und die Pflicht (!), zum Schutz seiner Bürger Gewalt anzuwenden. Kommt ein Staat dieser Verpflichtung nicht nach, geht die Gewalt unweigerlich in andere Hände über. Wenn Skinheads Asylanten verprügeln, so mag das falsch und verwerflich sein. Es ist aber nichts anderes als eine logische Folge davon, daß der Staat sich in der Sache passiv verhält und nichts tut. Er spendiert nur ab und zu eine Beruhigungspille in Form der Mitteilung, daß von den ganzen Asyl-Bewerbern ja nur ein paar Prozent anerkannt würden. In der Praxis spielt es kaum eine Rolle, ob einer anerkannt wird oder nicht. Die, die nicht anerkannt werden, bleiben doch hier. Entweder sie werden ›geduldet‹ oder tauchen unter und gehen in die Illegalität.« [216]

»Der eindimensionale Mensch« (Herbert Marcuse), mit »begradigtem Menschenverstand«[217]. »Der Mensch ist das Maß aller Dinge« (Protagoras)? Auch das ist eine unserer Perspektiven der Einteilung: Schnurstracks über den horizontalen Zahlenstrahl gepeilt. Ganz flach gelegt. (Oder noch tiefer.)

Heillos infiziert mit gesundem Menschenverstand? Wo er solcherart epidemisch wird und resistent gegen den Austausch

[216] Leserbriefschreiber Hans Casanova, Hamm/Sieg, in der Rhein-Zeitung vom 10./11.8.1991. Common sense: die Einfalt formelhaften Argumentierens edel nennen und das Stillschweigen der »Mehrheit« zur Größe erheben? Vgl. etwa: Kurt Kister: Fragwürdige Stimme des Volkes. Tricks und Finten der Geschworenen – Amerikas Strafrechtssystem. In: Süddeutsche Zeitung, 23./24.5.1992, S.101.

[217] Botho Strauß (1992): Beginnlosigkeit, S.17: »Daß man bereit war, für eine gewisse Aufwallung von Klarheit, ja für eine einzige blutige Folgerichtigkeit ein ganzes Bündel, ein lebendiges Gemenge von mit aufsteigenden Gedanken zu unterdrücken, hinzuopfern, das schien ihm doch zu beweisen, daß uns keineswegs der gesunde, sondern vielmehr nur der begradigte Menschenverstand regiert.«

von Argumenten, auch da - wiederholen wir es nur - wird »common sense« leicht zur »gemeinen Sense«. Arithmetischer Schnitt anästhesierter Operateure: Individualitäten heruntergerechnet zur normierten Größe. 2 Freunde und 2 Freunde sind 4 Freunde?[218] Wettern können wir auch anders:

> »2 x 2 sind 4, nicht wahr? Nein, ihr Lumpenpack. 4 ist 4 und nichts anderes. Zwei von euch sind niemals zusammen was Ordentliches; ihr bleibt ewig ein doppeltes Halbes. *Rapide*. Man muß auf sich passen, sonst wird man im Umsehen zu zwei Hälften zerhackt. Lieber ordentlich nichts als zweimal halb.«[219]

Da wird uns doch manchmal der Gebrauch der Formel zum Aufweis von Borniertheit und stumpfsinniger Rechthaberei. Doch als »Ritter der Tafelrunde« sehen wir uns hier schon immer auf dem Königsweg zu richtiger Erkenntnis. »2x2=4« wird dann zur Königsdisziplin. Spiel auf dem Centre Court. Da se-

[218] Mit einer kleinen Erhöhung der Schlagzahl: »Zwei Menschen, die miteinander in Frieden leben und drei weitere Menschen, die miteinander in Frieden leben, geben nicht fünf Menschen, die miteinander in Frieden leben. Aber das heißt nicht, daß nun 2+3 nicht 5 ist. Vielmehr läßt sich die Addition nur nicht so anwenden. Denn man könnte sagen: 2 Menschen, die... und 3 Menschen, die... und von denen jeder mit jedem der ersten Gruppe in Frieden lebt = 5 Menschen, die...« (Wittgenstein (1973): Philosophische Grammatik, S.336.) »Mladic has often scoffed at the threat of allied intervention, most recently saying that 'if they bomb me, I'll bomb London and Washington.‹ After all, he has seen many Western threats come and go as he moved ahead with his deadly arithmetic.« (James L. Graff: Blood and steel. As Serbs and Croats prepare for the final partition of Bosnia, the West converges on a safe-haven plan for Muslims. In: »Time«, 31.5.1993, S.28f.)

[219] Ernst Barlach (1918): Der arme Vetter, S.106.

Wie schnell das geht. Neulich, am Postschalter:

»›Herr Meinhold, bitte zwei Briefmarken zu einer Mark. Eine für die Bestellung bei dem Sex-Versandhaus, die andere für die Geburtstagsgrüße an meine Adoptivmutter, die alte Schlampe.‹

›[...] Macht vier Mark geradeaus.‹

Ich zählte das Kleingeld in den Schlitz unter der Plexiglasscheibe.

Erst als er es einsammelte, sagte ich sanft: ›Nur der Ordnung halber: Eine Mark und noch eine Mark macht zwei Mark, nicht vier Mark!‹

Meinhold war plötzlich sehr beschäftigt.

›Nein, das stimmt schon‹, murmelte er. ›Zwei Mark und zwei Mark macht exakt vier Mark.‹

hen wir dann gleich, wer das (Über-)Kopfspiel nicht beherrscht. (Manche schlagen ja eine »tödliche Vorhand«.)

»Die Jungen haben es heute schwerer. Für uns war es einfach und klar, wie zwei und zwei. Bei den jungen Leuten gilt nichts mehr. Sie stellen alles in Zweifel. Nichts hat für sie Wert, es gibt nichts, was sie anerkennen. Sie sind alle so klug, sie durchschauen alles, und ihre ganze Klugheit macht sie ratlos und unglücklich.«[220]

Einfach und klar: mit der einfachen Formel die Welt zurechtgebogen.

»Meinung und Gegenmeinung, ein auf den ersten Blick chaotisch wirkendes Gewoge aus einander widersprechenden Subjekten – vielen ist es bis heute ein Schreckensbild. Es ist, zugegeben, ein Modell voller Überraschungen und nichts für die, von denen ein englischer Aphoristiker sagte, sie würden alles, was sie einmal in ihrer Jugend durch Erziehung gelernt haben, für angeboren halten.«[221]

So, wie »2x2=4«.

›Weiß ich!‹ Meinhold wurde ungehalten. ›Aber zwei Briefmarken zu einer Mark machen zusammen vier Mark, ist halt so.‹

Für dumm verkaufen ließ ich mich nicht.

›Eine Mark und eine Mark macht vier Mark, Herr Meinhold!‹

›Eine Briefmarke zu einer Mark kostet zwei Mark. Zwei Mark und zwei Mark – macht vier Mark.‹

›Das gibt's doch nicht. Was kostet denn die Marke zu einssiebzig?‹

›Zweizwanzig.‹

›Betrug.‹

›Das nehmen Sie zurück.‹

[…]« (»Gerade bei Briefmarken muß man die Zähne zeigen. Wolfgang Brenner hat nach langem Suchen endlich einen Postbeamten gefunden, der sich noch für jede Portoerhöhung schämt.« In: Süddeutsche Zeitung, 24./25.5.1993, »Die letzte Seite«.)

220 Christoph Hein (1989): Die Ritter der Tafelrunde, S.8 (Über den Umbruch in der DDR.)

221 Chaim Noll (1992): Nachtgedanken über Deutschland, S.49. Der Soziologe konstatiert, in einer eher paradoxen Wendung, hilfsweise ein »soziohistorisches apriori«. (Thomas Luckmann: Lebenswelt und Gesellschaft. Paderborn 1980, zit. nach Hans Georg Soeffner (1989): Auslegung des Alltags – Alltag der Auslegung, S.12.)

Zwischenstop

Zugegeben: »Gewöhnlich hatte man [...] einen *common-sense*-Begriff vom *common sense*: er ist das, was jeder mit gesundem Menschenverstand weiß.«[222] Doch so einfach läuft der Hase nicht. Schon Alltagsbeobachtungen zeigen: Common sense ist nicht *der* gesunde Menschenverstand, ist etwas Flüssiges, Variables, Differierendes. Theorien, Verschiebungen und Festlegungen liegen zugrunde. Und auch »2x2=4« hat darin einen veränderbaren Platz.

> »Wissen Sie, wie eine Straße aussieht?! Wer sagt Ihnen, daß eine Straße nur das ist, wofür Sie es halten. Sie können sich nicht vorstellen, daß es noch etwas anderes sein könnte? – Das kommt von der zweimalzweiistvier-Logik. Ja, aber 2 x 2 ist doch 4! Gewiß, wir sagen es und weiter geht die Sache niemanden an.«[223]

Sind die Rechnungen denn alle schon gemacht? Endgültig abgeschlossen? Denn ohne der Sache selbst nachdrücklich auf den Grund zu gehen, ließe sich dagegenhalten:

> »Ihre angeborene 2x2=4 Logik beruhigen Sie mit dem Gedanken, daß ja auch sie überall das ›vergleichsweise‹ vorsetzen muß, wenn sie aufrichtig ist. Dann denken Sie darüber nach, wie es denn kommt, daß die andern Menschen das gar nicht merken.
> Vielleicht kommen Sie dann darauf, daß es bei Ihnen ja auch erst des heutigen Tages bedurft hatte, um es Ihnen klar werden zu lassen. [...] Sie erschrecken. Sie tun das immer, wenn jenes Unberechenbare in Ihnen sich zu rühren beginnt, Sie fürchten sich wie vor einem ungezähmten Tier. [...] – wissen dabei noch immer dies 2x2=4 – und genießen straflos das kolossale Überlegenheitsgefühl über alle ande-

[222] Clifford Geertz (1987): Common sense als kulturelles System, S.266.
[223] Jetzt zusammengefaßt: Robert Musil (1955): Aus dem stilisierten Jahrhundert ›Die Straße‹, S.28.

ren Menschen und über den, der Sie bislang waren.« (Ebd., S.28f.)

So weit müssen wir die Reflexionsspirale nun doch nicht drehen. Doch vergleichsweise einfach wird beobachtet, daß den Alltagswahrnehmungen Muster, Erwartungen, freilich weitgehend nicht-explizierte Theorien zugrundeliegen. Alltag der Ort des »eigentlichen Lebens«? Wer schreibt die »Gesetze, die [...] einfach von vornherein wahr« sind und deshalb »keiner rigorosen empirischen Überprüfung« bedürfen?[224] Haben wir deren Grundlage als solche immer im Blick?

> »Aber mein Weltbild habe ich nicht, weil ich mich von seiner Richtigkeit überzeugt habe; auch nicht, weil ich von seiner Richtigkeit überzeugt bin. Sondern es ist der überkommene Hintergrund, auf welchem ich zwischen wahr und falsch unterscheide.«[225]

Es wäre also eine Verkürzung, Alltag als den Ort einer Rhetorik des Selbstverständlichen, der einfachen Lösungen zu verstehen. Auch common sense ist nicht umstandslos zurückzuweisen. »Es ist zum Erstaunen, wie weit ein gesunder Menschenverstand reicht. Es ist hier, wie im gemeinen Leben, der gemeine Mann geht hin, wohin der Vornehme mit Sechsen fährt.«[226] Doch sind auch hier weder Bühne noch Spielplan ein für allemal festgelegt. Was wo zur Aufführung gelangt, das klärt sich in konkreten Situationen. Muß sich Kritik gefallenlassen.

Denn common sense operiert auch im Modus verhinderter oder verweigerter Berechenbarkeit. Der Toleranzverdacht ist demnach nur partiell begründbar. Es geht dabei auch um die Delegation von Entscheidung. Der Motor ist eine Art Rhetorik des Unverbindlichen. Auch hier hilft uns ein Sprichwort auf die Sprünge:

> »Zwei mal zwei ist nicht immer vier.«[227]

[224] Noch einmal blinkt dieses »Streiflicht«. Süddeutsche Zeitung, 2.8.1990, Titelblatt.

[225] Wittgenstein (1984,2): Über Gewißheit Nr. 94, S.139.

[226] Lichtenberg (1984); S.336 (I/192,2).

[227] So rechnet selbst die personifizierte Ordnung: »Preußische Sprichwörter und volksthümliche Redensarten. Ges. und hrsg. von H. Frischbier, Berlin

Doch kann sich die »Weisheit auf der Gasse« auch entschieden festlegen:

»Er lässt zwei mal zwei fünf sein.«[228]

Entschiedene Sympathie! Abweichung wird zulässig. Aber ein Toleranz-Edikt? Auch hier harrt der Blanco-Scheck seiner Einlösung. Am Ende wird abgerechnet. Denn damit verbunden ist nicht unbedingt ein Plädoyer für mehr Differenzierungsleistung. Im konkreten Gebrauch kommt es auch hier nicht einmal zu einem argumentativen Geplänkel. Der Rhetorik des Selbstverständlichen steht eine solche des standpunktlos Unentschiedenen gegenüber, ein Sprachgestus, der im situativen Kontext nicht weniger Irritationen zeugt als der Totalitätswahn, mit dem phänomenale Mannigfaltigkeit auf die voraussetzungslose Richtigkeit einer Formel verpflichtet wird, auf die Perlenkette einfacher Wahrheiten aufgereiht werden soll.

Ein Krebskranker. Schon lange Zeit in Behandlung. Wieder einmal in der Patientensprechstunde. Die Untersuchung ist beendet. Der Arzt, auf den voraussichtlichen Verlauf der Krankheit angesprochen: »Das kann ich Ihnen nicht sagen, 2 und 2 ist nicht immer 4!«[229]

So gründlich können Diagnostik und Prognostik sein. Die Reaktion: Hoffnung oder Depression? Offenbar erfolgt die Bedeutungszuweisung abhängig - um es abstrakt zu formulieren - vom beschreibenden System. Ein Königreich für »2x2=4«?

[2]1865, S.273 (Nr. 3927); ebenfalls zitiert bei Wander, K.F.W. (1880), S.667; dort wird auf S.668 das Sprichwort in anderer Schreibweise und mit Angabe einer Quelle nochmals verzeichnet.

[228] Wander, K.F.W. (1880), S.1824.

[229] Was täte es zur Sache, könnte für dieses Zitat eine Quelle angeführt werden?

Alltägliche Abweichungen

Registrieren wir, von lauter Bezugnahmen auf »2x2=4« umgeben zu sein, haben wir bereits einen erkenntnistheoretischen Schritt vollzogen. Was kommt nunmehr weiter in den Blick?

Die Vorstellung von Alltag als dem Hort verbindlichen Wissens, als beständig gültigem Orientierungsrahmen, löst sich auf. Common sense wird beobachtbar, ist kein unwandelbares Datum, sondern einem beschleunigten Wandel unterzogen, in verschiedenen gesellschaftlichen Bereichen different. Wie sieht es in diesem Zusammenhang aus mit den Bedeutungen von »2x2=4«?

Abweichungen von gesetzter Norm, Beschleunigung soziokulturellen Wandels und der Veralterung des Wissens sind zur Alltagserfahrung geworden. (Und eines Tages zeigt die Ampel dann doch grün.)

»Das neue Universum« von heute ist das alte von morgen. 1971 galt im »Neuen Universum«, einem populärwissenschaftlich konzipierten Lexikon, noch folgende Bemerkung als witzige, pointierte Kritik technologisch orientierter Trends, eine Bemerkung, die heute eher altbacken und abgehangen klingt, betulich bescheiden und fast schon antiquiert in der Hoffnung, den »gesunden Menschenverstand« - als Kopfrechnen - gegen fortschreitende Technisierung ausspielen zu können:

> »Den Technikern der Gegenwart wird nachgesagt, daß sie bei der Frage, wieviel 2 mal 2 ist, ihren Rechenschieber herausholen und dann schon nach wenigen Minuten die Lösung haben: 3,999.«[230]

Selige Zeiten. Wann war das? Erinnern wir uns? Da quietscht es heute mächtig in den Scharnieren. Veränderungen im Gefüge alltäglicher Ordnung. Orientierungsverluste. Selbst Binsenweisheiten halten den Veränderungsschüben nicht mehr stand, werden verbogen, gehen in die Knie. Differenz-Erfahrung. Der sich beschleunigt vergrößernde Bruch in der Erfahrung verschiedener Generationen geht als Riß auch durch unseren Satz.

[230] Benno Grips (1971): Wetzsteine des Verstandes, S.417.

»Für uns alte Menschen wird alles komplizierter und unübersichtlicher. 2 mal 2 ist nicht mehr 4, sondern 1000 - 996, obwohl es dasselbe ist.«[231]

Was hat sich getan? Noch immer die alte Ordnung, nur die Namen sind neu? Aber offensichtlich wäre das schon problematisch genug. Wir bedürfen nicht erst der Hürde theoretischer Reflexion, stolpern - anläßlich unseres Beispiels - beständig über Umschichtungen, Verwerfungen, Neuinterpretationen.

»Zur Tarifgerechtigkeit beim MVV
Dem Beispiel für die neue Mathematik des MVV (2+1=4) im Leserbrief H. J. Bache (SZ-Nr. 217) ist eines hinzuzufügen: Ismaning-Johanneskirchen = 1 Streifen; Ismaning Englschalking (1 Station nach Johanneskirchen) = 4 Streifen; Johanneskirchen-Englschalking = 1 Streifen. Also: 1 + 1 = 4.« [232]

Es scheint weiterhin augenfällig geworden:

»Die Vielfältigkeit moderner Lebensformen und der Relativität der eigenen kulturellen Existenz ist heute nicht nur Reflexionsgegenstand postmoderner Intelligenz, sondern - durch die Medien, durch Massentourismus und Migration - eine aufdringliche Alltagserfahrung geworden.«[233]

Auch schon der alltägliche Gebrauch von »2x2=4« läßt diese Beobachtung zu. Die Vorstellung von der Pluralität der Lebensentwür-

[231] So Johanna Rolinger, ehemalige Grundschullehrerin, am 3.10.1988, über 20 Jahre nach der letzten Begegnung mit dem Verfasser.

[232] Georg Digrös, Leserbrief; in: Süddeutsche Zeitung, 15./16.12.90, S.21.

[233] Helmut Dubiel: Das ethische Minimum. Von der Auszehrung verbindlicher Werte. (Artikel im Rahmen der SZ-Serie »Wieviel Konsens braucht der Staat?«, Süddeutsche Zeitung, 27./28.3.1993, S.17.)

Weitgehend Konsens wurde die Beobachtung, daß »sich der ehedem konstitutive und scharfe Unterschied von Normalität und Abweichung gegenwärtig aus guten Gründen auflöst. [...] Für die Aufhebung der Grenze aber wurde ausschlaggebend, daß eine solche Grenzüberschreitung sich in der Realität ereignet hat, daß sie zur manifesten Erfahrung der Gegenwart geworden ist. So erwies sich beispielsweise vieles, was wir einst für vernünftig gehalten hatten, zunehmend als irrational. Das ist ein Befund, den man heute nicht mehr einem so exquisiten Buch wie der Dialektik der Aufklärung abgewinnen muß, sondern alltäglich den Zeitungen entnehmen kann. [...]

fe, der ausdifferenzierten Gesellschaft also validiert durch den Tritt auf die Straße, den Blick auf die Litfaßsäulen, in die Zeitungen. Sehen wir noch etwas weiter nach. Halten wir abermals inne.

Verstehen wir uns?

Wenn es nur so einfach wäre:

> »2 mal 2 ist vier, wenn du rechnen kannst, verstehst du mich, da gibts doch nichts zum Anglupschen, glupscht der einen an.«[234]

Ja, dem routinierten Kalkulator, setzen wir voraus, winkt in gewisser Beziehung unvermeidlich das Glück.

> »Die Beziehung zwischen Erwartung und Erfüllung ist genau dieselbe wie die zwischen Rechnung und Resultat. 2 x 2 ergibt 4.«[235]

Lauter erfüllte Augenblicke. Schicksalswege. Kein Ausweg, wo alles beschlossen ist. Prästabilierte Harmonie. »Ganz entspannt im Hier und Jetzt.«

Solche Realdialektik, die uns allenthalben umgibt – vom Gesundheitswesen bis zur Volkspädagogik und von der Weltwirtschaft bis zur libidinösen Partnerschaft -, zwingt uns zur Preisgabe der herkömmlichen Grenzziehung zwischen Normalität und Abweichung. In der Wirklichkeit hat sich das eine als das andere erwiesen. [...]« (Wolfgang Welsch (1990,3): Identität im Übergang. Philosophische Überlegungen zur aktuellen Affinität von Kunst, Psychiatrie und Gesellschaft, S.195.)

»Denn daß wir in einer – aus sozialer Ausdifferenzierung entstandenen – ›Welt vielfacher Wirklichkeiten‹ leben, ist eine Erfahrung, zu der sich mittlerweile auch solche Zeitgenossen leicht überreden lassen, die zunächst noch ihre eigene Wirklichkeit für die einzige ›jedermann geläufige Realität‹ gehalten haben. [...] Für das Erleben von ›Weltkontingenz‹ bedarf es heute keines eigenen Systems – dafür genügt der für viele Zeitgenossen alltägliche Parcours durch verschiedene gesellschaftliche Systeme (mittlerweile sogar der Dauer-Senderwechsel – das zapping [...] – beim Kabelfernsehen).« (Hans Ulrich Gumbrecht (1987): Pathologien im Literatursystem, S.171f.)

[234] Alfred Döblin (1986): Berlin Alexanderplatz, S.161.

[235] Wittgenstein (1989): Vorlesungen 1930-1935, S.83.

Nun plagen wir uns - Abendländler am Ausgang des 20. Jahrhunderts - in einer weitgehend funktional ausdifferenzierten Gesellschaft. Auch die Mikrobereiche der Lebensentwürfe, der »Beziehungen« fächern sich auf, folgen nicht mehr wenigen, allgemein verbindlichen Regeln in weitgehend vorgegebenem Rollenspiel, einem eng umgrenzten Sittenkodex. Schnittmuster aus dem »Benimmkatalog«? Auch hier ist beschleunigter Wandel zu verzeichnen.[236] Identitäten sind kaum mehr wohlfeil zu be- und verrechnen. »Patchwork-Identities«[237], heißt es, repräsentieren diese Art Gesellschaft. Durch die unvermeidbare Teilnahme an verschiedenen sozialen Bereichen sei ein einfaches personales Definitionsschema - erst recht nach dem formalen Satz der Identität[238] - gründlich abhanden gekommen. So könnte man vermuten: Kaum noch jemand in unserem Kulturkreis wird am Ende des 20. Jahrhunderts Verstehen oder gar Liebe auf einen kalkulierbaren Nenner bringen wollen. Schriftsteller haben es ja auch längst formuliert: »Das Glück kann nicht, wie ein mathematischer Lehrsatz bewiesen werden, es muß empfunden werden, wenn es dasein soll.«[239]

[236] vgl.: Helm Stierlin (1992): Entwürfe der Gerechtigkeit im Lichte systemischer Praxis. Dort bes. S.161f. »Beide Bereiche - der Mikrobereich umgrenzter familiärer und sozialer Beziehungen und der Makrobereich grenzenübergreifender Vernetzung - beeinflussen sich wechselseitig, und hier wie dort zeigt sich nun, daß es um die Entwicklung und Aneignung fälliger Regeln und Entwürfe der Gerechtigkeit, daß es um Spannungen, Konflikte und Paradoxa geht.« (Ebd., S.162.)

[237] »Das Modell der Personenperson ist von uns als ›Erleichterungsmodell‹ gedacht. Es erleichtert, in Krisensituationen problematisches Verhalten zu ändern, indem es vom Identitätszwang befreit. [...] Keupp (1988) schlägt als gesundes, den multiplen Realitäten unserer Gesellschaft angemessenes Identitätskonzept die ›Patchwork-Identität‹ vor, ›... die unter der Voraussetzung ausreichender psychosozialer und materieller Ressourcen zu einem Stück selbstbestimmtem Leben führen kann‹«. (Jochen Baecker et al. (1992): Sozialer Konstruktivismus - eine neue Perspektive in der Psychologie, S.132.)

[238] Geht aber auch dem Dichter im modernen Gewande die personale Identitätsvorstellung in Sack und Asche, so bleibt ihm die Formel doch in Amt und Würden - mathematisches Trostpflaster, allzeit bereit:

»Angesichts dieses Dilemmas ist es gut zu wissen: es gibt dieses 2 = 2, es läßt sich denken, es ist ausdrückbar. Doch du bist es nicht, du bist nicht identisch.« (Botho Strauß (1982: Paare Passanten, S.176.) im Anschluß an eine Formulierung Wittgensteins.)

[239] Heinrich v. Kleist (1986), S.42 (Brief an U. v. Kleist, 12.11.1799). Und doch hat das Glück - wie die Gerechtigkeit - idealtypische Muster, »zum Beispiel die folgende Beschreibung einer Paradiesinsel: ›Die Insel ‹Vierecksklafter‹ befindet

Aber auch wird beobachtbar: die Arten des (Werbe-) Verhaltens sind nicht vorhersehbar. Auch hier zeigt sich mannigfach Differenz.

Aus den Rubriken, die da heißen: »Kontaktanzeigen« oder »Heiraten«. Manche propagieren oder erhoffen noch immer die denkbar einfachste Lösung[240]:

Du + Ich = Wir!

Single-Mann, 30/174, hat eigentlich alles, was man zum Leben so braucht: eine gute akad. Ausbildung, einen interessanten Beruf, genug Geld zum Leben und für ein bißchen Luxus, einen Filofax, 5 Fliegen und einen ungestillten Lebenshunger.
Was fehlt ist die Frau, die ebenfalls mit beiden Beinen fest im Leben steht, für die Persönlichkeit und gepflegter Lebensstil wichtiger sind als dem neuesten Türsteher zu gefallen, die Ziele hat, aber auch den Sinn für Romantik und Natur, die kleinen Feinheiten und Schönheiten im Leben nicht verloren hat.
Also bis bald, vielleicht finden wir uns auf diesem Wege!
Zuschr. aus dem Raum München u. ✉ ZS an SZ

Und manche können es auch noch einfacher sagen[241]:

1 + 1 = 2

Im Büro Anzug und Krawatte, zuhause Jeans. Du liebst die Eleganz genauso wie die Lässigkeit. Ich bin erwachsen, genieße es aber auch Kind zu sein. Ich bin 37, 187 lang, dunkelblond, 84 kg schwer, Lauser und Manager. Wir diskutieren, was die Menschheit in 2000 Jahren gelernt hat und wie man es besser machen könnte. Du bist mit Deiner Figur zufrieden und schleppst mich in den Tanzpalast, ich Dich ins Theater. Im Regen gehen wir mit meinem Hund spazieren, um uns dann vor dem Ofen in meinem Haus zu trocknen und ein Glas Wein zu genießen. Gemeinsam bereiten wir das Essen für die Gäste am Abend. Auf dem Flohmarkt und im Antiquitätengeschäft findest Du das Richtige für unser Haus. Du hast Temperament sowie Ruhe wenn es sein muß. Du legst den Garten an, ich mähe den Rasen. Du bis über 1.70 m und zwischen 30 und 40 Jahre alt, etwas sportlich mit langen Haaren sowie Gefühl und Realitätssinn. Wir sollten uns finden.
Gib Herz und Verstand eine Chance und melde Dich unter ✉ ZS

sich genau in der Mitte des Ostmeeres. Seine vier Küsten im Westen, Süden, Osten und Norden bilden genau ein Quadrat [...]‹.« (Wolfgang Bauer (1978): Ackerbau im Paradies. Glücksvorstellungen im Alten und Neuen China, S.189.)

240 Quelle: Süddeutsche Zeitung, 5./6.12.1992, S.24.

241 Elementarbaustein der Beziehungskisten. Quelle: Süddeutsche Zeitung, 7./8.11.1992, S.55. Heuer, wo alles einen Ratgeber braucht: Regina Hamburger (1993): »1x1 des Flirtens.« Düsseldorf und Wien

Umstandslose Vereinigung. (»1+1=3« ist ja nicht zu verhüten.) Aber ob die Rechnung immer aufgeht? Produktlos? Ohne Potenz? Und bis daß der Tod die Wurzel zieht? Wir dürfen ja nicht vergessen: Wurzel Zwei - irrationale Größe.

> - »Oh über diese Genügsamkeit der Erkennenden! man sehe sich doch ihre Prinzipien und Welträtsel-Lösungen darauf an! Wenn sie etwas an den Dingen, unter den Dingen, hinter den Dingen wiederfinden, das uns leider sehr bekannt ist, zum Beispiel unser Einmaleins oder unsre Logik oder unser Wollen und Begehren, wie glücklich sind sie sofort!«[242] -

Der Glaube an die Berechenbarkeit der Lebensverhältnisse nistet längst nicht mehr in allen Köpfen. (»Nur ein Regenwurm gehorcht der Mathematik; und eins und eins macht zwei.«[243])

Aber wie begegnen sich nun - verstehend - Der »Mensch und die Leute«?[244] Überschneiden sich, im Verstehen, die kognitiven Bereiche der Individuen?

> »Den Satz ›zweimal zwei ist vier‹ kann ich mir, ohne zu wissen, was ich damit behaupte, immer wieder mechanisch vorsagen, einfach weil ich ihn unzählige Male habe aussprechen hören; aber das eigentliche Denken dieses Sachverhaltes, das heißt das Erlangen der Einsicht, daß zweimal zwei tatsächlich vier und nicht drei oder fünf ist, das habe *ich* zu besorgen, ich ganz allein, oder, was das gleiche ist, ich in

[242] Friedrich Nietzsche (1982): Die fröhliche Wissenschaft, S.239f. Manche zählen zumindest ja noch etwas weiter, rechnen anders als »Don Juan oder die Liebe zur Geometrie« (Max Frisch) - auf verschiedene Liebesgeometrien, Koordinaten einer »Geographie der Lust«. (Jürg Federspiel, Frankfurt/M. 1989.) Der »Rausch, alles in Zahlen zu fassen« (Christoph-Friedrich v. Braun (1990):Das Maß aller Dinge, S.93.), der »Trieb zur Quantifizierung« (ebd.) rast auch noch »im Reich der Sinne«. Von der Erotik des horizontalen Zahlenstrahls: »Die Bibliotheken liefern im *›Kamasutra‹ - dem ›Tao‹* der (im ganzen 64!) Yogastellungen des coitus - den unwiderleglichen Beweis, daß die Ausmaße des höchsten Lustgewinns wie des tiefsten Grauens beschreibbar bleiben, auch wenn man diese mit Millionenkollektiven multipliziert.« (Walter Mehring (1980): Die verlorene Bibliothek, S.129.) Nummernrevue? Bibliophiler Lektürehappen, scharfer Zusammenhang: Chilli con Text.

[243] Dagmar Leupold (1992): Edmond: Geschichte einer Sehnsucht, S.67.

[244] José Ortega y Gasset (1957): Der Mensch und die Leute. Nachlaßwerk.

meiner Vereinzelung, meiner Einsamkeit. Und da dies für meine gesamten Entscheidungen, Willensakte, Empfindungen zutrifft, so können wir nicht umhin, schließlich zu dem Ergebnis zu gelangen, daß das menschliche Leben *sensu stricto* eben seiner Unübertragbarkeit wegen wesentlich *Einsamkeit, radikale Einsamkeit* ist.« (Ebd., S.68f.)

Gretchenfrage: Sag, werter Freund, wie hältst Du's mit »2x2=4«?

Erfüllen wir hier den Augenblick nicht über Gebühr, bleiben wir nicht im eigenen Gehäus. Stellen wir uns, markieren wir augenscheinlich Differenz. Mein »2x2=4«, Dein »2x2=4«? Kleine Theorie des Verstehens im Kontext von Geschlechterdifferenz - »Walsersches Unschärfe-Theorem«:

»Es ist nicht gesagt, daß Frauen die Frauen besser verstehen, als wie der Mann sie kennt, der Mann kennt die Frauen auf romantische Art, die Frau faßt ihresgleichen realistischer auf, vielleicht kann man sagen, verstandeshafter, demnach also schulgemäß-einfach, so wie zwei mal zwei vier sind. Für den Mann ist die Frau etwas wie das Ergebnis fünf nach Vollzug desselben Exempels, etwas Unlogisches, Überlogisches, etwas, dessen er, oft unausgesprochenerweise, zu höheren Zwecken bedarf.«[245]

Das ist zu diesem Thema nicht das erste und letzte Wort; ein wenig einfach auch, mechanisch. »In der Mathematik ist das Einfache freilich sehr einfach, aber im Gesellschaftsleben nicht.«[246] Eben. Doch da das Zusammenleben - reden wir nicht

[245] Robert Walser, weder als System- noch als Diskurstheoretiker verdächtig, hat die Suggestion - oder die Täuschung - einander zu verstehen - als Deckungsgleichheit der kognitiven Bereiche von Individuen - in diese Formel gegossen (1988: Der Räuber, S.134).

[246] Ebd., S.164. Selbstverständlich: Geschlechter-Differenz ist biologistisch nicht auf den Begriff zu bringen. Die Karikatur zur Bewerbungssituation im Blick (s.o.), ein Hinweis auf soziale Aspekte beim Erwerb von Rechenkünsten: Sabine Etzold: Rechenfrust. Sind mathematisch hochbegabte Frauen unglücklich? Rezension zu: Annette Grabosch und Almut Zwölfer (Hrsg.): Frauen und Mathematik. Die allmähliche Rückeroberung der Normalität? Tübingen 1992. In: Die Zeit, 2.10.1992, S.43.

von einzelnen Aspekten - offenbar dennoch funktioniert, ist es für die Protagonisten wohl anders zu moderieren.

> »Sind wir denn berufen, einander zu verstehen, sind wir nicht vielmehr auserlesen, uns zu verkennen, damit es nicht zu viel Glück gibt und das Glück noch geschätzt wird und damit sich die Verhältnisse zum Roman gestalten, der nicht möglich wäre, wenn wir uns kännten?«[247]

Den Beziehungen ist rein additiv wohl kaum auf die Sprünge zu helfen. »Mann und Frau unterscheiden sich immerhin beträcht-

An eine Frau: was tun wir alles, anstatt zu sagen „ich liebe dich"?
Über das „Zuhören" von einem anonymen Verfasser:

Wenn ich dich bitte, mir zuzuhören/und du mir Ratschläge gibst/hast du mir meine Bitte nicht erfüllt. Wenn ich dich bitte, mir zuzuhören/und du mir sagst/warum ich dies Gefühl nicht haben sollte/dann trittst du meine Gefühle mit Füßen. Wenn ich dich bitte, mir zuzuhören/und du glaubst, du müßtest meine Probleme lösen/dann hast du mich enttäuscht/so seltsam das auch klingen mag. Vielleicht ist das der Grund dafür/daß manche Menschen beten. Darum bitte ich dich, höre mir nur zu. Und wenn du sprechen willst/dann warte eine kleine Weile/bevor du redest/und ich verspreche dir/dich anzuhören. Ich bin doch ein buntes Mosaik aus sechsundfünfzig gelebten Jahren, aus Eindrücken, Erwartungen, Erfahrungen, Träumen und Sehnsüchten, Ängsten und Hoffnungen. Bin 183 cm lang, schlank und rank, ach ja und Witwer, Dipl.-Ing., die Kunst und Musik bedeuten mir viel. Tausende von Mosaiksteinen setzen sich zusammen zu einem bunten Bild mit Löchern drin. Nein, ich muß nicht immer alles an Dir verstehen müssen, um Dich zu mögen und so kann ich gut darauf vertrauen, daß Du mich magst, auch wenn Du mich grad eben überhaupt nicht verstehst. Viele Deiner Mosaiksteine kenne ich nicht – und garantiert ergibt „2+2" bei mir „5", bei Dir aber „9", und wenn ich Glück habe, passen sie teilweise zueinander. Unaufdringlich klopft meine Zärtlichkeit an Deine Tür. Bereit, die Räume zu erfüllen, die Du öffnest. Bereit, vor verschlossenen Türen zu warten, lange, wenn es sein muß. Hartnäckig, liebevoll, kann meine Zärtlichkeit sein, manche sagen Treue dazu. Ich wünsche Dir, daß Du sagen kannst: Du halte mich fest eine Minute nur, ich brauch dich jetzt und ich wünsche Dir, daß ich das dann auch ganz einfach tue. Ich Spinner, Träumer, Wolkentänzer spiele das Leben Dir zu und freu mich klammheimlich über Dein verdutztes Gesicht. Lebst Du? Ich ahne etwas von der Zärtlichkeit in Dir, Du hast das Versteck nicht schlecht gewählt, aber keine Angst, ich verrate es keinem. Ein wichtiges Kapitel in meinem Leben ist geschrieben, fast habe ich Angst umzublättern. Die gelbe Klappe des Briefkastens schluckt meinen Brief. Ich schicke mich auf die Reise und weiß nicht, wie ich bei Dir ankomme. Nun ja, wer kein Herzklopfen mehr kennt, der werfe den ersten Stein. Für eine Ehe-Lebensgemeinschaft Mit-Mensch gesucht.

Beitrag: Dein Mensch-Sein. Nur Mut und antworte mir.
ZH DIE ZEIT, Postfach 10 68 20, 2000 Hamburg 1

[247] Robert Walser (1988): Der Räuber, S.187. Früher sagte man es auch etwas anders: »Eine der gewöhnlichsten und für den Roman passendsten Kollisionen ist […] der Konflikt zwischen der Poesie des Herzens und der entgegenstehenden Prosa der Verhältnisse […].« (G.W.F. Hegel (1971): Vorlesungen über die Ästhetik. Dritter Teil. Die Poesie, S.177.)

lich. Mutterschaft ist nicht Vaterschaft.«[248] Mann und Frau passen einfach nicht zusammen? »Das tägliche Leben«[249] holt uns ein und läßt uns hoffen, rechnen wir mit dem Glück.[250]
Dem auf Berechenbarkeit der Lebensverhältnisse abzielenden Diskurs tritt hier ein anderer zur Seite; Werbung (»Glaube, Liebe, Hoffnung«) konvertiert bei manchen zum Gebet.

Also nochmals gefragt: Verstehen wir uns?[251] Differenzen, augenscheinlich geworden, lassen den Blick auf ein jeweiliges - mögliches - Adaptionsverhältnis richten. Die Metapher vom »Passen« tritt in zunehmendem Maße auch in wissenschaftstheoretischen Kontexten an die Stelle des »richtigen« Verstehens. Viabilität, Lebbarkeit von Lebensentwürfen wird entscheidend.[252] Den einen wahren Sinn zu finden, dem Einheitsdenken - eine Sackgasse?[253] - zentralperspektivisch einen Fluchtweg zu eröffnen, ist schwierig geworden. Auch dies läßt sich wiederum in einem anderen, eher alltäglichen Bereich beobachten, dem der (Waren-) Werbung.

[248] Marguerite Duras (1988): Das Haus, S.64.

[249] Ebd. So der Titel der Textsammlung. In der Originalausgabe: La vie matérielle.

[250] Quelle der folgenden Anzeige: Die Zeit, 12.6.1987, S.59.

[251] »Wie ich aber glaube, wir verstehen nicht Verstehen, es entzieht sich uns, entschlüpft uns. Denn wir merken nicht das Unglaubliche, das Rätselhafte, das Ungeheuerliche, das Erstaunliche, das Wunderbare, das in alltäglichem Gespräch und Reflexion vor sich geht. Erst wenn dieser Strom von Selbstverständlichkeit gestört wird, stehen wir staunend vor diesem Wunder.« (Heinz von Foerster (1991): Wahrnehmen wahrnehmen, S.441.)

[252] Vgl. hierzu die Überlegungen im Umfeld des sog. Radikalen Konstruktivismus.

[253] »[...] ›daß man sich erstmals von der Verkrampfung des Einheits- und Ganzheitsdenkens löst, das manifest und mehr noch latent unser Weltbild bestimmt; die eigentliche Botschaft der Postmoderne, daß die Wirklichkeit plural konstituiert ist, bedeutet gerade eine äußerst wohltuende und befreiende Erfahrung‹. [...] Zitat aus dem Brief eines Lesers, eines interdisziplinär aktiven Hochschulpräsidenten.« (Wolfgang Welsch (1990,3): Identität im Übergang, S.197.)

Werbung

»2x2=4« spielt in unseren Alltagsrechnungen eine große, aber keine eindeutig festgelegte Rolle. Der »Poetik von Alltagsverhalten«[254] ist das Kapitel »Werbung« zuzuordnen. Werbung wird massiv: »Die Reklame-Republik.«[255] Und sie wurde längst zum Forschungsobjekt:

> »Werbung kann unter der hier angenommenen Perspektive betrachtet werden als ein Sozialsystem, das kulturellen Wandel in einem breiten Maße kommunikativ macht.«[256]

Auch Werbung wird mehr und mehr zu einem sich selbst reflektierenden, zu einer Art autopoeitischem System, das sich Voraussetzungen und Ziele selber setzt, als daß mit ihr Produktinformation geliefert würde.[257] So sind die eher informierenden Anzeigen - wie die umseitig folgende[258] - selten geworden: Wem leuchtet die hier gestellte Aufgabe nicht sofort ein? Hier ist Reglementierung erforderlich.

> »Die Behauptung, 2 x 2 sei 5, ist nicht nonsensikal, sondern falsch; ein Lehrer, der diese unrichtige Antwort von einem Schüler bekommt, mag dabei auch ›Unsinn‹ rufen. Nonsense ist zwar nicht aus auf Logik; er braucht aber, um zu erscheinen, auch nicht gegen sie zu verstoßen; ja er verblüfft gerade, weil es mit durchaus rechten Dingen zugeht - man muß

[254] Jurij Lotman, zit. nach Stephen Greenblatt (1991): Schmutzige Riten, S.116 (Anm. 11).

[255] Spiegel-Reporter Cordt Schnibben über den Aufstieg der Werbung zur fünften Gewalt im Staate. In: Der Spiegel, 52/1992, S.114-128.

[256] Siegfried J. Schmidt (1992): Medien, Kultur: Medienkultur, S.443.

[257] »Besonders die Werbung, die in ihren Ursprungsländern mühelos als bloßes Zeichensystem ohne realen Referenten begriffen wird, gilt in der Zweiten und Dritten Welt als zuverlässige Beschreibung einer möglichen Lebensweise. Sie bestimmt zu einem guten Teil den Horizont der Erwartungen, die sich mit der Migration verbinden.« (Hans Magnus Enzensberger (1992): Die große Wanderung, S.22f.)

[258] Quelle: Süddeutsche Zeitung, 22.3.1991.

Üben, üben, üben! Das ist ein Rat, den viele Lehrer besorgten Eltern in Sprechstunden geben, wenn es um schlechte Noten der Kinder geht. Viele Erziehungsberechtigte können aber nicht mit ihren Sprößlingen üben. Sie verstehen ganz einfach den Stoff nicht mehr. Das geht oft schon in der Grundschule an, wenn beispielsweise nach Ergänzungen im Wemfall, Zeitbestimmungen oder Umstandswörtern gefragt wird. Je höher die Klasse, desto hilfloser sind die Eltern dann.

Aber es gibt Hausaufgabenhilfen. Zwei neue hat der Münchner Ehrenwirth-Verlag jetzt herausgebracht. Die eine heißt »Mathematik 6« (146 Seiten, 22 DM), die andere »Algebra 8« (152 Seiten, 24 DM). In beiden Büchern ist verständlich dargestellt, um was es im Unterricht geht. Man kann schmökern, überschlagen, ernsthaft rechnen. Und man muß vor allem nicht rätseln. Die Lösungen sind jeweils angegeben.

Schon wer das Vorwort liest, kann auch bei schlechtesten Noten des eigenen Nachwuchses berechtigte Hoffnung schöpfen. Ein Zitat aus »Mathematik 6« (gemeint ist mit 6 natürlich keine Note, sondern die Jahrgangsstufe): »Das vorliegende Buch hilft Schülern, die beim Rechnen mit gewöhnlichen Brüchen Schwierigkeiten haben, das Klassenziel zu erreichen.«

kein Träumer oder Spinner sein, um ihn zu verstehen - und doch unerwartet.«[259]

Doch müssen wir uns heute wohl nicht erst bei surrealistischer oder nonsensikaler Literatur bedienen. Denn nun ist gerade hier wohl der Fall eines nicht nonsensikalen und nicht falschen Gebrauchs von 2+2=5 vorliegend, ist dem Beispiel problemlos Sinn oder Bedeutung zuschreibbar. Die kontextlos gedachte Logik mag in streng formalen Systemen nach den Werten »falsch« und »wahr« zu bemessen sein. Wo aber liegen solche vor? Und wie werten wir hier?

Gehen wir also wieder der These nach, Werbung werde zunehmend als eine Art »Produkt-Entertainment« betrieben, Werbung selbst werde als ästhetisches Produkt verkauft.[260] Was sagt uns das Foto eines an Aids Verstorbenen über die Strickmasche von Benetton?[261] Bei aller Umsicht, allem Insistieren auf »1 + 1 = 2«: »1 + 1 = 3« ist nicht zu verhüten?[262]

Auch unsere arithmetischen Haushalte sind verschieden möbliert. Nur eine Frage des Designs? Wie liegen wir richtig? Worauf setzen wir?[263]

[259] Dieter Baacke (1985): Spiele jenseits der Grenze, S.368.

[260] Vgl. etwa: Kloepfer, Rolf und Hanne Landbeck: Ästhetik der Werbung. Der Fernsehspot in Europa als Symptom neuer Macht. Frankfurt/M. Wenn auch gelten mag: »Der ›mediale Balztanz‹ der Werbung [Anm. 33: Diese schöne Metapher stammt von R. Paczesny 1988] ist eben keine künstlerische Performance.« (Siegfried J. Schmidt (1992): Medien, Kultur: Medienkultur, S.444.)

[261] Über das Strickmuster der Werbekampagne sagt es viel. Vgl.: »Darf man mit Aidsopfern für Pullover werben? Der Erfinder der Benetton-Kampagne stellt sich den Fragen des Kulturphilosophen Neil Postman«. In: Süddeutsche Zeitung. Magazin, 9.10.1992, S.38-46.

[262] So oder so. Quelle: Bonner General Anzeiger, 12./13.2.1994, S.16. Und überhaupt, nicht wahr: »Es wird unheimlich spekuliert. Man weiß, der Helmut lebt alleine, und man hat zwei Zahnbürsten bei ihm im Bad gesehen. Dann ist eins und eins gleich drei. Das ist die Weltformel des Klatsches.« (»Ham' Se gehört? Der Gießener Soziologe Jörg Bergman sagt, weshalb Klatschen zwar unanständig, aber wahnsinnig positiv ist.« In: Stern, Nr. 23, 3.6.1993, S.104).

[263] Quelle: Süddeutsche Zeitung, 16.5.1991.

Etwas abstrakter: Die Bedeutungszuweisung erfolgt offenbar kontextabhängig, ist gebunden an eine spezifische Beobachtung. Sind wir dabei stets locker und flexibel? Wer ist schon permanent offen für »2+2=5«?[264]

Halten wir die beiden Abbildungen zu »2+2=5« gegeneinander. Zunächst wird offensichtlich, wie der veränderte Kontext ein und dasselbe Zeichen - »2+2=5« - unterschiedlich bedeutsam werden läßt. Was einerseits als banaler, behebbarer Fehler erscheint, wird in anderem Zusammenhang zur Metapher für Abweichung als Konzept, als propagiertem Ideal. In der Gegenüberstellung wird deutlich, daß entgegen der Vorstellung von kontextlos gedachter Logik geradezu eine Logik des Kontextes wirksam wird, die Beobachter schon beinahe zwangsläufig dazu bringt, das »eine« Zeichen »2+2=5« unterschiedlich sinnvoll zu machen. Der scheinbar stabile Referent wird durch Bedeutungszuweisung in verschiedenen Referenzrahmen (semantisch) verändert. Was im einen Fall etwa Reglementierung zu erfordern scheint, das wird im anderen zum Gegenstand of-

[264] Vgl. die folgende Anzeige. Ja, das ist sie: »Gegen Vorurteile von gestern« - »Offen für eine neue Welt«. »Die Quintessenz der Lebensfreude: die Offenheit der neuen HB Kampagne. Jung. Frisch. Modern. Humorvoll.« (Die B A T Cigarettenfabriken GmbH in einer Broschüre zu ihrer HB-Werbelinie »Offen für…«

fener Propagierung: Abweichung von der Regel statt Regeleinhaltung. Was gilt, steckt nicht in dem Zeichen als solchem.

Festzuhalten ist damit auch, daß Werbung mittlerweile einen Platz einnimmt, der bislang ausschließlich für Kunst und Literatur, für »Ästhetisches« reserviert schien: die radikale Offenheit für Abweichungen von gängigen Standard- oder Alltagsbeobachtungen. Als in dieser Hinsicht prädestiniert existiert diese

Offen für 2+2=5
KING SIZE
HB
HB. Geschmack für Leute mit Laune.

Nische allem Anschein nach nicht mehr. Wird Werbung gar zur »neuen Religion der entgöttlichten Welt?«[265]

Was also ehemals für den Kontext ästhetischer Erfahrung reserviert schien, wird zunehmend beobachtbar in Bereichen des Alltäglichen. So scheint auch in den Kontext »Werbung« ausgewandert, was als Thema von Kunst eher Abnutzung erfuhr und kaum noch einen Sittenwächter mit der Schere lockt: Tabubenennung und Tabuüberschreitung[266]. (Wäre es aber wenig, wenn hieran anknüpfend eine Diskussion über Tabus wieder möglich würde?)

Wenn wir derart Alltägliches beobachten: Wird nunmehr permanente Abweichung zur Regel, zum grundlegenden Prinzip, konsequent nun selbst in eine griffige Formel gegossen? Differenz, Unentschiedenheit, Beliebigkeit als neue (alte?) Ideologie? Sind wir auf dem Weg zum

»2 + 2 = 5-ISMUS«?

Nicht, daß dieser Ismus ein utopisches, aufs Ganze zielendes Ideal meinte. Erweitern wir das Zitat. Hier trägt die »Generation X«[267] der Differenz von Anspruch und Wirklichkeit, Norm und Erfüllung, Maximen und Realisationen Rechnung. Doch nicht nur, daß derart das »Glossar des Twentysomething-Jargons« (ebd., Klappentext) zu füllen wäre. Mit variablem Inhalt ein Kandidat für das Wörterbuch des ausgehenden 20. Jahrhunderts?

[265] Vgl.: Oskar Cöster: Ad'Age – der Himmel auf Erden: eine Theodizee der Werbung. Hamburg 1991. Besprochen in: Der Spiegel, Nr. 20/1991, S.262-266. »Nichts ist unmöglich«: »2 plus 2 ist 4. Die Erde ist rund. Der Carina ist zuverlässig. Dinge, die allesamt bewiesen sind. Letzteres durch den ADAC. […].« (Aus einer Toyota-Werbung; in: TVmovie, 30.4./13.5.1994, S.94f.) Um einem Mißverständnis vorzubeugen: Selbstverständlich geht es hier nicht um eine Planierung von qualitativen Unterschieden. Wenn Hans Michael Baumgartner als Voraussetzung für das Studium der Philosophie »Offenheit für andere Standpunkte und Denkansätze«, »Gesprächsbereitschaft und Offenheit für den Anderen und die anderen Wissenschaften und ihre Fragestellungen« benennt (H.M.B.: Die Lust am Denken. Positionsleuchten (4): Über das Studium der Philosophie. In: Süddeutsche Zeitung, 5./6.6.1993, S.45.), dann geht man den Voraussetzungen der Differenzerfahrung hier noch allemal intensiver nach und auf den Grund, als mit HB ganz locker und offen in die Luft.

[266] Nochmals der Hinweis auf die Diskussion um die Benetton-Werbelinie.

[267] So der Titel des Romans von Douglas Coupland (1992).

»2 + 2 = 5-ISM: Vor einer auf einen selbst zielenden Marketing-Strategie kapitulieren, nachdem man ihr lange Zeit widerstanden hat. *›Okay, okay, ich kaufe deine blöde Cola, aber jetzt laß mich in Frieden.‹*« (Ebd., S.170.)

Wer baut schon permanent auf seine Grundsätze? Lauter laute Lauterkeit? Aber Abweichung als Prinzip? Keine Ausnahme ohne Regel. Würde Lüge zur Norm, so wäre sie nicht mehr möglich - Kant[268]. Freilich ist damit kein ontologisches Prinzip (die Wahrheit existiert immer schon), sondern eher ein differenzlogisches angesprochen. Wahrheit und Lüge sind kontextfrei vorfindbar. Entläßt uns nicht schon die Beobachtung von Alltag mit der Frage, wann 2x2=4 gilt? Unter welchen Voraussetzungen?

Rechnen wir damit, daß die einfachen Rechnungen längst nicht mehr aufgehen. Beobachten läßt sich Mimikry allüberall. Permanenter Maskenball?

»Es ist müßig, die Augen vor der Tatsache zu verschließen, daß wir in einem Zeitalter des Luges und des Truges leben.«

»Von der Unmöglichkeit, ohne Lüge zu leben«[269], handeln nicht mehr nur Feuilleton und Wissenschaft. Der Alltag macht es uns vor? Auch der generelle »2x2=4-ismus« hatte seine Zeit?

Das Ende des 2x2=4-ismus?

Es bleibt zumindest die Frage: Wo endet unsere Reflexionsspirale? Werden wir über die am Alltäglichen kratzende, über die bereits mehrfach gestellte Frage »Was ist eine Straße?« stolpern, ins Bodenlose abgleiten?

[268] Vgl. etwa Kant: »Über ein vermeintes Recht, aus Menschenliebe zu lügen«.

[269] Keto von Waberer: Kann denn Lüge Sünde sein? In: Zeitmagazin, 23.4.1993, S.15-29. Vgl.: Volker Sommer: Lob der Lüge - Täuschung und Selbstbetrug bei Tier und Mensch. München 1992 und Ariane Barth: Die Lehre der Affen. Über die verlogene Gesellschaft als Produkt der Evolution. In: Der Spiegel, Nr.18/1992, S.266ff.

»Was ganz am Ende des Geistes liegt, der Teil von Ihnen, durch den die Seele nur in rasendem Fluge eilt, wenn sie schon der Wahnsinn lockt, der im nächsten Augenblicke wieder alles löscht - das sehen Sie bei klarem Auge - wissen dabei noch immer dies 2x2=4 - und genießen straflos das kolossale Überlegenheitsgefühl über alle anderen Menschen und über den, der Sie bislang waren.
Sie spüren die Religion der Religionslosen, die Trauer derer, die schon lange alle Trauer abgestreift haben, die Kunst derer, die heute lächeln, wenn sie den Namen Kunst nennen hören - dasjenige, dessen die Feinsten bedürfen, die schon alles verdrossen hat! - - - Dann gehen Sie wieder einmal über die Straße, gebückt und verdrossen. Sie wissen. Man darf nicht sagen: Straße ist ein Ding, das... Aber Sie haben vergessen, was es denn eigentlich ist. Sie erinnern sich, damals gesagt zu haben: ›Etwas Vielverzweigtes, Geheimnisvolles und Rätselvolles mit Fallgruben und unterirdischen Gängen, versteckten Kerkern und vergrabenen Kirchen‹ - Aber Sie wissen nicht mehr, was Sie damit anfangen sollen. Und eine grenzenlose Aussichtslosigkeit überkommt Sie!«[270]

An einem solchen Punkt bricht man die Reflexion dann besser doch ab, tritt aus der Spirale heraus. »2x2=4.« Unser Satz funktioniert und unser Alltag allemal. Wir haben eine Basis, sind erfolgreich. Doch die Frage stellt sich nachdrücklich: Wie kommt die Bewährung zustande? Woher haben wir den Text? Was ist »2x2=4«? Inwiefern ist die Formel gültig? Fragen, die zur Philosophie führen. Weiß man hier genauen Rat? Abschließenden Bescheid? Fangen wir auch in diesem Kontext klein an: »Schülerduden Philosophie«, Stichwort »Semantik«:

»Die *generative* Semantik erzeugt (›generiert‹) Satzbedeutungen als syntaktisch strukturierte Komplexe einfachster Begriffe. Darüber hinaus will sie zeigen, wie Sätze auf Gegenstände in einer Welt referieren (Bezug nehmen) und wie Sätze bestimmte Präsuppositionen (Voraussetzungen) mit ausdrücken (›Klaus weiß, daß 2x2=4 ist‹ setzt z. B. voraus ›2x2=4‹).«[271]

[270] Robert Musil (1955): Aus dem stilisierten Jahrhundert ›Die Straße‹, S.30. (Diese Lektürewege sind wir nunmehr abgeschritten.)

[271] Gerhard Kwiatkowski (Hrsg.)(1985): Schülerduden Philosophie, S.375f.

Das Fragen setzt sich also fort: Wie sieht diese Voraussetzung aus? Wo finden wir sie?

Richten wir nunmehr diese Fragen an verschiedene Disziplinen der Kulturwissenschaft. Wenden wir uns also den Spezialisten unterschiedlicher Formen des Wissens zu.

III. Spuren: Auf der Suche nach Grund, Bedeutung und Geltung von 2 x 2 = 4

Philosophie im Trenchcoat

Ungereimtheiten sind uns im Alltagsgeschäft begegnet. Schon anläßlich der Kommentierung einer eher harmlosen Sportveranstaltung wird unser Beispiel zum Orakel:

> »Die Auguren, die immer auf geheimnisvolle Weise zwei und zwei zusammenrechnen, wußten es genau. Kein anderer als Aouita höchstselbst besitze ein Interesse am Scheitern, weil eben er (...).«[272]

Aber wer weiß es schon sicher, ganz genau? Sind wir hier vielleicht im Versuch, den Täter »Interpretation« dingfest zu machen, einem Paradigma auf der Spur?

Als Auguren im modernen Gewande, Spurenleser, als Deuter der Zeichen der Zeit treten am Ausgang des 20. Jahrhunderts zunehmend Figuren auf den Plan, die sich »als Literat und Historiker, als Philosoph und Abduzent in den Trenchcoat« werfen.[273] Das detektivische Modell als ein erkenntnistheoretisches Paradigma hat Konjunktur.[274]

[272] Robert Hartmann: Speerrekord schmückt das Bislett-Jubiläum. Zelesnys 89,66 Meter der 57.Weltrekord in Oslo/Verhindert Aouita 10 000-Meter-Rekordversuch? In: Süddeutsche Zeitung, 16.7.1990, S.28. Wie sie denn alle so rechnen: »Eins plus eins gleich eins – so lautet im Augenblick die Erfolgsformel der deutschen Fußball-Nationalmannschaft. 20 starke Minuten gegen Brasilien in Washington und 70 sehr gute beim 4:3 (3:1) über die USA beim US-Cup in Chicago ergaben zumindest aus der Addition der zwei Spiele eine komplett gutes Länderspiel.« (Rhein-Zeitung, 15.6.1993, S.21.)

[273] Christoph Nix (1992): Der Philosoph als Detektiv, S.848.

[274] Wobei Nix, im Gegensatz zu anderen (s.u.), nicht auf die vorgegebene Aussagekraft der Indizien, der Quellen pocht, sondern u.a. auf die »niedere Realität gesellschaftlicher Machtverhältnisse« verweist (ebd., S.848), die Indizien erst zu solchen als beweiskräftigen werden läßt.

Harald Fricke (1991: Literatur und Literaturwissenschaft) hält der Literaturwissenschaft den »guten Detektivroman« vor, der deshalb so spannend sei, weil

So rechnen sie denn. Schnüffler und Tüftler, Detektive und Kommissare werden über ihre Kombinationsfähigkeiten definiert. Nimmt man allerdings einige der Zuschreibungen und Selbstbeschreibungen wörtlich, so qualifizieren für das kriminalistische Handwerk durchaus Grundkenntnisse im kleinen Einmaleins.

> »Ich habe mit dem Kommissar gesprochen. Der Mann ist nicht dumm. Der zählt 2 und 2 zusammen.«[275]

»der Leser endlich *wissen* will, wer als Mörder entlarvt wird (und daß dies geschieht, garantieren ihm die Spielregeln des Genres).« (S.180) Bezogen auf terminologische Aspekte, bedeute dies: »Wie in den oft überaus bildlich bis blumig redenden Disziplinen der Mathematik und Naturwissenschaften wären demnach Metaphern auch bei uns so lange harmlos, wie man jederzeit bei Bedarf auf die zur Verfügung stehenden exakten Fachausdrücke *zurückgreifen* kann.« (Ebd., S.181.)

Jochen Hörisch sieht in diesem Zusammenhang weniger spannende Wissenschaft als vielmehr ein Plädoyer für die Absage an hermeneutisch orientierte Literaturwissenschaft (gegen die »Wut des Verstehens«): »Wenn Sherlock Holmes den Schauplatz eines Verbrechens betritt, will er nichts verstehen. Den Sinn eines Verbrechens durch Fragen nach dem cui bono zu verstehen, liegt dem Detektiv fern. Intensiv aber sammelt er z.B. Zigarettenasche auf und fertigt Abdrücke von Fußspuren an. Diesem neuen kriminalistischen Paradigma, dem Indiziensammeln bzw. der Spurensuche, ist bekanntlich bester Erfolg beschieden.« (Hörisch (1988): Die Wut des Verstehens, S.74.)

Dietrich Schwanitz bringt Holmes und Watson als Treibriemen Luhmannscher Systemtheorie ins Spiel (1990: Systemtheorie und Literatur, S.35-49). Und der Historiker R.G. Collingwood (»The Idea of History«, London 1946 bzw. 1961.) »vergleicht […] seine Verfahrensweise mit der des Detektivs – um genau zu sein: mit den Methoden von Agatha Christies Hercule Poirot, der jede Aussage, jedes Stückchen Evidenz so lange dreht und wendet, bis sie schließlich die Fragen generiert, die ihre Antwort in der Lösung des rätselhaften Mordes findet.« (Zit. nach: Heinz Ickstadt (1991): Plot, Komplott oder Herrschaft des Zufalls, S.267.) Auch der Naturwissenschaftler arbeitet mit dem »happy accident«: »Die Methode erinnert auch an die Kriminologie. Eine erstaunliche Mischung – wie im Falle Sherlock Holmes' – von solidem Empirismus, gewagten Induktionen und kategorischen Deduktionen.« (Octavio Paz (1984), S.151.) Und so besetzt man denn schließlich auch eine ökonomische Nische: »Sherlock Holmes der Archive. Ein ›Wissensdetektiv‹ übernimmt knifflige Recherchen.« (Holger Jenrich stellt Bernd Huesmann vor, der sich »als ersten ›Wissensdetektiv‹ der Republik« sieht. In: Süddeutsche Zeitung, 21./22.11.1992, S.46.)

[275] »Tatort: Alles Theater«. Krimi mit Heinz Drache, Hans Nitschke, Dietrich Mattausch, Christine Ostermayer. ARD, 30.7.1989, 20[15] Uhr.

Ironie, Ehrfurcht oder Herablassung? Ist der Ganove überheblich oder immunisiert er sich in der Art einer selffullfilling prophecy als Selbstschutz?

Immerhin: Schon die erste Folge der Reihe »Tatort« legt ihre Protagonisten auf dieses Niveau fest. Und Hauptkommissar Walter Trimmel pocht nachdrücklich darauf:

> »Doch, verdammt nochmal, 2 und 2 sind 4!«[276]

So nimmt das Rechnen seinen Lauf.

> »›Was hat das zu bedeuten?‹
> ›Wenn ich zwei und zwei richtig zusammenzähle, dann hat man gedroht, ihre Tochter umzubringen.‹«[277]
> »›Ja, aber wie haben Sie es fertiggebracht, zwei und zwei so schnell zusammenzureimen?‹ beharrte ich.«[278]

Wie bringen wir die Zeichen richtig zusammen? Man bleibt in entscheidendem Maße wieder auf den Kontext verwiesen; die Bedeutung von Äußerungen, von Zeichen und Ereignissen ist so umstandslos doch nicht ablesbar. Sie entsteht erst im Kontext von Beobachtung, die zu Bedeutungsverschiebungen scheinbar ein und desselben Zeichens führen kann. Unter Umständen zum Tat-Motiv:

> »... da hab' ich zwei und zwei zusammengezählt, und das Ergebnis war eindeutig ...«[279] (»Zwei und zwei ist Mord«[280])

Manch eine Beobachtung führt auch zu Ergebnissen, die vorgegebenen Erwartungen zuwiderlaufen, diese nicht befriedigen. Da hockt denn auch manch voyeuristisches Begehren im Busch und sieht sich getäuscht:

[276] »Tatort: Taxi nach Leipzig.« Krimi von Friedhelm Werremeier; Regie: Peter Schulze-Rohr. Mit Walter Richter als Hauptkommissar Paul Trimmel. (Erste Folge der Reihe, ARD, 29.11.1970; Wdh.: ARD, 5.7.1993.)

[277] »Tatort: Seven Eleven«. Krimi von Peter Zingler. Mit Michael Janisch, Dorothea Parton, Gerhard Roiss, Sieghardt Rupp, Joachim Unmack u.a. ARD, 11.11.1990, 20[15] Uhr.

[278] Henry Miller (1992): Sexus, S.267.

[279] Wie der überführte Mörder gesteht, in: »Lebenszeichen«. Aus der Serie: »Ein Fall für zwei«. ZDF 1991.

[280] Amerikanischer Kriminalfilm von 1988, u.a. mit Stephanie Powers. (Lief am 22.6.1993 in Pro 7.)

»Erika rechnet in ihrem Versteck zwei und zwei zusammen und entscheidet, keine Praterhure, denn eine solche würde den Mann eher anfeuern als einbremsen.«[281]

Deutung der Bremsspur: Es ist vermutlich doch nicht alles so ohne weiteres berechenbar.

»Sie zählen 2 und 2 zusammen und kriegen 8 raus.«[282]

Basta. Was geht schon mühelos zusammen, zwingt uns seine (Sach-)Zwänge unausweichlich auf? Zeichen (Aschereste: »Havanna«?) werden als solche nur wahrgenommen und etwa von bloßen Klecksen oder Flecken unterschieden, wenn eine bestimmte Perspektive, wenn vorgängige Interpretation sie zu Zeichen macht. Damit ist der Interpretationsvorgang allerdings erst begonnen, eine Richtung vorgegeben, das Ergebnis aber nicht gleichsam präjudiziert, nicht vorweggenommen.

Immerhin scheint es sich bei unserem Beispiel um eine Art Topos für Intelligenzmessung, für ihre analysierende Beschreibung zu handeln. Dashiell Hammetts Nick Charles in »Der dünne Mann« ist da jedoch ein wenig anders, unsicherer, skeptischer, ironischer. Alles umstandslos ablesbar? Das Kleine Einmaleins berechenbarer Deutung? Interpretation eine einfache, schlicht logische Folgerung? Inwiefern Zeichen sich zu einem sinnvollen System fügen lassen, das bestimmt weitgehend auch die Perspektive, die Konstruktionsleistung der Interpreten.

»›Ich bin nicht so blöd, wie sie denken. [...] Ich schätze, ich kann zwei und zwei zusammenzählen.‹
›Manchmal kommt vier dabei raus‹, sagte ich, ›und manchmal zweiundzwanzig. [...]‹«[283]

Oder noch etwas anderes. Und selbst Sherlock Holmes, als »Rechenmaschine«[284] wohl *der* Hauptvertreter des logischen Kri-

[281] Elfriede Jelinek (1986): Die Klavierspielerin, S. 142.

[282] Dialogfetzen aus Alfred Hitchcocks »Topas«. Nach einer persönlichen Aufzeichnung.

[283] Dashiell Hammett (1976): Der dünne Mann, S.139.

[284] So Dr. Watson In: Sir Arthur Conan Doyle (1989): Das Zeichen der Vier, S.23.

minalismus, dem sich scheinbar jeder Fall als »eine Sache einfachen logischen Denkens«[285] erschließt, steht hin und wieder vor dem unverhofften, intuitiv eintretenden Resultat seiner scheinbar konsequenzlogisch erfolgten, problemlos nachvollziehbaren Schlüsse. Doch gibt es auch bei Holmes die schwache Sekunde, in der er - wenn vielleicht auch unfreiwillig - die Grundlage seiner Schlüsse offenlegt: Intuition und Abstraktion gemischt. Der Rationalität des Detektivs steht die Emotionalität, die Halluzinatorik des Kokain-Essers, der Probleme als Lebensinhalt braucht, untrennbar zur Seite. Auch Holmes geht den Dingen nicht endgültig auf den Grund, gelangt nicht zu den Sachen selbst, sondern ist zumindest zeitweise konfrontiert mit dem eher unbegründbar, eher intuitiv erreichten Erfolg seiner Schlüsse:

»›Wie haben Sie das nun wieder herausgefunden?‹ unterbrach ich seine Überlegungen. [...]
›Es zu erkennen, fiel mir leichter, als nun die nachträgliche Erklärung, warum ich es wußte. Wenn man Sie fragt, warum zwei mal zwei vier ist, so kostet der Beweis Sie sicher einige Schwierigkeiten, obwohl Sie genau wissen, daß es so ist.‹«[286]

Machte er einmal den Versuch, mit welchen Schwierigkeiten wäre zu rechnen? Ob er den Beweis liefern würde? Wo könnte er fündig werden?

Geben wir uns also einige Zeit. Machen wir uns mit den »Philosophen im Trenchcoat« nunmehr auf die kulturgeschichtliche Reise, in den Archiven abendländischen Wissens zu stöbern. Die Aufgabe scheint lösbar: »2x2=4«.

Aber wo fangen wir an?

[285] Sherlock Holmes, ebd., S.59.
[286] Sir Arthur Conan Doyle (1988): Studie in Scharlachrot, S.29.

Zahlenzauber mit mathematischem Placebo – Magisch-Mythisches

Wo liegen die Wurzeln unseres Wissens? Die von »2x2=4«? Denn wundern darf man sich schon, staunen über die Funktionalität des Beispiels, darüber, wie lange schon und mit welchen Implikationen es als funktionierend erklärt wird.

Auf der Suche nach der Autorschaft wird eines klar: Die Urheberrechte sind kaum geklärt. Wem rechnen wir »2x2=4« zu? Zeus, Jupiter oder vielleicht dem naturwissenschaftlich gesetzten Urknall? Wo setzen wir den Anfang? In »Beginnlosigkeit«[287] verharren?

> »Versetzen wir uns zu unserer Bequemlichkeit in irgend eine weit fortgeschrittene Urzeit, in welcher ein verhältnismäßig sehr zivilisiertes Volk bereits bis 4 zählen konnte.
> Eine Entdeckung war, daß die 4 auf zwei verschiedene Arten entstehen konnte, indem man nämlich entweder drei Einheiten zur ersten Einheit hinzufügte oder indem man zwei Häufchen zu je zwei zusammenstellte. Damit war das überaus wichtige Zahlenverhältnis 2 x 2 = 4 entdeckt.«[288]

Wissen wir auch nicht genau wie und wann, wo auch immer wir Autor und Ur-Text vermuten – selbst der Naturwissenschaftler spricht uns zu, konstatiert im Dunkel der Geschichte das bedeutsame Ereignis.

> »Die Bildung des Zahlbegriffs ist bereits ein entscheidender Schritt aus dem Bereich der uns unmittelbar sinnlich gegebenen Welt heraus und in ein Gewebe rational erfaßbarer gedanklicher Strukturen hinein. Der Satz, daß zwei Nüsse und zwei Nüsse zusammen vier Nüsse ergeben, bleibt auch richtig, wenn man das Wort ›Nüsse‹ durch ›Brote‹ oder die Bezeichnung irgendwelcher anderer Gegenstände ersetzt. Man konnte ihn also verallgemeinern und in die abstrakte Form

[287] Botho Strauß (1992): Beginnlosigkeit. Reflexionen über Fleck und Linie.
[288] Fritz Mauthner (1982): Beitrage zu einer Kritik der Sprache, Bd.3, S.143.

kleiden: Zwei und zwei ist vier. Das war eine bedeutende Entdeckung.«[289]

Und artig machen wir uns auf, das Land nach 2+2=4 zu ordnen. Getreu dem Gesetz, nach dem wir angetreten? Bleiben wir noch eine Weile am Anfang der von Mauthner angesprochenen Entdeckungsgeschichte. Entdeckungen haben es so an sich, daß sie lokalisierbar und einem Entdecker zuzurechnen sind. Hätte die Geschichte nicht auch anders verlaufen können? Eine unumgängliche, notwendige Dechiffrierung? Welche Zeichen gingen dieser voraus?

> »Hätte sich nun ein Sprachgenie gefunden, welches die Zahl 4 sprachlich als 2 x 2 ausdrückte, so wie wir die Zahl 20 ›zwanzig‹ nennen, das heißt 2 x 10, so wäre eine drollige Erfindung gemacht, so wäre der Zahlenschatz auf ein hilfloses Zweiersystem zurückgeführt worden.«[290]

»2x2=4« - erfunden oder entdeckt? Konstruktion oder vorgegebene innerweltliche Idealität?

Schieben wir die Frage auf. Halten wir fest: Früh begann die abendländische Karriere des Beispiels, und sie war offenbar rasant. Und da dieses immer wieder so schön anwendbar war, ging man auf die Suche nach seinem Ursprung.

> »Nun werden wir schon besser begreifen, wie die Philosophie in ihrer Kindheit die neuentdeckten geheimnisvollen Zahlenverhältnisse als weltbauende Kräfte auffassen konnte. So kann ich es mir recht gut vorstellen, daß jenes Volk, das nur bis 4 zählen konnte, als es das Verhältnis 2 x 2 = 4 entdeckte, den geraden Zahlen 2 und 4 eine höhere Verehrung als der ungeraden 3 und daß es das Geheimnis 2 x 2 = 4 einer besonderen göttlichen Kraft zuschrieb. Möglicherweise hat die mystische Vierzahl damals auch Krankheiten heilen müssen.« (Ebd., S.144).

[289] Werner Heisenberg (1985): Die Abstraktion in der modernen Naturwissenschaft, S.153.

[290] Fritz Mauthner (1982), S.143. (Im Anschluß an das letzte Zitat.)

Anbetungswürdig wurde das Beispiel. Alles in »2x2=4«: Gerechtigkeit[291], Gesundheit, göttliche Kraft. Mathematischer Zauberspruch: alles ganz und heil, keimfrei, steril, aseptisch. Die Rechnung geht immer auf. Kleines Einmaleins des Gesundbetens mit arithmetischem Placebo: Nicht einmal mehr dem Asklepios bleibt man einen Hahn schuldig!

Orientierung bietend, Perspektiven stabilisierend und Handlung anleitend sind offenbar die kommunikativ vermittelten Vorstellungen von Wirklichkeit. Man muß nicht nur dran glauben, entsprechend sozialisiert tut man es auch.[292] Und die Karrierekurve zeigte weiter nach oben.

> »In weit reicherer und interessanterer Fülle sah Pythagoras neuentdeckte mathematische und geometrische Verhältnisse vor sich. Diese Verhältnisse hatten keine Erklärung, sie mußten Ursachen ihrer selbst sein, und waren sie erst einmal Ursachen oder Kräfte, so konnte man ihnen auch andere Wirkungen zuschreiben. Es scheint, daß Pythagoras abergläubische Vorstellungen von der Wirkung der kindisch-mystischen Zahlenquadrate hatte. Sein vielbewunderter Hauptgedanke aber war: in der Flucht der Erscheinungswelt sind die Zahlenverhältnisse die bleibenden Pole, es müssen also die Zahlenverhältnisse die Ursachen der Wirklichkeitswelt sein. Und weil er die Verhältnisse mit den Zahlen verwechselte, weil er nicht wußte, daß es in der Natur doch höchstens Verhältnisse und keine Zahlen gibt, darum machte er die Zahlen oder die Zahlworte zu den Ursachen der Wirklichkeit.«[293]

[291] Erinnert: »Weil 4 so bereitwillig in die gleichen Hälften 2 und 2 zerfällt, galt 4 als Symbol für Gerechtigkeit. (Rudy Rucker (1988): Der Ozean der Wahrheit, S68f.)

[292] Eine moderne Variante: Individuelles Schmerzempfinden hängt offenbar auch ab von kulturell bedingten psychosozialen Faktoren, wie die Psychologin Kayan Aratow in einem »interkulturellen Vergleich der Schmerzwahrnehmung und Krankheitsbewältigung bei türkischen und deutschen Patienten mit chronischer Polyarthritis« nachweist. (Zit. nach: Bernd Graff: Von nationalen Nebenwirkungen. Eine Bonner Psychologin erkundet das Schmerzempfinden. In: Süddeutsche Zeitung, 17./18.4.1993, S.46.)

[293] Fritz Mauthner (1982), S.144.

Nun hat aber - wie so oft - der Schöpfer der Lehre selbst, Pythagoras nämlich, offenbar »nichts geschrieben; nur in mündlicher Überlieferung [...] lebten seine Lehren fort.«[294] Zitieren wir aus einem der Zeit näher stehenden Kontext, nach Aristoteles, so erblickten die Pythagoreer »in den Zahlen die Affektationen und Verhältnisse der ›Harmonie‹«[295], glaubten, »alle anderen Dinge glichen ihrer ganzen Natur nach den Zahlen, und die Zahlen seien das Erste in der ganzen Natur« (ebd.), so daß sie annahmen, »daß die Elemente der Zahlen die Elemente aller Dinge seien, und der gesamte Himmel sei Harmonie und Zahl« (ebd.).

So galt denn als das Wesen aller Dinge die Zahl. Und in der Beziehung »2x2=4« fand sie eine besondere Ordnung. Große Vorstellung für einen kurzen Text, überall dort, wo sich der Vorhang hebt.

> »Die Vier oder Tetras stand bei den Pythagoreern in hohen Würden, nicht nur weil sie die Zahl der vier Elemente ist, sondern auch weil sie eine noch vollendetere Einheit als die Drei darstellte: als Verdoppelung der Zwei, des Gegensatzes, der sich in der Vier aufhebt.«[296]

Und so bereitet uns das Beispiel in diesem Kontext nicht zuletzt auch ein ästhetisches Vergnügen, denn »die vier Horen sind wie die Zahl (4 = 2x2) [...] schön«.[297]

Zusammengefaßt. Die Kulturgeschichte verzeichnet: »2x2=4« trat auf die abendländische Bühne, und das (philosophische) Publikum war begeistert. Großer Applaus!

Nun, das haben wir alles hinter uns: abgeklärt, aufgeklärt wie wir sind; nicht mehr verklärt im Angesicht mathematischer Sätze, im blendend schönen Licht des Zahlenstrahls. Und so dient manchen der mythische Zahlenglaube als Fundus für kulturhistorisch verpackte Reminiszenz; modern geföntes Design mit eingebautem Unterhaltungseffekt.

[294] Wilhelm Nestle (1956): Die Vorsokratiker, S.26.

[295] Aristoteles (1981): Metaphysik, S.30.

[296] Wolfgang Bauer et al. (1983): Lexikon der Symbole, S.447.

[297] Walther Kranz (Hrsg.)(1964): Die Fragmente der Vorsokratiker, S.459. (Anmerkung zu einem der Fragmente anonymer Pythagoreer.)

»Und jetzt zu den magischen Zahlen, die deinen Autoren so sehr gefallen. Die Eins bist du, der du einer bist und nicht zwei, eins ist dein Dingsda, und eins ist mein Dingsda, eine ist deine Nase und eins dein Herz, woran du siehst, wie viele wichtige Dinge nur einmal da sind. Und zwei sind die Augen, die Ohren, die Nasenlöcher, meine Brüste und deine Eier, die Beine, die Arme und die Pobacken. Die Drei ist magischer als alles andere, weil unser Körper sie nicht kennt, wir haben nichts, was dreimal vorkommt, und deswegen muß die Drei eine höchst geheimnisvolle Zahl sein, die wir Gott zuschreiben, egal wo wir leben. Aber wenn du's genau bedenkst, ich habe nur eine Dingsda und du hast nur einen Dingens – still, laß jetzt die Witzeleien –, und wenn wir unsere beiden Dinger zusammentun, kommt ein neues Dingelchen raus und wir sind drei. Was meinst du, muß da erst ein Universitätsprofessor kommen, um zu entdecken, daß alle Pole ternäre Strukturen haben, Trinitäten oder solche Sachen? Aber die Religionen sind nicht mit dem Computer gemacht worden, sondern von ganz normalen Leuten, die ganz normal gevögelt haben, und all diese trinitarischen Strukturen sind keine Mysterien, sondern die Erzählung von dem, was du und ich machen und was sie gemacht haben. Klar? Also weiter. Zwei Arme und zwei Beine machen zusammen vier, und deswegen ist auch die Vier eine schöne Zahl, besonders wenn du bedenkst, daß die Tiere vier Beine haben und daß die kleinen Kinder auf vier Beinen laufen, wie schon die Sphinx wußte.«[298]

Magie und Mythos als unterhaltsames Programm. Längst säkularisiert auch diese kulturellen Güter. Zahlenzauber als Varieté. Achterbahn. Schießbude und magischer Guck-Kasten. Kulturelle Peep-Show? Aber einst saßen wir begeistert und gläubig auf dem Karussell mit drauf.

Die Fahrzeit ist abgelaufen? Wer folgt schon der Maxime von Goethes Hexeneinmaleins: »Verlier die Vier« (Faust I)? Kulturhistorischer Fund: Immerhin »hat der Gleichklang der Worte shi, ›Tod‹, und shi, ›Vier‹ im Chinesischen dazu geführt, die Nume-

[298] Vom Seitensprung des Semiotikers – Umberto Eco schwingt »Das Foucaultsche Pendel« (1989, S. 424f.).

rierung mit Vier etwa bei Stockwerken oder Parkplätzen zu vermeiden.«[299]

Das ist wohl Grund genug. Und abendländisch schlägt's manchen noch immer »13«, eine schwarze Katze im Visier und obendrein auch noch den (Kar-)Freitag im Blick: Was will man mehr.[300] Und wird nicht auch umgekehrt ein Schuh daraus?

> »Man braucht wirklich nicht viel darüber zu reden, es ist den meisten Menschen heute ohnehin klar, daß die Mathematik wie ein Dämon in alle Anwendungen des Lebens gefahren ist.«[301]

Ja, unser statistischer Zahlenzauber. Beweisbar wird, was immer man will?

> Treibjagd. Der Hase im Kreuzfeuer. Ein Schuß: 2 Meter links vorbei. Ein zweiter: 2 Meter rechts daneben! Nun macht zweimal zwei vier - die Wahrheit, der Treffer liegt genau in der Mitte. Halali: »2x2=4«! Die Strecke kann verblasen werden! Derweil macht sich unser Hase, Haken schlagend, von dannen - völlig unbeeindruckt von der Tatsache, daß er, statistisch gesehen, längst mausetot ist![302]

»Der mathematische Mensch«[303] - zum Popanz geworden? Vielerorts meint man wieder, die fortschreitende Digitalisierung vernichte die alten Kulturtechniken Lesen und Schreiben.[304]

[299] Endres und Schimmel (1990): Das Mysterium der Zahl, S.118.

[300] »Wenn man Angst hat vor der Zahl 13, läßt man sie einfach aus. In vielen Hochhäusern in Amerika (einschließlich des Gebäudes der City University in New York) fehlt der 13. Stock; in Krankenhäusern gibt es keine Zimmernummer dreizehn (man stirbt trotzdem), und am 13. jeden Monats zieht man die Decke über den Kopf (oder tut Verwandtes, wie ganztags fernsehen) und wartet, daß er vorübergeht.« (Dagmar Leupold (1992): Edmond: Geschichte einer Sehnsucht, S.66.)

[301] Robert Musil (1983): Der Mann ohne Eigenschaften, S.39f.

[302] In Anlehnung an ein Beispiel von Ulrich Wickert in den »Tagesthemen«, 22. (23.?) Februar 1993. Der Glaube an die statistische Heilslehre läßt ja auch nicht nach, wenn man davon ausgeht, daß es sich dabei zumindest um einen Polytheismus handelt: die Zahlen repräsentieren ja buchstäblich Eros wie Thanatos.

[303] Vgl. Robert Musil (1913): Der mathematische Mensch.

[304] Andererseits sind uns Mythen des Alltags ja allgegenwärtig und verbreiten sich rasant. »Übertragen auf moderne Sagen heißt das: Selbst wenn kein einziger Fall je bewiesen würde - wer wollte schon die Hand dafür ins Feuer legen,

Eine neue Furcht ist dies keinesfalls. Mag sie auch verschiedene Gründe haben, verschiedene Reaktionen zeigen. Rechnen wir mit individuell verschiedenen Perspektiven – Pythagoras für's ausgehende 20. Jahrhundert:

»›Je besser ich die Buchstaben kenne, desto lieber sind mir die Zahlen.‹
›Ach du Scheiße‹, sagte ich und dachte, Hols der Teufel, noch so ein Tiger mit unzähligen Streifen, sagte aber: ›Ein Kabbalist.‹
›Ein pythagoreisches Elixier, wirkt sehr gut gegen literarischen Spasmus. Oder gegen den Koller, wie man in unserem fernen Oriente sagen würde.‹
›Glaubst du wirklich an Zahlen?‹
›Das ist fast das einzige, woran ich glaube. Zwei und zwei wird immer vier sein. Wenn da mal fünf rauskommt, dann wird es Zeit stiften zu gehen.‹
›Aber hast du denn mit Mathematik nicht immer Schwierigkeiten gehabt?‹
›Da geht es ja nicht um Zahlen, sondern um den Gebrauch der Zahlen. Ein bißchen wie bei der Lotterie, die auch eine Nutzung der Zahlen ist. Der Satz des Pythagoras ist nicht so wichtig wie sein Ratschlag, keine Bohnen zu essen oder nie einen weißen Hahn zu töten oder das Bild Gottes nicht auf einem Ring zu tragen oder nie das Feuer mit dem Schwert auszumachen. Und noch drei Dinge, von denen eines entscheidender ist als das andere: kein Herz essen, nicht in die Heimat zurückkehren, wenn man sie einmal verlassen hat, und nicht gegen die Sonne pinkeln.‹«[305]

daß alles mögliche nicht doch möglich ist? Da hilft keine Aufklärung und kein Beten – so und nicht anders geht es zu auf der Welt, glaubt man nur den Leuten. Der Kommunikationsforschung ist das Phänomen längst bekannt. Konkurrieren die Berichterstattung in den Medien und das persönliche Gespräch um den Anspruch auf Wahrhaftigkeit, so ist es allemal der leibhaftige Erzähler, der den Sieg davonträgt.

Was folgt daraus? Nichts. Realität ist die eine, Wahrnehmung eine andere Sache. So regiert der Stammtisch die Welt. Zu wahr, um schön zu sein.« (Jörg Albrecht: »Haben Sie schon gehört…«. In: Zeitmagazin, 12.3.93, S.40-47, S.47.)

[305] Guillermo Cabrera-Infante (1990): Drei traurige Tiger, S.366f.

Wir reinen Rationalisten, fest vereint im unerschütterlichen Glauben an die Zahlen, die letzte Bastion? Uneinnehmbare Sicherheit! Ein tragendes Paradigma? Universale Perspektive? Im gerade zitierten Kontext hat sie nicht einmal individuelle Beständigkeit. Die Festigkeit dieser Perspektive liegt in ihrer Flexibilität. Und so lesen wir etwas später:

»›Und du, glaubst du an gar nichts?‹
›Oh doch. An vieles, fast an alles. Nur nicht an Zahlen.‹
›Deshalb kannst du auch nicht einmal 2 und 2 zusammenzählen.‹
Das stimmte. Es stimmt, daß ich kaum addieren kann.
›Aber hast du denn nicht gesagt, die Mathematik sei eine Lotterie?‹
›Die Mathematik schon, Teile der Arithmetik aber nicht. Zahlenmagie gab es schon vor Pythagoras und seinem Lehrsatz, vermutlich schon lange vor den Ägyptern.‹« (Ebd., S.512.)

Müssen wir in der Kulturgeschichte noch weiter zurück? Lassen wir diese Spur liegen. Sie führt zu keinem definitiven Ende.

»Es soll große Mathematiker geben, die sich bei einfachen Additionsaufgaben irren; aber hierbei geht es nicht um Irrtümer, sondern um Unkenntnis. Ich akzeptiere durchaus, daß ein großer Mathematiker zwei und zwei zu fünf addiert; das ist ein Akt der Zerstreutheit, und er kann bei uns allen vorkommen. Was ich nicht akzeptiere, ist, daß er beispielsweise nicht weiß, was addieren bedeutet und wie man addiert. Und das eben ist der Fall bei den Meistern des Okkulten in ihrer übergroßen Mehrheit.«[306]

Wir wollen Sicherheit.

»Es mag einem menschlichen Grundbedürfnis entsprechen, an einer Stelle der Welt absolut sichere Grundlagen zu haben, auf denen dann alles andere aufgebaut werden könnte.«[307]

[306] Fernando Pessoa (1992): Das Buch der Unruhe des Hilfsbuchhalters Bernardo Soares, S.278.

[307] Helmut Schwegler (1992): Konstruierte Wissenschaftswelten. Die Erfahrungen eines Physikers, S.270.

Die Frage bleibt also im Raum: Woher und was ist 2x2=4? Offensichtlich haben wir es mit Bezugnahmen zu tun, die nicht nur, enzyklopädisch aufgelistet, inflationär vorhanden sind, sondern vielmehr als geradezu obsessiv eingesetzt erscheinen. Doch wie ist die Geltung des Beispiels gesichert? Bis zu diesem Zeitpunkt sind wir bei dieser Frage noch nicht weit gekommen. Lohnt es, nach dem Autor dieses Textes zu fahnden? Seinem Schöpfer? Woher stammt das Original? Wo liegt die Ur-Quelle?

Fragen, die uns aus dem magisch-mythischen Kontext reißen. Wir setzen damit auf ein anderes (Wissens-) Konzept. Die Zuständigkeit wechselt. Und damit die akademische Disziplin. Wir befragen: Theologie.

Weiß Gott: Ein offenbares Geheimnis – Theologische Aspekte

Lassen wir also Magie und Mythos, lassen wir die Meister des Okkulten hinter uns. Wie also ist dem Relativismus, dem Perspektivismus zu entgehen?

Naiv genug konnte man davon ausgehen, »2x2=4«, die Erzeugung des Beispiels könne kontextlos gedacht werden, rein rational und unbefleckt, müsse nicht in anderen Umständen ausgetragen werden. Doch einiges kam dazwischen.

Wenden wir uns nun, die Frage nach dem »Was?« und »Woher?« unseres Satzes im Kopf, noch vor mathematischen Antwortgebern, an die höchste Instanz, wenden wir uns theologischen Konzepten zu.

Geprägt von dem Wunsch nach einer Rückversicherung des Wissens, gilt vielen religiöse Fundamentierung als absolut gültige, nicht mehr hintergehbare Basis, Orientierung an höchster Autorität. Ende des Perspektivismus, Endstation Sehnsucht: Interpretationsfreie Zone? Auch im theologischen Universum, im Rahmen eines konsistenten, geschlossenen theologischen Weltbildes, gebührt »2x2=4« ein festgefügter Platz, müßten auch Ort und Status dieses Phänomens einzuordnen sein.

»Gott regiert. Das kann zunächst nur heißen: ›Er allein regiert‹ (177). Es heißt weiter: er selbst ist ›allein das Ziel…, das er seinem Geschöpf gesteckt hat‹ (179). Seine Regierung ist wahrhaft die des Herrn, und darum geschieht sie in ›schlechthinniger Hoheit‹ (180). Gott ist ›nicht selbst eine der Notwendigkeiten, die sich im Weltlauf geltend machen… Er ist auch nicht deren Zusammenfassung und Inbegriff‹ (181). Seine Regierung ist auch nicht identisch mit der ›Folgerichtigkeit‹, in der das Naturgeschehen nach den sog. Naturgesetzen sich vollzieht (181) oder mit der wir uns von einem Sittengesetz ›in Anspruch genommen sehen‹ (182), oder mit irgendeiner anderen erfahrbaren Folgerichtigkeit, z.B. geschichtlicher oder ökonomischer Abläufe (182). Sein Regieren ist gewiß nicht nur ›im Außerordentlichen‹ zu finden, (wie wohl man es ihm, ›Weltbild hin und her‹, wohl wird ›erlauben müssen, auch echte und eigentliche Wunder zu tun‹ (182). Zur ›Kundgabe seiner Weisheit‹ gehören vielmehr ›auch immer wieder die Triumphe des common sense …, auch die wunderbare und seinem Heiligen Geist ganz besonders teure Offenbarung, daß zwei mal zwei vier ist und nicht fünf…‹ (183)«[308]

So unterwerfen wir uns denn, auf der Suche nach dem letzten Grund, der Geltung von »2x2=4«, der Herkunft unseres Wissens, abermals das Knie beugend, der höchsten Autorität. Eine feste Burg ist unser »2x2=4«. Auch dieses Beispiel also als »Küchenmagd der Theologie«? Serviert das ewige Gericht?

Auch Philosophen bereiten dieses Rezept:

»Aus den unangreifbaren Ergebnissen der Mathematik zogen Männer wie Leibniz den Schluß, daß auch Gott, der Allmächtige, nicht an der Logik vorbeikommt, wonach 2 + 2 = 4 ist. Oder allgemeiner: Daß in der Mathematik die Gedanken Gottes mit denen der Menschen identisch sind. Und diese Erkenntnis brachte sowohl Leibniz als auch andere Philosophen zu der Ansicht, man könne ›mit reinem oder theoreti-

[308] Karl Barth (1984): Kirchliche Dogmatik, S.133. (Band III, S.1-326: »Gottes Vorsehung«.)

schem Denken‹, wie es beim Rechnen funktioniert, auch außerhalb der Mathematik operieren und so zu den ganz großen Wahrheiten vorstoßen.«[309]

In der besten aller Welten gilt der beste aller Sätze selbstverständlich uneingeschränkt! Doch: Kommen wir zurück zu Karl Barths Interpretation. Seine »Darlegungen über ›das göttliche Regieren‹ nehmen den breitesten Raum in diesem Paragraphen ein.«[310] Dem hier gelegten Fundamt ist kaum auf den Grund zu gehen. Diese Begründung ist nicht beweisbar. Man kann diese, als Basis für ein darauf zu gründendes Weltbild, glauben.[311] Selbstverständlich ist der Offenbarungsbegriff auch nicht selbstexplikativ. Und wer dieser Begründung widerspricht, muß sich nach anderer Fundamentierung fragen lassen. Aber muß man hier dran glauben? Denn in mancher Hinsicht ist Kritik anzumelden. Wie weit reicht unter dieser Voraussetzung der Dispens von Verantwortlichkeit bei der Anwendung der Formel? Ist nicht offenbar die Autorität des Unsagbaren gegen die Nachvollziehbarkeit argumentierender Diskurse ausspielbar? Oder anders formuliert: Lassen wir die Frage außer acht, wem wir nach den »Triumphen des common sense« in diesem Zeichen erfolgte Eskapaden und Exzesse in die Schuhe schieben?

> »Die Untaten, die im Namen Gottes begangen wurden, bilden im christlichen Europa ein Leitmotiv. [...] Der Siegeszug des Christentums [...] hat den Bund mit jener Weltschlauheit besiegelt, der zu entsagen sein ursprüngliches Bekenntnis war [...].«[312]

309 Paul-Heinz Koesters (1980): Deutschland deine Denker, S.48.

310 Otto Weber, Kommentar zu Karl Barth (1984), S.133.

311 Übrigens schreibt Barth: »Wer schon von mir reden will, der müßte mich – das ist nicht zuviel verlangt – jedenfalls gelesen, und zwar (wenn er nicht Journalist, sondern ein ernster Mensch und gar noch ein ernster und also nicht bloß blätternder Theologe ist) ganz gelesen haben.« (Zitiert nach dem Vorwort von Hans-Joachim Kraus zu: Karl Barth (1984), dort S.7.) Ja, aber wir reden doch hier nicht von Karl Barth, sondern von der scheinbar kontextfrei verhandelten Selbstverständlichkeit »2x2=4«. Und bitten daher um Dispens. (Aber daß man anläßlich von »2x2=4« so seine Unschuld verlieren kann.)

312 Max Horkheimer (1963): Theismus – Atheismus, S.216.

»Den Triumphen neuer Wissenschaft und Technik der letzten Jahrhunderte vermochte Theologie sich anzupassen« (ebd., S.221).

Darauf wird noch zurückzukommen sein.

– Beiseite gesprochen: Im literaturwissenschaftlichen Kontext kommen diese Überlegungen ja auch nicht von ungefähr. Ein neuerlich erhobener theologischer Ton mit der Forderung nach einer neuen Art von »Kunstreligion« ist zu vernehmen. Mit geradezu apostolischem Gestus hat kürzlich George Steiner von realer Gegenwart[313] des Textsinns erzählt, eine Predigt, die, nach Herbert Gamper, den Text zur »Hostie aus Wörtern« verklärt, womit der Literaturwissenschaftler nicht nur die Flucht nach vorn, sondern geradezu die »Flucht nach oben« antrete.[314] Wurde damit die »metaphysische Dampfwalze«[315] in Gang gesetzt? Planierungsunternehmungen, Grundsteine eines neuen (ästhetischen) »Fundamentalismus«?[316] Wege zur Versteinerung?[317] –

Wiederaufnahme: Ist mit Karl Barths theologischer Interpretation nun alles gesagt? Sind die (theologischen) Spezialisten in dieser Frage alle eins? Woran denn bemißt sich religiöse Erfahrung? Ist auch sie definitiv auf den Punkt, in die Konserve einer verfügbaren Formel zu bringen? Auf die Norm, das Althergebrachte zu verpflichten, in Affinität und Differenz?

Zunächst geht es also um die Herkunft, das Fundament unseres Wissens. Denn selbstverständlich rechnen wir, wenn wir

[313] George Steiner (1990): Von realer Gegenwart. Hat unser Sprechen Inhalt?

[314] Herbert Gamper (1991): ›Keiner wagt mehr seine Person daran‹ – Zur Situation der Literaturwissenschaft nach vollendeter Marginalisierung der Literatur, S.118. Gamper bezieht die beiden Zitate auf Botho Straußens Steiner-Interpretation.

[315] Jörg Drews, Rezension zu Steiners Buch in der Süddeutschen Zeitung, 23./24.3.1991.

[316] So Karl Heinz Bohrer (1992): Die Grenzen des Ästhetischen, S.57.

[317] Zur Debatte um eine neue »Kunstreligion« vgl. auch: Hans Robert Jauß: Über religiöse und ästhetische Erfahrung. Zur Debatte um Hans Beltings ›Bild und Kult‹ und George Steiners ›Von realer Gegenwart‹; in: Merkur 510/511, S.934-946, dort Zusammenfassung und Kommentar der Debatte. Vgl. auch: Walter Grasskamp. Unerhörte Monologe. Vom Verfall der Konversationskunst. Vom Elend der Kulturkritik. Vom Aufstieg der Kunstreligion. In: Die Zeit, 7.8.1992, S.39.

rechnen, mit »2x2=4«. Und wohl kaum hoffen wir auf eine Offenbarung im (Zahlen-)Glauben, die uns anders kalkulieren ließe. Wenig Sinn macht es offenbar, an dieser Stelle dem Gleichheitszeichen die Gefolgschaft zu verweigern, hier den Proselyten zu machen, als glühender Verehrer oder reumütiger Sünder zum »2 + 2 = 5-ISMUS«[318] zu konvertieren. Schließlich haben wir unsere festen Überzeugungen (der Beichtspiegel verzeichnet keine Sünde wider das mathematische Glaubensbekenntnis).

»König: Wie? Du Betrüger hast die Absicht, in meinem Staate eine falsche Religion zu stiften?
Apostel: Majestät, meine Religion ist nicht falsch und kann nicht falsch sein.
König: Ja, willst du mir denn deine Religion beweisen?
Apostel: Nein, Majestät, ich will sie predigen.
König: Demnach predigst du sie, ohne sie zu beweisen, vielleicht ohne an sie zu glauben? Also ist sie falsch.
Apostel: Majestät, es gibt keine falsche Religion; ich berufe mich dafür auf Eure Minister; jede Religion ist eine wahre Religion, so wie ein Gedicht in Wahrheit ein Gedicht ist. Wenn ich Euren Untertanen sagen wollte, 2 und 2 ist 4, und man muß gerecht und gut usw. sein, dann wäre das, was ich ihnen brächte, nur Arithmetik oder Moral, und Ihr hättet Grund, erzürnt zu sein. Aber ich will ihnen verkünden, daß 2 und 2 5 ist, daß ich der Sohn der Sonne bin usw. Darum gewährt mir Protektion und Geld. Laßt mich predigen, Tempel bauen; denn ich bringe Euch in Wahrheit eine Religion.
König: Ich habe Unrecht. Es ist klar, daß Ihr besser wißt als ich, was eine Religion ist. Die Philosophen haben mich getäuscht. Sie sagten mir, jede Religion sei falsch. Sie haben das Wesen der Frage nicht verstanden. Wenn es eine wahre Religion gäbe, dann wäre sie die einzige auf der Erde, so wie die Geometrie – oder vielmehr, es wäre gar keine Religion. Es ist in der Tat der Fehler der Priester aller Länder, daß sie immer ihre Religion beweisen wollen wie einen juristischen Fall oder einen Lehrsatz der Geometrie. So haben Philoso-

[318] Hier dann allerdings in anderer Ausprägung als bei Douglas Coupland (1992): Generation X, S.170 (s.o., S.98).

phen und Priester in gleicher Weise Unrecht. Ihr habt mir Klarheit gegeben. Es handelt sich also nur noch darum, zu wissen, ob Eure Religion gut oder schlecht ist, und nicht, ob sie wahr oder falsch ist.

Apostel: Majestät, die meine ist gut, denn meinen Dogmen und Mysterien mischte ich die ganze Moral der Chinesen, Griechen, Römer, Ägypter, Perser usw. bei, mit einem Wort die Moral, die einzig ist und demnach wahr von einem Ende der Erde bis zum andern; zwar sagt man: die Religionen; doch man muß sagen: die Moral.

König: Sehr schön! Doch ich habe bereits eine Religion in meinem Staate, und ich habe andere Sorgen, als Altar gegen Altar aufzurichten, meine Untertanen zu entzweien, sie mit dem Unterhalt mehrerer Kulte zu belasten.

Apostel: Unter diesen Umständen werde ich meine Dienste den Völkern anbieten, die noch keine Religion haben, oder denen, die alle Religionen zulassen; denn mit uns Aposteln verhält es sich wie mit den Kaufleuten; wir bringen unsere Ware nur zu den Völkern, denen sie vollständig fehlt, oder bei denen große Nachfrage herrscht. Es sei denn, Majestät, ich könnte mich doch, trotz Eures Verbotes, heimlich einschmuggeln.

König: Versucht es doch! Ich werde über die Ausführung meiner Anordnung wachen - und Euch wird man hart bestrafen.

Apostel: Dann, Majestät, berufe ich mich auf die Freiheit des Handels: sie ist die Seele politischer Körperschaften. Wenn Eure Untertanen meine Ware verlangen, wird sie sich trotz Majestät einführen.

König: Hier habe ich Euch in Eurer ganzen Wortklauberei: die Völker verlangen die Waren, deren sie bedürfen, und verkaufen die, für die sie keine Verwendung haben. Sie in diesen beiden Punkten zu behindern, ist ein Rest alter Barbarei, eine sinnlose Tyrannei, deren man mich, Gott sei Dank, nicht beschuldigen kann! Doch mit den Religionen verhält es sich anders: die Völker, die schon eine haben, verlangen keine zwei; und die, die zwei haben, wollen keine drei. Im übrigen kann jeder einzelne meiner Untertanen glauben, was ihm gefällt, und Gott so oder so verehren! Aber öffentlich predigen, Tempel erbauen, das Volk besteuern, das sind

Souveränitätsakte, die ich nicht dulden werde. Ebenso würde ich einen Philosophen bestrafen, der unsere Altäre umstürzte oder Unglauben predigte unter dem Vorwand, unsere jetzige Religion sei nicht bewiesen.
Apostel: Majestät, ich muß also weiterziehen. Ein Herrscher, der nachdenkt, ist nicht mein Fall. Schade! Wenn Majestät mich anfangs verachtet hätten, wäre ich ins Reich eingeschlichen; Majestät hätten mich verfolgt, und wenn Majestät mich schließlich hätten hängen lassen, dann wäre mein Erfolg und meine Glorie unausbleiblich gewesen: nach fünfzig Jahren hätte ich Tempel gehabt.«[319]

Der Esoterik-Boom in Erwartung des Heils - für die Reputation des Propheten, seines finanziellen allemal - machte schon in früheren Zeiten Karriere. Alter Wein in neuen Schläuchen: aktuell schwappende Esoterik-Wellen, TV-Prediger, Einschaltquoten-Apostel. Zeitgeistsurfer gegen die Brandung des herrschenden Diskurses, auf einem Wellenkamm:

»Bei aller wildwüchsigen Vielfalt hat der sektiererische Garten Eden indes eine solide Grundlage: die Verbindung von Geld und Geist; ›the money that you give to GOOOOOOOOD‹. Darin sind fast alle eins, höchstens einige noch einiger. Der Vergleich Ruthvens mit dem Waschmittelmarketing ist durchaus berechtigt: ›immer dasselbe Produkt, aber in unterschiedlicher Verpackung.‹«[320]

Unterschätzen wir also doch nicht die religiös motivierten 2+2=5-ISMEN. Doch das Gleichheitszeichen gilt weiter zwischen »2x2« und »4«. Aber steht dieses auch zwischen theologischen Interpretationen unseres Himmelssatzes »2x2=4«? Zwischen verschiedenen Vorstellungen von göttlichem Rechnen?

Steckt auch hier - wie so oft - der Teufel im Detail? Wenn ja, dann offenbart er sich etwa - literarisch verpackt - im Streit der katholischen und lutherischen Universität zu Straßburg:

[319] Antoine de Rivarol (1988): Zwiegespräch zwischen einem König und einem Religionsstifter, S.112-117.

[320] Ludger Lütkehaus (1991): Nation mit Seele einer Kirche. Ein Reiseführer durch das Labyrinth der amerikanischen Sekten, S.51.

»Gottes Macht ist unendlich, erklärten die Nasenmänner, er kann alles.
Er kann keinen Widerspruch gegen sich selbst begehen, sagten die Antinasenmänner.
Er kann machen, daß der Stoff denkt, sagten die Nasenmänner.
Ja, so gut ihr aus einem Schweinsohr eine Samtmütze machen könnt, erwiderten die Antinasenmänner.
Er kann aus zweimal zwei fünf machen, versetzten die katholischen Doktoren.
Nichts nutz! entgegneten die lutherischen.
Allmacht ist nun einmal Allmacht, sagten die Doktoren, welche für die ›Wirklichkeit‹ der Nase einstanden.
Sie bezieht sich nur auf mögliche Dinge, versetzten die ›Lutheraner‹.«[321]

Ist der Streit zu schlichten? Wechseln wir einmal kurzfristig die Fakultät. Was sagen diejenigen, die primär das mathematische Feld bestellen, die Schäfchen des Einmaleins, unseren Satz hüten? Wie bringt der mathematische Hirt auf dieser Weide seine Lämmer ins Trockne?

»Nun kollidiert Gottes Omnipotenz mit dem Begriff der Zeitlosigkeit und der Unwiderlegbarkeit der Mathematik. Wenn Gott wirklich omnipotent ist, könnte er ein Universum erschaffen, in dem mathematische und logische Unmöglichkeiten existieren, in dem zum Beispiel $2 + 2 \neq 4$ ist. Gott könnte den Inhalt der Mathematik vollkommen auf den Kopf stellen. An diesem Punkt scheiden sich die philosophischen Geister. Eine Meinung besagt, daß Gottes Omnipotenz die Macht einschließt, ›es zustande zu bringen, daß aus dem Wesen des Dreiecks nicht folgt, daß seine Winkelsumme gleich zwei rechte Winkel ist‹. [Anm.]
Die andere Meinung verneint dies. Sie setzt Gottes Macht Grenzen und scheint so die Mathematik von Gott und von der Welt zu trennen. Die erste Ansicht stellt Gott an die Spitze aller Macht und Möglichkeiten. Unter ihm stehen die ma-

321 Laurence Sterne (1982): Leben und Meinungen von Tristram Shandy Gentleman, S.283.

thematischen Gesetze, und unter diesen finden sich die physikalischen.

Die Aufhebung physikalischer Gesetze, die laut Bibel in den Wundern stattfand, beunruhigte die Religionsphilosophen weniger als die Verletzung mathematischer Gesetze. Damit wird der Mathematik eine Ausnahmestellung zuerkannt. Die Möglichkeit, daß ihre ewigen Wahrheiten außer Kraft gesetzt werden könnten - und sei es durch einen omnipotenten Gott -, wirkt störend.«[322]

Also auch keine endgültige Klarheit. Wie gewinnt man die Festigkeit der Perspektive zurück? Die Störung ignorieren? Was sagt Philosophie?

Descartes etwa hatte potentiellen Zweifeln und Unwägbarkeiten entgegengehalten, daß das allmächtige Wesen ihn letztlich schon nicht täuschen werde. Er sah die Sicherheit seines Wissens trotz aller Zweifel darin begründet, daß er an die Richtigkeit seines Denkens glauben könne unter der Voraussetzung, daß Gott ihn sozusagen nicht betrügen werde.[323] Er setzte voraus, »daß Gott mich unmöglich jemals täuscht«.[324]

Auch Philosophie, selbst wo sie nicht als »ancilla«, als Küchenmagd der Theologie mit niederen Tätigkeiten beschäftigt ist, baut Gewißheiten auf göttlichem Grund. Doch ist - wie anders? - auch diese Vorstellung im philosophischen Kontext nicht ohne Replik geblieben, eine Vorstellung, über die Voltaire im Falle des Descartes etwa einigen Spott ergoß:

»Er trieb seine metaphysischen Irrtümer so weit, daß er behauptete, zwei und zwei sei nur deshalb vier, weil Gott es so wollte.«[325]

322 Davis und Hersh (1990): Descartes' Traum. Über die Mathematisierung von Zeit und Raum, S.302f.

323 Vgl. René Descartes (1983): Meditationen über die Erste Philosophie. (Bes. die »3. Meditation«, dort lautet das Beispiel: »2+3=5«, S.56f.)

324 Ebd., »4. Meditation«, S.74. (Vgl. auch Descartes (1982): Abhandlung über die Methode des richtigen Vernunftgebrauchs; bes. S. 37.)

325 Voltaire (1981): Philosophische Briefe. 14. Brief: Über Descartes und Newton, S.74. »Il poussa ses erreurs métaphysiques jusqu'a prétendre que deux ne fout quatre que parce que Dieu l'a voulu ainsi.« (Zit. nach: Voltaire: Lettres philosophiques. Paris. S.76.)

Doch wessen Wille offenbart sich hier? Wie liegen wir - metaphysisch- richtig? Was wissen wir schon?

> »Du glaubst an den würfelnden Gott und ich an volle Gesetzlichkeit.«[326] - Albert Einstein zu Max Born.

Ist damit alles gesagt? Alea iacta est?

> »Wie Herr Einstein es so genau wußte, daß Gott nicht Würfel spielt. Vielleicht spielt er Würfel! Ich sehe nicht, aus welchen physikalischen Theorien über Relativität, wofür Einstein zuständig ist, man überhaupt folgern kann, daß Gott nicht Würfel spielt. Daß zwei mal zwei vier ist und nicht fünf, das ist eine Entscheidung.«[327]

Wofür entscheiden wir uns?

> »[Einsteins] Glaube - sein religiöser Glaube - an die Einfachheit, Schönheit und Erhabenheit des Universums war die Hauptquelle der Inspiration in seiner Wissenschaft. Er wertete wissenschaftliche Theorien, indem er sich fragte, ob er, wenn er Gott wäre, das Universum auf diese Art gemacht hätte.«[328] (Ja, wer mit SEINEM Würfel spielt! »Eritis sicut deus…«)

So ist nicht einmal höhere Mathematik zu betreiben, um interpretierender Perspektivik gewahr zu werden, höhere Mathematik der folgenden Art, so, wie Franz Mehring das Studium der Theologie verstand, nämlich

> »die Geheimnisse dieser Wissenschaft als ›auf der Grundtatsache beruhend erkannt, daß 3 x 1 = 1 ist‹, also abträglich der ›schlichten sinnlichen Kutscherlogik des profanen Lebens‹.«[329]

[326] Zit. nach: Ian Stewart (1990): Spielt Gott Roulette? Chaos in der Mathematik, S.7.

[327] Jacob Taubes (1993): Die politische Theologie des Paulus, S.117.

[328] Albert Einstein (1981): Briefe; Kommentar auf S.64.

[329] Zit. nach: Fritz J. Raddatz (1982): Revolte und Melancholie. Essays zur Literaturtheorie, S.55; die Zitate sind entnommen aus: Die Neue Zeit, 12. Jhrg., 1894, Bd.2, S.144; vgl. auch Franz Mehrings Aufsatz ›3x1=1, Ein Kapitel über historische Methode‹; in: Gesammelte Schriften. Berlin 1963, Bd.8, S.287.)

»Was Deinen Grundsatz betrifft, daß das Wahre immer auf der Seite des Schwereren ist, so gebe ich Dir dies zum Teil zu. Indessen, es ist schwer zu begreifen, daß 2 x 2 nicht 4 ist; ist es deshalb wahrer?
Andererseits, ist es wirklich so schwer, das alles, worin man erzogen ist, was allmählich sich tief eingewurzelt hat, was in den Kreisen der Verwandten und vieler guten Menschen als Wahrheit gilt, was außerdem auch wirklich den Menschen tröstet und erhebt, das alles einfach anzunehmen, ist das schwerer, als im Kampf mit Gewöhnung, in der Unsicherheit des selbständigen Gehens, unter häufigen Schwankungen des Gemüts, ja des Gewissens, oft trostlos, aber immer mit dem ewigen Ziel des Wahren, des Schönen, des Guten neue Bahnen zu gehen? Kommt es denn darauf an, die Anschauung über Gott, Welt und Versöhnung zu bekommen, bei der man sich am bequemsten befindet, ist nicht vielmehr für den wahren Forscher das Resultat seiner Forschung geradezu etwas Gleichgültiges? Suchen wir denn bei unserem Forschen Ruhe, Friede, Glück? Nein, nur die Wahrheit, und wäre sie höchst abschreckend und häßlich.
Noch eine letzte Frage: Wenn wir von Jugend an geglaubt hätten, daß alles Seelenheil von einem anderen als Jesus ist, ausfließe, etwa von Muhammed, ist es nicht sicher, daß wir derselben Segnungen teilhaftig geworden wären? Gewiß, der Glaube allein segnet, nicht das Objektive, was hinter dem Glauben steht. Dies schreibe ich Dir nur, liebe Lisbeth, um dem gewöhnlichen Beweismittel gläubiger Menschen damit zu begegnen, die sich auf ihre inneren Erfahrungen berufen und daraus die Untrüglichkeit ihres Glaubens herleiten. Jeder wahre Glaube ist auch untrüglich, er leistet das, was die betreffende gläubige Person darin zu finden hofft, er bietet aber nicht den geringsten Anhalt zur Begründung einer objektiven Wahrheit.
Hier scheiden sich nun die Wege der Menschheit; willst du Seelenruhe und Glück erstreben, nun so glaube, willst Du ein Jünger der Wahrheit sein, so forsche.«[330]

[330] Friedrich Nietzsche: Brief an Elisabeth Nietzsche, Bonn, 11.6.1865; zit. nach F.N. (1984), S.545.

Immer noch steht die Frage nach der Quelle unseres Wissens «2x2=4« offen. Wie geht Gott mit diesem Wissen um? Was lernen wir aus theologischen Texten? Wie gehen wir mit diesen – richtig – um? Wenn denn theologische Texte als Texte zu lesen sind, inwiefern sind sie mit anderen Instrumentarien zu lesen als Schriftzeugnisse aus anderem Kontext?

»Zu Anfang behalten wir ganz fest im Auge, daß die (heiligen) Schriften auf keine andere Art zu erklären sind als die übrigen Bücher [...].[...] Hingegen, wenn es nicht so wäre, so würden wir uns in das Labyrinth der Skeptiker verirren, und weder die Göttlichkeit der Schrift selbst noch ihr Sinn könnte erkannt werden. Und in der Tat wird es niemals so klar sein, daß die Schrift Gottes Wort ist oder dies oder jenes lehrt, wie es klar ist, daß eine Sache, die im Widerstreit mit den allgemeinen Vorstellungen steht, nicht existieren kann. Z.B. wenn jemand sagt, die Schrift sage, es gebe eine Strecke ohne Länge, zwei und zwei sei fünf, so nimmt er dadurch alle Sicherheit aus den menschlichen Verhältnissen weg.[...].« [331]

So geht der Streit der Interpretationen auch um die Texte der heiligen Bücher. Der göttlich vermittelte Kern-Sinn von »2x2=4«? Unter welcher Perspektive macht vor diesem Text Interpretation halt?

Noch ist es nicht soweit. Und die Frage nach der Perspektive als solcher läßt sich wohl nicht mehr umgehen. Es ist unumgänglich geworden, die Perspektive als Perspektive im Blick zu halten. Vermögen wir auch nicht im theologischen Rahmen zu argumentieren, so beobachten wir doch auch hier das »Oberflächenphänomen« Sprache und Argumentation.

Unberücksichtigt blieb in den zitierten Beispielen der Verdacht, daß unser Echolot, mit dem wir vermeintlich in die Tiefe lauschen, allenfalls die Töne zu reproduzieren vermag, die wir selbst ausgeworfen haben.

[331] So der Genfer Theologe Jean Alphonse Turretini (1728) im Kontext einer rationalistischen Kritik am überlieferten Christentum: »Über die Methode der Auslegung der Heiligen Schrift«, S.65f.

»Grenze unsres Hörsinns. - Man hört nur die Fragen, auf welche man imstande ist, eine Antwort zu finden.«[332]

So ist der Streit - setzen wir ewige Wahrheit voraus - nach menschlichem Maß nicht zu schlichten, wir hätten uns zu bescheiden, abzuwarten.

»Wenn wir dereinst Engel sind, im Himmel wohnen und Gottes Angesicht schauen, dürfen wir zur Ehre Gottes singen. Interpretieren [...] ist dann gänzlich überflüssig geworden: Rücknahme des Sündenfalls. Sollte allerdings ein Engel das Bedürfnis nach einem interpretativen Satz spüren und diesem Begehren in fahrlässiger Weise folgen, trifft ihn augenblicklich der Bannstrahl des mächtigen und gerechten Gottes: Ab in die Hölle!«[333]

Doch - vorerst - ist es soweit ja wohl noch nicht. Und, kurz,

»der alte Philologe sagt, aus der ganzen philologischen Erfahrung heraus: es gibt keine alleinseligmachende Interpretation«.[334]

Wenn wir aber dereinst alle Engel sind, dann wird uns mit unserem Sätzchen vielleicht noch eine Überraschung zuteil. Lichtenberg, der sich »Die Wörter-Welt«[335] vorgenommen hatte, lange bevor es dafür geprüfte Spezialisten, Sprachphilosophen, Linguisten oder Diskurstheoretiker gab, Lichtenberg also beobachtete und bezeichnete Oberflächenphänomene, die das Tiefgründigste oder aber das Höchste scheinbar mühelos zu repräsentieren schienen: Untiefenforschung. Und scheinbar mühelos erreichte Lichtenberg mit seinen Aphorismen ein erkennt-

[332] Friedrich Nietzsche (1982): Die fröhliche Wissenschaft. 3.Buch, Nr. 196, S.159.

[333] Harro Müller (1988): Kleist, Paul de Man und Deconstruction. Argumentative Nach-Stellungen, S.90f.

[334] Friedrich Nietzsche: Brief an Carl Fuchs. Sils, 26.8.1888, zit. nach F. N. (1984), S.904.

[335] Lichtenberg (1984), S.379 (J340).

niskritisches Niveau, das die Unschärferelation des eigenen Reflektierens gleich mitlieferte:

> »Wenn uns ein Engel einmal aus seiner Philosophie erzählte, ich glaube es müßten wohl manche Sätze so klingen als wie 2 mal 2 ist 13.«[336]

Harfenklänge anderer Art. Und unser Beispiel geht flöten? Verrechnet? Der endgültige Strich durch die Rechnung? »Wie? Das ›Wunder‹ nur ein Fehler der Interpretation? Ein Mangel an Philologie?«[337]

Hausaufgabe: Wo sonst ist der Bruch zwischen dem Status menschlicher Kommunikation und dem »wahrer Wirklichkeit«, die unüberbrückbare Differenz zwischen irdischer Beschränkung und extramundanem Überblick so unaufgeregt und prägnant formuliert worden wie hier?

Bleiben wir auf dem Boden. Zum Abheben besteht kein Grund. Aber deshalb in Sack und Asche gehen?

> »Eigentlich möchte ich sagen, daß es auch hier nicht auf die *Worte* ankommt, die man ausspricht, oder auf das, was man dabei denkt, sondern auf den Unterschied, den sie an verschiedenen Stellen im Leben machen. Wie weiß ich, daß zwei Menschen das gleiche meinen, wenn jeder sagt, er glaube an Gott? Und ganz dasselbe kann man bezüglich der 3 Personen sagen. Die Theologie, die auf den Gebrauch *gewisser* Worte und Phrasen dringt und andere verbannt, macht nichts klarer (Karl Barth). Sie fuchtelt sozusagen mit Worten, weil sie etwas sagen will und es nicht auszudrücken weiß. *Die Praxis* gibt den Worten ihren Sinn.«[338]

[336] Ebd., S.62 (B 232).

[337] Friedrich Nietzsche (1981): Jenseits von Gut und Böse, S.50. »Gott rechnet anders als die Menschen« - lehrte einst ein Sprichwort (Zit. nach Sailer (1987), S.181). Diese Kalkulation, bzw. ihre Alternative, ist ja noch immer folgenreich. Erinnern wir in diesem Kontext an Salman Rushdie: »Spiegel: ›Für die [Fundamentalisten] ist der Koran Gottes Wort, geoffenbart dem Propheten, unantastbar.‹ Rushdie: ›Wenn derselbe Gott zu einer anderen Zeit zu einer anderen Person kommen sollte, würde er vermutlich eine andere Sprache wählen. Soweit wir wissen, spricht Gott, falls er existiert, mehr Sprachen als Arabisch.‹« (Zit. nach: Der Spiegel, Nr. 20/1992, S.218.)

[338] Wittgenstein (1984,2): Vermischte Bemerkungen, S.571.

Lippenbekenntnisse, Mimikry und intellektuelles Spiel?

> »Religion? Ach ja. Das wird wieder etwas werden ... Ich glaube, wenn ich so recht im Zug bin, könne ich geradesogut beweisen, daß zweimal zwei fünf ist, wie daß es nur einen Gott geben kann...«

Halten wir Musils Törleß[339] seine jugendlichen Verwirrungen vor, oder schreiben wir sie ihm zugute? - Pubertäre Renitenz? Durch Züchtigung der Art auf den rechten Weg zu bringen?

Zwischensumme: Also auch auf diesem Feld ist Perspektivismus und Pluralismus nicht zu entgehen. Wofür entscheiden wir uns? Wie hatte doch neulich Goethe doziert? Vervollständigen wir es nun:

> »Die Mathematik [...] steht ganz falsch im Rufe, untrügliche Schlüsse zu liefern. Ihre ganze Sicherheit ist weiter nichts als *Identität.* 2 mal 2 ist nicht vier, sondern es ist eben 2 mal 2, und das *nennen* wir abkürzend *vier*. Vier ist aber durchaus nichts *Neues*. Und so geht es immer fort bei ihren Folgerungen, nur daß man in den höhern Formeln die Identität aus den Augen verliert.
> Die Pythagoräer, die Platoniker meinten, wunder was in den *Zahlen* alles stecke, die Religion selbst; aber *Gott* muß ganz anderswo gesucht werden.«[340]

Brechen wir die Suche hier also vorerst ab. In diesem Zeichen werden wir auch auf theologischem Feld keinen definitiven Sieg erringen. Pythagoräern und Theologen haben wir uns nun etwas genähert und diesen Text mit ihnen genährt. Was liefert uns der Hinweis auf die Platoniker? Verfolgen wir einmal diese Spur. Denn es ist - nach all den theologischen Irritationen - wohl kaum erstaunlich, wenn man sich anderen Konzepten zuwendet. Angesichts des Dilemmas, unser flüchtiges Schäfchen »2x2=4« nicht fassen zu können,

339 Robert Musil (1977): Die Verwirrungen des Zöglings Törleß, S.23. (Gespräch über den Unterricht des folgenden Tages, zunächst Mathematik - »Imaginäre Zahlen«.)

340 Gespräch mit F. v. Müller am 18.6.1826, zit. nach: Goethes Gespräche (1972), S.52 (s.o., S.29).

»ist es kein Zufall, daß sich viele Leute bewußt oder unbewußt zur Mathematik als Religionsersatz hinwenden. Es gibt eine starke Sehnsucht nach Dauer und Gewißheit in einer chaotischen Welt. Viele Menschen suchen diese lieber in einem mathematischen oder naturwissenschaftlichen Kontext als in einem religiösen.«[341]

Schließen wir uns ihnen im Rahmen dieser Kulturgeschichte einmal an. Stoßseufzer:

»Möge Gott den Philosophen Einsicht geben in das, was vor allen Augen liegt.«[342]

Die Liebe zur Weisheit wird den Philosophen wohl auch unserem Beispiel gegenüber kaum blind lassen. Erwarten wir uns nun also von ihm endgültige Klarheit. Da wird uns das Zweifeln schon vergehen. (Und der Thrakerin darüber das Lachen im Halse stecken bleiben?)

… und ab ins Universum oder: Kleines platonisches Zahlenpantheon

»Sokrates: Die Fläche enthält zweimal zwei Fuß? - Sklave: Ja. - Sokrates: Wieviel macht aber zweimal zwei Fuß aus? Rechne es aus und sag' es mir. - Sklave: Vier, Sokrates.«[343]

(So einfach und klar ist das, wenn Anamnesis funktioniert, die Wiedererinnerung an die - mathematischen - Ideen, die der Geist einst schauen durfte, da er vom Schein des Irdischen noch nicht verblendet war.)

[341] Davis und Hersh (1990): Descartes' Traum. Über die Mathematisierung von Zeit und Raum, S.304.

[342] Wittgenstein (1984,2): Vermischte Bemerkungen, S.539. Besetzt ER etwa genau den blinden Fleck?

[343] Platon (1982): Menon, S.39.

Was ist also »2x2=4«? Was wissen wir? Wird diese Frage gestellt, kommt im Land der untergehenden Sonne mit an Sicherheit grenzender Wahrscheinlichkeit eine Antwort folgender Art:

»Ich weiß z.B., daß zwei mal zwei vier macht und daß man seinen Freund seinem Hunde vorziehen muß, und ich bin gewiß, daß es keinen Menschen in der Welt gibt, der es nicht ebensogut wie ich wissen kann. Nun erkenne ich aber nicht diese Wahrheiten in dem Geiste der andern, wie auch die andern sie nicht in dem meinigen erkennen. Notwendig gibt es also eine *allgemeine Vernunft*, die mich und alle Intelligenzen erleuchtet. Denn wenn die Vernunft, die ich befrage, nicht *dieselbe* wäre, die den Chinesen auf ihre Fragen an sie antwortet, so könnte ich es doch offenbar nicht so bestimmt wissen, als ich es weiß, daß die Chinesen dieselben Wahrheiten einsehen, die ich einsehe. Die Vernunft, die wir befragen, wenn wir *in uns gehen*, ist daher eine *allgemeine Vernunft*. [...]

Ich bin gewiß, daß die *Ideen* der Dinge unveränderlich und die ewigen Wahrheiten und Gesetze notwendig sind; es ist unmöglich, daß sie anders sind, als sie sind. Nun finde ich aber in mir nichts Unveränderliches und Notwendiges; ich kann nicht sein oder nicht sein, also bin ich; es kann Geister geben, die mir nicht gleichen, und doch bin ich gewiß, daß es keine Geister gibt, die andre Gesetze und Wahrheiten erkennen als ich; denn jeder Geist sieht notwendig ein, daß zwei mal zwei vier macht und daß einer seinen Freund seinem Hunde vorziehen muß. Es ist daher ein notwendiger Schluß, daß die Vernunft, die alle Geister befragen, eine *ewige* und *notwendige* Vernunft ist.«[344]

Das ist also des Pudels Kern. Und ist - nach Whiteheads Bonmot - die »sicherste allgemeine Charakterisierung der philosophischen Tradition Europas [die], daß sie aus einer Reihe von

[344] Ludwig Feuerbach (1969): Über Nikolaus Malebranche, S.343f.

Fußnoten zu Platon besteht«[345], so werden nunmehr einige dieser Fußnoten anläßlich von »2x2=4« abgestaubt. Geht es also nun nicht mehr um magisch-mythische Perspektiven, nicht mehr um Offenbarung als Wissensquelle, so scheint man hier fündig zu werden, wenn Erkenntnis abschließend gesichert werden soll. Abseits des mythischen Raunens suchen wir auf dem Boden der platonischen Philosophie eine letztgültige Basis für die Aussage »2x2=4«. Bloße Funktionalität genügt uns nicht.

Legen wir doch einmal Rechenschaft ab über das, was wir da tun. *Was* wissen wir, wenn wir »2x2=4« rechnen? Wissen alle dasselbe? Gibt es nicht verschiedene Wissenstypen, abhängig von verschiedenen Weisen der Erzeugung dieses Wissens?

> »Die Platoniker glauben, daß die Mathematik, wie die Naturwissenschaften, ein unfehlbares Mittel zur Entdeckung von Wahrheiten ist, die unabhängig vom menschlichen Verstand existieren.«[346]

Mit vielen weiteren ging auch Bertrand Russell von dieser Vorgabe aus:

> »Ich wollte Gewißheit, so, wie Menschen religiösen Glauben wollen. Ich dachte, daß die Gewißheit in der Mathematik wahrscheinlicher als irgendwo sonst zu finden sei...«[347]

Die Suche nach sicherer Erkenntnis, eine Art anthropologischer Konstante, wird mit Bertrand Russell faßbar in ihrer platonischen Form. Und wir entscheiden uns hier für ihn, hat er doch »die Entwicklung [s]eines Denkens« selbst reflektiert. Auch er betrieb die Suche nach sicherem Wissen zunächst mit religiösem Impetus.

[345] Alfred North Whitehead (1984): Prozeß und Realität. Entwurf einer Kosmologie. Übersetzt u. mit einem Nachwort versehen von Hans Günter Holl. 2. überarb. Auflage. Frankfurt/M., S.91.

[346] Michel Guillen (1987): Brücken ins Unendliche. Die menschliche Seite der Mathematik, S.118; vgl. hier nochmals das Motto aus Platons »Menon«, in dem zur Veranschaulichung der sog. »Anamnesislehre« ein geometrisches Problem und dabei auch das Beispiel »2x2=4« eine Rolle spielt; 82c-85c nach der Stephanus-Numerierung.

[347] Bertrand Russell, 1959, zit. nach Michael Guillen (1987), S.28.

»Als ich jung war, hoffte ich, meine religiösen Bedürfnisse durch die Philosophie befriedigen zu können; und selbst als ich mich schon von Hegel abgewandt hatte, erschien mir die zeitlos-unveränderliche Welt der platonischen Ideen noch als etwas Außermenschliches, das ich ehrfürchtig bewundern durfte... Die Mathematik erschien mir ehrfurchtgebietend.«[348]

»Mein Interesse an der Philosophie ist ursprünglich durch zwei Fragen geweckt worden, mit denen ich mich als Heranwachsender (meist allein, und ohne mir sonderlich viel Hilfe von Büchern zu versprechen) herumgeschlagen habe: einmal wollte ich herausfinden, ob sich durch philosophische Überlegungen irgend etwas von dem rechtfertigen läßt, was man (in einem beliebig vagen Sinne) als ›religiöse Überzeugungen‹ bezeichnen könnte, und zweitens wollte ich mich vergewissern, daß es wirklich möglich ist, etwas mit Bestimmtheit zu wissen - und sei es auch nur im Bereich der reinen Mathematik. Ich habe damals viel über diese Fragen nachgegrübelt. Bei der Religion verlor ich zuerst den Glauben an den freien Willen, dann den Glauben an die Unsterblichkeit, und schließlich auch den Glauben an Gott. Und bei den Grundlagen der Mathematik kam ich einfach nicht von der Stelle. Ich hatte zwar ausgesprochen empiristische Neigungen, konnte aber einfach nicht glauben, daß es sich bei ›2 + 2 = 4‹ um nichts weiter als eine auf unserer Erfahrung basierende induktive Verallgemeinerung handeln sollte; und außer dieser rein negativen Schlußfolgerung gab es nichts, was mir einigermaßen einleuchtend erschien.« (Ebd., S.9f.)

Und, wie wir bereits wissen, pflegte Russell bei seinen Untersuchungen einen eigenen, an unserem Beispiel orientierten Stil[349], und geht, in den hier zitierten Textauszügen, entsprechend zu Werke. Grundzüge platonisch inspirierten Philosophierens liegen dabei offen. Daß »2+2=4« - bzw. »2x2=4« - zu unendlicher Kontemplation und Reflexion Anlaß gibt, dürfte ja

[348] »My Mental Development«, zit. nach dem Nachwort zu Bertrand Russel (1988): Philosophie. Die Entwicklung meines Denkens, S.271.

[349] S.o., S.47, bzw.. Russell (1988), S.64.

mittlerweile eine begründete Mutmaßung sein. Die Kommentare sind kaum abschließbar. In Russells frühen Überlegungen werden beide nun programmatisch in Szene gesetzt, wobei sich der Autor auch nicht scheut, beide Pänomene synonym zu gebrauchen.[350] So ist der Kulturgeschichte unseres Beispiels ein weiterer Baustein einzufügen.

> »Was geschieht, wenn wir ein allgemeines Prinzip erkennen? Nun, zunächst wird uns seine Anwendung in einem konkreten Falle bewußt, und danach wird uns klar, daß die Einschränkung auf diesen Fall unwesentlich ist und wir darüber hinaus auch eine allgemeine Behauptung machen können. [...] ›Zwei mal zwei ist vier‹ lernt man zunächst für ein bestimmtes, konkretes Paar von Paaren, und dann für ein anderes und immer so weiter, bis wir darauf kommen, daß dieser Satz für jedes beliebige Paar von Paaren gilt.«[351]

Unser Satz wird erhaben, zu *dem* Beispiel schlechthin für ein allgemeines Prinzip. In diesem Sinne nimmt die Geschichte ihren Fortgang.

> »Selbst wenn wir unseren Satz ›Zwei mal zwei ist vier‹ in ›Jede Menge von zwei Paaren ist eine Menge von vier Gegenständen‹ übersetzen, ist es klar, daß wir den Satz verstehen - d.h. sehen können, welche Aussage in ihm gemacht wird -, wenn wir nur wissen, was die Ausdrücke ›Menge‹, ›zwei‹, ›vier‹ bedeuten. Es wäre ganz überflüssig, alle Paare der Welt zu kennen: wenn das nämlich notwendig wäre, könnten wir den Satz niemals verstehen, weil es ja unendlich viele Paare gibt, die wir nicht alle kennen können.« (Ebd., S.93.)

Paarlauf - mathematisch. Schautanzen des unumstrittenen Siegerpaars.

Die Empirie beugt vor der Idee das Knie. Nun läßt sich dieser Interpretation ja auch angesichts »unendlich verwirrender Möglichkeiten« (vgl.: Arno Schmidt) einiges abgewinnen. Be-

[350] Auch darauf wurde bereits verwiesen. S.o., S.20 f., bzw. Russell (1986): Probleme der Philosophie, S.92.

[351] Bertrand Russell (1986): Probleme der Philosophie, S.63.

deutungsermittlung wäre nicht abschließbar, sollten alle möglichen Perspektiven gehört, beobachtet worden sein. Die Stoßrichtung ist klar: es geht gegen eine empiristische, induktive Erklärung des Satzes »2x2=4«.

> Sobald »wir die irrelevanten (empirischen) Eigenschaften aus unserem Denken ausgeschieden haben, sind wir in der Lage, den allgemeinen Satz, daß zwei mal zwei vier ist, einzusehen [...].« (Ebd., S.69.)

Und die Welt wird rund. (Was kümmern uns schon die Paare Kilius/Bäumler [Götter des Eises] und Zeus/Hera? Oder Koons/Staller [Ach, die Liebe im gläsernen Schneckenhaus] und Philemon/Baucis?)

> »Jede Menge, die aus zwei Paaren besteht, ist eine Menge mit vier Elementen.« (Ebd., S.92.)

Nun ist also von ideellen Paaren die Rede, geht es bei »2x2=4«, nach Russells Worten, doch um ein allgemeines Prinzip, nicht um eine empiristische, verallgemeinerte Tatsache.

> »Übrigens nimmt unsere Gewißheit, daß zwei mal zwei vier ist, ja auch gar nicht zu, wenn uns neue Belege für diesen Satz vorgeführt werden; denn sobald wir seine Wahrheit eingesehen haben, sind wir uns unserer Sache so sicher, daß eine weitere Bestätigung einfach unmöglich wird. Der Satz ›zwei mal zwei ist vier‹ wird von einem Gefühl der Notwendigkeit begleitet, das wir selbst bei den bewährtesten empirischen Verallgemeinerungen nicht haben.« (Ebd., S.69.)

Und so läßt sich (im Überschwang des Gefühls?) noch weiter gehen. Denn unter den angegebenen Voraussetzungen kann man mit unserem Satz dann sogar ein wenig in die Zukunft blicken – »wahr-sagen« auf höherem Niveau. Prophetie aus dem Geiste des Platonismus:

> »Wir wissen nicht, wer London in hundert Jahren bewohnen wird, aber wir wissen, daß auch dann zwei Einwohner und

> noch zwei Einwohner zusammen vier Einwohner ergeben werden.« (Ebd., S.75.)

Klammern wir die Frage nach dem Wert dieser Erkenntnis einmal aus. Haken wir noch einmal nach. Warum das? Bertrand Russell: Es

> »sagt uns unser Empfinden, daß zwei mal zwei in jeder möglichen Welt vier sein müsse, dies ist keine bloße Tatsache, sondern eine Notwendigkeit, der sich alles, was wirklich und möglich ist, anpassen muß.« (Ebd., S.69.)

Denn vor dem Eingangstor ins Universum steht der Platonismus: 2x2=4 wird zum Passierschein für den Eintritt ins (kosmische) Sein? Ein essentielles Zwangsjäckchen, dem sich alles anbequemen muß, was Einlaß begehrt? Auch mathematische Kirchen haben also ihre Heiligen. Das 1x1 ist groß und »2x2=4« sein Prophet:

> »In dem Satz ›Zwei mal zwei ist vier‹ ist ausschließlich von Universalien die Rede; sein Inhalt ist eine Erkenntnis, die jedermann machen kann, dem die betreffenden Universalien bekannt sind und der die Beziehung, von der in dem Satz die Rede ist, wahrnehmen kann.« (Ebd., S.93.)

- Und »2x2=4« thront erhaben in einem ewigen Zahlenpantheon. Götterglaube in profanem Gewande. Und zur Ehrfurcht wieder allen Grund?

> »Ich stellte mir die Zahlen gleichsam auf langen Bänken im Himmel Platons sitzend vor [...]. Ich hielt Raum- und Zeitpunkte für existierende Gebilde und glaubte, daß die Materie durchaus aus den Elementen bestehen könnte, von denen in der Physik die Rede war. Ich glaubte an eine Welt der Universalien, die hauptsächlich aus dem bestand, was in der Sprache durch Verben und Präpositionen bezeichnet wird. Und vor allem brauchte ich mich nicht länger zu der Überzeugung zu zwingen, daß die Mathematik nicht restlos wahr sein kann.«[352]

[352] Bertrand Russell (1988): Philosophie. Die Entwicklung meines Denkens, S.64.

Nach dieser Vorgabe wäre also unser Sätzchen gültig »in jeder möglichen Welt«? Wenn aber - gemäß göttlicher Schöpfung - ein Universum nach der Maßgabe von 2x2=5 existieren sollte? Ob die platonische Interpretation nicht doch auf eine spezielle Beobachterperspektive und damit verbundene Voraussetzungen verweist? Platonismus als Apotheose des blinden Flecks?[353] Nur weil die Standortgebundenheit der eigenen Beobachtung nicht in den Blick kommt, weil man sich diese nicht vorstellen kann (oder vorstellen will), wird sie universalisiert, zur unumstößlichen Gewißheit? Von Ewigkeit zu Ewigkeit: »2x2=4«?

Platonismus also: Erkenntnis ewiger, allgemeingültiger Prinzipien, die unabhängig davon, ob und wie Menschen sie erkennen, existieren, gleichsam göttliche Ideen. Der Satz »2x2=4« also hier im Rang einer kosmischen Selbstverständlichkeit, einer menschen-, subjektunabhängigen Größe.

Nun gibt Bertrand Russell in dem hier angeführten Text aber nicht etwa Offenbarung, religiösen Glauben als Quelle der Erkenntnis des Satzes »2x2=4« an. Es geht bei seinen Überlegungen u.a. darum, »unsere Gewißheit zu erklären, daß die Tatsachen immer der Logik und Arithmetik gehorchen werden.«[354] Hier geht es also auch um eine Begründung der Anwendbarkeit des Satzes »2x2=4« auf Empirisches, die dann eben darin gefunden wird, daß dieser Satz von einer »Notwendigkeit [sei], der sich alles was wirklich und möglich ist, anpassen muß.«[355] Wir hätten hier, in anderem Design, wieder einen omnipotenten Souverän. Die Voraussetzung jeglicher Existenz wäre - abermals Ehrfurcht - der Kotau vor »2x2=4«.

Die zentrale These Bertrand Russells zur Begründung der Arithmetik, des Satzes »2x2=4« lautet in dem zitierten Text:

> »Die gesamte Arithmetik kann aus den allgemeinen Prinzipien der Logik abgeleitet werden, und doch sind die einfachen Sätze der Arithmetik wie ›zwei mal zwei ist vier‹ ebenso einleuchtend wie die Prinzipien der Logik.« (Ebd., S.100.)

[353] Avancierte Erkenntnistheorie rechnet unter der Voraussetzung (auch eigener) blinder Flecke; vgl. etwa: Wolfgang Welsch: Plädoyer für eine Kultur des blinden Flecks. Kapitel aus: Ästhetik und Anästhetik. In: W.W. (1990): Ästhetisches Denken, S.38-40.

[354] Bertrand Russell (1986): Probleme der Philosophie, S.77.

[355] Ebd., S.69.

Zwar könnten wir über das Russellsch bestimmte kosmische Wesen unseres Beispiels noch immer geradezu in mystische Verzückung geraten, doch hat unsere Suche nach Gewißheit nunmehr einen nüchternen, sachlichen Grund: Logik. Hier haken wir nun entschieden nach.

Wenn Katzen bellen, dann ist 2+2=4 – Anmerkungen zur »zweimalzweiistvier-Logik«[356]

Aus welcher Richtung sie auch kommen: Auch unter Logikern findet »2x2=4« als *das* Demonstrationsobjekt reißenden Absatz. Und, nehmen wir es vorweg, Wege, Schrittfolgen und erreichte Ziele sind dabei nicht abschließend zu kartographieren. Der Satz wird hier zu dem Exempel für Denknotwendigkeit schlechthin. Reisten wir bisher auf der Suche nach »2x2=4« oft durch transzendente Sphären, so sind wir nunmehr allem Anschein nach ganz nüchtern bei der Sache.

> »Kann […] die Logik überhaupt von keiner anderen Wissenschaft abhängen, so auch nicht von der Psychologie. […] Ohne Zweifel läßt sich der Inhalt des Gedachten erwägen, ohne daß man genötigt wäre, auf das Denken als Vorgang in der Zeit überhaupt irgendwelche Rücksicht zu nehmen. So verfährt z.B. die Mathematik. Das Verfahren der Logik ist im gleichen Sinne rein objektiv, von jeder psychologischen Erwägung unabhängig. So wie 2 x 2 = 4 *ist*, und der Erweis dieses Seins von keinerlei psychologischen Erwägungen über das Zustandekommen dieses Denkens in uns abhängt, so wollen die Sätze, welche die Logik aufstellt, aufgefaßt und begriffen sein.«[357]

Keimfrei und sauber. Ein purer, leidenschaftsloser Denk-Akt; nackter, bloßer Vollzug. Und das war's dann auch schon?

[356] Noch einmal: Robert Musil (1955): Aus dem stilisierten Jahrhundert ›Die Straße‹, S.28.

[357] Paul Natorp (1910): Verhältnis der Logik zur Psychologie, S.44.

Sehen wir nach bei Edmund Husserl: »Logische Untersuchungen«. In dem Kapitel »Der Psychologismus als skeptischer Relativismus« heißt es etwa: Derselbe »Urteilsinhalt kann nicht beides, wahr und falsch sein. Dies liegt in dem bloßen Sinne der Worte wahr und falsch.«[358]

> »Man vermenge nicht das Urteil mit dem Urteilsinhalt, d.i. als die ideale Einheit, mit dem einzelnen realen Urteilsakt. Die erstere ist gemeint, wo wir von dem Urteil ›2x2=4‹ sprechen, welches dasselbe ist, wer immer es fällt. Man vermenge auch nicht das wahre Urteil, als den richtigen wahrheitsgemäßen Urteilsakt mit der *Wahrheit* dieses Urteils oder mit dem wahren Urteilsinhalt. Mein Urteilen, daß 2x2=4 ist, ist sicherlich kausal bestimmt, nicht aber die Wahrheit: 2x2=4.« (Ebd., S.119.)

Wir sind da allerdings ein wenig skeptisch geworden, sehen apodiktische Aussagen solcher Art eher mit gerunzelter Stirn. Könnte der Urteilsinhalt nicht weder wahr noch falsch sein? (Regiert hier der »logische Absolutismus«?[359])

> »Ich kann das Urteil 2 + 2 = 4 im Sinne des realen Urteilsaktes interpretieren; und dann ist zuzugestehen, daß mein Urteilen, d.i. der Vollzug des Urteilsaktes, verursacht ist. Damit aber darf der Urteilsakt nicht verwechselt werden. Es ist der Inhalt des Urteils 2 + 2 = 4, den wir wahr nennen. Wir meinen damit keine zeitliche Bestimmtheit, sondern etwas zeitlos Gültiges.«[360]

Logik also: Reich des klinischen Denkens. Das Paradigma für Wissenschaft schlechthin. Denkgesetze, auf ewig dem Universum eingeschrieben. Hans Hahn, Mitglied »der einst angefeindeten und gefürchteten ›Vienna Dynasty‹ der logischen Positivisten«[361]:

[358] Edmund Husserl (1913): Logische Untersuchungen, S.117 (Bd. 1).

[359] So Theodor W. Adorno (1981) in seiner Auseinandersetzung mit Husserl: Kritik des logischen Absolutismus. Als Motto zitiert Adorno dort den hier bereits erwähnten Lichtenberg-Aphorismus: »Wenn uns ein Engel einmal aus seiner Philosophie erzählte, ich glaube es müßten wohl manche Sätze so klingen als wie 2 mal 2 ist 13.« (B 232)

[360] Friedrich Scheidt (1986): Grundfragen der Erkenntnisphilosophie, S.44.

[361] Ingeborg Bachmann (1992): Ludwig Wittgenstein – Zu einem Kapitel der jüngsten Philosophiegeschichte, S.285.

»Wir können uns vorstellen, daß morgen die Sonne nicht aufgeht, aber wir können uns nicht vorstellen, daß 2 x 2 = 5 ist, oder daß $p \rightarrow q$ und p richtig, q aber falsch ist; und da hilft auch die [...] Argumentation nicht hinweg, daß es sich hier um besonders oft gemachte Erfahrungen drehe.«[362]

Endlich abgeschottet von den Widrigkeiten der flüchtigen Empirie?

»Wüßten wir aus der Erfahrung, daß zwei mal zwei vier ist, so müßte es sich mit diesem Satze ebenso verhalten - aber das ist nicht der Fall; es ist völlig unvorstellbar, daß morgen zwei mal zwei fünf sei; wir haben die Gewißheit, daß dieser Satz jederzeit und überall galt und gilt und gelten wird. Und darum ist jeder Versuch, den Satz ›zwei mal zwei ist vier‹ auf die Erfahrung zu gründen, von vornherein aussichtslos, und auch die Argumentation, dieser Satz beruhe auf besonders einfachen, besonders oft gemachten Erfahrungen und habe deshalb einen so hohen Grad von Gewißheit gewonnen, vermag dabei nicht zu helfen.« (Ebd., S.55.)

Wozu auch Hilfe beanspruchen, wo alles klar ist, da

»das über die Sätze der Mathematik Gesagte auch auf die Sätze der Logik zutrifft; der Satz ›wenn alle a b sind, und alle b c sind, so sind alle a c‹ ist allgemeingültig wie der Satz ›zwei mal zwei ist vier‹; auch bei ihm ist es unvorstellbar, daß er etwa morgen nicht gelten könnte, auch er kann daher nicht aus der Erfahrung stammen.« (Ebd., S.56.)

Und diese bleibt deshalb ganz weit draußen vor. Eine feste Burg auch hier: »2x2=4«. Hahn »formulierte mit meisterhafter Bündigkeit und Präzision eine Art Glaubensbekenntnis des logischen Positivismus und der wissenschaftlichen Weltanschauung.«[363] Fest verbarrikadiert: »Die letzte Bastion der ontologischen Weltbeschreibung hatte in unserem Jahrhundert noch der sogenannte logische Positivismus gehalten«.[364]

[362] Hans Hahn (1988): Empirismus, Logik, Mathematik, S.39.
[363] Ebd., S.15. (Aus der Einleitung von Karl Menger.)
[364] Niklas Luhmann (1992): Die Wissenschaft der Gesellschaft, S.327.

Was verheißt nun dieser Prospekt? Auch diese Festung geschliffen? Als erkenntnistheoretisches Trümmerfeld zum kulturhistorischen Sightseeing freigegeben? Halten wir fest: Verteidigt wurde diese Bastion mit manch empirisch nachweisbaren Mitteln, Polemik gehörte etwa auch dazu:

> Daß »zweimal zwei vier ist, gilt nicht nur in dem Falle, in dem ich es eben nachzähle, ich weiß bestimmt, daß es immer und überall gilt. Was ich durch Beobachtung weiß, könnte auch anders sein: Die Türe meines Zimmers könnte jetzt auch offen sein, ich kann mir das auch ohne weiteres vorstellen; ich kann mir auch ohne weiteres vorstellen, daß ein Körper sich bei Erwärmung nicht ausdehnt; es könnte aber nicht zweimal zwei gelegentlich auch fünf sein, ich kann mir keine Vorstellung bilden, wie es zugehen müßte, daß zweimal zwei gleich fünf wäre.«[365]

Keine irisierende Beobachtung zwischen uns und dem Sätzchen, keine räumliche, keine zeitliche Differenz. Alle ganz bei sich. Warum auch aus sich gehen, Beobachtungen anstellen, etwa bei anderen?

> »[...] nach dieser Auffassung wäre es also durchaus denkbar, daß, so wie eine Beobachtung ergeben könnte, daß ein erwärmter Körper sich nicht ausdehnt, gelegentlich auch zweimal zwei fünf sein könnte, nur daß uns dies bisher entgangen ist, weil es so ungeheuer selten vorkommt; und Abergläubische könnten vielleicht glauben, wenn es schon Glück bringt, ein vierblättriges Kleeblatt zu finden, was doch nicht einmal gar so selten vorkommt – wie glückverheißend müßte es erst sein, wenn man auf einen Fall stößt, in dem zweimal zwei gleich fünf ist! Man kann wohl sagen, daß bei näherem Zusehen diese Versuche, Logik und Mathematik aus der Erfahrung herzuleiten, von Grund auf unbefriedigend sind, und es dürfte heute kaum irgendwer diese Meinung ernstlich verfechten.» (Ebd., S.147.)

[365] Hans Hahn (1988), S.146.

Mehrere traten in die Schranken: »Hier stehe ich, ich kann nicht anders.« (Luther, freilich früher und in anderem Zusammenhang.)

Kurzer Rückblick: Mochte auch etwa Hans Hahn aus verschiedenen Gründen keine Sympathie für Kant hegen[366], insgesamt laufen die Argumentationen auf eine von Kant gelieferte Definition hinaus. Borgen wir uns diese aus der Vorrede zur zweiten Auflage der »Kritik der reinen Vernunft«, dann ist

> »die Grenze der Logik […] dadurch ganz genau bestimmt, daß sie eine Wissenschaft ist, welche nichts als die formalen Regeln allen Denkens […] ausführlich darlegt und strenge beweiset. […] und in ihr also der Verstand es mit nichts weiter, als sich selbst und seiner Form zu tun hat.«[367]

Wie macht er das nur? Wie bekommt er diese in den Blick? Indem er sie vollzieht? Pure Form? Wer bringt die Form in Form? Ist pure Form ablesbar? Wie kommt dieselbe voran? Stehen wir auf dem Boden *der* universalen Verfassung, die »Gesetze unseres Denkens«[368] zwangsläufig (notgedrungen?) vollziehend:

> »Was ist ein Sachverhalt und was sind seinsimmanente Gründe? Dazu treffen wir folgende Festsetzung:
> a) Unter Sachverhalt verstehen wir alles, was von uns zum Bezugspunkt einer Aussage gemacht werden kann, also z.B. ›es regnet‹, ›ich freue mich‹, ›Gerechtigkeit ist gut‹, ›es gibt kein perpetuum mobile‹, ›2 x 2 = 4‹ usw. Diese Sachverhalte sind Seiendes, wobei wir unter Seiendem – mit Rücksicht auf Negationsurteile wie ›es gibt kein perpetuum mobile‹ – auch einen Zustand in der Gegenstandsordnung verstehen. Hier also der Zustand der Gegenstandsordnung derart, daß darin kein perpetuum mobile existiert.« (Ebd., S.44.)

Macht es überhaupt Sinn, nach Vätern und Müttern dieses Grundgesetzes zu fragen (oder gar zu fahnden)? Sind die »Ge-

[366] Vgl. die Einleitung zu Hans Hahn (1988) von Karl Menger, S.12.

[367] Immanuel Kant (1982): Kritik der reinen Vernunft, S.21.

[368] Werner Strombach (1975): Die Gesetze unseres Denkens. Eine Einführung in die Logik.

genstandsordnungen« nicht einfach gegeben, als Text unmittelbar ablesbar? Als »Festsetzungen« präexistent?

Lassen wir die Fragen beiseite: »2x2=4« gilt in diesem Kontext also doch wieder voraussetzungslos und in jeder denkbaren Welt. Welche Voraussetzungen oder Bedingungen sollten wir auch angeben? »Pembrokes Katze« ist uns ja noch immer eine Antwort schuldig. Sollte sie so lauten:

»Wenn Katzen bellen, dann ist 2 x 2 gleich 4«?

Schöne Voraussetzung. (Schöne Bescherung?) Wieviele Katzen müssen bellen, damit 2x2=4 ist? Stört dieser Satz die verhandelte »Gegenstands-Ordnung«, verstößt er gegen die Norm? Logizistischer Katzenjammer? Aber lassen wir doch diesen (Ruhe-)Störer aus dem Spiel, geben wir uns – kulturtragend – klassisch:

»Wenn Beethoven ein Komponist war, dann ist 2 mal 2 gleich 4.«

Wir wissen es ja längst; lassen wir also die Katze aus dem Sack: Hier handeln wir weder mit »surrealistischen Texten« noch mit eskapistischer »Traumlogik«[369]. Geboten wird nichts als die Wahrheit, rein, nüchtern und sachlich. Aussagenlogisch ordentliche Sätze. Diese dienen zur Illustration der Aussageform »wenn p, dann q«, die auch mit den Symbolen »$p \supset q$« oder »$p \rightarrow q$« zu bezeichnen ist. Rekapitulieren wir kurz die Definition, so gilt für diese Aussageform folgende Wahrheitsfunktion: (W: wahr; F: falsch):

p	q	$p \rightarrow q$
W	W	W
W	F	F
F	W	W
F	F	W

Wir halten uns also an diese Voraussetzungen, setzen für p und q ein, wie es uns gefällt, und leben einmal ganz in der Wahrheit:

[369] Beide Beispiele aus: Wesley C. Salmon (1983): Logik, S.79f.

»(1) Wenn 2x2=4 ist, dann ist der Mount Everest höher als der Montblanc.
(2) Wenn 2x2=4 ist, dann ist der Montblanc höher als der Mount Everest.
(3) Wenn 2x2=5 ist, dann ist der Mount Everest höher als der Montblanc.
(4) Wenn 2x2=5 ist, dann ist der Montblanc höher als der Mount Everest.«

Wozu noch eine empirische Überprüfung?

Nach der Definition hätten nun alle Beispiele bis auf (2) als wahr zu gelten. Günther Patzig, von dem diese Beispiele stammen,[370] verweist denn in diesem Zusammenhang auch darauf, daß diese Formulierungen zumindest unserem Sprachgefühl zuwiderlaufen, und fügt hinzu:

»So seltsam uns aber auch die Formulierung ›Wenn 2x2=5 ist, dann ist der Montblanc höher als der Mount Everest‹ vorkommen mag, unser Sprachgefühl würde sich doch noch mehr sträuben gegen die Formulierung: ›Daraus, daß 2x2=5 ist, folgt, daß der Montblanc höher ist als der Mount Everest.‹« (Ebd., S.21.)

Innerhalb der 2x2=4-Logik geht es sehr ordentlich, immer aufgeräumt, logisch verständlich und mit rechten Dingen zu. Und es mutet so wunderbar seltsam an:

»Alle Wudeln sind Schnurden. Dieser Gaboge ist ein Wudel. Also ist er eine Schnurde.«[371]

Ein »klassischer« Syllogismus. – Lassen wir die Empirie auf alle Zeit außen vor? Die Unentscheidbarkeit vieler logischer Probleme wurde längst entschieden deutlich. »Im Labyrinth des Denkens« liefert Logik nicht den unbeirrbaren Ariadnefaden, wer-

[370] Günther Patzig (1981): Sprache und Logik, S.20f.

[371] Cherry Colin (1967): Kommunikationsforschung – eine neue Wissenschaft. Frankfurt/M., S.304. Zit. nach: Dieter Baacke (1985): Spiele jenseits der Grenze, S.369.

den die Situationen, wo »Logik nicht weiterkommt«[372], markant.

»Nehmen wir zum Beispiel eine einfache, aber neue Aufgabe von Raymond Smullyan: Eine Person unbekannter Stammeszugehörigkeit sagt: ›Ich bin ein Lügner, oder 2 + 2 = 5.‹ Zu welchem Stamm gehört sie?
Zunächst einmal behauptet der Sprecher nicht, er sei ein Lügner. Er verbindet zwei Aussagen mit ›oder‹, und das bedeutet, daß mindestens eine der beiden Aussagen wahr sein muß – falls der Sprecher wirklich die Wahrheit sagt. Zwei Annahmen über den Sprecher sind möglich: daß er ein Wahrheitssprecher ist oder daß er ein Lügner ist. Wenn er ein Wahrheitssprecher ist, ist das, was er sagt, wahr. Dann können wir uns auf die Aussage verlassen, daß der Sprecher ein Lügner oder 2 + 2 = 5 ist.
Das kann auf keinen Fall stimmen. Mindestens eine der beiden durch ›oder‹ verbundenen Aussagen muß wahr sein, wenn die zusammengesetzte Aussage wahr sein soll. 2 + 2 = 5 kann auf keinen Fall wahr sein, also müßte die Aussage, daß der Sprecher ein Lügner ist, wahr sein. Das widerspricht der Annahme, daß der Sprecher die Wahrheit sagt.
Gut, probieren wir es mit der anderen Annahme. Nehmen wir an, der Sprecher sei ein Lügner. Dann ist es *nicht* der Fall, daß der Sprecher ein Lügner oder 2 + 2 = 5 ist. Damit eine *Oder*-Aussage falsch wird, müssen beide Teilaussagen falsch sein. Wäre nur eine wahr, wäre die *Oder*-Aussage wahr. Deshalb bedeutet ››A oder B› ist falsch‹ dasselbe wie ›*Sowohl* A *als auch* B sind falsch‹. Wenn der Sprecher ein Lügner ist, müssen beide Aussagen falsch sein: ›Der Sprecher ist ein Lügner‹ und ›2 + 2 = 5‹. Wieder stoßen wir auf einen Widerspruch. Wenn der Sprecher ein Wahrheitssprecher ist, muß er ein Lügner sein, und wenn er ein Lügner ist, muß er ein Wahrheitssprecher sein.
In Wirklichkeit ist Smullyans Rätsel eine geschickt kaschierte Version des Lügnerparadoxons. Die ›Lösung‹ ist, daß es kei-

[372] William Poundstone (1992): Im Labyrinth des Denkens. Wenn Logik nicht weiterkommt. Paradoxien, Zwickmühlen, Sackgassen, Rätsel und die Hinfälligkeit des Wissens. (Poundstone ist Mitarbeiter am MIT.)

ne Lösung gibt. (Oder in den Worten Smullyans: Der einzig mögliche Schluß ist, daß der Autor des Rätsels kein Wahrheitssprecher ist.)« (Ebd., S.159.)

Poundstone verweist dann darauf, daß auch der fortlaufende Prozeß einer »Eliminierung« potentieller Hypothesen in den weitaus meisten Fällen keine Klarheit bringt:

> »Eine Boolesche Variable kann nur die Werte ›wahr‹ oder ›falsch‹ annehmen. Das sind zwei Möglichkeiten je Unbekannte. Jede Unbekannte verdoppelt die Zahl der möglichen Hypothesen. In einer Aufgabe mit drei Booleschen Unbekannten ist die Zahl der möglichen Hypothesen 2^3 oder 8. Allgemein gibt es, wenn es *n* Unbekannte des Typs wahr-oder-falsch gibt, 2^n mögliche vollständige Hypothesen. Für eine Insel mit ein paar Dutzend Lügnern und Wahrheitssprechern würde die Zahl der Hypothesen in die Millionen gehen.« (Ebd., S.161.)

Auch dieser Weg scheint also im Hinblick auf endgültige Sicherheit wenig verheißungsvoll. In ihrer formalen Klarheit erhellt das Licht der Logik nichts so sehr wie ihre inhaltliche Leere? Anagrammatisch: »Logica - Caligo (Logik - Finsternis)«?[373]

Bei Licht besehen: Selbst die »Annahme, daß das Leben ein Traum sei, in dem wir uns selber alle unsere Gegenstände schaffen, ist logisch nicht unmöglich.«[374]

> »Der Pensionist: Was ist denn nicht furchtbar? Sagen Sie es doch! Sagen Sie's!
> Der Offizier: Ja, das sage, wer es kann!... Nun soll ich lernen mit den Jungen: Zwei mal zwei ist vier! Wie oft ist zwei in vier enthalten? *(Faßt sich verzweifelt an den Kopf.)*«[375]

> »Der Lehrer *(zum Offizier)*: Nun, mein Junge, kannst du mir sagen: Wieviel ist zwei mal zwei?

[373] Zit. nach: Anekdotenlexikon, ausgew. Von W. Pumin, Frankfurt/M. 1984, S.22.

[374] Bertrand Russell (1986): Probleme der Philosophie, S.22.

[375] August Strindberg (1983): Ein Traumspiel, S.39.

Der Offizier *(bleibt sitzen; sucht sich krampfhaft zu erinnern, ohne die Antwort zu finden).*
Der Lehrer: Du mußt aufstehen, wenn du gefragt wirst!
Der Offizier *(steht auf, bedrückt)*: Zwei … mal zwei … einen Augenblick! … Das ist zwei … zwei!
Der Lehrer: Ja … du! Du hast deine Lektion nicht gelernt!
Der Offizier *(beschämt)*: Doch, ich habe sie gelernt, aber … Ich weiß es, aber ich kann es nicht sagen…
Der Lehrer: Das sind faule Ausreden von dir. Du weißt es, aber du *kannst* es nicht sagen! Ich werde dir vielleicht etwas nachhelfen! *(Er zaust den Offizier.)*
Der Offizier: Oh, das ist schrecklich, das ist schrecklich!
Der Lehrer: Ja, es ist schrecklich, daß ein so großer Bursche so gar keinen Ehrgeiz hat…
Der Offizier *(gemartert)*: Ein so großer Bursche, ja, ich bin ja so groß, viel größer als die hier, ich bin erwachsen, ich habe die Schule durchgemacht – *(gleichsam erwachend)* ich bin ja promoviert… Warum sitze ich denn hier? Bin ich nicht promoviert?
Der Lehrer: Doch, gewiß, aber du mußt noch hier sitzen und reifen, nicht wahr? Du mußt reifen!…Ist das vielleicht nicht recht?
Der Offizier *(greift sich an die Stirn)*: Doch es ist recht, man muß reifen… Zwei mal zwei…ist zwei, und das kann ich beweisen, durch einen Analogiebeweis, das ist die Beweisart, die von allen Beweisen am höchsten geschätzt wird! Hören Sie nur!… Ein mal eins ist eins, also ist zwei mal zwei zwei! Denn das, was von dem einen gilt, muß auch von dem andern gelten!
Der Lehrer: Der Beweis ist nach den Gesetzen der Logik vollkommen richtig, aber das Resultat ist falsch.
Der Offizier: Was nach den Gesetzen der Logik zustande kommt, kann nicht falsch sein! Wollen wir die Probe machen: Eins ist in eins einmal enthalten, also ist zwei in zwei zweimal enthalten!
Der Lehrer: Auch ein ganz richtiger Analogiebeweis! Aber wieviel gibt dann einmal drei!
Der Offizier: Das gibt drei!
Der Lehrer: Folglich ist auch zwei mal drei drei!
Der Offizier *(nachdenklich)*: Nein, das kann nicht stim-

men… das kann nicht… oder doch? *(Setzt sich verzweifelt nieder.)* Nein, ich bin noch lange nicht reif!
Der Lehrer: Nein, du bist noch lange nicht reif!
Der Offizier: Aber wie lange muß ich denn hier sitzen?
Der Lehrer: Wie lange Zeit? Glaubst du, daß Raum und Zeit existieren?… Nehmen wir an, daß die Zeit existiert, dann mußt du sagen können, was die Zeit ist! Was ist die Zeit?
Der Offizier: Die Zeit… *(Denkt nach.)* Ich kann es nicht sagen, aber ich weiß, was die Zeit ist: Also kann ich wissen, wieviel zwei mal zwei ist, ohne daß ich es sagen kann! Kann der Herr Lehrer mir sagen, was die Zeit ist?
Der Lehrer: Gewiß, das kann ich.
Alle Schüler: Dann sagen Sie es!
Der Lehrer: Die Zeit… Laßt einmal sehen! *(Bleibt unbeweglich stehen, den Finger an der Nase.)* Während wir reden, flieht die Zeit. Also ist Zeit das, was flieht, wenn ich rede.
Ein Schüler *(steht auf)*: Jetzt redet der Lehrer, und während er redet, fliehe ich; also bin ich die Zeit! *(Macht sich davon.)*
Der Lehrer: Nach den Gesetzen der Logik ist das ganz richtig!
Der Offizier: Aber dann sind die Gesetze der Logik unsinnig, denn Nils, der flieht, kann nicht die Zeit sein!
Der Lehrer: Auch das ist nach den Gesetzen der Logik ganz richtig, obwohl es unsinnig ist.
Der Offizier: Dann ist die Logik unsinnig.
Der Lehrer: Es sieht wirklich so aus. Aber wenn die Logik unsinnig ist, dann ist die ganze Welt unsinnig… und da soll sich der Teufel selber hersetzen und euch Verrücktheiten beibringen!… Ist jemand da, der einen Schnaps spendiert, dann wollen wir baden gehen!« [376]

Und die Logik geht mit? Nicht unbedingt, doch hat sie - nach verschiedenen Disziplinen - Schwimmen gelernt. Voraussetzungslose 2x2=4-Logik?

[376] Ebd., S.42f. Aus dem Original: »[…] Två gånger två … är två, och det skall jag bevisa met ett analogibevis, det högsta av alla bevis! Hör på nu! … Ett gånger ett är ett, alltså är två gånger två två! Ty det som gäller om det ena gäller om det andra!« Zit. nach: August Strindberg (1923): Kronbruden. Svanevit. Ett Drömspel, S.280.

Die »Form unserer Sätze« mag also durchaus eingehalten werden, und dennoch könnte die Sache nicht nur »traumlogisch« zum Vexierspiel geraten. Es kommt eben auch ein wenig darauf an, was wir in die Form unserer Sätze kleiden, und vor allem, was wir als »logisch« postulieren.

> »Mit den Methoden der formalen Axiomatik läßt sich nämlich nicht zwischen praktisch Vernünftigem und praktisch Unvernünftigem unterscheiden, einfach deswegen nicht, weil jedes beliebig unvernünftige, aber in seinen logischen Formen übersehbar dargebotene, konsistente System von praktischen Unterscheidungen, Feststellungen und Forderungen einer korrekten Axiomatisierung nicht mehr oder weniger zugänglich ist als ein entsprechend vernünftiges System.«[377]

Der Verdacht liegt ja nahe:

> »Lediglich formal gültige Schlüsse [...] fördern kein neues Wissen zutage, sind nicht ›substantiell‹ ergiebig.«[378]
> »Mathematik ohne materielle Unterlage ist wie eine Küche ohne gefüllte Speisekammer.«[379]

Logik als diskursives Grundnahrungsmittel? Was bietet sie schon für ein Futter:

> »Sagst du 2 x 2 = 4, so ist das klar, aber leer. Sagst du ›Wurst‹, so ist was drin; aber kann man das Wesen einer Wurst ergründen?!«[380]

Wäre bei »2x2=4« also zu fragen: Wo bleibt zur Pelle die Wurst? Und: Naturdarm oder Kunsthüllen? Qualitätsunterschiede? Haltbarkeitsdatum?

377 Kambartel, Friedrich (1968): Erfahrung und Struktur, S.250f.

378 Karl-Heinz Göttert (1991): Einführung in die Rhetorik, S.203. (In Anlehnung an Stephen Toulmin: Der Gebrauch von Argumenten. Kronberg 1975.)

379 Fritz Mauthner (1982): Beiträge zu einer Kritik der Sprache, Bd. 3, S.461.

380 Wilhelm Busch (1943): Spricker, S.227. Erinnern wir nur, philosophiegeschichtlich, an »de[n] uralten Einwand gegen die Identität in der Mathematik. Nämlich de[n], daß wenn 2x2 wirklich *gleich* 4 wäre, daß dieser Satz dann nicht mehr sagen würde als a = a. Könnte man sagen: Die Logik kümmert die Analysierbarkeit der Funktionen, mit denen sie arbeitet, *nicht*.« (Wittgenstein (1984): Tagebücher 1914-1916, 6.9.14, S.91.)

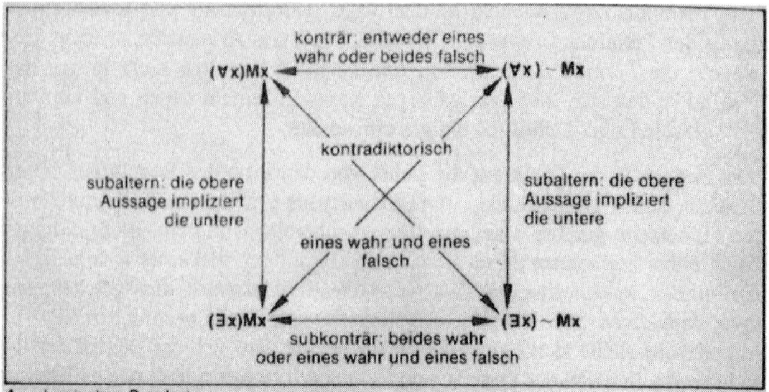

A »Logisches Quadrat«

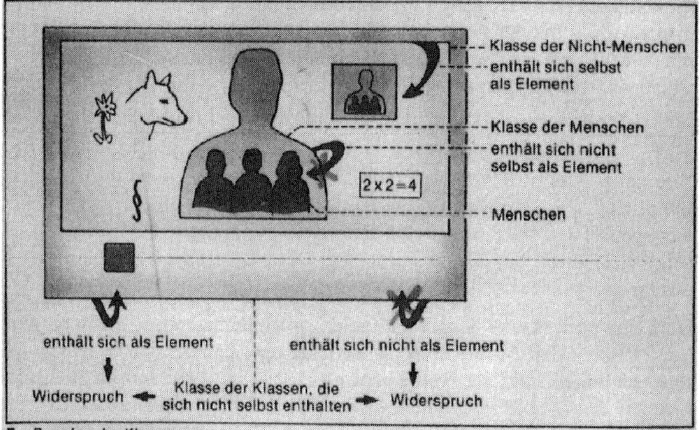

B Paradox der Klassen

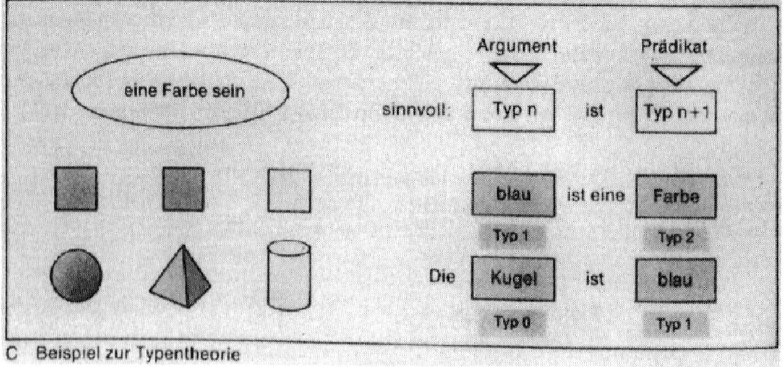

C Beispiel zur Typentheorie

Welche Form wählen wir? Darf es etwas mehr sein? Oder mit Flusser: Was alles stecken wir in den »leeren Topf ›2x2=4‹«?[381]

»Der Terminus *Logik* ist nicht weniger vage, widerspenstig und historisch mehrdeutig als der Terminus *Grammatik*.«[382] »Die Logik des Aristoteles ist nicht die Logik Hegels, die Termini *Ratio, Raison* und *Vernunft* bedeuten nicht immer dasselbe.«[383] Und so ließ sich schon längst gegen Kants in »einem engen und normativen Sinn«[384] gefaßte Logik-Definition einiges einwenden:

> »Die Reduktion der Logik auf die Lehre von den formalen Regeln des richtigen Denkens ist aus zwei Gründen immer wieder als problematisch empfunden worden. Einerseits glaubte man, die Interessenbereiche und die Stoßrichtung der Logik näher bezeichnen zu müssen, so daß man dann von einer *formalen, transzendentalen, spekulativen, dialektischen, hermeneutischen, dialogischen, induktiven, deduktiven, zweiwertigen, mehrwertigen* usw. Logik gesprochen hat.
> Andererseits stellte sich immer deutlicher heraus, daß sich der Begriff der Logik nicht so reinlich von der Sprache und Grammatik trennen ließ, wie es Kant noch für selbstverständlich gehalten hatte. Wie auch immer man den Gegenstandsbereich und die Zielsetzung der Logik im einzelnen zu bestimmen versucht, immer wird sie etwas mit der *Formation* und *Kombination* von einfachen und komplexen sprachlichen Zeichen zu tun haben und mit dem Problem, wie man die Implikationen von Zeichen aufdecken kann bzw. wie man aus gegebenen Informationen auf verläßliche Weise andere Informationen erzeugen kann.« (Ebd., S.173.)

> »Die volle Symmetrie von wahr und falsch, die zum dogmatischen Ausgangspunkt der Logik geworden ist, entsteht erst als Postulat an die voll reflektierte Aussage: sie *soll* wahr oder falsch sein. Die Zweiwertigkeit der Logik ist nicht

[381] Vilém Flusser (1991): Kleine Anthropologie der Dinge. II: Vom Topf. Flussers Beispiel ist allerdings »1+1=2«.

[382] Wilhelm Köller (1988): Philosophie der Grammatik, S.173.

[383] Umberto Eco: Das Irrationale gestern und heute. In: Frankfurter Rundschau, 7.10.1987, S.16.

[384] Wilhelm Köller (1988): Philosophie der Grammatik, S.173.

selbstverständlich. Sie ist eine Forderung. Der pragmatische Nutzen dieser Forderung liegt auf der Hand.«[385]

Wäre also auch (2x2=4-)Logik zu binden an Kommunikation? Carl Friedrich von Weizsäcker etwa bezieht sich in seinem Buch, »Aufbau der Physik« auf die »von Lorenzen (1959) im Anschluß an Beth (1955) entwickelte *dialogische* Begründung der Logik«.[386] Selbst aussagenlogische »Funktionen« werden nicht einfach als gegeben vorausgesetzt, sondern in Diskussionsspielen dargestellt. Weizsäcker verweist darauf, daß »auch die griechische Logik aus der Reflexion auf ein Diskussionsspiel hervorgegangen« sei.[387]

Angeführt wird dann »das einfachste Beispiel: A → A. D.h.: Bei jeder Einsetzung einer Aussage für A soll gelten: wenn A, so A. Wenn es regnet, regnet es. Wenn 2x2=4, so 2x2=4. Wenn 2x2=5, so 2x2=5.«[388] Zur Illustration wählt der Autor dann – selbstverständlich – den Satz »2x2=4«, da hierbei zeitliche Bedingungen keine Rolle spielten. Ein möglicher Dialog darüber könnte dann wie folgt aussehen:[389]

O	P
	1. A → A
2. Das glaube ich nicht	2. Wähle ein Gegenbeispiel!
3. Für A setze ich ein 2x2=4	3. Bitte beweise diesen Satz
4. (O gibt den Beweis, z.B. aus Peanos Axiomen)	4. Diesen Beweis erkenne ich an
5. Nun beweise du, was du zu beweisen übernommen hast	5. Ich habe übernommen, den selben Satz wie du, also 2x2=4 zu beweisen
6. Bitte, tu es	6. (P wiederholt den von O unter 4. gegebenen Beweis)
7. Diesen Beweis erkenne ich an	7. Also hast du mich nicht widerlegt

[385] Carl Friedrich von Weizsäcker (1988): Aufbau der Physik, S.214.

[386] Ebd., S.54.

[387] Ebd., S.57. Der Autor verweist dazu auf: Kapp, E. (1942): Greek origins of classic logic.

[388] Ebd., S.56.

[389] Das folgend zitierte Dialogspiel: Ebd., S.57f.; O: Opponent; P: Proponent.

Also nun auch noch einmal »2x2=4« in Frage stellen? Nach Voraussetzungen fragen?

Fassen wir zusammen: Insgesamt gesehen wird der Satz »2x2=4« als Ausdruck eines objektiv gegebenen, subjektunabhängigen Sachverhalts verstanden, wie es denn an anderer Stelle bei Husserl auch heißt: »[...] *daß 2x2=5 ist, ist falsch;* das heißt der Gedanke ist ein falscher Gedanke, der Satz ist ein falscher Satz.«[390]

Wir sind auf dem rechten Weg des Denkens. Doch läßt Husserl auch eine Ergänzung zu:

> »Es ist aber unverkennbar, daß sich auch jedes zur ›bloßen‹ Vorstellung qualitativ modifizierte Urteil in einen entsprechenden nominalen Akt verwandeln läßt, z.B. *2 x 2 ist gleich 5* (im bloß vorstehenden, nicht stellungnehmenden Aussprechen) in den Namen *daß 2 x 2 gleich 5 ist.*«[391]

Folgende Überlegung Lichtenbergs ist dem einigermaßen kongruent:

> »Man kann auch sagen, 2 mal 2 ist 5, aussprechen sollte man sagen, aber wie kann [man] es denken.«[392]

Anders formuliert: Der Zweifel an »2x2=4« wäre in Zweifel zu ziehen. Wir haben unsere Gewißheiten. Imperium logicum. Egal, ob wir uns im Jahre 50 vor Christi oder im heutigen befinden: die ganze Welt ist vom Gedanken »2x2=4« besetzt. Die ganze Welt?

> »Ich kann mir einen Logiker vorstellen, der erzählt, er sei jetzt dahin gelangt, ›2 x 2 = 4‹ wirklich *denken* zu können.«

390 Edmund Husserl (1913), S.323f. (Bd. 2).

391 Ebd., S. 484 (Bd. 2).

392 Lichtenberg, zit. nach F.H. Mautner: Lichtenberg. Bildnis seines Geistes. In: Lichtenberg (1984), S.539-600, S.578. Albrecht Schöne zitiert: »Ein vernünfftiger Man kann auch sagen 2 mal 2 ist 5, aussprechen sollte man sagen, aber nie kan er es denken« und gibt als Quelle an: Unveröffentlichtes Vorlesungs-Manuskript. Staats- und Univ.bibliothek Göttingen, Nachlaß Lichtenberg Vii A5, Blatt 20 - (20)v. (Albrecht Schöne (1982): Aufklärung aus dem Geist der Experimentalphysik, S.46f.)

Aber war das nicht ohnehin klar? Ein reines, pures, zeitlos gültiges »Denkgesetz«, dem alles und jeder unterworfen ist? Artikuliert hier ein logischer Separatist?

Auch hier schreibt der Verfasser nicht im Kontext einer »Traumlogik« oder einer »Traumerzählung«. Hier äußert sich Ludwig Wittgenstein unter dem Titel: »Bemerkungen über die Farben«.[393] Immerhin eine Bemerkung im Indikativ. Doch der Autor dreht die diskursive Schraube weiter, legt, konjunktivisch, noch einmal nach:

> »Ich könnte mir einen Logiker vorstellen, der erzählt, er sei jetzt dahin gelangt, daß er 2 x 2 = 4 wirklich denken könne.«[394]

Ein Gegenstand der Belustigung? Nehmen wir das etwa ernst? Haben wir unser klarstes, liebstes Beispiel denn nicht allzeit im eigenen Kopf?

Wir lassen uns nicht schrecken, gehen, auf der Suche nach seiner verlorenen Quelle, dem Denken einmal gründlich nach. Hirnforschung. Introspektion: Hier kommen wir der Sache wohl endlich auf die Spur. Also: Die Irritationen und Anfechtungen durch Andere(s) beiseite! Zur Sache selbst!

Kopfrechnen. Introspektionen im Haus des Denkens

> »Zweimal zwei sind nur dann tatsächlich (das heißt in aller Offensichtlichkeit und Begreifbarkeit) vier, wenn ich mich einen Augenblick lang in mich selbst zurückziehe, um dies zu denken.«[395]

[393] Wittgenstein (1984,2): Bemerkungen über die Farben, Nr. 69, S.27.
[394] Ebd., Nr. 109, S.62.
[395] José Ortega y Gasset (1957): Der Mensch und die Leute, S.86.

Gehen wir also mitten hinein, ins Zentrum, dorthin, wo das Denken scheinbar selbst zuhause ist. Tief innen, im tragenden Gebälk des Denkens, der elementare Baustein: »2x2=4«? Also Abschluß der Suche nach Ursprung und Geltung unseres Satzes durch Introspektion? Ist es eine Vorgabe menschlicher Konstitution, eine chemisch codierte Notwendigkeit, 2+2=4 zu rechnen?

> »Wenn Sie einen gültigen logischen oder mathematischen Schluß ziehen, ist offenbar Ihr Gehirn in einem ganz bestimmten Zustand. Was sollte die Herren des Gehirnlaboratoriums daran hindern, Sie über Mathematik und Logik genau so zu betrügen wie über die physische Welt? Vielleicht ist 2 plus 2 in Wirklichkeit 62,987; aber, indem sie Ihre Gehirnzellen auf eine bestimmte Art stimulieren, lassen die wahnsinnigen Wissenschaftler Sie denken, die Summe sei 4. Sie lassen Sie sogar denken, es sei offensichtlich, daß sie 4 ist, und Sie könnten beweisen, daß sie 4 ist. Vielleicht spielen sie irgendwo mit einer ganzen Serie von Retortengehirnen herum, von denen jedes an eine andere Summe für 2 plus 2 glaubt und in einer anderen, mit dieser Summe vereinbarten ›Wirklichkeit‹ lebt.«[396]

Würden wir uns denn von Erkenntnissen oder Behauptungen der Hirnforschung solcher Art schrecken lassen? Ist »2x2=4« in unserem Kopf, genetisch, chemisch codiert?

Der Mathematiker Poundstone streut hier offenbar Ironie, und diese nicht unbedingt vor dem Hintergrund einer Vorstellung, die davon ausgeht, »2x2=4« als eine Art Hirnanhangsatz lokalisieren zu können. Denn wohl gibt es – als Modell – die Vorstellung davon, wo das Denken und welches Denken selbst zuhause ist: neurophysiologischer Ost-West-Gegensatz (-Konflikt?), Hirnhemisphären. Und da taucht – selbstverständlich? – »2x2=4« als *das* Beispiel für reine Rationalität an einer Windung markant wieder auf, damit auch dieses Sätzchen (mit vergleichbaren Praktiken) die Kurve kriegt.[397]

[396] William Poundstone (1992): Im Labyrinth des Denkens, S.24f.

[397] Auch für die folgende Abbildung gilt: »[…] wer hat das gesagt, manchmal weiß ich nicht mehr wo es herkommt, okkulte Zitate oder was, pausenlose Kurskorrektur während der Reinschrift […].« (Friederike Mayröcker (1985): Das Herzzerreißende der Dinge, S.51.)

Doch ist auch diese Mauer in den Köpfen wohl längst durchlässig geworden. Selbst »2x2=4« ist ein Grenzgänger zwischen verschiedenen Welten: Gebrauch und Interpretationen bringen uns auf eine entsprechende Spur. Die Faktoren, die bei seiner Erzeugung im Spiel sind, erscheinen derart vielfältig und miteinander verflochten, daß über der Vorstellung, die Produktion des Wissens »2+2=4« erfolge ausschließlich im menschlichen Hirn, weitgehend der wissenschaftliche Vorhang gefallen scheint.

> »Eine der philosophisch gefährlichsten Ideen ist, merkwürdigerweise, daß wir mit dem Kopf, oder im Kopf denken.«[398]
> »Die Idee vom Denken als einem Vorgang im Kopf, in dem gänzlich abgeschlossenen Raum, gibt ihm etwas Okkultes.«[399]
> »Keine Annahme scheint mir natürlicher, als daß dem Assoziieren, oder Denken, kein Prozeß im Gehirn zugeordnet ist; so zwar, daß es unmöglich wäre, aus Gehirnprozessen Denkprozesse abzulesen. [...]« (Ebd., Nr.608.)

»2x2=4« denken? Und in dieser Hinsicht auch noch der demonstrativ besetzte Gipfelpunkt? Bewegten wir uns da nicht vielleicht - wenig schmeichelhaft - auf dem Niveau eines handlichen Dudelkästchens?

> »Ein sehr naiver Mensch, der noch nie in seinem Leben einen Taschenrechner gesehen hat, könnte auf die völlig abwegige Idee kommen, der Apparat könne denken. Man könnte ihn mit einem Searle Experiment vom Gegenteil überzeugen. Geben Sie ihm den Schaltplan des Mikroprozessors im Rechner, und geben Sie die elektrischen Impulse an, die entstehen, wenn man mit Hilfe der Tastatur eine Rechenaufgabe eingibt. Lassen Sie ihn den Funktionen des Mikroprozessors bei einer Berechnung folgen. Der Mensch, der hier die Funktion eines Mikroprozessors nachahmt, wird das richtige Ergebnis erzielen, ohne auch nur eine Ahnung von den mathematischen Operationen zu haben, die er durchführt. Er wüßte nicht, ob er 2 plus 2 addiert oder den Hyper-

398 Ludwig Wittgenstein (1984,2): Über Gewißheit, Nr.605, S.416.
399 Ebd., Nr.606, S.416; vgl. dort auch die folgenden Abschnitte.

Linke Hemisphäre

verarbeitet Informationen nacheinander

hält sich an eine Reihenfolge: erst A, dann B, dann C (sequentiell)

registriert Einzelheiten: eine Warze

zergliedert die Welt in überschaubare, benennbare Ausschnitte und Teile

ist logisch: sieht Ursache und Wirkung

spricht auf verifizierbare Aspekte der Welt an: 2 x 2

verzeichnet informative Aspekte der Welt

denkt linear

regelgeleitete Ideenbildung: hält sich an vorgegebene, festliegende Strukturen; ist weitgehend abhängig von gespeicherter, organisierter Information

ist syntaktisch, verknüpft Wörter nach grammatischen Regeln

zerlegt: wichtig sind Unterscheidungen

kann komplexe Bewegungsfolgen erinnern

redet und redet und redet

weiß, 'wie'

verwendet Wörter primär als Zeichen: 'eine Frau ist ein Erwachsener weiblichen Geschlechts'

Begriffliches Denken

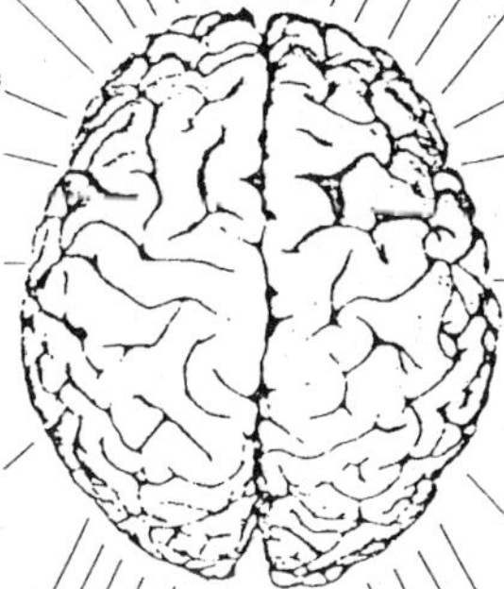

Rechte Hemisphäre

verarbeitet Informationen gleichzeitig

geht simultan vor: erfaßt ein komplexes Bild

erfaßt das Ganze: ein Gesicht

verbindet die Welt zu einem Gefüge von Ganzheiten

ist analog: sieht Entsprechungen und Ähnlichkeiten

spricht auf qualitative, nicht quantifizierbare Aspekte der Welt an: Gefühlszustände

verzeichnet emotionale Aspekte des Denkens

denkt bildhaft

transformative, offene Iddenbildung: hält sich an qualitative, nicht quantifizierbare Strukturen, die nicht in eine bestimmte Reihenfolge gebracht werden, sondern sich um stark gefühlsbesetzte Bilder gruppieren

hat nur eine begrenzte Syntax, reagiert aber auf den Bildgehalt von Wörtern oder ruft Sätze als geschlossene Einheiten ab: den Wortlaut eines Lieds, Gedichts oder Abzählreims

fügt zusammen: wichtig sind Verbindungen

kann komplexe Bilder erinnern

ist stumm - benutzt Bilder und keine Worte

entdeckt, 'was'

ist empfänglich für die Bilder und den Klang der Wörter: 'das weite weiche weißschenklige Weib' (Updike)

Bildliches Denken

belkosinus von 14,881 Grad berechnet. Die Versuchsperson wäre sich keiner abstrakten mathematischen Operation bewußt, und das gleiche gilt für den Taschenrechner.«[400]

An dieser Stelle hilft es vielleicht weiter, wenn wir eine Differenz markieren, die nämlich zwischen Wahrnehmungen und Operationen.

»Die Wahrnehmungsstrukturen sind grundsätzlich unumkehrbar, irreversibel, insofern sie auf einer probalistischen Ausbildungsweise beruhen, die im Bereich der Feldeffekte offenkundig ist, die aber auch noch in den Regulierungen der Wahrnehmungstätigkeit mitwirkt (obwohl diese Regulierungen den Anteil des Zufalls oder der irreversiblen Vermischung verkleinern). Die Operationen aber sind, obwohl auch sie Gesamtstrukturen darstellen, grundsätzlich reversibel: + n wird durch - n genau aufgehoben. Andererseits und folglich sind die Wahrnehmungsstrukturen nicht additiv zusammengesetzt, [...]: eine Operation aber ist streng additiv, denn 2 + 2 gibt genau 4 und nicht ein wenig mehr oder weniger, als ob es sich um eine Wahrnehmungsstruktur handelte.«[401]

Diese Unterscheidung scheint hilfreich. Doch hätten wir damit noch immer nicht die Frage geklärt, wie wir zu dieser Operation kommen, auf welchen Wegen, mit welchen Absichten und zu welchen Zwecken. Um bei der Metapher zu bleiben: Noch immer nicht wäre geklärt, was sich in unseren Köpfen abspielt.[402]

[400] William Poundstone (1992), S.361f.

[401] Jean Piaget und Bärbel Inhelder (1981): Die Psychologie des Kindes, S.42f., in einer Auseinandersetzung mit Aspekten der Gestaltpsychologie. An anderer Stelle heißt es bei Piaget über eines der Merkmale der Operation, »daß sie immer eine gewisse Erhaltung, eine Invariante, voraussetzt. Sie, die Operation, ist natürlich eine Transformation , die nicht alles auf einmal transformiert, denn sonst wäre Reversibilität gar nicht möglich. So können wir im Falle der arithmetischen Addition die Weise transformieren, in der wir die einzelnen Elemente gruppieren. Wir können sagen: 5+1 oder 4+2 oder 3+3, doch die Summe bleibt invariant.« (Jean Piaget (1992): Einführung in die genetische Erkenntnistheorie, S.30.)

[402] »Das kleinste Wort, die geringste Wahrnehmung, die bescheidenste Vorstellung setzt Myriaden von Neuronen in Tätigkeit, bringt zahlreiche Schichten oder Sektoren des Gehirns in Zusammenhang.« (Edgar Morin (1992): Das Problem des Erkennens des Erkennens, S.99f.)

Die wiederholt geäußerten Vorbehalte oder Hoffnungen gegenüber »neuen Medien«, »Künstlicher Intelligenz«, »dem Computer« gründen oft in der Vermutung, hier lasse sich »Denken« vielleicht nicht nur ersetzen, sondern sogar in »reiner Form« durchführen. Diese Interpretation ist freilich nicht unumstritten.

Denn, spätestens an diesem Punkt unserer Geschichte angelangt, ist zu fragen: Ist »2+2=4« in gewissen Hinsichten kein Interpretament? Was wäre es denn dann? Ob also nicht angesichts der Leistungen des Computers menschliche Interpretation eben doch interpretatorisch wieder Farbe zu bekennen hätte?

> »Der Computer, noch einmal gesagt, hat eine Syntax, aber keine Semantik. Wenn man also in den Computer ›2 plus 2 gleich?‹ eintippt, wird er ›4‹ ausdrucken, aber er wird nicht die leiseste Ahnung davon haben, daß ›4‹ 4 bzw. überhaupt etwas bedeutet. Und das Problem ist dabei nicht etwa dies, daß ihm gewisse Informationen zweiter Ordnung für die Interpretation seiner Symbole erster Ordnung fehlen, sondern vielmehr dies, daß seine Symbole erster Ordnung, soweit es den Computer selbst betrifft, bar jeder Interpretation sind. Alles, was der Computer hat, sind immer wieder nur Symbole.«[403]

[403] John R. Searle (1992): Geist, Gehirn, Programm, S.354. Zur Kritik an Searle vgl. den Kommentar von Hofstadter an gleicher Stelle. Vgl. auch: Jürgen Schröder: Searles Kritik am Funktionalismus – Eine Untersuchung des Chinesischzimmers. In: Zeitschrift für allgemeine Wissenschaftstheorie. Volume 22/1991, S.321-336. Vgl. auch: Stephan Zelewski: Die starke KI-These. Zu Searle's Wiederbelebung einer fragwürdigen Debatte über die Grundlagen des Erkenntnisprogramms der Erforschung Künstlicher Intelligenz (KI). In: Ebd., S.337-348. Flusser (1992: Die Schrift. Hat Schreiben Zukunft?, S.57) formuliert hinsichtlich der Differenz von »Schreiben« und »Programmieren«: »Das Schreiben, so wie wir es in der Schule gelernt haben, ist eine Geste des historischen Bewußtseins. Das Programmieren, so wie es unsere Kinder zu lernen beginnen, ist eine Geste eines andersgearteten, eines weit eher mit dem mathematischen als mit dem literarischen vergleichbaren Bewußtseins. Die Codes, derer es sich bedient, sind ebenso ideografisch wie die Ziffern. Daß das mathematische Denken unhistorisch ist, zeigte schon Wittgenstein mit seiner Bemerkung, es sei sinnlos, ›Zwei und zwei ist vier um sechs Uhr nachmittags‹ zu sagen. Das mathematische Denken aber war bisher organisch in den alphanumerischen Code getaucht, es wurde vom Fluß des historischen Denkens mitgerissen. Jetzt taucht das Programmieren aus dem alphanumerischen Code empor, löst sich davon ab und trennt sich von der gesprochenen Sprache. Das berechtigt zu einigem Pessimismus.« Das Wittgenstein-Zitat wurde hier bereits in der Einleitung erwähnt. Die Frage steht allerdings mehr und mehr im Raum, ob »2+2=4« derart zeitresistent »seine« Bedeutung transportiert.

Die Frage, ob Denken sozusagen IBM-kompatibel ist, ist längst nicht geklärt, wenn sie denn überhaupt zu beantworten ist. »Alles umstritten. Was Künstliche Intelligenz ist, wissen auch die Forscher nicht.«[404]

Ließe sich der Streit so umgehen: »Ein Computer löst keine Probleme, er ist - *richtig eingesetzt* - die Lösung«?[405]

Immerhin: was die Relation »2+2=4« und »Denken« betrifft, so gibt es einige Meinungsverschiedenheiten. Eine eindeutige, eine nicht mehr interpretierbare Antwort liegt uns bisher nicht vor.

Ist die geltende und Handlung anleitende Vorstellung von (»der Wirklichkeit«) »2x2=4« so frei von individuellen und sozialen Kontexten? Wie sind Abweichungen von der Norm erklärbar, wenn diese - 2x2=4 - präexistent und überall wirksam sein sollte? Was bedeutet z.B. das universale Denkgesetz »2+2=4« für

> »Kinder, die nicht ›zwei und zwei‹ zusammenzählen können«?[406]

Zunehmend beobachtet wird, daß »Rechenschwäche« kein Zeichen von Dummheit sein muß« (ebd.), sondern im Zusammenhang mit einer »Dyskalkulie« genannten Abweichung stehen kann, für die es auch soziale Ursachen gibt.

> »Die psychologische Forschung nennt so ziemlich alle denkbaren Ursachen für Dyskalkulie: genetische, geburtsbedingte, familienpsychologische und andere mehr. Bei auffallend vielen Legasthenikern wurden Störungen der linken Hirnhälfte beobachtet; zuverlässige Angaben über einen Zusammenhang von ›Lateralstörungen‹ und Dyskalkulie sind indes-

[404] So Gero von Randow, in: Die Zeit, 9.10.1992, S.45. Zur Kritik an Konzepten künstlicher Intelligenz vgl.: Gerhard Manteuffel (1992): Konstruktivistische künstliche Intelligenz. Vgl.: Gerhard Roth (1992): Kognition: Die Entstehung von Bedeutung im Gehirn, dort bes. S.114, u.a. mit Bezug auf Searle. Vgl. auch: Josef Weizenbaum (1992): Das Menschenbild der künstlichen Intelligenz.

[405] Josef Simon (1989): Philosophie des Zeichens, S.56.

[406] Gero von Randow (1992): Unverstandene Zahlenwelt. Kinder, die nicht ›zwei und zwei‹ zusammenzählen können, leiden häufig unter einer Dyskalkulie. In: Die Zeit, 7.2.1992, S.94. Zur Dyskalkulie oder Arithmasthenie vgl. auch: Der Spiegel, Nr.34/1992, S.47-50.

sen nicht vorhanden. Ein Rechenzentrum im Hirn jedenfalls, das wie ein abgestürzter Computer nur neu gestartet werden muß, scheint es nicht zu geben.« (Ebd.)

Wäre Digitalisierung keine beobachterabhängige Leistung einer »computer community«[407], müßte sie dann nicht als Kulminationspunkt weltimmanenter Prozesse verstanden (interpretiert) werden? Die Krone der Schöpfung, der rein funktional operierende Datenträger (der die Mühsal des Verstehens hinter sich hat und - paradiesisch - sich mit anderen über die Menüleiste deckungsgleich austauscht)? Aber da wankt längst schon wieder ein neuer babylonischer Turm ins Bild: auch die digitalisierten Sprachschöpfungen, die verschiedenen Computersprachen sind derart verwirrend, inkompatibel eben, daß (nicht-deckungsgleiche) Übersetzungsleistungen (Interpretationen) erforderlich sind.[408]

Hätten wir andernfalls nicht die digitale Variante zu einem bestimmten Theologie-Konzept: endgültige Erlösung von allen Fragen und Interpretationen? Wenn wir dereinst alle kleine Datenträger sind und ins Innerste der Rechner eingespeist werden, wird das Interpretieren endgültig sein Ende gefunden haben. Dann dürfen wir zur Ehre des Kleinen Einmaleins mikroprozessieren: 2 + 2 = 4. Sollte aber einer vom Virus der Abweichung von einprogrammierten Operationen befallen sein und nach Gründen, Bedeutungen, Sinn fragen, träfe ihn zwangsläufig der Bannstrahl des allmächtigen Programmierers: Ab in den Papierkorb![409]

Sind wir also bei »2x2=4« doch nicht alle gleich und auf Universalität programmiert? Von einer »angeborenen 2x2=4 Logik« (Robert Musil, s.o.) zu sprechen ist daher im essayistischen Sinne durchaus mit einigem Erkenntnisgewinn möglich. Doch beschreibt diese Metapher keine Tatsache im Sinne einer anthropogenen, genetisch codierten Konstante, der dann auch noch sozusagen ein universales, welteigenes Strukturelement »einge-

407 Friedrich A. Kittler (1993): Den Riß zwischen Lesen und Schreiben überwinden. Im Computerzeitalter stehen die Geisteswissenschaften unter Reformdruck, S. 16.

408 Zu diesem Bild vgl.: Ebd.

409 Vgl.: Harro Müller (1988): Kleist, Paul de Man und Deconstruction. Argumentative Nach-Stellungen, S.90f. (s.o., S.127).

schrieben« wäre, als hätte sich im Laufe der Evolution die Menschheit deshalb »durchgesetzt«, weil sie sich des realitätsadäquaten Trichters »2x2=4« bedient oder durch diesen hindurch »zur Welt gekommen« wäre.

Die Problematik apriorisch fundierter Konzepte wird anläßlich unseres Beispiels markant. Was, wenn »Dyskalkulie« nicht bei einer Minorität zu beobachten, sondern »herrschende Perspektive« wäre? Die technologisch-naturwissenschaftlich orientierte Welt würde eine andere sein?

Immer noch ist die Frage nach dem Grund für unser Wissen »2 x 2 = 4« offen. Wenn das Beispiel nun als universales, notwendiges Denkgesetz nicht so umstandslos ablesbar ist, wie begründen wir dann »2x2=4«, oder ist seine Begründbarkeit gar endgültig auf Grund gesetzt?

Was in der Philosophie Wittgensteins als Formulierung auftauchte, das scheint neurophysiologische Forschung mittlerweile zu bestätigen, scheint Standard neuerer Wissenschaftstheorie zu sein. Was »sehen« wir denn, ins Haus des Denkens blickend? Neurophysiologen wie Heinz von Foerster sprechen vom »Prinzip der undifferenzierten Codierung«[410]:

> »In den Erregungszuständen einer Nervenzelle ist nicht die physikalische Natur der Erregungsursache codiert. Codiert wird lediglich die Intensität dieser Erregungsursache, also ein ›wieviel‹, aber nicht ein ›was‹.« (Ebd.)
> »Das heißt, dasselbe Erregungsmuster kann in einem unterschiedlichen Kontext ganz unterschiedliche Wirkungen und damit Bedeutungen haben.«[411]

Das hat eine Konsequenz:

> »Es gibt keinen direkten oder indirekten Zugang einer empirischen Wissenschaft zu Bewußtseinszuständen, weder *on line* noch *off line*. Auch Introspektion hilft - wegen der Differenz der Beobachterfunktionen - nicht weiter. ›Keine Rekonstruktion kann je als Abbildung dessen, was einer handelnden Person ›durch den Kopf ging‹, verstanden werden‹

[410] Heinz von Foerster (1984): Das Konstruieren einer Wirklichkeit, S.43.
[411] Gerhard Roth (1992): Kognition: Die Entstehung von Bedeutung im Gehirn, S.113.

(Huber, E.L. und H. Mandl (Hrsg.) (1982): Verbale Daten. Weinheim und Basel).«[412]

»Es gibt keine Wahrheitspräferenz für Introspektion.«[413]

Und so lassen sich weitere Fragen stellen:

»»Ist es die gleiche Verneinung: ›Eisen schmilzt nicht bei 100 Grad C‹ und ›2 mal 2 ist nicht 5‹?« Soll das durch Introspektion entschieden werden; dadurch daß wir zu sehen trachten, was wir bei beiden Sätzen denken?«[414]

»Hat ›Negation‹ in ›Er hat das Zimmer nicht verlassen‹ dieselbe Bedeutung wie in ›2 + 2 = 5‹? Manche sagen, daß sie in beiden Fällen dasselbe bedeutet, denn daß er das Zimmer verlassen hat, sei ebensowenig wahr wie, daß 2 plus 2 5 ergibt. Durch diese Übersetzung ist jedoch gar nichts erklärt [...].«[415]

Also: »Sogar elementare logische Begriffe werfen faszinierende Probleme auf. Das Negat einer falschen Aussage ist wahr, aber das Negat dessen, was verkehrt ist, kann auch verkehrt sein; ›2 + 2 = 4‹ und ›2 + 2 ≠ 4‹ stellen gleich verkehrte Antworten auf einige Fragen dar. Und wenn ein Entwurf, ein Rhythmus, eine Farbe oder eine Nebeneinanderstellung von Farben verkehrt ist, ist ihr Negat dann stets richtig? Das hängt offenkundig davon ab, wie ›Negat‹ in solchen Fällen gebraucht werden soll. [...] Im Gegensatz zum äußersten Skeptizismus und unverantwortlichen Relativismus hat der Konstruktivismus stets jede Menge zu tun.«[416]

412 Siegfried J. Schmidt (1992,2): Über die Rolle von Selbstorganisation beim Sprachverstehen, S.320. Dort auch ein Anhang »Zum Stand der empirischen Verstehensforschung«, S.322-326. Aus philosophischer Perspektive schon länger angemeldet: »Widerspruch gegen die angeblichen ›Tatsachen des Bewußtseins‹. Die Beobachtung ist tausendfach schwieriger, der Irrtum vielleicht *Bedingung* der Beobachtung überhaupt.« (Friedrich Nietzsche (1984): Nachlaß der Achtzigerjahre, S.469.)

413 Niklas Luhmann (1992): Die Wissenschaft der Gesellschaft, S. 708.

414 Ludwig Wittgenstein (1984): Philosophische Untersuchungen, Nr.551, S.446.

415 Wittgenstein (1989): Vorlesungen 1930–1935, S.296.

416 Nelson Goodman und Catherine Z. Elgin (1993): Revisionen. Philosophie und andere Künste und Wissenschaften, S.218.

Also: Könnte man sehen, wie jemand »2x2=4« denkt?

> »Man soll sehen können, worüber Einer denkt, wenn man ihm den Kopf aufmacht; wie ist denn das möglich? Die Gegenstände, über die er denkt, sind ja gar nicht in seinem Kopf (ebensowenig wie in seinen Gedanken)!«[417]
> »[...] was man sieht, wenn man ein Gehirn unterm Mikroskop betrachtet, ist nichts weiter als ein Teil der eigenen Privatwelt, das Endglied einer langen Kausalkette, die von dem ausgeht, was man dabei ›das Gehirn unter diesem Mikroskop hier‹ nennt. Das Gehirn, das unter dem Mikroskop liegt, ist zweifellos ein Bestandteil der materiellen Welt, aber dafür auch in keiner Weise identisch mit dem von uns wahrgenommenen Gehirn, d.h. mit dem Gehirn, das ein Datum unseres eigenen Erlebnisses ist, denn dieser Wahrnehmungsinhalt ist ja - wie gesagt - erst das Endglied einer mehr oder weniger langen Ursachenkette, die von dem materiellen Gehirn auf dem Mikroskoptisch ausgeht.«[418]

Mit einer rein psychologischen Vorstellung des Ursprungs von »2x2=4« kommen wir nicht so recht voran. Kritik an einer psychologischen Auffassung der Arithmetik wurde vielfach laut.

> »Wäre die Zwei eine Vorstellung, so wäre es zunächst nur die meine. Die Vorstellung eines Andern ist schon als solche eine andere. Wir hätten dann vielleicht viele Millionen Zweien. Man müßte sagen: meine Zwei, deine Zwei, eine Zwei, alle Zweien. Wenn man latente oder unbewußte Vorstellungen annimmt, so hätte man auch unbewußte Zweien, die dann später wieder bewußt würden. Mit den heranwachsenden Menschen entständen immer neue Zweien, und wer weiß, ob sie sich nicht in Jahrtausenden so veränderten, daß 2 x 2 = 5 würde. Trotzdem wäre es zweifelhaft, ob es, wie man gewöhnlich meint, unendlich viele Zahlen gäbe. Vielleicht wäre 10^{10} nur ein leeres Zeichen, und es gäbe gar keine Vorstellung, in irgendeinem Wesen, die so benannt werden könnte.

[417] Wittgenstein (1973): Philosophische Grammatik, S.143.
[418] Bertrand Russell (1988): Philosophie. Die Entwicklung meines Denkens, S.25.

Wir sehen, zu welchen Wunderlichkeiten es führt, wenn man den Gedanken etwas weiter ausspinnt, daß die Zahl eine Vorstellung sei. Und wir kommen zu dem Schlusse, daß die Zahl weder räumlich und physikalisch ist, wie Mills Haufen von Kieselsteinen und Pfeffernüssen, noch auch subjektiv wie die Vorstellungen, sondern unsinnlich und objektiv. Der Grund der Objektivität kann ja nicht in dem Sinneseindrucke liegen, der als Affektion unserer Seele ganz subjektiv ist, sondern, soweit ich sehe, nur in der Vernunft.
Es wäre wunderbar, wenn die allerexakteste Wissenschaft sich auf die noch zu unsicher tastende Psychologie stützen sollte.«[419]

Die Frage nach der Grundlage unseres Wissens ist auch in diesem Kontext nicht geklärt. Wie, ist zu fragen, programmieren wir uns derart obsessiv auf »2x2=4«, wenn wir uns entscheiden, daß uns dieses Muster weder göttlich noch platonisch noch genetisch »eingeschrieben« ist? Was, wenn auch eine andere Programmierung denkbar wäre?

»Man möchte fragen: ›Wie ist das - was geht da vor - wenn Einer im Kopf rechnet?‹« -[420]
»›So rechne ich nicht *wirklich*, wenn ich im Kopf rechne?‹ - Du unterscheidest doch auch Kopfrechnen vom wahrnehmbaren Rechnen! Aber du kannst nur lernen, was ›Kopfrechnen‹ ist, indem du lernst, was ›Rechnen‹ ist; du kannst kopfrechnen nur lernen, indem du rechnen lernst.« (Ebd., S.563.)

Keine Frage, daß das Kopfschmerzen bereiten kann. Sorgen wir also für Luft. Machen wir ein weiteres - kulturhistorisches - Fenster auf. Wenden wir uns also der Disziplin zu, in deren Namen die Statik unseres Wissens auf dem Prüfstand steht - Grundlagenforschung.

[419] Gottlob Frege (1987): Die Grundlagen der Arithmetik, S.60. Im übrigen diskutiert Frege dort auch Leibnizens Beweis für 2+2=4 (ebd., S.30ff.)
[420] Wittgenstein (1984). Philosophische Untersuchungen, Nr. 369, S.397.

Rechnen auf schwankendem Boden – Zur Grundlagenkrise der Wissenschaften

Fassen wir noch einmal zusammen.

»Die Schwierigkeit, mit der die christlichen Philosophen kämpften, entsprang der Konfrontation eines omnipotenten Gottes mit einer platonischen Auffassung der Mathematik. Die Mathematik wird zu einem Rivalen Gottes. Ist aber erst einmal die platonistische Sichtweise der Mathematik aufgegeben, so löst sich die philosophische Schwierigkeit auf. Insofern die platonistische Mathematik ein Rivale für einen ewigen, allwissenden und allmächtigen Gott ist, ist es kein Zufall, daß sich viele Leute bewußt oder unbewußt zur Mathematik als Religionsersatz hinwenden. Es gibt eine starke Sehnsucht nach Dauer und Gewißheit in einer chaotischen Welt. Viele Menschen suchen diese lieber in einem mathematischen oder naturwissenschaftlichen Kontext als in einem religiösen. Ihnen ist vielleicht nicht bewußt, *daß sowohl die Mathematik als auch die Religion als Grundlage eines Glaubens bedürfen*, den das Individuum selbst mitbringen muß.«[421]
»Hmm..., würden die meisten von uns antworten.« (Ebd., S.311.)

Mit einigen Diskursproblemen, mit Begründungsschwierigkeiten anläßlich unseres Beispiels sahen sich ja schon Pembrokes Katze[422] und Sherlock Holmes[423] konfrontiert, mit Schwierigkeiten, Wissen endgültig zu sichern, die manchen Rahmen sprengen. Und nicht allen ist die Suche nach dem letztgültigen Beweis, nach absoluter Sicherheit unbedingt bekommen. Hein-

[421] Wir folgen den Mathematikern Davis und Hersh (1990: Descartes' Traum. Über die Mathematisierung von Zeit und Raum, S.304, s.o., S.130) nunmehr also nicht nur hinsichtlich ihrer Voraussetzungen, sondern auch der abgeleiteten Konsequenzen.

[422] S.o., S.16., bzw.: Philip J. Davis (1991): Pembrokes Katze, S.14.

[423] S.o., S.105 f., bzw.: Sir Arthur Conan Doyle (1988): Studie in Scharlachrot, S.29.

rich von Kleist etwa nahm sich einst vor, sich »ausschließlich mit Mathematik und Philosophie, – als den beiden Grundfesten alles Wissens« zu beschäftigen.[424] Als diese Bastionen zunehmend erschüttert wurden, tiefgehende Risse offenbarten, führte dies im Kleistschen Kontext zu der berühmt-berüchtigten »Kant-Krise«,[425] zum »Scheitern eines Lebensprojekts«[426]. »Nicht eine erkenntnistheoretische Krise ist die sogenannte Kant-Krise Kleists, sondern eine existentielle.« (Ebd., S.64f.)

Heute gehört es in der Wissenschaftstheorie schon eher zum guten Ton, auf die »›Grundlagenkrise‹ – [...] seit den Theorien Einsteins, Heisenbergs und Gödels« hinzuweisen.[427] Der sicher geglaubte Erkenntnisgrund begann nachhaltig zu schwanken – »Grundlagenkrisen der Logik, der Mathematik«[428].

> »Die Problematik des Rechtfertigungsrationalismus gewann nämlich im letzten und in diesem Jahrhundert eine geradezu dramatische Zuspitzung dadurch, daß man in der Mathematik und in der Logik, den vermeintlichen Gralsburgen des Absolut-Sicheren, Antinomien entdeckte.
> Eine Antinomie liegt dann vor, wenn ein Satz und seine Negation zugleich beweisbar sind. Die Antinomie der größten Ordnungszahl und die berühmte Russellsche Antinomie im Begriff der Menge aller Mengen, die sich selbst nicht als Element enthalten, erschütterten das mühsam aufgebaute, so sicher geglaubte Fundament der Logik und Mathematik – und gerade zu dem Zeitpunkt, als Frege eine erste umfassende Grundlage für die Logik und die Arithmetik in Gestalt eines präzisen Axiomensystems gegeben hatte. Die mathematisch-logische Grundlagenforschung, die bis dahin nur in der Parallelenfrage der Geometrie eine Rolle gespielt hatte, gewann durch diese Entdeckungen von Antinomien eine beklem-

[424] Heinrich von Kleist: Brief an C.E. Martini, 19. März 1799. Zit. nach: Kleist (1986), S.25.

[425] Vgl. den Brief Kleists an Wilhelmine von Zenge, 22. März 1801.

[426] So Peter Bürger (1992): Prosa der Moderne, S.65, über Kleists Wissenschaftsprojekt. Zu diesem Kontext insgesamt vgl. dort die S.64-67.

[427] Wolfgang Welsch (1990,4): Perspektiven für das Design der Zukunft, S.213.

[428] Hans Lenk (1986): Zwischen Wissenschaftstheorie und Sozialwissenschaft, S.11.

mende Aktualität für die gesamte Wissenschaft. Ließen sich nämlich die Antinomien nicht beseitigen, enthielt die Mathematik also Widersprüche, so wäre jeder beliebige mathematisch formulierte Satz beweisbar. ›2 x 2 = 5‹ ließe sich beweisen.
Es ist klar, daß es für alle Wissenschaften höchst unerwünscht ist, wenn man jeden beliebigen wissenschaftlich formulierten Satz beweisen kann.« (Ebd., S.12.)

»2x2=5«? Die Versuche, diesem Dilemma endgültig zu entgehen, eine absolut sichere Grundlage als Letztbegründung des Wissens zu erreichen, sind letztlich gescheitert:

»Weder läßt sich die Widerspruchsfreiheit hochkomplexer logisch-mathematischer Systeme in vollem Umfang beweisen, noch gelingt es, alle nicht-empirischen Sätze auf logische Wahrheiten oder Definitionen zurückzuführen.« (Ebd., S.13.)
Worauf hatte sich Gödel bezogen?
»Die elementare Zahlentheorie ist der bescheidene Teil der Mathematik, der sich mit der Addition und Multiplikation ganzer Zahlen beschäftigt. Egal, was für triftige und brauchbare Beweisregeln man ersinnt, einige wahre Aussagen der elementaren Zahlentheorie werden unbeweisbar bleiben; dies ist der Kern des Gödelschen Satzes. [...]
Wir pflegten zu glauben, daß mathematische Wahrheit in Beweisbarkeit besteht. Nun sehen wir, daß diese Ansicht für die Mathematik als ganze unhaltbar ist, ja selbst für die Mathematik in einem erheblichen Teilgebiet: die elementare Zahlentheorie ist nämlich in der Tat ein bescheidener Teil der Mathematik, und schon sie geht über jedes akzeptable Beweisverfahren hinaus.«[429]
»2+2=4« und »2x2=4«. Damit rechnen wir. Aber auf welcher Grundlage?

[429] W.V.O. Quine (1985): Kurt Gödel, S.178. Vgl. zuletzt: Herbert Mehrtens (1991): Moderne Sprache Mathematik. Eine Geschichte des Streits um die Grundlagen der Disziplin und des Subjekts formaler Systeme. Frankfurt/M. (Der Versuch wird unternommen mit Mitteln der Diskursanalyse in Anlehnung an Michel Foucault.)

»Bis zu Beginn der dreißiger Jahre dieses Jahrhunderts, hatte für einen Mathematiker das Wort Wahrheit die gleiche Bedeutung wie der Begriff des logischen Beweises. Eine Hypothese war wahr, wenn sie mit der Logik bewiesen werden konnte, und falsch, wenn dies nicht gelang. Aus diesem Grund hatten die Mathematiker in einer Welt der Phantasie gelebt, einer Welt, in der nichts dem Glauben überlassen wurde, weil alles entweder als wahr oder als falsch bewiesen wurde. [...] Im Jahre 1931 jedoch rückte die Phantasiewelt der Mathematiker der realen Welt ein Stückchen näher. In diesem Jahr bewies der Logiker Kurt Gödel, daß es immer mathematische Wahrheiten geben wird, die nicht mit der Logik bewiesen werden können. Plötzlich hatte die Subjektivität in der mathematischen Welt einen festen Platz, da der einzig mögliche Weg für die Feststellung einer nicht beweisbaren Wahrheit -, sei sie mathematischer oder anderer Natur, die Annahme eines Glaubensbekenntnisses ist [...].«[430]

Was aber »Gödels Leistung noch wichtiger macht, ist die Tatsache, daß er die Logik benutzt hatte, um die Logik zu belasten«.[431]

»Die Kriterienfrage ist von besonders großer Tragweite, weil der Befund Gödels bedeutet, daß die alleinige Grundlage irgendeines Kriteriums notwendigerweise ein extralogisches Glaubensprinzip sein muß.« (Ebd., S.115.)
Es wäre dann auch zu bedenken,
»daß kein logisches System seine eigene logische Stimmigkeit nachweisen kann. Der Glaube an die Logik ist in anderen Worten nicht weniger subjektiv [als] der Glaube an ein säkulares oder mystisches Erklärungsprinzip, weil die Logik selbst weder logisch noch objektiv verifiziert werden kann.« (Ebd., S.119.)

[430] Michael Guillen (1987): Brücken ins Unendliche. Die menschliche Seite der Mathematik, S.112. Zu den Folgerungen aus Gödels Untersuchungen in kommunikationstheoretischer Sicht vgl. auch: Watzlawick et al. (1985): Menschliche Kommunikation, S.251.

[431] Michael Guillen (1987), S.113.

Sicherheitsrisiko »2x2=4«? Daß sich auch Mathematiker nicht gerne aus dem Paradies absoluter Gewißheit vertreiben lassen, muß nicht unbedingt verwundern.

> »Heutige Mathematiker sind in ihrem Verhalten, als existiere die Gewißheit oder könne sie hergestellt werden, den vielen Erfindern nicht unähnlich, die trotz aller Einwände an die Machbarkeit eines Perpetuum mobile glauben.« (Ebd., S.27.)

Längere Zeit haben wir Russells Logik-Bekenntnis vernachläßigt. Kommen wir darauf zurück. Denn Russell unterzog seine Auffassung von Universalien, Logik und der Zeitlosigkeit der Mathematik einer umfassenden, auch ironischen Selbstkritik. Und wenn weiter oben seine philosophische Intention angeführt wurde, so ist dieses Zitat aus dem Jahre 1959 nun vollständiger zu präsentieren:

> »Ich wollte Gewißheit, so, wie Menschen religiösen Glauben wollen. Ich dachte, daß die Gewißheit in der Mathematik wahrscheinlicher als irgendwo sonst zu finden sei... Aber nach einigen zwanzig Jahren voller anstrengender Plage kam ich zu dem Schluß, daß es nichts mehr gab, was ich hätte tun können, um mathematisches Wissen unbezweifelbar zu machen.«[432]

Das ist nicht unbedingt ein erfreulicher Prospekt.

> »Was liegt nun im Falle der Logik den unbeweisbaren Axiomen und den undefinierbaren Begriffen zugrunde? Wir haben hier das Problem des Strukturalismus in der Logik, ein Problem, das gleichzeitig die Unzulänglichkeit der Formalisierung als letzter Grundlage deutlich macht.«[433]

[432] Bertrand Russell 1959, zit. nach Michael Guillen (1987), S.28. Dies gilt ähnlich – und zeitlich früher anzusetzen, wie bei Hans Lenk angedeutet – für Aspekte der Philosophie Freges. Frege (im Anschluß an Überlegungen Russells von 1902 skeptisch geworden) formulierte: »Ich habe die Meinung aufgeben müssen, daß die Arithmetik ein Zweig der Logik sei und daß demgemäß in der Arithmetik alles rein logisch bewiesen werden müsse«. (Zit. nach dem Nachwort zu: Gottlob Frege (1987): Die Grundlagen der Arithmetik, S.145.)

[433] Jean Piaget (1992): Einführung in die genetische Erkenntnistheorie, S.18, mit Bezug auf das betreffende Gödelsche Theorem.

Rechnen wir demnach bloß aufgrund von Übereinkünften, von Spiel- oder Diskursregeln?

> »Heute ist es schwer vorstellbar, die Logik der Wahrheitsfunktionen nicht mehr als eine triviale Angelegenheit der Wahrheitstafeln zu sehen»[434],

besteht weitgehend Einigkeit darüber, daß in zuvor festgelegten Bezugsrahmen Wahrheit als formales Kriterium festlegbar ist. Lebten wir bisher in einem mathematischen Verblendungszusammenhang?

> »Innerhalb der mechanistischen Weltbetrachtung (welche Logik ist und deren Anwendung auf Raum und Zeit) reduziert sich jener Begriff auf die mathematische Formel - mit der, wie man immer wieder unterstreichen muß, niemals etwas begriffen, wohl aber etwas bezeichnet, *verzeichnet* ist.«[435]

Man hat sich bescheiden müssen. Auch »2x2=4« rückte in die Reihe des Menschlichen, Allzumenschlichen. Verzichten wir auf den schauerlichen Ernst (2x2=4!). Auch mancher Mathematiker konstatiert ernüchtert oder frustriert, daß

> »die Mathematik hauptsächlich ein Spiel mit Deduktionen ist. Die Axiome sind beliebig. Einige sind vielleicht interessanter als andere; und manche sind vielleicht fruchtbarer als andere. 2 und 2 ist nicht notwendigerweise gleich 4. Das hängt vielmehr von dem System ab, in dem wir reden. In manchen Systemen ist das Ergebnis 4; in anderen Systemen lautet es anders. Diese Idee durchdringt die gesamte Mathematik der Gegenwart.
> [...] Ja, aber tadeln Sie nicht den Mathematiker. Eine vergleichbare Gehirnwäsche findet in jeder Fakultät der Universität statt.«[436]

[434] W.V.O. Quine (1985): Über die Grenzen der Entscheidung, S.191.
[435] Friedrich Nietzsche (1984): Nachlaß, S.490.
[436] Philip J. Davis im Gespräch mit Joan Richards. In: Davis und Hersh (1990): Descartes' Traum, S.279f.

Denn einst aßen wir von *dem* Baum der Erkenntnis. Heute bietet auch der erkenntnistheoretische Obstladen ein reichhaltiges Sortiment: »Paradigm lost«[437]. Wir haben die Wahl, müssen uns entscheiden. Im Zusammenhang mit der Grundlagendiskussion ist zu

> »zeigen, daß die Mathematik weder Ausgangspunkt und sichere Basis der Physik ist noch in umgekehrter Sicht irgend etwas, was nachträglich übergestülpt wird, um die Geschichte logisch auf Vordermann zu bringen. Das muß gleichermaßen für andere Wissenschaften gelten. Der Prozeß der Formalisierung, der strengere Deduktionen, Erklärungen, Vorhersagen erlaubt, muß - soweit er überhaupt möglich ist - innerhalb einer Wissenschaft selbst geleistet werden. [Er kommt ihr sozusagen nicht objektspezifisch, sondern diskursspezifisch zu.] Nur die Entwicklung einer Wissenschaft selbst kann entscheiden, welche Arten von Formalisierung, von mathematischer Formulierung brauchbar sind.«[438]

Und bei aller Differenz, allem Widerstreit treffen sich avancierte Wissenschaftstheorien dann doch in dem »Konvergenzpunkt Non-Fundamentalismus»[439]. Eine allgemeingültige, letztgültige, verbindliche Basis der Bezugnahme, die *eine* gültige Perspektive mag zwar in der Diskussion immer wieder gefordert werden, doch als solche wird sie verworfen werden müssen - ihr wird »nicht mehr geglaubt«.

Nunmehr bündeln sich anläßlich von »2+2=4« - prismatisch - einander relativierende Konzepte (mit beschränkter Geltung). Und wir müssen Stellung beziehen.

> »Die Gesetze der Logik - z.B. die Sätze vom ausgeschlossenen Dritten und vom auszuschließenden Widerspruch - sind willkürlich. Diese Feststellung klingt ein wenig abstoßend, ist aber trotzdem wahr. Wenn man über die Grundlagen der Mathematik diskutiert, ist die Tatsache, daß diese Gesetze willkürlich sind, von Wichtigkeit, denn in der Ma-

[437] Auch für »2+2=4« hat sich dieser Verdacht also erhärtet (s.o., S.14).

[438] Helmut Schwegler (1992): Konstruierte Wissenschaftswelten. Die Erfahrungen eines Physikers, S.271.

[439] Wolfgang Welsch (1992): Topoi der Postmoderne, S.53.

thematik ist der Widerspruch ein Popanz. Ein Widerspruch ist ein Satz von der Form ›p und nicht-p‹. Das Vorkommen dieses Satzes verbieten heißt, daß man sich ein womöglich sehr empfehlenswertes Ausdruckssystem zu eigen macht. Das heißt aber nicht, daß wir einen Widerspruch nicht verwenden können. In Wirklichkeit werden Widersprüche verwendet, z.B. in der Aussage ›Ich mag es und ich mag es nicht‹. […] Den Widerspruch kann man in der Mathematik entweder als etwas Verbotenes oder als etwas Erlaubtes auffassen. Es mag sein, daß ›2 + 2 = 4‹ und ›2 + 2 = 5‹ zusammen nutzlos, aber nicht falsch sind. Zusammen würden sie eine Mathematik ergeben. […]
Man wendet ein, daß die Arithmetik, in der 2 + 2 = 5, nicht in derselben Weise verwendet werden kann wie die Arithmetik, in der 2 + 2 = 4. Ist ›in derselben Weise‹ definiert worden?«[440]

Wie ist dem Popanz zu begegnen? Sehen wir ihm als solchem ins Gesicht. Mag man über die Etikettierung auch streiten, doch folgender Befund scheint gesichert:

»Ob zeichentheoretisch oder systemtheoretisch, ob in Soziologie, Biologie oder Mikrophysik: Allenthalben erkennen wir, daß es kein erstes oder letztes Fundament gibt, daß alle Beziehungen vielmehr in anderen Beziehungen gründen und dorthin zurück- und auf andere Beziehungen weiterführen. Unsere Signifikantenketten verweisen stets auf andere Signifikantenketten, nicht auf ein ursprüngliches Signifikat.«[441]
»Diese nachhaltige Verabschiedung fundamentalistischer Illusionen [und eben nicht Widerlegung!] steht im Brenn-

[440] Wittgenstein (1989): Vorlesungen 1930-1935, S.238f. »[D]aß es viele verschiedene Logiken gibt, nicht nur eine einzige […] bedeutet, daß keine einzelne Logik stark genug ist, die Gesamtkonstruktion der menschlichen Erkenntnis zu tragen. Und es bedeutet auch, daß all die verschiedenen Logiken zusammengenommen kein genügend kohärentes Ganzes ergeben, das als Grundlage der menschlichen Erkenntnis dienen könnte. Jede Logik für sich ist zu schwach, aber alle Logiken zusammen sind zu reich, um ›Logik‹ zu einer eindeutigen Erkenntnisbasis zu machen.« (Jean Piaget (1992): Einführung in die genetische Erkenntnistheorie, S.18.)

[441] Wolfgang Welsch (1992), S.53.

> punkt heutigen Denkens und postmoderner Konzepte.« (Ebd., S.54.)

Die perspektivische Vielfalt hat nun aber auch Konsequenzen für das Erkenntniskonzept.

> »Alles in allem hat man [heute] den Eindruck, daß Erkenntnistheorie gegenwärtig eine eher von Wissenschaftlern als von Philosophen beherrschte Domäne ist.«[442]

Doch ist damit keine vor allen anderen ausgezeichnete Perspektive gewonnen, sondern einseitige Beobachtung (disziplinäres Monokel?) durch ein erweitertes Instrumentarium ersetzt.

> »Es gibt keinen Thron eines Souveräns. Statt dessen gibt es eine Vielzahl von Instanzen. Jede dieser Distanzen ist entscheidend, jede von ihnen ist unzureichend, jede hat ihre eigene Unbestimmtheitsrelation.«[443]

Oder anders formuliert: Selbst wenn alle Disziplinen »endgültige« Ergebnisse ihrer Forschungen zusammentrügen – die Schnittstelle würde nicht »den Kern der Sache«, sondern, als »kleinsten gemeinsamen Nenner« den augenblicklichen »Stand der Forschung«, wahrscheinlich das Resultat liefern, daß absolut gültige Erkenntnis nicht zu erreichen ist. Ein letzter, absolut sicherer Wissensgrund ist menschlicher Erkenntnis allem Anschein nach nicht zugänglich. Und borgen wir uns nach dem bisherigen Spaziergang durch die Disziplinen eine Formulierung von Max Weber, so gilt im inter- oder transdisziplinären Diskurs:

> »Was nun aber bei idealster Lösung aller [...] Zukunftsaufgaben einer physiologischen, biogenetischen, soziologischen und historischen ›Erklärung‹ des Phänomens des Denkens und bestimmter ›Standpunkte‹ desselben natürlich gänzlich

[442] Hans Rudi Fischer (1992): Zum Ende der großen Entwürfe. Eine Einführung, S.21.

[443] Edgar Morin (1992): Das Problem des Erkennens des Erkennens, S.106.

unberührt bleiben würde, das ist eben die Frage nach der *Geltung* der Ergebnisse unserer ›Denkprozesse‹, ihrem ›Erkenntniswert‹. Welche anatomischen Vorgänge der Erkenntnis von der ›Geltung‹ des kleinen Einmaleins korrespondieren, und wie diese anatomischen Konstellationen phylogenetisch sich entwickelt haben, dies könnten, käme es nur auf die *logische* Möglichkeit an, irgendwelche ›exakten‹ Zukunftsforschungen zu ermitteln hoffen. Nur die Frage der ›Richtigkeit‹ des Urteils: 2 x 2 = 4 ist dem Mikroskop ebenso wie jeder biologischen, psychologischen und historischen Betrachtung aus *logischen* Gründen für ewig entzogen. Denn die Behauptung, daß das Einmaleins ›gelte‹, ist für jede *empirische* psychologische Beobachtung und kausale Analyse einfach transzendent und als Objekt der Prüfung sinnlos, sie gehört zu den für sie gar nicht nachprüfbaren Voraussetzungen ihrer eigenen psychometrischen Beobachtungen.«[444]

Konstruktivisten formulieren in diesem Zusammenhang:

[444] Max Weber (1988): Roscher und Knies und die logischen Probleme der Nationalökonomie. Kap. II: Knies und das Irrationalitätsproblem (1903-1906), S.59. Wir geben uns sozusagen mit der Funktionstüchtigkeit unserer Interpretationen zufrieden: Hatte Augustinus gefragt: »Was ist die Zeit?« (»Bekenntnisse«, 11. Buch), so ist dem Zweifel eine Ende zu setzen mit dem lapidaren Hinweis Einsteins: »Zeit ist das, was man von der Uhr abliest.« (Zit. nach: W. Heisenberg (1973): Der Teil und das Ganze, S. 42). Der Beobachter kommt in den Blick. Werner Heisenberg, in der Rede »Das Naturbild der heutigen Physik« (1953): »Auch in der Naturwissenschaft ist also der Gegenstand der Forschung nicht mehr die Natur an sich, sondern die der menschlichen Fragestellung ausgesetzte Natur, und insofern begegnet der Mensch auch hier wieder sich selbst. […] Die mathematischen Formeln bilden dabei [bei der Quantentheorie] allerdings nicht mehr die Natur, sondern unsere Kenntnis von der Natur ab, und insofern hat man auf eine seit Jahrhunderten übliche Art der Naturbeschreibung verzichtet, die noch vor wenigen Jahrzehnten als das selbstverständliche Ziel aller exakten Naturwissenschaft gegolten hätte.« (Zit. nach: W.H. (1985): Schritte über Grenzen, S.108.) »Auf den Punkt gebracht lautet das Bekenntnis der Quantenmechanik: *Der Beobachter erzeugt die Welt* – J.A. Wheeler spricht von der Beobachtung als einem ›elementaren Schöpfungsakt. Das Universum ist auf sonderbare Weise ein Mitbestimmungsuniversum.‹« (Peter Schattschneider (1993): Von Katzen, Quanten und Cephalopoden. Eine Katzengeschichte, S.166.) Oder: »Mit anderen Worten: sagen Sie mir, wie das Weltall entstanden ist, und ich sage Ihnen, wer Sie sind.« (Heinz von Foerster (1991): Wahrnehmen wahrnehmen, S.135.)

> »Es zeigt [sich] in der Tat die eigentliche *Grundlosigkeit* unserer Erfahrung, in der uns gewisse Regelmäßigkeiten und Interpretationen gegeben sind, die aus unserer gemeinsamen Geschichte als biologische und soziale Wesen entstanden. Innerhalb dieser auf stillschweigender Übereinkunft beruhenden Bereiche gemeinsamer Geschichte leben wir in einer scheinbar endlosen Metamorphose von Interpretationen, die einander ablösen.«[445]

Der letzte Grund ist mit menschlichen Mitteln nicht auszuloten: Wer bekommt schon seinen blinden Fleck in den Blick? Handelt es sich bei »2x2=4« um eine bisher nicht aufgekündigte, um eine funktionstüchtige Geschäftsgrundlage?

> »Wir könnten uns eine Sprache vorstellen, in der jeder Behauptung ein ›ich glaube‹ vorangestellt wird – so wie die Deutschschweizer ihre Tatsachenbehauptungen mitunter mit ›Ich glaube…‹ beginnen. Um herauszubekommen, welcher Art eine Aussage angehört, müssen wir untersuchen, wie sie gelehrt und gelernt wird, und wie man sie im Alltag verwendet.
> Nehmen wir an, wir bezeichneten ›2 + 2 = 4‹ als Ausdruck einer Übereinkunft. Dies ist irreführend, obwohl die Gleichung ursprünglich tatsächlich das Ergebnis einer Übereinkunft hätte sein können. Die diesbezügliche Situation ist vergleichbar der Situation, die man in der Theorie des Gesellschaftsvertrags voraussetzt. Wir wissen zwar, daß es keinen wirklichen Vertrag gegeben hat, aber es ist so, als wäre ein solcher Vertrag geschlossen worden. […] 2 + 2 = 4 ist, ebenso wie [eine] Tabelle, ein Werkzeug. Die Weise, in der es uns beigebracht wird, nimmt ihm völlig den Charakter einer Äußerung; es wird unpersönlich.«[446]

[445] Francisco Varela (1984): Der kreative Zirkel. Skizzen zur Naturgeschichte der Rückbezüglichkeit, S.308; vgl. auch: »You cannot rely on having foundations. You are forced to live with inauthentic situations. The debate will move into a foundationless situation.« (Francisco Varela: »On Paradoxes«, Vortrag, gehalten am Graduiertenkolleg der Universität Siegen am 10.6.1988. Zit. nach: Christian W. Thomsen (1989): LiterArchitektur. Wechselwirkungen zwischen Architektur, Literatur und Kunst im 20. Jahrhundert. Köln, S.15.)

[446] Wittgenstein (1989): Vorlesungen 1930–1935, S.351f. In der Terminologie Luhmanns: die Grundlage wird »invisibilisiert«.

Wie wollen wir es schon begründen? Zu welchem Ende führte letztlich die Grundlagenforschung?

> »Ich bin auf dem Boden meiner Überzeugungen angelangt. Und von dieser Grundmauer könnte man beinahe sagen, sie werde vom ganzen Haus getragen.«[447]

Begibt man sich also derart nach wie vor auf die Suche nach einer Letztbegründung, will »die Reflexion im Wissenschaftssystem selbst durchführen und nicht etwa ins new age abdriften, muß man das Paradox als Letztformel akzeptieren«?[448] Was bleibt einem übrig? »Daß es mir - oder allen - so scheint, daraus folgt nicht, daß es so ist.«[449]

Freilich: der schwankende, letztlich fehlende Boden unter den Füßen ist kein angenehmer Ort. Für das »Bedürfnis eines ›Fundamentes‹ der Erkenntnis«[450] ist dies nicht nur erschütternd. Im alltäglichen Kontext agiert man sozusagen auf fester Grundlage. Hier gilt: »Die Schwierigkeit ist, die Grundlosigkeit unseres Glaubens einzusehen.«[451] Und damit zu leben.[452]

- Wechseln wir kurz den Kontext: Gedeiht dieses Erkenntnis-Modell, u.a. mit der einen Konsequenz, transdisziplinär den

[447] Wittgenstein (1984,2): Über Gewißheit, Nr. 248, S.169. »Wir lernen die Praxis des empirischen Urteilens nicht, indem wir Regeln lernen; es werden uns *Urteile* beigebracht und ihr Zusammenhang mit anderen Urteilen. *Ein Ganzes* von Urteilen wird uns plausibel gemacht.

Wenn wir anfangen, etwas zu *glauben*, so nicht einen einzelnen Satz, sondern ein ganzes System von Sätzen. (Das Licht geht nach und nach über das Ganze auf.)

Nicht einzelne Axiome leuchten mir ein, sondern ein System, worin sich Folgen und Prämissen *gegenseitig* stützen.« (Ebd., Nr.140-142.)

[448] Niklas Luhmann (1992): Die Wissenschaft der Gesellschaft, S.520.

[449] Wittgenstein (1984,2): Über Gewißheit, Nr.2. Gianni Vattimo formuliert im Anschluß an Nietzsche und Heidegger: »Die Ontologie ist nichts anderes als eine Interpretation unserer Kondition oder unserer Situation, da das Sein nichts außerhalb seines ›Ereignisses‹ ist, das in seinem und in unserem Geschichtlichwerden geschieht.« (G.V. (1990): Das Ende der Moderne, S.7.)

[450] Richard Rorty (1987): Der Spiegel der Natur, S.174.

[451] Wittgenstein (1984,2): Über Gewißheit, Nr.166, S.154, vgl. auch Nr.130.

[452] Zu den »praktischen Konsequenzen, ›ohne Grundlagen‹, unter Bedingungen eingestandener Kontingenz, zu leben«, vgl.: Zygmunt Bauman (1992): Moderne und Ambivalenz. Das Ende der Eindeutigkeit. Kap. 7: Die Postmoderne oder: Mit Ambivalenz leben, S.281-343 (das Zitat ebd., S.32). »Allerdings muß ein Mensch, der in dieser wildbewegten Existenzform standhalten will, sich

Blick zu erweitern, überall im Ozean der Wissenschaften (als eine Art »Common-sense-Kraut«)? »Leider schließen sich [auch] Wissenschaftler wie Muscheln, sobald man sie Erschütterungen aussetzt.«[453] (Nur in der Ruhe gedeiht die Perle der Forschung. Doch woher nimmt sie bloß ihren Kristallisationspunkt... »2x2=4«...?)

Abschließend gefragt: Nunmehr also »2x2=4« als »Groundless Belief«?[454] Es bleibt ja noch eine Rechnung offen. Wie fassen wir nun »2x2=4«? Welche Kriterien, welchen Grund legen wir? Wie ist es anders, wenn nicht ontologisch zu begründen? Geben wir uns damit zufrieden: »2x2=4« als Passion? Pure Leidenschaft?

Zweimalzweiistvier als Passion - Rationales und Irrationales

Selbstverständlich hätten wir auch etwas zügiger zu diesem Punkt der Geschichte gelangen können. Das neueste »Handlexikon zur Wissenschaftstheorie« verweist in dem Kapitel »Mathematik« darauf, daß

selbst für eine berechtigte Größe ansehen und das Wort ›Ich‹ mit einigem Nachdruck aussprechen. Er muß Mut aufbringen, nicht im Kriegerischen, dafür in den Affären des Alltags, einen Mut, der ihn gegen anerkannte Mächte bestehen läßt.« (Chaim Noll (1992): Nachtgedanken über Deutschland, S.49.) Denn »[d]adurch, daß die Gewißheiten ruiniert sind, die mit dem Denken der Moderne verbunden waren, entsteht der Boden für einen neuen Fundamentalismus religiöser oder nationalistischer Art, der sich auf das zurückbezieht, was tief im Dunkel der Geschichte verborgen liegt.« (Wilhelm Schmid: Umherirrendes Gestirn. Ende der modernen Zeiten. Rez. zu: Edgar Morin u.a. (1992): Einen neuen Anfang wagen. Überlegungen für das 21. Jahrhundert. Aus dem Französischen von Linda Gränz. Hamburg. In: Süddeutsche Zeitung, 7./8.11.1992, S.V.)

[453] Edgar Morin (1992): Das Problem des Erkennens des Erkennens, S.107. Ernst von Glasersfeld vermutet in einer solchen Reaktion die »Angst vor all den Konsequenzen, die sich ergäben [...]. Solange wir daran festhalten, daß unsere Erfahrung zumindest in Teilen eine objektive Welt spiegelt, die von unserem Erkennen unabhängig ist, sind wir nicht gezwungen, uns für die Welt verantwortlich zu fühlen. Immer wenn es unbequem, mühselig oder schmerzhaft ist, etwas zu verändern, können wir uns einfach aus der Verantwortung stehlen und sagen: Nichts zu machen, es ist alles so, wie es sein muß!« (E.v.G. (1992,1): Das Ende einer großen Illusion, S.97.)

[454] So der Titel eines Buches von Michael Williams; zit. nach: Richard Rorty (1987): Der Spiegel der Natur, S.160.

»sich eine der heutigen Situation entsprechende Definition [der Mathematik] als abhängig vom jeweiligen grundlagentheoretischen Standpunkt«[455]

erweist und kommt hinsichtlich der Untersuchungen zur Grundlegung der Mathematik zu dem Fazit:

»Was [...] nicht gelang, ist eine abschließende Begründung der Mathematik. Selbst wenn Mathematik weiterhin als sicherste aller Wissenschaften gelten kann, ist sie weder voraussetzungslos noch in irgendeinem absoluten Sinne in ihrer Sicherheit begründbar: ›Man muß bereits an etwas glauben, um etwas anderes rechtfertigen zu können.‹ (W. Stegmüller: Metaphysik, Wissenschaft, Skepsis. 1954, ²1969, S.307)«[456]

Das Demonstrationsbeispiel für sicheres Wissen schlechthin – verweist es vor diesem Hintergrund also nicht eher auf die Logik des beschreibenden Systems, auf Diskurseigenschaften mehr als auf eine Logik des beschriebenen Gegenstandes, also nicht mehr auf Objekteigenschaften?

Der (Wissenschafts-) Diskurs hält mehrere Instrumentarien bereit. Dazu gehört etwa das feingeschliffene rhetorisch-argumentative Skalpell, aber nichts destoweniger der polemische Holzhammer. Manchmal drischt dieser geradezu blind drauflos, wie etwa in der heftigen Polemik Egon Friedells gegen Moses Mendelssohn:

»[...], daß er das Judentum für die wahre Vernunftreligion hält, die er versteckt gegen das Christentum ausspielt; und während er auf die christlichen Zeremonien mit lächelnder Überlegenheit herabblickte, hielt er die absurdesten rituellen Vorschriften seiner eigenen Konfession mit peinlichster Genauigkeit. In ihm erscheint in einer letzten modernsten Maskierung das Ressentiment des Juden gegen den Heiland, verbunden mit der fanatischen Anbetung des 2 x 2 = 4 und der Rentenrechnung, der jüdische Haß gegen die Idealität, gegen das Geheimnis, gegen Gott.« [457]

[455] Hans Poser (1992): Mathematik, S.206.
[456] Ebd., S.211f.
[457] Egon Friedell (1927–1931): Moses Mendelssohn, S.679. (Vgl. die vergleichsweise harmlosen Nettigkeiten, die Voltaire Descartes zueignete; s.o., S.123.)

Diese Interpretation liegt freilich nahe am Aufruf zur Reaktion gegen dasjenige, was hier diffamiert wird. Ist der so Beschriebene (und mit ihm all diejenigen, die unter diesen Kontext subsumierbar sind) zur Streichung aus der »Geistesgeschichte« freigegeben? Eberhard Reichmann hat gegen diese Friedell-Stelle heftig interveniert, liegt doch gerade sie auf der Ebene einer nicht näher explizierten Vereinfachung, nicht nur der Reduktion eines vielschichtigen Philosophems, sondern auch eines Individuums und seiner Glaubensgemeinschaft auf die »handgreifliche« Formel. Reichmann verweist darauf, mit »welch argem Verkennen der Genesis des quantitativen Denkens und der mathematischen Methode [...die] Bemühungen Mendelssohns abgelehnt und karikiert worden«[458] seien. Dem »Philosophen in Mendelssohn« (ebd., S.43) sei nämlich trotz »seiner eigenen Versuche der Mathematisierung qualitativer Phänomene [...] immer ein gesunder Vorbehalt« (ebd.) geblieben, habe er doch »wiederholt seine Bedenken [...] gegen den ›einreißenden Mißbrauch der mathematischen Begriffe in der Philosophie‹« (ebd.) angemeldet sowie »vor ›den abenteuerlichsten Folgen‹ (22. u. 23. Berliner Literaturbrief)« (ebd.) gewarnt.
Nun mag man bei Essayisten schon immer mit solchen Überspitzungen gerechnet haben, die emotionale Schärfe als Diskurskatalysator hinnehmen. Für den Philosophen im Rahmen des traditionellen Diskurses, vorgetragen mit »schauerlichem Ernst«[459], sah man solche Mittel nicht vor. Ist der Verdacht begründet?

Abgerechnet? Wert-Schöpfungen auch emotionaler Art

Auch in der Philosophie menschelt es. Ihr und ihrer Fachsprache wurde schon des öfteren vorgehalten, »sie sei die Kunst, mit Worten, die niemand versteht, etwas zu sagen, was jeder weiß.«[460] Stellen wir diese Behauptung auf eine kleine Probe: Was weiß *man* eigentlich *seit Kant?*

Daß auch unter Philosophen über ein philosophisches Konzept verschiedene Meinungen – häufig auch alles andere als

[458] Eberhard Reichmann (1968): Die Herrschaft der Zahl, S.44.
[459] Nietzsche (1981): Jenseits von Gut und Böse, S.7.
[460] Uwe Wesel: Recht ist Sprache ist ungenau. In: Die Zeit, 21.8.92, S.38.

nüchtern-sachlich - vertreten werden, auch dies dürfte eine Weisheit der Binse sein. Auch Differenzen solcher Art sind beschreibbar an unterschiedlichem Gebrauch von »2x2=4«.

Ist Friedells polemischer Holzhammer, gegen Mendelssohn geschwungen, noch als Ressentiment leicht erkennbar, so geht es bei den folgend beschriebenen Kant-Interpretationen Russells und Schopenhauers scheinbar um ein und dasselbe, für die Interpreten selbst klar und deutlich (»clare et distincte«, Descartes) vor Augen liegende Phänomen.

Nun ist Kants Position selbst in gewisser Hinsicht ja eine konstruktivistische, insofern er formuliert,

> »daß die Vernunft nur das einsieht, was sie selbst nach ihrem Entwurfe hervorbringt, daß sie mit Prinzipien ihrer Urteile nach beständigen Gesetzen vorangehen und die Natur nötigen müsse, auf ihre Fragen zu antworten, nicht aber sich von ihr allein gleichsam am Leitbande gängeln lassen müsse« (B XIII, XIV),

daß etwa Raum und Zeit als Formen dieser Anschauung verstanden werden.[461] Gerade um diese Kantische Position geht nun der hier aufgezeichnete Streit zwischen Schopenhauer und Russell (der freilich den Protagonisten als solcher nicht vor Augen sein konnte).

In der Vorrede zu »Ueber den Willen in der Natur« (1854)[462] polemisiert Arthur Schopenhauer gegen solche »aus unserem deutschen ›philosophischen Gewerbe‹« (ebd., S.190), die »50 Jahre nach Kants Tode« (ebd., S.191) bestrebt seien, »sich den ihren Zwecken so sehr entgegenstehenden Kant vom Halse zu schaffen« (ebd., S.190), indem sie u.a. »behaupten, daß Raum und Zeit empirischen Ursprungs seien [...]« (ebd., S.190).

> »Allein«, so wendet sich Schopenhauer gegen drei namentlich erwähnte Kritiker Kants, allein »glücklicherweise sind es Behauptungen von der Art, die nicht ein Mal eine Wider-

[461] Kant ist freilich kaum für den sog. Radikalen Konstruktivismus zu reklamieren, die Differenz u.a. so markiert: »Kants Subjekt ist der Mensch und nicht das Individuum.« (Helmut Schwegler (1992): Konstruierte Wisenschaftswelten, S.257.)

[462] Zit. nach: Arthur Schopenhauer (1977,1), S.181-342.

legung, sondern ein Hohngelächter zur Antwort erhält, nämlich Behauptungen, bei denen es sich zunächst nicht um eine Ketzerei gegen die Kantische Philosophie, sondern um eine Ketzerei gegen den gesunden Menschenverstand handelt, und hier nicht sowohl ein Angriff auf irgend ein philosophisches Dogma, als ein Angriff auf eine Wahrheit a priori geschieht, die, eben als solche, den Menschenverstand selbst ausmacht und daher jedem, der bei Sinnen ist augenblicklich einleuchten muß, so gut, wie daß 2x2=4 ist. Holt mir einen Bauern vom Pfluge, macht ihm die Frage verständlich, und er wird euch sagen, daß, wenn alle Dinge am Himmel und auf Erden verschwänden, der Raum doch stehen bliebe, und daß, wenn alle Veränderungen am Himmel und auf Erden stockten, die Zeit doch fortliefe.« (Ebd., S.191.)

Das ist hübsch polemisch und traut dem zumeist naiv-realistisch verfahrenden Alltagsdenken ein Differenzierungsvermögen zu, das zu wünschen wäre, aber nicht a priori voraussetzbar ist. – Setzt sich reine Vernunft nicht von selbst und schon nicht bei denen durch, die meinen, sich ihrer als Philosophen zu bedienen, so krankt gerade der »gesunde Menschenverstand« in dieser Hinsicht allzu oft an einem gewissen Mangel.
»Gesundem Menschenverstand« sind wir bereits wiederholt begegnet und werden dies noch öfters tun. Ob auch hier der Verdacht wieder Nahrung erhält, common sense erweise sich gelegentlich als »gemeine Sense«?[463]
Da stehen sie ja nun in schöner Eintracht: Kantische Transzendentalphilosophie und der gesunde Menschenverstand, gekrümmt über die Ackerscholle: die philosophische Haltung a priori? Ging der Same auf? Treibt er Früchte? Kleine philosophiehistorische Ernte, buchkonserviert.

Denn wer baut außerhalb des mathematischen Feldes noch unser Früchtchen »2x2=4« an? Kaum mag es verwundern, daß über hundert Jahre nach Kants Tod Bertrand Russell (»Bei Kant wurde mir richtiggehend übel!«[464]) in seinen »Problemen der Philosophie« (1912) schreibt:

[463] Oskar Pastior, zit. nach Harro Müller (1990), s.o.

[464] Zit. nach dem Nachwort zu: Bertrand Russell (1988): Philosophie. Die Entwicklung meines Denkens, S.270.

»Was erklärt werden muß, ist unsere Gewißheit, daß die Tatsachen immer der Logik und der Arithmetik gehorchen werden. Wenn man sagt, daß Logik und Arithmetik unsere eigene Zutat zu den Phänomenen seien, erklärt dies nichts. Unsere menschliche Natur gehört ebenso zu den Tatsachen der existierenden Welt wie alles andere, und es kann keine Gewißheit geben, daß sie unverändert bleiben wird. Wenn Kant recht hat, könnte es passieren, daß unser Wesen sich morgen so verändert, daß aus zwei mal zwei fünf wird.«[465]

Auf welcher Ebene befinden wir uns? Kantische Philosophie: »2x2=4«? »2x2=5«? Beobachten wir nicht auch hier Argumentationen nach dem Muster der »unmöglichen Tatsache«: »Weil, so schließt [man] messerscharf, nicht sein kann, was nicht sein darf«?[466]

Was hat es für Folgen, daß so unterschiedliche, nicht miteinander vereinbare Konzepte dabei sind, an der Evidenz von »2x2=4« zu partizipieren? Beobachten wir aufgrund ihrer gegenseitigen Ausschließlichkeit, daß sie die Evidenz unseres Beispiels bis auf ein Minimum dividieren? Denn was macht die Evidenz? Was ist nun mit der Gewißheit unseres Beispiels? Ist diese eine Schopenhauersch-Russellsche Kreuzung? (Und was käme dabei raus?) Was weiß man nun seit Kant? Wofür steht wo der große Name: Kant?

Wenden wir diese Beobachtung insgesamt wieder auf unser Beispiel an. Unser Gehirn ist rational - vielleicht -, elektromechanische Impulse können sozusagen nicht irren. Doch: »Unser Kopf ist rund, damit das Denken die Richtung wechseln kann.«[467] So läßt sich der Logik beständig ein Schnippchen schlagen, wächst zum Beispiel auf einem Humus gemischter Grundlagen.[468]

[465] Bertrand Russell (1986): Probleme der Philosophie, S.77.

[466] Christian Morgenstern: Die unmögliche Tatsache. Zit. nach: C.M. (1972): Alle Galgenlieder. Frankfurt/M., S.165f.

[467] Francis Picabia, zit. nach: Barck, Karlheinz et al. (Hrsg.) (1991): AISTHESIS, S.281.

[468] Vgl. die folgende Abbildung. Vgl. dazu auch den GEO-Artikel in Heft Nr.2, Februar 1988, S.65: »Die Zähmung der Unendlichkeit.« (Dort allerdings ohne Quellenangabe.)

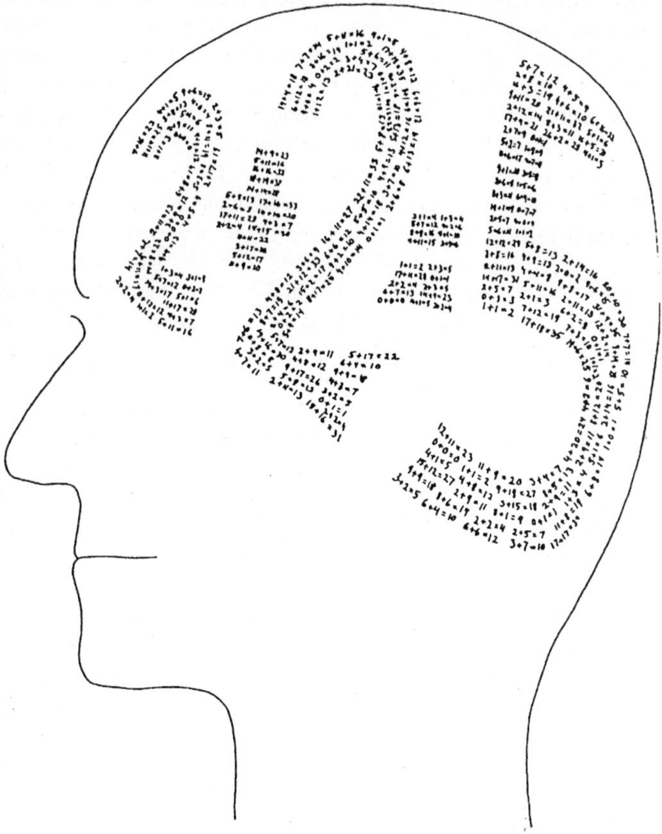

Das Gehirn ist rational, der Geist vielleicht nicht. (Zeichnung des Autors.)

»›Das Irrationale‹ gehört zum ›Rationalen‹ wie die irrationalen zu den rationalen Zahlen. So wie die Diagonale im Vergleich zu der Seite eines Quadrats irrational ist und umgekehrt die Seite irrational wird, wenn die Diagonale das Maß angibt, so läßt das Dasein des Individuellen *den* Diskurs als ›irrational‹ erscheinen, der es nicht ›übernehmen‹ kann. Das System ist, von ›außen‹ gesehen, ein individuelles, so wie das Individuum in seiner sich ›innerlich‹ reflektierenden Selbstgewißheit für sich ein System ist. [...] Beziehungen zum anderen ist eine *Frage* des Ertragenkönnens, des sich Leiden- oder Nichtleidenkönnens, der Berührungswünsche oder -ängste. Das Diskursive liegt in seiner Möglichkeit *zwischen* diesen Extremen. Man muß kein Verächter der Demokratie sein, wenn man diese *Grenzen* möglicher Diskurse bedenkt. Sie erlangen im Gegenteil innerhalb solcher Kritik ihre reflektierte Vernunft gegenüber ihrer Ideologisierung zum schlechthin Gesollten. (Man versteht dann auch philosophisch die rechtlich geregelte Notwendigkeit der Abstimmung nach *begrenzter* Debatte und muß nicht Philosophie und Demokratie als Gegensätze denken.)«[469]

Doch »der mathematische Mensch« leistet sich den »Tapferkeitsluxus der reinen Ratio«.[470] Eine Zierde; fürwahr. »Die Rechnung als Ornament zu betrachten, das ist auch Formalismus, aber einer guten Art.«[471] Aber ganz im Banne dieses Ornaments?

»Logik ist die Leidenschaft, zwei und zwei zu addieren.«[472] Und manche treiben es entschieden zu weit.

Ziehen wir zunächst einmal wieder Bilanz. Geben wir der Beobachtung eine andere Richtung.

[469] Josef Simon (1989): Philosophie des Zeichens, S.303.

[470] Robert Musil (1913): Der mathematische Mensch, S.1006.

[471] Wittgenstein (1984,2): Über Gewißheit, Nr. 709, S.441, vgl auch Nr. 710.

[472] Helmut Nahr (1970-1974), S. 142. Keimfreie, reine Rationalität? Vom Virus der Abweichung unberührt, strikt durchgepaukt? Wer lebt schon von der Logik allein, wer lebt logisch? Auch hier im Reich der Sinne?

»Vier Augen sind mehr als zwei plus zwei.«[473] – Beobachtungen: Nur im Gebrauch hat der Satz Sinn

Offensichtlich haben wir eine wissenschaftshistorische Schwelle überschritten; mit der Grundlagenkrise wird eine Schnittfläche, wird ein Bruch markiert. Neue Muster kommen auf's Tapet. Zwar pflegen wir gern »unsere eindeutige Unfähigkeit, das Wissen zu erwerben, daß 2 + 2 = 3«[474], doch bleibt fraglich, *was* wir wissen, wenn wir »2+2=4« wissen.

Die Perspektiven haben sich geweitet, werden als Perspektiven sichtbar, kommen nunmehr selbst unter die Lupe. Die Kniebeuge erfolgt in anderer Hinsicht. Nach verschieden erfolgten Glaubensbekenntnissen steht nunmehr eine Art Beichte an: »In keiner religiösen Konfession ist soviel durch den Mißbrauch metaphysischer Ausdrücke gesündigt worden, wie in der Mathematik.«[475]

Säkularisierungen auch hier. Die (Wissens-)Verteilung erfolgt nicht mehr umstandslos von oben, wir setzen ziemlich weit unten an, mitten unter uns. »Nachdem die falsche Hoffnung auf eine feste Grundlage verschwunden und die Welt ersetzt ist durch Welten«[476], stellt sich die Frage: Was nun?

Wittgenstein wurde bereits wiederholt zitiert. In seiner Spätphilosophie war er

> »der Meinung [...], die Frage nach der Grundlage der Mathematik an sich sei irreführend. Die Mathematik sei schlicht und einfach nicht die ganz klar abzugrenzende Sammlung

[473] »Wir sind so unterschiedlich, daß wir uns phantastisch ergänzen. Vier Augen sehen mehr als zwei plus zwei.« (Christos Joachimides und Norman Rosenthal, zit. nach: Klaus Ahrens: Die Herren von Metropolis. Der Sprößling einer griechischen Handelsdynastie und ein Wagner-Liebhaber jüdischer Abstammung präsentieren jetzt im Gropius-Bau das Kunstereignis der Saison, Süddeutsche Zeitung Magazin, 19.4.1991.)

[474] Gabriel Stolzenberg (1984): Kann eine Untersuchung der Grundlagen der Mathematik uns etwas über das Denken verraten?, S.280.

[475] Wittgenstein (1984,2): Vermischte Bemerkungen S.451.

[476] Nelson Goodman (1990): Weisen der Welterzeugung, S.19.

> von Sprachspielen mit den entsprechenden dazu gehörigen Aktivitäten, als die wir sie betrachten.«[477]

Das scheint starker Tobak. Darauf gehen wir näher ein. Und fangen klein an. Blicken wir noch einmal kurz zurück. Verkürzt gesagt: Der diskursive Gassenhauer »2x2=4«, etwa im Sprichwort, in der Werbung, in diskursstrategischen Varianten am Stammtisch und in der Politik zuhaus, hat in der abendländischen Kulturgeschichte manch ergrauten, aber auch manch feinen Verwandten. Als eine Art erkenntnistheoretischer Evergreen ziert »2x2=4« nachweislich seit vorsokratischer Philosophie – und bis in zeitgenössische Varianten hinein – nicht nur das Schatzkästlein des philosophischen Hausfreunds, sondern wird auch zum Kristallisationspunkt bei der Entfaltung und Interpretation theoretischer, philosophischer Konzepte. So etwa im Kontext platonischen Denkens. Doch auch die Ablösung (oder zumindest Ergänzung) systematischer Philosophie durch eine solche, die in beständigem Perspektivwechsel ein einzelnes Phänomen immer wieder neu beleuchtet, kann anläßlich unseres Beispiels beobachtet werden. Dafür steht hier Wittgenstein. Und auch er hat hier einen klaren Favoriten. Was einstmals voraussetzungslos in jeder Welt zu gelten hatte – »2x2=4«, unser VW unter den mathematischen Sätzen – steht nunmehr beständig auf dem Prüfstand: philosophischer TÜV. Das Beispiel wird durchgecheckt, auf Fahreigenschaften, Nebengeräusche untersucht, kurzfristig für bestimmte Strecken freigegeben, im Straßenverkehr (Gebrauch) beobachtet und immer wieder in die Werkstatt zurückbeordert; fertig ist man nie.
Geht ein ontologisches (Mathematik-)Verständnis – wie das platonische – von der Annahme aus:

> »Die Gegenstände und Sachverhalte (beispielsweise Mengen und deren Eigenschaften) werden von Mathematikern nicht erfunden, sondern entdeckt«[478],
> so ist dies einem anderen Verständnis nach in Frage gestellt.
> »Gäbe es in der Wirklichkeit dieselbe Kategorie der Zahl wie in unserer Sprache, so müßte unsere Rechenmethode, weil

[477] Jan Riis Flor (1993): Der späte Wittgenstein, S.228f.
[478] Hans Poser (1992): Mathematik, S.208.

sie ein Geheimnis der Wirklichkeitswelt enthüllt hätte, eine Entdeckung heißen. Instinktiv sprechen wir aber da von einer Erfindung.«[479]

Demnach würde gelten: »Rechnen eine Erfindung.« (Ebd.)

Ludwig Wittgenstein, der sich auch auf Mauthner bezieht und von ihm abgrenzt[480], formuliert:

> »Man spricht viel von mathematischen Entdeckungen. Ich werde immer wieder zu zeigen versuchen, daß man viel besser daran täte, das, was man als mathematische Entdeckung bezeichnet, eine mathematische Erfindung zu nennen.«[481]
> »Der Mathematiker ist ein Erfinder, kein Entdecker.«[482]

Ob aber eine Erfindung sinnvoll ist, was sich damit anrichten läßt, angerichtet wird, wird beobachtbar anläßlich ihres Gebrauchs. Einige Zeit schon sind wir diesem Weg gefolgt, und nunmehr liefert Wittgenstein sozusagen die philosophische Rückendeckung. Weniger einem vermeintlich vorgegebenen Gegenstand der Erkenntnis, dem, *was* erkannt wird, gilt das Erkenntnisstreben, sondern gefragt wird jetzt danach, *wie* etwas benutzt, eingesetzt, erzeugt wird.

> »Nun mag man bezweifeln, ob es etwas einbringt, daß ich ständig Beispiele anführe und in Gleichnissen rede. Mein Grund ist, daß Parallelfälle unsere Einstellung ändern, weil sie die Einzigartigkeit des vorliegenden Falles zunichte machen. [...] Die Kenntnis der Anwendung des Wortes ›und‹ z.B. ist nicht dasselbe wie das ›und‹-Gefühl, von dem William James gesprochen hat; und wir wissen, wie das Verb ›ist‹ in ›Die Rose ist rot‹ und in ›2 + 2 = 4‹ verwendet wird, ist etwas anderes als was dem jeweiligen Vorkommen des Verbs entsprechend im Geiste vorgeht. Es besteht eine Tendenz anzunehmen, daß

[479] Fritz Mauthner (1982): Beiträge zu einer Kritik der Sprache, Bd. 3, S.152.
[480] Vgl.: Tractatus, Nr. 4.0031.
[481] Wittgenstein (1978): Wittgensteins Vorlesungen über die Grundlagen der Mathematik, S.23.
[482] Wittgenstein (1984,1): Bemerkungen über die Grundlagen der Mathematik, Nr. 168, S.99.

wir jedesmal, wenn wir die Bedeutung eines Wortes verstehen, die Bedeutung als ganze in uns aufnehmen können.«[483]

Wir kommen auf die Wittgensteinschen Rosen später zurück. In Wittgensteins Texten geht der Bezug geradezu programmatisch auf »2x2=4« (bzw. »2+2=4«), dieses Beispiel immer wieder abklopfend, drehend und wendend, auf die Probe stellend: das Ganze kommt nicht in den Blick. Kontextualität, etwa im Rahmen tradierter Lebensentwürfe, Aspekte von Sozialisierungen teilen den Thron des vormaligen Souveräns. Dieser hat abgedankt. Sicherheiten müssen anders gegründet werden.

»Ich weiß, daß hier ein kranker Mensch liegt? Unsinn! Ich sitze an seinem Bett, schaue aufmerksam in seine Züge. - So weiß ich also nicht, daß da ein Kranker liegt? - Es hat weder die Frage noch die Aussage Sinn. So wenig wie die: ›Ich bin hier‹, die ich doch jeden Moment gebrauchen könnte, wenn sich die passende Gelegenheit ergäbe. - So ist also auch ›2x2=4‹ Unsinn und kein wahrer arithmetischer Satz, außer bei bestimmten Gelegenheiten? ›2x2=4‹ ist ein wahrer Satz der Arithmetik - nicht ›bei bestimmten Gelegenheiten‹ noch ›immer‹ - aber die Laut- und Schriftzeichen ›2x2=4‹ könnten im Chinesischen eine andere oder keine Bedeutung haben oder aufgelegter Unsinn sein, woraus man sieht: nur im Gebrauch hat der Satz Sinn.«[484]

Demnach wäre auch anläßlich von »2x2=4« auf Diskursregeln zu achten. Rekapituliert: Der »Streit der Interpretationen« (Umberto Eco) macht vor »2x2=4« ja keinesfalls halt. Was wäre schon *der* Sinn dieses Satzes? Verstehen wir immer restlos »2x2=4«? Kleiner Einschub mit Max Weber:

[483] Wittgenstein (1989): Vorlesungen 1930-1935, S.209. »Sobald ich einen Satz behaupte: Wo findet man noch mehr Exempel?« (Lichtenberg (1984), S.151 (D293).)

[484] Wittgenstein (1984,2): Über Gewißheit, S.121. Schon Frege formulierte: »Nach der Bedeutung der Wörter muß im Satzzusammenhange, nicht in ihrer Vereinzelung gefragt werden; [...].« (Gottlob Frege (1987): Die Grundlagen der Arithmetik, S.23.)

»Wir verstehen ganz eindeutig, was es sinnhaft bedeutet, wenn jemand den Satz 2 x 2 = 4 oder den pythagoreischen Lehrsatz denkend oder argumentierend verwertet, oder wenn er eine logische Schlußkette - nach unseren Denkgepflogenheiten: - ›richtig‹ vollzieht.«[485]

Das riecht allerdings stark nach dem Parfüm kontextlos gedachter Gültigkeit, so, als verstünde sich »2x2=4« in allen Kontexten gleichsam von selbst.

»Wir ›verstehen‹ z.B. aktuell den Sinn des Satzes 2 x 2 = 4, den wir hören oder lesen (rationales aktuelles Verstehen von Gedanken) [...].« (Ebd., S.546.)

Doch halt, da kommt eine Einschränkung, dies wird auf einen Rahmen bezogen:

»Wir ›verstehen‹ *motivationsmäßig*, welchen Sinn derjenige, der den Satz 2 x 2 = 4 ausspricht, oder niedergeschrieben hat, damit verband, daß er dies gerade jetzt und in diesem Zusammenhang tat, wenn wir ihn mit einer kaufmännischen Kalkulation, einer wissenschaftlichen Demonstration, einer technischen Berechnung oder einer anderen Handlung befaßt sehen, in deren Zusammenhang nach ihrem uns verständlichen *Sinn* dieser Satz ›hineingehört‹, das heißt: einen uns verständlichen Sinn*zusammenhang* gewinnt [...].« (Ebd., S.547)

Machen wir einen weiteren Einschub. (Was heißt schon »wir«?) Blicken wir auf verschiedenen Sinnzusammenhang.

»Wenn wir anfangen etwas zu *glauben*, so nicht einen einzelnen Satz, sondern ein System von Sätzen. [...] Nicht einzelne Axiome leuchten mir ein, sondern ein System, worin sich Folgen und Prämissen gegenseitig stützen.«[486]

Dieses System kann - selbstverständlich - verschiedener Art sein. Ein universales, ein selbstoffenbartes System?

[485] Max Weber (1988): Soziologische Grundbegriffe, S. 543.
[486] Wittgenstein (1984,2): Über Gewißheit, Nr. 141-142, S.149.

»›Die mathematische Wahrheit ist doch unabhängig davon, ob die Menschen sie erkennen oder nicht?‹ - Gewiß: Die Sätze ›Die Menschen glauben, daß 2x2=4 ist‹ und ›2+2=4‹ haben nicht den gleichen Sinn. Dieser ist ein mathematischer Satz, jener, wenn er überhaupt einen Sinn hat, kann etwa heißen, daß die Menschen auf den mathematischen Satz *gekommen* sind. Die beiden haben gänzlich verschiedene *Verwendung*. - Aber was würde nun *das* heißen: ›Wenn auch alle Menschen glaubten, 2x2 sei 5, so wäre es doch 4.‹ - Wie sähe denn das aus, wenn alle Menschen dies glaubten? - Nun, ich könnte mir etwa vorstellen, sie hätten einen anderen Kalkül, oder eine Technik, die wir nicht ›rechnen‹ nennen würden. Aber wäre das *falsch*? (Ist eine Königskrönung *falsch*? Sie könnte, von uns verschiedenen, Wesen höchst seltsam erscheinen.)«[487]

So ist denn die Krone der Schöpfung in dieser Perspektive nicht vergeben, »2x2=4« funkelt nicht mehr als ihr schönster Brillant. Der Königsweg zu wahrer Erkenntnis - eine Erfindung von Erbschleichern? Nunmehr eine erkenntnistheoretische Republik mit Mehrparteiensystem? Auch »2x2=4« - unser vermeintlicher Wissens-Klon - ist aus der Erkenntnis-Voraussetzung, kontextgebunden zu sein, nicht entlassen.

»Eine Königskrönung ist das Bild der Pracht und Würde. Schneide eine Minute dieses Vorgangs aus ihrer Umgebung heraus: dem König im Krönungsmantel wird die Krone aufs Haupt gesetzt. - In einer andern Umgebung aber ist Gold das billigste Metall, sein Glanz gilt als gemein. Das Gewebe des Mantels ist dort billig herzustellen. Die Krone ist die Parodie eines anständigen Huts. Etc.« (Ebd., S.456.)

Wir haben auf den Kontext zu achten: Kaiser, König, Bettelmann der Erkenntnis? Auch »2x2=4« ist kein Beispiel mehr für die Möglichkeit voraussetzungslos gedachten, eindeutigen Sinns oder Sprachgebrauchs. Auch hier sind Systemgrößen,

[487] Wittgenstein (1984): Philosophische Untersuchungen, S.573.

Diskurseigenschaften und Beobachter konstitutiv, nicht etwa »das Objekt« oder »die Sprache selbst«. Thema werden auch hier anthropologische Aspekte des Wissens, im Kontrast zu einem Anthropozentrismus, der davon ausgeht, menschliches Erkennen erreiche das wahre Sein, gültig in jeder möglichen Welt, und sei daher in allen seinen Ausprägungen und Anwendungen weltkonform.

> »Wie wäre es etwa, wenn man in der Arithmetik zu den üblichen Axiomen die Gleichung 2 x 2 = 5 hinzunehmen wollte? Das hieße natürlich, daß das Gleichheitszeichen nun seine Bedeutung gewechselt hätte, d.h., daß nun andere Regeln für das Gleichheitszeichen gälten.«[488]

Denn, wir erwähnten es bereits:

> »Es mag sein, daß ›2 + 2 = 4‹ und ›2 + 2 = 5‹ zusammen nutzlos, aber nicht falsch sind. Zusammen würden sie eine neue Mathematik ergeben.«[489]
> »Die mathematischen Axiome funktionieren dergestalt, daß, wenn Erfahrung uns dazu bewegte, ein Axiom aufzugeben, sein Gegenteil damit nicht zum Axiom würde.
> ›2 x 2 ≠ 5‹ heißt nicht,
> ›2 x 2 = 5‹ habe sich nicht bewährt.«[490]

Wir reden demnach in einem - mehr oder weniger selbstgewählten - System. Bleiben auf dem Teppich. Knüpfen verschiedene Muster, zählen dabei: 2x2=4. Rechnen mit der Möglichkeit anderer Systeme. Und schon marschieren auch hier die »Gedankentiere«[491] wieder auf.

[488] Wittgenstein (1973): Philosophische Grammatik, S.303.

[489] Wittgenstein (1989): Vorlesungen 1930-35, S.239.

[490] Wittgenstein (1984,1): Bemerkungen über die Grundlagen der Mathematik, S.225.

[491] Bereits einleitend wurde auf die kulturgeschichtliche Parade von »Gedankentieren« verwiesen. Schon vorsokratische Philosophie betrieb auf diese Art Anthropozentrismus-Kritik: »Hätten die Rinder und Rosse und Löwen Hände wie Menschen, /[...]/ Alsdann malten die Rosse gleich Rossen, gleich Rindern die Rinder/ Auch die Bilder der Götter und je nach dem eigenen Ausseh'n/Würden die leibliche Form sie ihrer Götter gestalten.« (Xenophanes, zit. nach: Wilhelm Nestle (1956): Die Vorsokratiker, S.101.)

»Man sagt: ›Der Hahn ruft die Hühner durch sein Krähen herbei‹ – aber liegt dem nicht schon der Vergleich mit unsrer Sprache zu Grunde? – Wird der Aspekt nicht ganz verändert, wenn wir uns vorstellen, durch irgend eine physikalische Einwirkung setze das Krähen die Hühner in Bewegung? Wenn aber gezeigt würde, in welcher Weise die Worte ›Komm zu mir!‹ auf den Angesprochenen einwirken, so daß am Schluß unter gewissen Bedingungen seine Beinmuskeln innerviert werden, etc. – würde jener Satz damit für uns den Charakter des Satzes verlieren?«[492]

Gefragt wird nach der Variabilität von Diskursregeln. Dies impliziert: Wer gegen den gängigen Gebrauch, den geltenden Diskurs verstößt, der läßt unter Umständen Federn.

»Ein Huhn, das gelernt hatte, bis vier zu zählen, verlangte, daß seine Mithühner es mit Professor anredeten und wollte den Hahn verjagen, um seine Stelle einzunehmen. Da rissen die anderen Hühner ihm alle Federn aus und sagten, sie hätten es nur dann mit Professor angeredet, wenn es imstande gewesen wäre, alle Federn zu zählen, die sie ihm ausgerissen hatten.« [493]

Habilitationsriten unter Federvieh, diskursive Praktiken unter Gedankentieren. Doch bleiben wir unter uns: Ist insgesamt die Standortgebundenheit des Beobachtens auch nicht hintergehbar, so lassen sich doch die Scheuklappen ein wenig lüften.

Zeichen und Zeit: Kleines sprachtheoretisches und -historisches Intermezzo

»Auf die Frage, ob die Philosophen bisher immer Unsinn geredet haben, könnte man antworten: nein, sie haben nur nicht gemerkt, daß sie ein Wort in ganz verschiedenen Bedeutungen gebrauchen. In diesem Sinne ist es nicht unbe-

[492] Wittgenstein (1984): Philosophische Untersuchungen, S.431.

[493] Luigi Malerba (1984): Die nachdenklichen Hühner, S.45. (Vgl. auch ebd., S.30, bzw. das die vorliegende Arbeit einleitende Motto.)

dingt Unsinn zu sagen, ein Ding sei so identisch wie das andere, denn wer das mit Überzeugung sagt, meint in diesem Augenblick etwas mit dem Wort ›identisch‹ (vielleicht ›groß‹), aber er weiß nicht, daß er hier das Wort in anderer Bedeutung gebraucht als es in 2 + 2 = 4 gebraucht ist.«[494]

Dem Gebrauch des Beispiels auf der Spur, rückt auch sein Status in Differenz zu anderen Beispielen in den Blick. Ging traditionelle Philosophie von seiner singulären Erhabenheit aus, so, als sei hier der Maßstab gelegt, an dem sich alles zu orientieren habe, wird diese Vorstellung nunmehr zurechtgerückt. Verschiedene Aussagefelder werden beackert. Und wir sehen mit Wittgenstein genauer nach.

»Wir sind gewohnt, zu sagen ›2 mal 2 ist 4‹ und das Verbum ›ist‹ macht dies zum Satz und stellt scheinbar eine nahe Verwandtschaft her mit allem, was wir ›Satz‹ nennen. Während es sich nur um eine sehr oberflächliche Beziehung handelt.«[495]

»Was ist ein Satz?«[496] »[...] fällt alles, was den Satzklang der deutschen Sprache hat, unter unsern Satzbegriff? ›Ich bin müde‹, ›2x2 ist 4‹, ›die Zeit vergeht‹, ›es gibt nur eine 0‹?« (Ebd., S.113)

»Wenn ich ›es verhält sich so und so‹ als allgemeine Satzform gelten lasse, dann muß ich ›2 + 2 = 4‹ unter die Sätze rechnen. Es braucht weitere Regeln, um die Sätze der Arithmetik auszuschließen.« (Ebd., S.124.)

»Was heißt es, daß im Satze ›Die Rose ist rot‹ das ›ist‹ eine andere Bedeutung hat als in ›zwei mal zwei ist vier‹? Wenn man antwortet, es heiße, daß verschiedene Regeln von diesen beiden Wörtern gelten, so ist zu sagen, daß wir hier nur *ein* Wort haben. – Und wenn ich nur auf die grammatischen Regeln achte, so erlauben diese eben die Verwendung des Wortes ›ist‹ in beiderlei Zusammenhängen. – Die Regel aber, welche zeigt, daß das Wort ›List‹ in diesen Sätzen verschiedene Bedeutung hat, ist die, welche erlaubt, im zweiten Satz das

[494] Wittgenstein (1981): Philosophische Bemerkungen, S.55f. »Scheue dich *ja* nicht davor, Unsinn zu reden! Nur mußt Du auf Deinen Unsinn lauschen.« (Wittgenstein (1984,2): Vermischte Bemerkungen, S.530.)

[495] Wittgenstein (1984,1): Bemerkungen über die Grundlagen der Mathematik, S.117.

[496] Wittgenstein (1973): Philosophische Grammatik, S.112.

Wort ›ist‹ durch das Gleichheitszeichen zu ersetzen, und diese Ersetzung im ersten Satz verbietet.»[497]
Eine Rose ist eine Rose ist eine Rose…
»Der algebraische Satz ist so gut eine Gleichung wie 2 x 2 = 4, sie wird nur anders angewendet. Ihre Beziehung zur Arithmetik ist anders. Sie handelt von der Ersetzbarkeit anderer Redeteile.«[498]

Wo wäre Ersetzbarkeit dieser Art sonst noch ohne gravierendere Bedeutungsverluste erzielbar?

»Kommen wir auf die Verwechslung von ›ist‹ und ›ist gleich‹. Die Philosophen hatten gemerkt, daß ›ist‹ sowohl in ›2 + 2 ist (gleich) 4‹ als auch in ›Die Rose ist rot‹ verwendet wird, und so stellten sie die Frage, ob die Rose mit dem Roten gleich bzw. mit ihm identisch ist, und so fort. Als Logiker wie Frege und Russell das Epsilon-Symbol einführten, wurde ein Unterschied in den Verwendungen von ›ist‹ klargestellt, der aus den umgangssprachlichen Verwendungen von ›ist‹ und ›ist gleich‹ nicht deutlich hervorgeht. Unsere Alltagssprache ist kolossal im Fluß, so daß es schwierig ist, in ihr Unterscheidungen zu machen.«[499]

Eben. Wenn auch eine Differenz zwischen arithmetischen und anderen Sätzen (der Umgangssprache etwa) gezeigt werden kann, so ist andererseits doch beobachtbar, wie weit verbreitet in unterschiedlichsten Diskursen, eben auch nicht-mathematischer Art, der Gebrauch des Satzes »2x2=4« ist. Hätte als Ergebnis

[497] Wittgenstein (1984): Philosophische Untersuchungen, S. 449. Es geht um Regeln, Redeteile: Hat »die Wirklichkeit« Satzstruktur? Fragen »stehen unserem intuitiven Verlangen nach einem unerschütterlichen Fundament entgegen […]. Der durchschlagende Einwand gegen eine Wahrnehmung ohne Begriff, gegen das rein Gegebene, gegen die absolute Unmittelbarkeit, das unschuldige Auge, Substanz als Substrat, ist so umfassend und häufig vorgebracht worden – von Berkeley, Kant, Cassirer, Gombrich [Anm.6], Bruner [Anm.7] und vielen anderen –, daß es hier nicht wiederholt werden muß. Die Rede von einem unstrukturierten Inhalt, begrifflos Gegebenen oder eigenschaftslosen Substrat widerlegt sich selbst; denn Rede gibt Strukturen vor, bildet Begriffe, schreibt Eigenschaften zu.« (Nelson Goodman (1990): Weisen der Welterzeugung, S.18f.)
[498] Wittgenstein (1981): Philosophische Bemerkungen, S.201.
[499] Wittgenstein (1989): Vorlesungen 1930–35, S.272 f.

einer Gegenüberstellung der verschiedenen Definitionen/Interpretationen von »2x2=4« zu gelten: »2x2=4« ist nicht »2x2=4«?

Doch Wittgenstein gibt, seine Position sozusagen als common sense voraussetzend, noch einen kleinen philosophischen Nachschlag:

> »Kein normaler Mensch verwechselt die Bedeutung von ›ist‹ in ›Die Rose ist rot‹ und ›2 + 2 = 4‹.« (Ebd., S.273.)

Aber was bedeutet schon »normal«? Welche Meßlatte gilt, denken wir nur an die Differenz von Alltag und Wissenschaft? Eine Vermengung verschiedener Funktionen von »ist« kann beobachtet werden, indem der Satz »zwei mal zwei ist vier« etwa als Beispiel für eine eindeutige, nicht mehr interpretierbare Aussage stehen soll, kontextfrei und überall gültig, damit u.a. auch als Exempel für das sog. »generelle Präsens« eingesetzt wird, ohne die Differenz dieses Satzes zu solchen der Umgangssprache zu berücksichtigen. Ist das eine Vermischung von Kontexten, die demjenigen, in dem man sich bewegt - »Sprachtheorie« - Würde, Erhabenheit verleiht?

> »Genausogut könnte man sagen, 2 plus 2 habe gestern 4 ergeben oder werde in tausend Jahren 4 ergeben.« (Ebd., S.257).

Nur werde Zeitlosigkeit hier verwechselt mit gleichsam ewiger Gültigkeit, statt es so zu fassen: »Dabei kommt die Zeit gar nicht ins Spiel.« (Ebd.) Sie bleibt, folgen wir der Regel, in diesem Spiel sozusagen außen vor, solange, als es um nichts weiter als dieses Sätzchen geht, um das pure Ablesen des Textes »2x2=4«, die pure Verzeichnung einer Operation. (Aber: Völlig außerhalb der Zeit; hier haben wir keine Sekunde zu verlieren!? Wie lange sind wir schon dabei?)

> »[...] genau so unleugbar wie die konkrete Sprechsituation ist die andere Tatsache, daß es weitgehend situationsferne Reden, daß es in der Welt z.B. ganze Bücher gibt, die mit situationsfernen Reden gefüllt sind. Und wer diesem Faktum der weitgehend situationsfreien Rede ebenso unbefangen auf den Grund geht, findet, falls er aus dem Hörsaal eines

entschlossenen Situationstheoretikers kommt, *zuerst* Anlaß zu philosophischem Staunen über die Möglichkeit des Faktischen. Und dann, wenn er nicht eigenwillig auf dem Dogma besteht, daß diejenige Kausalanalyse, welche er drüben gelernt hat, ausreichen muß, sondern von der Sache geleitet, daran geht, situationsferne Sätze wie ›Rom liegt auf sieben Hügeln‹ oder ›zweimal zwei ist vier‹ zu betrachten, so wird er unfehlbar wieder auf das Geleise der altehrwürdigen deskriptiven Grammatik geschoben.«[500]

Nun denn. Und man muß nicht auf neueste Überlegungen im Umfeld einer »Kognitiven Linguistik« verfallen[501], um beobachten zu können, daß diese »Situationsferne«, wenn sie denn überhaupt erreichbar wäre, ein idealisiertes Konstrukt darstellte, dem nichts voraussetzungslos Gegebenes außerhalb menschlicher Kommunikation entspricht. Denn: Würde dies nicht erst dann gelten, wenn man von allem abstrahierte und sich auf den bloßen Austausch von Zeichen beschränken könnte? Aber Zeichen wofür?

Kontextlos gedachter Sinn ist schlichtweg nur (metaphysisch) einklagbar, wird jedoch, wenn die Beobachtung nicht trügt, in gewisser Hinsicht als wissenschaftliche Realität gefaßt.

»Es gibt Sätze, deren Sinn auch zeitlich den Umständen der Sprechsituation enthoben ist, z.B. der Satz ›*zwei mal zwei ist vier*‹ und andere wissenschaftliche Sätze.«[502]

Ist das so? »2x2=4«: im Alltag, bei Platon, Karl Barth, Russell, Wittgenstein? Freilich schränkt Bühler auch ein, doch allem Anschein nach in der Absicht, situationsfreie Geltung um so gründlicher retten zu können.

»Daß nicht alle Sinnwerte eines Satzes von der Form S ist P situationsunabhängig und daß die faktisch situationsunabhängigen es nicht alle in demselben Ausmaße sind; daß oft

[500] Karl Bühler (1934): Sprachtheorie. Die Darstellungsfunktion der Sprache, S.23.

[501] Vgl. etwa: Monika Schwarz (1992): Einführung in die Kognitive Linguistik, Tübingen (UTB 1636).

[502] Karl Bühler (1934): Sprachtheorie, S.367.

der Kontext vor und nach dem Satz S ist P zu differenzieren und zu nüancieren hat, nicht nur, was ein Satz ausdrückt (kundgibt) an aktuellen Erlebnissen des Sprechers, sondern auch, was er *darstellt*, dies und noch mehr bleibt unbestritten. Doch sollte umgekehrt ebenso unbestritten bleiben, was wir über den Satz vom Tod des Papstes und vom Satze, daß zwei mal zwei vier ist, wirklich behauptet haben.« (Ebd., S.372).

Nämlich ihre Situationsferne. (Und der Animist auf Papua-Neuguinea, ohne TV, ohne Radio, ohne Kenntnis der deutschen Sprache?)

Doch der Rahmen solcher Überlegungen wird dann doch wieder eingeschränkt.

> »Das letzte Wort über den Satz ohne Zeigfeld führt in die Logik. Die Aussage ›zwei mal zwei ist vier‹, Gleichungen der Mathematiker wie ›a + b = b + a‹, die Mustersätze der logischen Axiomatik wie ›A ist A‹ - sehen rein sprachlich betrachtet nicht viel anders aus wie die Wirklichkeitssätze und müssen trotzdem auch vom Sprachtheoretiker auf ein eigenes Blatt geschrieben werden.« (Ebd., S.383.)

Sie können aber nicht aus dem Kontext ihrer Verwendung herausgelöst und unabhängig von diesem gewertet werden. Liefe dies andernfalls nicht auf einen »Diskurs-Terror« heraus, dem zumindest im Kontext unseres Kulturkreises derzeit nichts entspricht? Wohl hatte Bühler darauf verwiesen: »Ein wahres oder falsches Ding gibt es auf Erden und im Himmel und in der Hölle nicht« (ebd., S.388), um anschließend jedoch wieder die Kurve zur kontextlosen Gültigkeit zu kriegen: »denn wahr oder falsch kann nur ein Urteil, ein Satz oder allgemeiner eine Darstellung als solche sein.« (Ebd.) (Ohne auf die Bedingungen der Möglichkeit von Wahrheit und Falschheit differenzierter einzugehen?)

Und wie solche Vermischung von Kontexten bei Bühler zu beobachten ist, kehrt sie dann noch in manch sprachtheoretischer Arbeit wieder. Da heißt es etwa über die »Gebrauchsweisen« der »1. Stammform« u.a.:

> »7. Die Präsensform bezeichnet Sachverhalte, die hinsichtlich der Zeit unbegrenzt sind und Allgemeingültigkeit haben. Man bezeichnet diese Form auch als generelles Präsens. Es besteht besonders oft in wissenschaftlichen Lehrsätzen, Regeln, Sprichwörtern und allgemeinen Feststellungen, vgl. *Raum und Zeit sind die Daseinsformen der objektiven Realität; Zwei mal zwei ist vier; Die Erde ist eine Kugel; Der Apfel fällt nicht weit vom Stamme.*«[503]

Und dies gilt eben auch für das Früchtchen vom Baum der Erkenntnis. Das Holz, auf dem dieses wuchs, ist identifizierbar. Die Vorstellung einer beobachterunabhängigen, überall gültigen, objektiven Realität macht gerade die Beobachterabhängigkeit dieser Perspektive aus: »Raum und Zeit als Formen der Anschauung« (Kant). Das Präsens, sprachtechnisches Konstrukt einer spezifischen Kommunikationsgemeinschaft, wird zum Offenbarungsmedium »innerweltlicher Idealität«, sein Konstruktionsplan bleibt verborgen, maskiert. (Wir rechneten hier mit dem Apfel aus dem Paradies auf Erden.)

Dabei kann das Demonstrationsobjekt allerdings auch schon einmal wechseln. An anderer Stelle heißt es, mit der »Form des sog. Präsens« würden

> »allgemein bekannte und anerkannte Tatsachen und Sachverhalte [erfaßt]; dabei handelt es sich um das sog. generelle Präsens, bei dem kein Gegensatz zu Vergangenheit und Zukunft besteht [Anm. 305]:
> Eisen ist ein schweres Metall; drei mal drei ist neun.«[504]

Verweist das Konstrukt des »Generellen Präsens« nicht geradezu paradigmatisch auf das Problem generalisierender Konstrukte überhaupt? Situationsfreie (Allgemein-)Gültigkeit? Ist die kommunikative Praxis ihrer Beschreibung nicht immer schon weit voraus? Bleibt die feine Generalistenprosa nicht zurück hinter den Unwägbarkeiten der Etappe? Das ist kein Argument

[503] Wilhelm Schmidt (1967): Grundfragen der deutschen Grammatik. Eine Einführung in die funktionale Sprachlehre, S.217.

[504] Johannes Erben (1980): Deutsche Grammatik. Ein Abriß. München (12. Aufl.) (zuerst 1958), S.87.

gegen Sprachtheorie und Sprachanalyse. Aber in *der* Sprache, innerhalb ihrer Praxis beobachterunabhängige Allgemeingültigkeit situieren? Verweist dies nicht wieder auf den Beobachter? Gilt nicht auch hier:

»Diese Voraussetzungen werden gesprengt, wenn man, mit Hilfe der Soziologie, von Sprache auf Kommunikation umstellt und unter Kommunikation eine stets faktisch stattfindende, empirisch beobachtbare Operation versteht«?[505]

Denn die These von der Zeitlosigkeit des Beispiels ist ja schon in folgender Hinsicht problematisch. Ein Wunder, wie in verschiedenen Konzepten um den Inhalt, die Existenz von »2x2=4« gerungen wird? Wo sollten sie existieren, die Elemente unseres Satzes

»- zeitlos natürlich -, so daß wir mit ihnen umgehen können? Die Antwort fällt verschieden aus: im Reich Gottes, im platonischen Königreich der Ideen oder in Poppers III. Welt, die die Welt der Produkte des menschlichen Geistes ist. J.C.C. Smart hat diese Position in eindeutiger Weise charakterisiert: ›Wir behaupten ›2 + 2 ist gleich 4‹ nicht deshalb, weil wir nichts über den zeitlichen Status von ›2 + 2 gleich 4‹ aussagen wollen, sondern weil diese Aussage überhaupt keinen zeitlichen Status besitzt.‹«[506]

Wir befinden uns demnach - 2x2=4 rechnend - nicht in zeitlos andauernden Sphären, sondern - unabhängig von der Dauer bei der Prozedur des Rechnens, der Aussage - wir haben bei »2x2=4« gar keine Zeit zu verlieren, da es hier offenbar keine Zeit gibt: »Blitteri! Urps!« (wie das in der scholastisch inspirierten Philosophie hieß). So weit so gut.

»Aber im Sinne einer weiteren Auffassung von ›Wahrheit‹ sind die Wahrheiten der Mathematik tatsächlich zeitabhängig. [...] Es gibt viele Möglichkeiten, diese Zeitabhängigkeit aufzuzeigen.« (Ebd., S.261.)

[505] Niklas Luhmann (1992): Die Wissenschaft der Gesellschaft, S.14.
[506] Davis und Hersh (1990): Descartes' Traum, S.258f.

Wegweiser zu einem anderen Text:
»Wir wollen für einen Moment lang die unglaublich einfache Aussage ›zwei plus drei ist fünf‹ betrachten. Im alten Babylonien (etwa 550 vor Christus) wäre diese Aussage als Keilschriftzeile geschrieben worden (diese wollen wir hier nicht wiedergeben) und ›2 ana - 3 usibma 5‹ gesprochen worden. Übersetzt man dieses Gegrunze in unsere Art zu grunzen [oder zu gackern! G.H.], so erhält man ›zwei zu drei addiert: fünf‹. Ist eine Übersetzung aus einem Kontext in einen anderen ohne Verlust möglich? Die Dichter antworten hierauf mit Nein. - Heutzutage schreibe ich diese Aussage in arithmetischer Notation als $2 + 3 = 5$. Die Gestalt der Zahlsymbole geht auf das vierzehnte Jahrhundert oder noch etwas früher zurück. Das Pluszeichen stammt von 1481, während das Gleichheitszeichen von 1557 ist. Auf einer elementaren Ebene betrachtet, hat die Bedeutung dieses Satzes etwas mit dem Abzählen von Ansammlungen zu tun. Setzt man hinter zwei Dinge drei Dinge [als Beobachter, G.H.], so wird man fünf Dinge zählen; hier haben wir es mit einer Aussage über physische Handlungen in der Welt zu tun. Schreibe ich andererseits zwei Trillionen plus drei Trillionen ist gleich fünf Trillionen, so ist dies keine Aussage über das Zählen, denn diese Größen sind jenseits der Möglichkeiten des physischen Zählens, und die Gleichung $2 + 3 = 5$ muß einen ›nichtzählenden‹ Kontext enthalten (oder er ist ihr aufgezwungen worden). Die Bedeutung wurde von einer Umgebung A auf eine übergreifende Umgebung B durch Kontextänderung erweitert. Indem wir die beiden Kontexte auf dem Durchschnitt von A und B zur Übereinstimmung bringen, erzwingen wir die Konsistenz und Kohärenz unseres Gegenstandes. [...] Was wahr ist und was gemacht ist, ist austauschbar, schreibt Vico; wir beweisen die Geometrie, weil wir sie hervorgebracht haben. Dieser Aspekt der Mathematik sollte betont werden, weil er gewöhnlich unterschätzt wird. [...]
Die Pythagoräer meinten, zwei sei das weibliche und drei das männliche Prinzip. Fünf ist die erste Zahl, die das Männliche und das Weibliche in sich vereinigt. Selbst wenn wir denken, dies sei Unsinn, können wir dennoch sicher sein, daß dies für sie eine ernsthafte Angelegenheit war. Die Chinesen betrachteten ihrerseits Zahlen als Symbole, um die Ei-

genschaften räumlicher Anordnungen von Dingen auszudrücken.

[...] Meiner Meinung nach kann man die Aussage 2 + 3 = 5 nicht isoliert verstehen. Deren Sinn beruht zum Teil darauf, daß sie eine Aussage aus einer kohärenten Familie von Aussagen wie 2 + 4 = 6, 3 + 2 = 5 etc. ist. Sie gehört zu einem Szenario.« (Ebd., S.261ff.)

- Welches Szenario bietet sich uns anläßlich von »2x2=4«? - Behaupten wir,

»daß es doch eine formale Bedeutung von 2 + 3 = 5 gäbe, die aus all dem oben Gesagten abstrahiert ist und daß diese formale Bedeutung außerhalb der Zeit existiere. In diesem Fall möchte ich den Betreffenden auffordern, mir zu erzählen, was diese zeitlose Bedeutung sein soll. Dabei müßte er sich einer Art Sprache oder Metasprache bedienen, die selbst außerhalb der Zeit liegt. Ich glaube, dies ist unmöglich, weil die Bedeutung von 2 + 3 = 5 nur als Teil einer umfassenderen Menge ähnlicher Aussagen zur Verfügung steht und weil diese Bedeutung gebunden bleibt an Anwendungen, Intuitionen, Übereinkünfte, Kunst und Mystizismus - kurz: an die gesamte mathematische Erfahrung.« (Ebd., S.263f.)

Fassen wir es so: Zeit, Bedeutung kommt zwangsläufig wieder ins Spiel, so der mathematische Term den Kontext wechselt, anwendbar gemacht wird, in Zeit und Raum erscheint. Und ist das nicht die Regel? Wie lange beschäftigen wir uns hier eigentlich schon mit unserem Beispiel? In welchen Kontexten? Mit welchen Implikationen? »2x2=4«: Der Text ohne Eigenschaften?

Auch »2x2=4« ist offensichtlich kein Beispiel für voraussetzungslos gedachten, eindeutigen Sprachgebrauch.

»Auch mathematische Terme, Formeln, Ausdrücke können im Rahmen einer Theorie mit nichtformalem, nichtsprachlichem Handlungsbezug phänomenale Texte sein, sich also auf unmittelbar durch nichtsprachliche Handlungen Beeinflußbares oder unmittelbar Beobachtbares beziehen. [...] Die Grenzen scheinen dabei auch individuell verschieden zu sein.«[507]

[507] Helmut Schwegler (1992): Konstruierte Wissenschaftswelten, S.272. Insofern wäre eine Formulierung von Anthony Giddens (1984: Interpretative Sozio-

Scheren wir also nicht alles über den einen Kamm »2x2=4«.

»So sind z.B. die beiden Behauptungen *2 x 2 = 4* und *Ibsen gilt als Hauptbegründer des modernen Realismus in der dramatischen Kunst*, als Behauptungen von Einer Art, jedes ist als Behauptung qualifiziert. Dieses Gemeinsame nennen wir die Urteilsqualität.«[508]

Reine Funktionalität? Pure Urteilsqualität?

»Vielleicht muß man sagen, daß der Ausdruck ›Interpretation von Zeichen‹ irreführend ist und man sollte statt dessen sagen ›der Gebrauch von Zeichen‹. Denn ›Interpretation‹ klingt so, als würde man nun dem Wort ›rot‹ die Farbe Rot zuordnen (wenn sie gar nicht da ist) usw. Und es entsteht wieder die Frage: Was ist der Zusammenhang zwischen Zeichen und Welt? Könnte ich nach etwas suchen, wenn nicht der Raum da wäre, worin ich es suche?!«[509]

Gehen wir prinzipiell von der Möglichkeit anderer Ordnungen des Wissens aus. Sollten wir da nicht auch wieder anläßlich unseres Beispiels fündig werden?

Erinnern wir kurz Fritz Mauthners Hinweis auf

»ein verhältnismäßig sehr zivilisiertes Volk [, das] bereits bis 4 zählen konnte.

[...] Hätte sich nun ein Sprachgenie gefunden, welches die Zahl 4 sprachlich als 2 x 2 ausdrückte, so wie wir die Zahl

logie) zu erweitern. In einer Replik auf Harold Garfinkel (Studies in Ethnomethodology, Englewood Cliffs 1967) formuliert Giddens, die »Aussage ›2x2=4‹« (1984, S.52) sei in zeitlicher »(als Eigenschaft laufender Gespräche)« (ebd.) und physischer Hinsicht »(als Ereignis innerhalb eines klar bestimmten physischen Rahmens, bei dem Aspekte dieses Rahmens, eingeschlossen Gesichtsausdrücke usw., zur Formulierung von Sinn benutzt werden)« (ebd.), also nur eingeschränkt, »kontext-frei oder ›nicht-indexikalisch‹; ihre Bedeutung zu verstehen, setzt natürlich voraus, sie stillschweigend innerhalb der Kenntnis bestimmter Mathematikregeln ›einzuordnen‹.« (Ebd.) Die diskursiven Praktiken anläßlich und im Umgang mit »2x2=4« sind so vielfältig, daß die mathematischen Regeln zu ihrer »Beherrschung« längst nicht ausreichen; sie sprengen beständig den vorgegebenen Rahmen.

[508] Edmund Husserl (1913): Logische Untersuchungen. Bd. 2. Untersuchungen zur Phänomenologie und Theorie der Erkenntnis, S.411.

[509] Wittgenstein (1981): Philosophische Bemerkungen, S.70.

20 ›zwanzig‹ nennen, das heißt 2 x 10, so wäre eine drollige Erfindung gemacht, so wäre der Zahlenschatz auf ein hilfloses Zweiersystem zurückgeführt worden.«[510]

Hypothetisches über Sprache und mathematische Sätze. Wozu daran kritteln. Die Perspektive, bei aller Sympathie, scheint klar. »2x2=4«: humanistisches non plus ultra, zivilisatorisches Minimum. Drunter machen wir's einfach nicht. Ist's anders überhaupt denkbar?

»›Ich weiß, daß er gestern angekommen ist‹ - ›Ich weiß, daß 2 x 2 = 4 ist‹ - ›Ich weiß, daß er Schmerzen hatte‹ - ›Ich weiß, daß dort ein Tisch steht.‹«[511]
»Ich weiß jedesmal, nur immer etwas anderes? Freilich, - aber die Sprachspiele sind weit verschiedener, als es uns bei diesen Sätzen zu Bewußtsein kommt.«[512]

Wahrnehmungspsychologisches

Könnte ein Unterschied etwa derart auftauchen, daß »2x2=4« gar nicht Gegenstand des Wissens, keine Regel in einem Sprachspiel wäre? Warum kein Sprachspiel vorstellen, in dem »2x2=4« überhaupt nicht vorkommt? Existierte »2x2=4« dann trotzdem noch? Im platonischen Zahlenpantheon?

»Wir können uns eine Sprache vorstellen, in der ›4‹ niemals verwendet wird, sondern nur ›2 + 2‹. Solange wir 1 1 1 1 in der ›2-und-2-Weise‹ betrachten, besteht unser Bild aus einer Teilung in 2 und 2. Die tatsächliche visuelle Teilung ist ein zeitlicher Vorgang, und die Figur wird solange in einer Zweiteilung bestehen, wie das Phänomen der Teilung andauert. Die Gleichung 2 + 2 = 4 jedoch ist zeitlos. Daß 4 aus 2 und 2 im Sinne von ›2 + 2 = 4‹ besteht, kann man nicht *sehen*. Es

[510] Fritz Mauthner (1982): Beiträge zu einer Kritik der Sprache, Bd. 3, S.143.
[511] Wittgenstein (1984,2): Bemerkungen über die Farben, Nr. 311, S.104.
[512] Ebd., Nr.312, S.104. Z.B.: »Die Negation in der Arithmetik kann nicht das gleiche sein wie die Negation von Sätzen, denn sonst müßte ich mir in 2 x 2 ≠ 5 ein Bild machen, wie es wäre, wenn 2 x 2 = 5 wäre.« (Wittgenstein (1981): Philosophische Bemerkungen, S.250.)

gibt kein Phänomen des Sehens, daß ein grammatischer Satz gilt.«[513]

Also Phänomenkonstitution als Diskursqualität? Nicht nur, daß wir uns, dem Vorschlag Wittgensteins folgend, eine solche Sprache vorstellen können: es gibt oder gab zumindest solche Sprachen auch. Und so könnte der Drang, der schon beinahe obsessiv erscheint, sich des Zahlenpaars »2+2« und der Zahl »4« zu bedienen, zunächst durchaus auch in Eigentümlichkeiten des menschlichen Wahrnehmungsapparates begründet sein. Der Zahlenforscher Georges Ifrah etwa führt im Rückgriff auf ethnologische Studien aus:

> »Eingeborene in Afrika, Ozeanien und Amerika, die sich zu Beginn dieses Jahrhunderts noch in annähernd ursprünglichem Zustand befanden, konnten nur die Zahlen ›Eins‹, ›Zwei‹, ›Drei‹ und ›Vier‹ erfassen und sprachlich ausdrücken, während die weiteren Zahlen allgemeine, ziemlich verworrene Begriffe waren.«[514]

Viele dieser Eingeborenen, so Ifrah, hätten »nur zwei ›Zahlwörter‹ im eigentlichen Sinn« (ebd., S.25) gekannt, eines für die Einheit und eines für das Paar, so daß etwa die »Vier« als »zwei-zwei« oder »zwei und zwei« bezeichnet worden sei.

Über diese Drolerie sind wir natürlich längst hinweg. Prinzipiell - allerdings - merkt Ifrah zu unserer Wahrnehmungsfähigkeit an:

[513] Wittgenstein (1989): Vorlesungen 1930-1935, S.386. »Stell dir vor, alle Menschen mit seltenen Ausnahmen wären rot-grün-blind. Oder auch den andern Fall: alle Menschen wären entweder rot-grün oder blau-gelb-blind.« (Wittgenstein (1984,2): Bemerkungen über die Farben, I, Nr.12, S.15.) »Denken wir uns ein *Volk* von Farbenblinden, und das könnte es leicht geben. Sie würden nicht die gleichen Farbbegriffe haben wie wir. Denn auch angenommen sie redeten z.B. deutsch, hätten also alle deutschen Farbwörter, so würden sie sie doch anders gebrauchen als wir, und anders zu gebrauchen *lernen*.

Oder haben sie eine fremde Sprache, so würde es uns schwer, ihre Farbwörter in die unsern zu übersetzen.« (Ebd., Nr. 13, S.16.)

[514] Georges Ifrah (1986): Universalgeschichte der Zahlen, S.24f. Dort auch umfangreiche Literaturangaben.

»Der Glaube, daß wir sehr viel besseres leisten können als diese Eingeborenen, [...] beruht auf einem Irrtum. [...] Wir können ohne Mühe eins, zwei, drei oder selbst vier Objekte erfassen; danach wird unsere Fähigkeit im allgemeinen erlahmen. [...] ›Es scheint somit gesichert, daß die Zahl Vier eine Grenze markiert.‹«[515]

Der diskrete Charme von »2+2=4«? Das obskure Objekt der Begierde? Vor dem Hintergrund dieser Untersuchungsergebnisse erhält der inflationäre Gebrauch unseres Beispiels schon beinahe ein Fundament: eine Art anthropologisches Markenzeichen. »4« als wahrnehmungspsychologischer Grenzwert. Bis zu dieser Höhe ragen wir problemlos auf. Die Penetranz des diskursiven Wegelagerers, zurückführbar auf eine Abhängigkeit von neurophysiologischen Eigentümlichkeiten und spezifischer Sozialisation. Vermutlich liegt hier ein Grund für die anhaltende Karriere des Phänomens und die damit verbundene semantische Inflation des Beispiels. Es wäre ein weiteres Exempel für unsere spezifische Einteilung der Welt, abhängig von Wahrnehmungsapparat und Sozialisation, da letztere offenbar über den kulturell differierenden Gebrauch des Beispiels maßgeblich entscheidet.

Redefortsetzungen - Paarlauf, mathematisch

Immerhin ist mit manchen Zeichen das Signal zu einer gewissen eingeschliffenen Erwartungshaltung geliefert. Anläßlich mancher Brechungen wird dies deutlich. Es gibt keinen inneren - diskursunabhängigen - Sachzwang der Redefortsetzung »4« nach »2x2«. Hier handelt es sich um veränderbare - im abendländischen Kontext weitgehend ontologisierte - Konvention, Konditionierung. Mit »2x2« fällt der Groschen, hecheln wir: »4«. Russells platonisch inspirierter mathematischer Paarlauf (s.o., S.134 f.) erscheint vor diesem Hintergrund dann in einem wesentlich differenzierteren Licht.

[515] Ebd., S.25f. Der letzte Satz Zitat unter Angabe der Quelle. Vgl. die folgende Abbildung aus: Ifrah, ebd., S.26. Ifrah verweist in diesem Zusammenhang u.a. darauf, daß die Römer nur die ersten vier Zahlwörter deklinierten, Monate und Kinder nur bis zum vierten echte und unterschiedliche Namen hatten und daß die Fähigkeit, Zahlen einzeln zu erfassen, bei Vier ein Ende fand. Ebd. S.27.

Auf einen Blick können wir mit unserer direkten Zahlenwahrnehmung feststellen, ob eine Gesamtheit ein, zwei, drei oder vier Elemente umfaßt; Mengen, die größer sind, müssen wir meist »zählen« - oder mit Hilfe des Vergleichs oder der gedanklichen Aufteilung in Teilmengen erfassen -, da unsere direkte Wahrnehmung nicht mehr ausreicht, exakte Angaben zu machen.

Seiner These von der Universalisierbarkeit des Beispiels -

> »Jede Menge, die aus zwei Paaren besteht, ist eine Menge mit vier Elementen«[516], denn sobald »wir die irrelevanten [empirischen] Eigenschaften aus unserem Denken ausgeschieden haben, sind wir in der Lage, den allgemeinen Satz, daß zwei und zwei vier ist, einzusehen [...].« (Ebd., S.69.)

- war schon oft einiges zuwidergelaufen. (»Ich sage: laßt alle Hoffnung fahren, ihr, die ihr in die Beobachtung eintretet. [...] Ja, wir werden alles, alles noch einmal in Frage stellen.«[517])

Vielleicht ergibt die Rechnung: 2 Paare + 2 Paare unter gewissen Bedingungen dann doch 5? Oder 6? Wer weiß schon absolut sicher, was bei einer solchen Rechnung (unterm Strich) immer herauskommt?

> »Es ist zum Beispiel eine Tatsache, daß zwei Quart Alkohol, mit zwei Quart Wasser vermischt, weniger ergibt als vier Quart einer Lösung.«[518]

Kein erkenntnistheoretisches Alkoholproblem. Die Perspektive schwankt, doch fällt sie nicht. Mit einigem Aufwand fängt man das Beispiel, seine Universalität rettend, wieder auf:

> »Wenn Beobachtungsdaten relevant wären, dann müßten wir den Schluß ziehen, daß zwei plus zwei manchmal gleich vier ist, manchmal aber auch nicht. Wir ziehen jedoch keinen solchen Schluß, weil die angeführten experimentellen Tatsachen nicht relevant sind. Wir sagen statt dessen, daß, wenn wir zwei Quart Alkohol und zwei Quart Wasser in denselben Behälter gießen, wir vier Quart einer Flüssigkeit in den Behälter gießen.«[519]

[516] Bertrand Russell (1986): Probleme der Philosophie, S.92.

[517] Bert Brecht (1977): Leben des Galilei, S.93.

[518] Wesley C. Salmon (1983): Logik, S.270.

[519] Ebd. »Volumenkontraktion«: Ein Name, ein Phänomen, rein chemisch. Und wir sind wieder klar. »Denn - [noch einmal das Beispiel] - man könnte sagen: 2 Menschen, die... und 3 Menschen, die.... und von denen jeder mit jedem der ersten Gruppe in Frieden lebt = 5 Menschen, die ...« (Wittgenstein (1973): Philosophische Grammatik, S.336.)

Eine Sprachregelung: viel muß man sagen, damit die einfache, banale Selbstverständlichkeit nicht absäuft. Wir gelangen auch hier nicht zu dem alles abschließenden, letztgültigen Zeichen, das »von keinem Zeichen definitiv, d.h. ohne Übergang zu einem weiteren Zeichen, das als solches interpretierbar *bleibt*, ausgemacht werden kann.«[520]

Doch der Paarlauf, einmal etabliert, spielt sich immer wieder in Kommunikationen ab. Diskursiver Standardtanz. Manche tanzen allerdings aus der Reihe.

> »Wie süß, zu zweien und zweien (zwei und zwei gibt vier) durch die schattichten Alleen von Wimbledon zu schreiten und vor sich hin zu flüstern [...].«[521]

Die – rechnende – Erwartungshaltung läßt sich ironisch umspielen und brechen. Denn:

> »Wenn ich mit dem Worte ›Zwei‹ zu sprechen anfange, so muß nicht immer ein arithmetischer Satz herauskommen, welcher ganz zeigfrei ist. Sondern es könnte z.B. auch so weitergehen: ›Zwei Augen, ach zwei Augen...‹«[522]

Was beobachten diese, nach vorgeprägten Mustern, die Wahrnehmung anleiten, in bestimmte Formen gießen?

> »[...] Aber nun – da schleift der Kübel ran und in den Kübeln da dampft es, und schiebt sie untern Tisch und zwei und zwei müssen immer zusammen [Vier sein? Nein, sondern] die Füße in den Kübel stecken.«[523]

Eingeschliffene Beobachtungsweisen, kanonisierte Wahrnehmung: Bei Joachim Ringelnatz gehen »zwanzig grobe Strohhüte [...] zwei und zwei wie Militär«[524]. »Zwei und zwei, schön in

[520] Josef Simon (1989): Philosophie des Zeichens, S.8.

[521] Lewis Carroll (1976, S.55), in einem der »Briefe an kleine Mädchen«. Welche Vorstellungen werden hier sonst noch über der Formel gebrochen?

[522] Karl Bühler (1934): Sprachtheorie, S.372.

[523] Ernst Barlach (1926): Der blaue Boll, S.436.

[524] Zit. nach Joachim Ringelnatz (1987): Ausgewählte Gedichte, S.83. Wir erinnern uns: eine Partitur des Common sense (s.o., S.76)

der Reih«, betraten wir schon unseren Kindergarten und auch noch die Grundschulklasse, einem alten Ritual folgend, Reime, Gebete murmelnd, strikt in der Ordnung:

> »Sie gehen zwei und zwei miteinander wie die Franziskaner.«[525]

Manchen ist der Gebrauch der »4«-Zahl auch wieder zu profan, zu wenig poetisch. So starb Hamlets Vater »vor zweimal zwei Monaten, mein Prinz« (Ophelia, 3. Aufzug, 2. Szene; in der Übersetzung von August Wilhelm von Schlegel). Auch raunt es mächtig. In einer kürzlich erschienenen Rezension über zwei neue Bücher von Sarah Kirsch liest man:

> »Nichtmehr und Nochnicht: Die zweimal zwei Silben stehen wie eine Zauberformel über beiden Büchern [...]«[526].

Die »4« gebannt. Was markiert die Differenz? Wie machen wir uns einen Reim drauf? Ja:

> »Reime und Sinn.
> Mund, Schlund. Hat der Mund denn irgendwas mit Schlund zu tun? Oder ein Schlund irgendwas mit Mund? Muß doch wohl. Schlund, rund, Schrund, wund, Spund. Reime: zwei Menschen, gleich gekleidet, gleich aussehend, zwei und zwei.«[527]

Die Beispiele sind anläßlich unserer Alltagsbeobachtungen fortsetzbar. Die Frage nach der Bedeutung von »2x2« ist demnach per se keine »irrenhäuslerische«[528], sondern eine, die den Blick auf die Kontexte, die Kommunikationssituationen richtet. Was

[525] So, wie es in dem von Wander (1880, S.668) überlieferten Sprichwort heißt.

[526] Rolf Michaelis: Nichtmehr und Nochnicht. Zwei neue Bücher von Sarah Kirsch: Der Prosaband »Schwingrasen« und das Bilder-Tagebuch »Spreu«. In: Die Zeit, 18.10.1991, S.75.

[527] James Joyce (ohne Jahreszahl): Ulysses, S.193. Erkenntnis, durch den Reim gesichert?

[528] Franz Kafka an Milena, s.o., S.22.

das »2x2-Design«[529] – als erkenntnis- und wahrnehmungstheoretisches Outfit abendländisch universalisierbar – einkleidet, ist nicht ein für allemal ausgemacht. Da muß man schon etwas genauer hinsehen.

Sinn

Fassen wir kurz zusammen: Die Rede von »dem einen Sinn« ist problematisch geworden. Offensichtlich ist es unmöglich, »den« über Zeiten, Kulturen und Sprachräume hinweg einheitlich vermittelten und verbürgten »Sinn« schon dieses Beispiels zu fassen. Entscheidet nicht der kommunikativ vermittelte und individuelle Gebrauch über Möglichkeiten und Grenzen seiner Bedeutung?

> »Diese Annahme, daß es einen Sinn habe, von *dem Sinn* einer sprachlichen Aussage als von etwas Feststehendem und Wohlbestimmtem zu sprechen, tritt uns denn auch immer wieder in allen Erörterungen über unsere Erkenntnis entgegen. Um ein Beispiel wieder aufzugreifen, das wir bereits an anderer Stelle in etwas anderem Zusammenhang besprochen haben: Diese Auffassung führt uns dazu, von *dem Satze*, daß 2 + 2 = 4 ist, als von etwas zu sprechen, das seinem Sinne und seinem Inhalte nach vollkommen eindeutig bestimmt ist, und uns die Auffassung zu bilden, es stelle sich für uns die Aufgabe, diesen Sinn möglichst genau herauszufinden und gegebenenfalls zu prüfen, ob der ausgesagte, als wohlbestimmt angenommene Sachverhalt tatsächlich zutrifft.
> Die erfolgte Kritik der inhaltlichen Auffassung der Sprache erweist aber dieses Operieren mit feststehenden Bedeutungen als eine Fiktion, der in unserem wirklichen Denken und unserer tatsächlichen Erkenntnis nichts Reales entspricht. Die Schilderung, ein sprachlicher Satz vermöge einen Sinn auszusprechen, dessen Ergründung sich für uns als eine Aufgabe stellt, diese Schilderung stellt den tatsächlichen Sach-

[529] Zit. nach: Grabowski et al. (1990): Sprechen, Handeln, Regulieren, S.70; dort, wie bereits oben (s.o., S.60 f.) erwähnt, auf in der Psychologie diskutierte Erinnerungshilfe bezogen.

verhalt auf den Kopf. In der Tat und Wahrheit ist es so, daß wir ein gewisses Maß an Wissen, an Konzeption und ähnlichem in eine sprachliche Aussage *insofern* investieren, *als diese für uns sinnvoll ist.* Einen weitergehenden Inhalt für eine solche Aussage anzunehmen, bliebe eine für unser Denken völlig unfruchtbare dogmatische Konzeption.
Diese Kritik zieht dann aber auch die eingangs beschriebene Meinung über das Verhältnis des Menschen zu seiner Erkenntnis in Mitleidenschaft. Ja sie stellt den Begriff eines Sachverhaltes in Frage! In der Tat: Wir erwähnten bereits, daß die Sachverhalte, mit denen sich der Mensch auseinandersetzt, in der überwiegenden Mehrzahl der Fälle solche sind, die er nur in einer Konzeption erfaßt. (Ob dies nicht überhaupt auf jeden Sachverhalt zutrifft, dem der Mensch in seinem Denken begegnet, werden wir später noch kurz prüfen. [Anm.]) Derartige Konzeptionen sind es, die ihren Niederschlag in unseren sprachlichen Formulierungen finden. Entkleiden wir diese letzteren ihres absoluten Charakters, so entgleiten uns damit die Sachverhalte selber, von denen wir annahmen, daß sie den feststehenden Sinn jener Aussagen ausmachten. Schicken wir uns beispielsweise in die Einsicht, daß es für uns bedeutungslos ist, in einem absoluten Verständnis von *der Aussage* bzw. von *dem Sinn* der Aussage 2 + 2 = 4 zu sprechen, so wird es a forteriori durchaus inhaltslos, von dem Sachverhalt 2 + 2 = 4 zu sprechen. Wir sehen uns zur Preisgabe der Annahme gezwungen, daß ein solcher Sachverhalt an sich in wohlbestimmter Weise erklärt sei. Genauer gesagt (die Argumentation bleibt sich immer gleich) können wir zwar die Auffassung bilden, es gebe irgend so etwas wie einen derartigen Sachverhalt; diese Auffassung spielt dann aber lediglich die Rolle eines metaphysischen Trostes, der uns tatsächliche Verhältnisse vorgaukelt, zu denen wir keinen Zugang haben; denn der Weg zu aller Einsicht, die *für uns* hinter der Aussage 2 + 2 = 4 stehen kann, führt stets über unsere Begriffe und unsere tatsächlich sinnerfüllte Sprache.«[530]

[530] Der Mathematiker Alexander Israel Wittenberg (1957): Vom Denken in Begriffen, S.136f. Auch in der Mathematik, besonders bei ihrer Anwendung, treffen wir nie auf uninterpretierte Tatsachen: »Die Wörter ›fünf‹ und ›zwölf‹ sind nirgends uninterpretiert; sie sind ebenso wesentliche Bestandteile unserer

Er führt über Sprache, ist nicht in dieser selbst fixiert.[531] Kommunikation über das Beispiel weist auch hier den Weg. Fragen wir also nach »dem« Sinn des Beispiels.[532] In einzelnen Definitions-Rahmen scheint dieser klar und fest umrissen. Doch semantische Verschiebungen machen auch vor »2x2=4« nicht halt.

> »Wenn Interpretieren hieße, eine im Ursprung versenkte Bedeutung langsam ans Licht zu bringen, so könnte allein die Metaphysik das Werden der Menschheit interpretieren. Wenn aber Interpretieren heißt, sich eines Systems von Regeln, das in sich keine wesenhafte Bedeutung besitzt, gewaltsam oder listig zu bemächtigen, und ihm eine Richtung aufzuzwingen, es einem neuen Willen gefügig zu machen, es in einem anderen Spiel auftreten zu lassen und es anderen Regeln zu unterwerfen, dann ist das Werden der Menschheit eine Reihe von Interpretationen. Und die Genealogie muß ihre Historie sein: die Geschichte der Moralen, der Ideale, der metaphysischen Begriffe, die Geschichte des Begriffs der Freiheit oder des asketischen Lebens als der verschiedenen Interpretationen, welche auf dem Theater der Handlungen und der Gerichtsverfahren auftreten.«[533]

interpretierten Sprache wie das Wort ›Apfel‹ selbst. Sie benennen zwei ungreifbare Gegenstände – Zahlen –, die Größen von Mengen von Äpfeln und dergleichen sind. Das ›plus‹ der Addition ist ebenfalls von Anfang bis Ende interpretiert, doch mit dem Zusammenhäufen von Dingen hat es nichts zu tun. Fünf plus zwölf ist: wie viele Äpfel es in zwei separaten Haufen von je fünf und zwölf gibt, allerdings ohne daß sie zusammengeschüttet werden. [...] Die gewöhnliche interpretierte wissenschaftliche Rede ist ebenso unabdingbar auf abstrakte Gegenstände festgelegt (auf Nationen, Spezies, Zahlen; Funktionen, Mengen), wie sie auf Äpfel und sonstige Körper festgelegt ist.« (W.V.O. Quine (1985): Erfolg und Grenzen der Mathematisierung, S.184.)

531 Bei Piaget heißt es, »daß die Bildung der logischen und mathematischen Strukturen im menschlichen Denken sich nicht allein aus der Sprache erklären läßt, sondern ihre Wurzeln in der allgemeinen Koordination von Handlungen hat.« (J.P. (1992): Einführung in die genetische Erkenntnistheorie, S.27f.)

532 Oder *dem* Sinn des Ganzen? »Nein, der Sinn des Lebens besteht darin, daß es keinen Sinn hat zu sagen, daß das Leben keinen Sinn hat. So bodenlos ist eben dieses ganze Streben nach Erkenntnis.« (Niels Bohr; zit. nach Werner Heisenberg (1987): Der Teil und das Ganze, S.163.)

533 Michel Foucault (1987): Nietzsche, die Genealogie, die Historie, S.78.

Wir hatten Sherlock Holmes auf kulturgeschichtliche Spurensuche geschickt. Und prüfen nunmehr das Ergebnis. Tritt jetzt also »2x2=4« sozusagen vor ein »Barth-Russell-Wittgenstein-Tribunal«, dann »entgleitet« im Streit der Parteien »sein Sinn« dem Versuch einer endgültigen »Verhaftung«. - Und der Angeklagte, der immer wieder dingfest gemacht schien, hat sich verflüchtigt?

Nicht unbedingt eine stabile Lage. Die Sehnsucht »nach dem Text vor der Schrift, der Botschaft vor dem Code, dem Fleck vor der Linie«[534] ist schon hier nicht zu befried(ig)en. »Kein Wort, das sich noch von selbst verstand.« (Ebd., S.64.)

Und selbst wenn dieses auch überall umstandslos zur Hand wäre - was heilte schon das metaphysische Trostpflästerchen »2x2=4«? Auch *der* Sinn des Zeichens »2x2=4« ist abhängig von dem gewählten Bezugs- oder Bestimmungsrahmen. Konturiert werden die Positionen der Streiter, die Eigenschaften der Beobachter werden deutlich, nicht die der vermeintlich interesselos beobachteten Sache.

> Wittgenstein zieht eine Konsequenz, er »lehnt [...] sowohl einen strengen Platonismus wie auch den Konstruktivismus ab. [Anm.46] Dies nicht deswegen, weil er behauptet, Sicherheit und Notwendigkeit der Mathematik seien in etwas Drittem begründet, sondern weil er der Meinung ist, die Frage nach der Grundlage der Mathematik an sich sei irreführend. Die Mathematik sei schlicht und einfach nicht die ganz klar abzugrenzende Sammlung von Sprachspielen mit den entsprechenden dazugehörigen Aktivitäten. [...] Wittgenstein sieht darin eine Bestätigung für seine allgemeine Auffassung über das Befolgen einer Regel auch auf dem Gebiet der Mathematik: Der Befolgung mathematischer Regeln oder logischer Schlußregeln liegt nichts anderes zugrunde als ein gewisses Maß an Training und eine allgemein anerkannte Praxis. Die Regeln der Addition zum Beispiel zeigen an sich nicht, wie sie anzuwenden sind. Sie zeigen es erst, wenn man ihre Bedeutung kennt. Ihre Bedeutung kennen heißt aber nichts anderes als imstande sein, gewisse Handlungen durchzuführen bzw. gewisse Handlungen aufgrund

[534] Botho Strauß (1992): Beginnlosigkeit, S.19f.

> einer allgemeinen Praxis zu beurteilen, wobei auf diesem Gebiet ein hohes Maß an Einigung gegeben ist. Hiermit soll nicht gesagt werden, mathematische Sätze wie ›2+2=4‹ seien wahr, nur weil alle Menschen sagen oder glauben, daß 2+2=4 ist. Es heißt nur, daß, sofern es eine Gruppe von Wesen gäbe, innerhalb deren ein großes Maß an Einigkeit über ›2+2=5‹ herrscht, dies nichts anderes bedeutet, als daß diese Wesen eine andere Vorstellung von Zahlen und Addition hätten, als wir sie nun einmal haben.«[535]

Damit haben wir nun zu rechnen, klopfen die Entscheidung für unser Beispiel jedoch weiter auf ihr Konsistenz hin ab.

Unterscheiden, Einteilen, Prüfen

Gehen wir unserem Beispiel also weiter nach. Gibt es einen natürlichen Zwang zur Beobachtung nach der Maßgabe von 2+2=4? Man kann sich ja dagegen wehren:

> »Zwei ungeheure Türme zeigten sich im Tal; ich sagte es schon zu Anfang. Wenn man sie mit zwei multiplizierte, wäre das Ergebnis vier … ich aber sah die Notwendigkeit eines solchen arithmetischen Eingriffs nicht recht ein. […] Möge niemand, der an diesem Ort vorübergeht, es für möglich halten, die Türme mit zwei zu multiplizieren, um als Ergebnis vier zu erhalten.«[536]

Doch die Perspektive ist zäh und klebrig. Noch da, wo man sich gegen sie auflehnt, feiert sie Triumphe? Kann man ihr – unbeschadet – entgehen? Was liegt ihr zugrunde?

Die abendländische Tradition hatte ihr Maß:

> »Der Gedanke an ›Fundamente der Erkenntnis‹ – Wahrheiten, die Kraft ihrer Ursachen, nicht aufgrund der Argumente gewiß sind, die wir für sie anführen – ist die Frucht der griechischen (und insbesondere der Platonischen) Analogisie-

[535] Jan Riis Flor (1993): Der späte Wittgenstein, S.228f.
[536] Comte de Lautréamont (1954): Die Gesänge des Maldoror, S.167f.

rung von Wahrnehmen und Denken. Wesentliches Merkmal dieser Analogie ist, daß ›Wissen, daß ein Satz wahr ist‹ identifiziert wird mit ›von einem Gegenstand kausal veranlaßt werden, irgend etwas zu tun‹.«[537]

Veranlassen uns Gegenstände kausal, sie nach der Maßgabe von 2+2=4 einzuteilen? Blicken wir hier in den Spiegel der Natur?

> »Man könnte auch so fragen: Angenommen, ich habe 4 Gegenstände, die eine Funktion befriedigen, hat es in jedem Fall einen Sinn zu sagen, diese 4 Gegenstände seien 2 + 2-Gegenstände? Ich weiß ja nicht, ob es eine Funktion gibt, die 2 und 2 von ihnen unter je einen Hut bringt. Hat es einen Sinn, von irgend 4 Gegenständen zu sagen, sie bestünden aus 2 Gegenständen und 2 Gegenständen?«[538]

Wie teilen wir die Welt ein? Es ließe sich ja sagen:

> »›Es gibt nur 4 rote Dinge, aber die bestehen nicht aus 2 und 2, weil es keine Funktion gibt, die sie zu je zweien unter einen Hut bringt.‹ [...] In diesem Sinne könnte man sagen, daß zwar 2 und 2 immer 4 ergeben, aber 4 nicht immer aus 2 und 2 besteht. [...]«[539]
> »Man möchte sagen: 4 muß nicht immer aus 2 und 2 bestehen, aber es kann, wenn es wirklich aus Gruppen besteht, aus 2 und 2 wie aus 3 und 1, etc., bestehen; aber nicht aus 2 und 1, oder aus 3 und 2, etc; und so bereiten wir alles für den Fall vor, daß 4 in Gruppen zerlegbar ist. Aber dann hat es die Arithmetik gar nicht mit der wirklichen Zerlegung zu tun, sondern mit jener Möglichkeit der Zerlegung.« (Ebd., S.337.)

[537] Richard Rorty (1987): Der Spiegel der Natur. Eine Kritik der Philosophie, S.176. »Veranlaßt durch mathematische Wahrheiten war die Platonische Unterscheidung keine erkenntnistheoretische, sondern eine metaphysische – eine Unterscheidung der Welt des Seins von der Welt des Werdens.« (Ebd., S.177.)

[538] Wittgenstein (1981): Philosophische Bemerkungen, S.124.

[539] Wittgenstein (1973): Philosophische Grammatik, S.336, vgl. insgesamt ebd., S.336–340.

Nach dieser Vorstellung geht von den Dingen selbst kein Zwang aus, sie nach dem Muster »2+2=4« zu sortieren. Allerdings liegt die Möglichkeit einer solchen Einteilung vor.

»Bestehen denn z.B. 4 Punkte in meinem Gesichtsfeld, die ich ›als 4‹, nicht ›als 2 und 2 sehe‹, aus 2 und 2? Ja, was heißt das? Soll es heißen, ob sie in irgendeinem Sinne in Gruppen von je 2 Punkten geteilt waren? Gewiß nicht. (Denn dann müßten sie ja wohl auch in allen andern denkbaren Weisen geteilt sein.) Heißt es, daß sie sich in Gruppen von 2 und 2 teilen *lassen*? Also, daß es *Sinn hat*, von solchen Gruppen in den vieren zu reden? - Jedenfalls entspricht doch das dem Satz ›2+2=4‹, daß ich nicht sagen kann, die Gruppe der 4 Punkte, die ich gesehen habe, habe aus getrennten Gruppen von 2 und 3 Punkten bestanden. Jeder wird sagen: das ist unmöglich, denn 3+2=5. (Und ›unmöglich‹ heißt hier ›unsinnig‹.)« (Ebd., S.339.)
»›Bestehen 4 Punkte aus 2 und 2‹ kann eine Frage nach einer physikalischen oder visuellen Tatsache sein; dann ist es nicht die Frage der Arithmetik. Die arithmetische Frage kann allerdings in der Form gestellt werden: ›Kann eine Gruppe von 4 Punkten aus getrennten Gruppen von je 2 Punkten bestehen.‹« (Ebd., S.339f.)

Sehr vertrackte Fragen: Dabei scheint 2+2=4 so einfach. Wie sind die physikalischen und visuellen Tatsachen mit Arithmetik verbunden? Die berühmte Frage - »Was war zuerst?« - taucht wieder auf.

Viel war und ist von der Möglichkeit der Zerlegung oder Zusammenfügung von Punkten die Rede. Mathematische Punkte platonischer Art? Geht der Möglichkeit der Zerlegung also die Beobachtung, die Definition von teilbaren und zusammenführbaren Dingen, und dann die Prüfung ihrer Zusammenlegbarkeit und Teilbarkeit voraus? Kommen wir, in dieser Perspektive - und entgegen der apriorischen Vorstellung - vielleicht erst nach diesen »erfolgreich verlaufenden« Einteilungen zu unserem Satz?

»Welche Teile ein Gegenstand hat, hängt von den verschiedenen Teilungsverfahren ab. Alle möglichen Dinge könnte man Teilen oder Zusammensetzen nennen, und zu ihnen gehört auch die visuelle Teilung. Durch verschiedene Aufmerksamkeitsakte läßt sich eine Figur in verschiedener Weise aufteilen. Nehmen wir an, wir teilen IIII visuell in zwei Zweiergruppen. Damit, so könnte man sagen. *sieht* man, daß 2 + 2 = 4. Die Gleichung kann man jedoch nicht sehen. Es gibt kein Phänomen des Sehens, daß 2 + 2 dasselbe bedeutet wie 4. Was es dagegen gibt, ist ein Phänomen des Sehens bestimmter Aspekte. Dadurch, daß man die Striche paarweise sieht, wird eine Regel - 2 + 2 = 4 - *nahegelegt*. Ein bestimmter Symbolismus geht ohne weiteres mit einem bestimmten Aspekt einher, der uns auffällt, wenn wir einen Gegenstand betrachten.«[540]

Ein Symbolismus also. Man muß sich ein Bild von Gegenständen und Einteilungen machen. Nichts ordnet sich demnach von selbst nach dem Prinzip 2+2=4, dazu bedarf es der interpretierenden Wahrnehmung eines Beobachters, in dessen Handlungsweise eine solche Strukturierung und die Überprüfung ihrer Funktionsfähigkeit fällt. Etwas als 2+2=4 zu sortieren entspricht offenbar einem Wunsch, einem Bedürfnis, nicht aber einem der Gegenstandsordnung adäquaten Erfordernis.[541] Setzen wir das Ordnungsprinzip 2+2=4 unbesehen für alle Fälle und Zeiten voraus?

»Wenn ich sage: Wenn 4 Äpfel auf dem Tisch liegen, so liegen 2 + 2 Äpfel auf ihm, so heißt das nur, daß mit den 4 Äpfeln schon die Möglichkeit gegeben ist, sie zu zwei und zwei zusammenzufassen, und ich brauche nicht auf die wirkliche Zusammenfassung durch einen Begriff zu warten. Diese ›*Möglichkeit*‹ bezieht sich auf den Sinn, nicht auf die Wahrheit eines Satzes. 2 + 2 = 4 kann heißen ›wo immer ich 4 Gegenstände habe, besteht die Möglichkeit, sie zu zwei und zwei zusammenzufassen‹.«[542]

[540] Wittgenstein (1989): Vorlesungen 1930–1935, S.385.

[541] »Wenn eine Berechnung nämlich eine Berechnung ist, so läßt sich die Entscheidung, etwas zu berechnen, nicht dem Berechenbaren zuordnen [...].« (Jacques Derrida (1991): Gesetzeskraft, S.49.)

[542] Ludwig Wittgenstein (1981): Philosophische Bemerkungen, S.125.

Das hat Konsequenzen.

> »Man kann nicht sagen: ›ich werde ausrechnen, *daß* es so ist‹, sondern ›*ob* es so ist‹. Also, ob *so*, oder anders.«[543]

Denn wir arbeiten auch hier allem Anschein nach mit Hypothesen. Sehen nach, was paßt, was geht.

> »Nehmen wir 2 + 2 = 4 als Beispiel, dann hat es im Hinblick auf den Gesichtsraum Sinn, zu sagen, daß zwei Gegenstände + zwei weitere Gegenstände vier Gegenstände ergeben. [...] Im physikalischen Raum dagegen ist 2 + 2 = 4 eine Hypothese und bedarf der Verifikation. Wenn man in einem Zimmer zwei Gegenstände sieht und in einem anderen Zimmer zwei weitere Gegenstände, ist es eine Hypothese, wenn man sagt, daß sie insgesamt vier ausmachen, denn wenn man sie dann zusammenbringt, erhält man womöglich fünf Gegenstände. Im Gesichtsfeld kann das nicht passieren. Vier Tropfen Regenwasser in zwei Zweiergruppen kann man ausschließlich als vier Tropfen sehen, während sie in der physikalischen Welt zusammenfließen und einen großen Tropfen bilden können.«[544]

Steter Tropfen höhlt den Stein, und wohl auch das platonische Mathematikidol.

> »Es gibt auf der Welt eben so viele Schafsköpfe wie Schafsherzen; und auf jeden Schafskopf kommen vier Schafsfüße [wie wir, einer Regel folgend, voraussetzen; aber eine Regel ohne Ausnahme?]. Dieses letztere Verhältnis ist aber nicht mehr ganz der Natur entsprechend ausgedrückt; die Natur kann nicht zahlen, nicht bis zu vier. [...] Es gibt keine Zahl außer im Menschenkopfe. Und auch da ist die Zahl erst durch die Sprache entstanden.«[545]
> »Wir sagen: Gut, das Bewußtsein der Zehnzahl der Birnbäume mag allein in meinem Kopfe sein; aber was dieser Zehn-

[543] Wittgenstein (1973): Philosophische Grammatik, S.366.
[544] Wittgenstein (1989):Vorlesungen 1930–1935, S.97.
[545] Fritz Mauthner (1982): Beiträge zu einer Kritik der Sprache, Bd.3, S.147.)

zahl in der Wirklichkeit entspricht, das ist auch in der Natur, ihr unbewußt, dieselbe Anzahl. Nein, antworte ich; schon der unbestimmte Begriff Anzahl ist sprachlicher Art. Die Natur zählt weder bewußt noch unbewußt.«[546]

Natur selbst produziert sozusagen keine Differenz, auf die hin gezählt werden könnte. Die Differenz wird gesetzt.

»Was zeigt uns der, der 4 Kugeln in 2 und 2 trennt, sie wieder zusammenschiebt, wieder trennt, etc.? Er prägt uns ein Gesicht ein und eine typische Veränderung dieses Gesichts.«[547]

Vermittelt wird ein Strukturprinzip, ein Paradigma, mit dem wir rechnen, ohne gleich zu wissen, wie und ob dieses überall anwendbar ist. Wozu auch gleich über's Ziel hinausschießen? Der einst platonisch inspirierte mathematische Prophet ist mehr als vorsichtig geworden. Wer geht schon gerne als »Johannes der Täuscher« (Karl Kraus) in die Geschichte der Arithmetik ein?

»Es ist leicht zu erkennen, daß Aussagen der Geometrie und der Arithmetik als Aussagen der Grammatik verwendet werden, daß sie z.B. keine Prognosen darüber stellen, was geschehen wird, wenn man zwei 2 m lange Stäbe zusammen- und einem dritten, 4 m langen Stab gegenüberlegt. [...]
Es folgt keineswegs, daß man durch Zusammenlegen der beiden Zweimeterstäbe 4 m erhalten wird. Sagt man, sie *müssen* 4 m ergeben, so ist damit nichts über das tatsächliche Meßresultat gesagt. [...]«[548]

[546] Ebd., S.148f. Wobei wir, um die ontologisierende Vorstellung nicht nahezulegen, sagen könnten: sie existiert nur in der Kommunikation.

[547] Wittgenstein (1984,1): Bemerkungen über die Grundlagen der Mathematik, S.67. »Wittgenstein faßt [...] alle mathematischen Überlegungen (Beweise) in ihrem Ursprung als ›Bilder‹ auf. Bei diesen Bildern handelt es sich genauer um frei hervorgebrachte anschauliche Konstruktionshandlungen [...], die dann etwa zur Deutung von Experimenten verwendet werden. In dem Maße wie sich Anwendungen eines Bildes finden, erweist sich dieses als mehr oder weniger brauchbar.« (Friedrich Kambartel (1968):Erfahrung und Struktur. Bausteine zu einer Kritik des Empirismus und Formalismus, S.214f.)

[548] Wittgenstein (1989): Vorlesungen 1930–1935, S.380.

Aber so schnell geben wir die Festigkeit unserer Überzeugung in diesem Spiel nun doch nicht auf:

»›Du brauchst ja nur auf die Figur

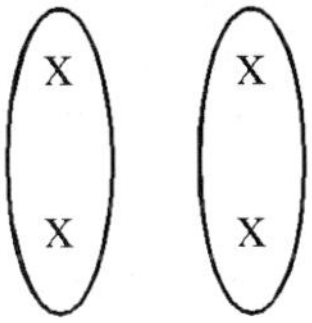

zu sehen, um zu sehen, daß 2 + 2 = 4 ist.‹ - Dann brauche ich nur auf die Figur

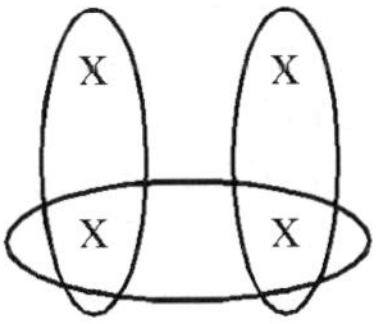

zu schauen, um zu sehen, daß 2 + 2 + 2 = 4 ist.«[549]

Warum ist man nur noch nicht darauf gekommen? Warum werden die Einteilungen so vorgenommen, wie sie vorgenommen werden? So leicht und offensichtlich haben wir unsere Sicherheit scheinbar doch nicht in der Tasche.

Nun ist »2+2=4« in dieser Hinsicht selbstverständlich äußerst resistent gegen Veränderungen. Doch ob sich Einteilungen, Perspektiven bewähren, ist - auch hier »trial and error« - in empirisch-pragmatischer Hinsicht zu prüfen. Ein Pröbchen, hochgerechnet, tut's da nicht. Der Lackmus-Test erfolgt als umfangreicher Feldversuch:

»Lege 2 Äpfel auf die leere Tischplatte, schau, daß niemand in ihre Nähe kommt und der Tisch nicht erschüttert wird;

549 Wittgenstein (1984,1): Bemerkungen über die Grundlagen der Mathematik, S.52. David Bloor (1983: Wittgenstein. A social theory of knowledge. S.90f.) hat gerade auch anläßlich dieses Wittgenstein-Zitats auf Mathematik als »An Anthropological Phenomenon« verwiesen (ebd.: Kap. 5).

nun lege noch 2 Äpfel auf die Tischplatte; nun zähle die Äpfel, die da liegen. Du hast ein Experiment gemacht; das Ergebnis der Zählung ist wahrscheinlich 4. (Wir würden das Experiment so darstellen: wenn man unter den und den Umständen erst 2, dann noch 2 Äpfel auf einen Tisch legt, verschwindet zumeist keiner, noch kommt einer dazu.)«[550]

»Wird es nun experimentell festgestellt, ob sich ein Satz aus dem anderen ableiten läßt? - Es scheint, ja! Denn ich schreibe gewisse Zeichenfolgen hin, richte mich dabei nach gewissen Paradigmen - dabei ist es allerdings wesentlich, daß ich kein Zeichen übersehe, oder daß es sonstwie abhanden kommt - und was bei diesem Vorgang entsteht, davon sage ich, es folge. - Dagegen ist ein Argument dies: Wenn 2 und 2 Äpfel nur 3 Äpfel geben, d.h., wenn 3 Äpfel daliegen, nachdem ich zwei und wieder zwei hingelegt habe, sage ich nun nicht: ›2 + 2 ist also doch nicht immer 4‹, sondern: ›Einer muß irgendwie weggekommen sein‹.«[551]

So weit so gut, und alles in bester Ordnung.

»Und analoge Experimente kann man, mit dem gleichen Ergebnis, mit allerlei festen Körpern ausführen. - So lernen ja die Kinder bei uns rechnen, denn man läßt sie 3 Bohnen hinlegen und noch 3 Bohnen und dann zählen, was da liegt. Käme dabei einmal 5, einmal 7 heraus (etwa darum weil, *wie wir jetzt sagen würden*, einmal von selbst eine dazu-, einmal eine wegkäme), so würden wir zunächst Bohnen als für den Rechenunterricht ungeeignet erklären. Geschähe das Gleiche aber mit Stäben, Fingern, Strichen und den meisten anderen Dingen, so hätte das Rechnen damit ein Ende.

›Aber wäre dann nicht doch noch 2 + 2 = 4?‹ - Dieses Sätzchen wäre damit unbrauchbar geworden.«[552]

Universalisierungsansprüche werden entschieden zurückgewiesen: Es geht, in konkreten Situationen, immer nur das, was

[550] Wittgenstein (1984,1): Bemerkungen über die Grundlagen der Mathematik, S.51.

[551] Ebd., S.96f.; vgl.: ebd., S.160.

[552] Ebd., S.51f.

geht. Man kann auch hier nicht machen was man will. Es ist eher ein Wechselspiel: »Anything goes« und »Rien ne va plus«. Und das auch in anderer Hinsicht. Denn die Einteilung nach 2+2=4 hat sich allem Anschein nach ja bewährt. Und so ist dem apriorischen Begründungskonzept ein anderes entgegenzuhalten.

Festigkeit der Perspektive

> »Eine Wissenschaft aber ist niemals abgeschlossen; sie hat auch eine Geschichte. Und außerdem sind die wissenschaftlichen Gegebenheiten vielfältiger Interpretationen fähig.«[553]
> »Wissenschaftliches Erkennen ist in ständiger Evolution begriffen; es ändert sich von Tag zu Tag. [...] Wissenschaftliches Denken ist nicht Sache eines Augenblicks, ist nichts Statisches, sondern ein Prozeß. Genauer: es ist ein Prozeß kontinuierlicher Konstruktion und Reorganisation.«[554]
> »Im Rückblick kann man erkennen, daß das, was heute für wahr gehalten wird, nicht immer für wahr gehalten oder auch nur gesehen wurde, und die Soziologie mag sich dann damit befassen, zu erklären, warum man wußte, was man wußte, als man noch nicht wußte, was man heute weiß. Das sind sinnvolle Forschungsaufgaben. Sie laufen aber fast zwangsläufig darauf hinaus, die heutige Wissenschaft mit dem, was man für wahr hält, aus dem Bereich des soziologischen Erklärbaren zu entlassen.«[555]

Überspitzt formuliert: der Versuch, aus der Fülle beobachtbarer Definitionen - mythischen, theologischen, philosophischen - ein allgemeinverbindliches Kondensat zu gewinnen, den abschließend gültigen enzyklopädischen Roman liefern zu wollen, ist zum Scheitern verurteilt. Endete man nicht mit Bouvard und Pécuchet auf dem (Zitat-)Boulevard?

> »›[...] es gibt unbestreitbare Tatsachen. In gewissen Grenzen ist die Wahrheit erreichbar.‹

[553] Luce Irigaray (1991): Macht des Diskurses. Unterordnung des Weiblichen. Ein Gespräch, S.125.
[554] Jean Piaget (1992): Einführung in die genetische Erkenntnistheorie, S.8.
[555] Niklas Luhmann (1992): Die Wissenschaft der Gesellschaft, S.69.

›In welchen? Ist zwei und zwei immer vier? Ist das Gefäß gewissermaßen geringer als der Inhalt? Was bedeutet eine annähernde Wahrheit, ein Bruchteil von Gott, ein Teil eines unteilbaren Ganzen?‹
›Ah! Du bist ein Sophist!‹ Und verärgert schmollte Pécuchet drei Tage lang.
Sie verbrachten sie mit der Durchsicht der Inhaltsverzeichnisse mehrerer Bände. Bouvard lächelte von Zeit zu Zeit und nahm die Unterhaltung wieder auf.«[556]

Auch für den Enzyklopädisten gilt: »Die Denkmalshöhe des Beobachters ist von eigenen Gnaden.«[557] Setzen wir die Perspektive also anders. Selige Zeiten: »[...] im Anfang war alles beisammen; da kam der Verstand und schuf Ordnung«.[558]

»Ich habe ihm den Kopf visitiert. Die zweifelhafte Unterscheidung zwischen hier und dort, zwischen heute und übermorgen, die uns jetzt so viele Verlegenheiten bereitet, gab's damals nicht; die Frage, ob zwei mal zwei vier sei oder sonst was, ließ man unentschieden; und was die Grundsätze der Geometrie betrifft, so kann ich wenigstens so viel mit Bestimmtheit versichern, daß zu jenen Zeiten die krümmste Linie der kürzeste Weg zwischen zwei Punkten war.«[559]

[556] Gustave Flaubert (1979): Bouvard und Pécuchet, S.286f. Und wir folgen eben auch nicht - anästhesiert - der endlosen Traumfährte jenes promovierten Obristen: »Der Advokat: Das ganze Leben besteht bloß aus Wiederholungen... Sieh dir den Lehrer da drinnen an!... Er ist gestern promoviert worden, er hat einen Lorbeerkranz bekommen, die Kanonen haben Salut geschossen, der König hat ihn umarmt...und heute fängt er wieder von vorn an und fragt, wieviel zwei mal zwei ist, und so bleibt es, bis zu seinem Tod... Und du, komm jetzt zurück, in dein Heim!« (August Strindberg (1983): Ein Traumspiel, S.47; s.o.)

[557] Jürgen Fohrmann (1988): Der Kommentar als diskursive Einheit der Wissenschaft, S.255.

[558] Anaxagoras, zitiert nach Friedrich Nietzsche (1981,1): Die Geburt der Tragödie, S.81.

[559] Wie es in Wilhelm Buschs köstlicher Satire »Eduards Traum« (1974, S.75) über ein »wunderliches Geschöpf« heißt, »welches die größte Ähnlichkeit mit einem überreifen Kürbis« (S.74) hatte. Dabei geht es um den »Mensch[en] von vor tausend Millionen Jahren, ehe er herabsank zum verächtlichen Lanzettierchen« (S.74). Schön sei dieser nicht gewesen, aber schlau, deshalb nämlich, weil er die zweifelhaften Differenzen nicht markiert habe.

Wir unterscheiden, zählen 2+2=4, haben unsere Überzeugungen. Woher stammt diese Zählweise? Wie ist sie gesichert? Wie kommen wir zu den 4 Gegenständen, die wir dann einteilen können? Finden wir diese vor?

»Apriori wahre Sätze der Tradition wie die sogenannten Vernunftwahrheiten bei Leibniz gelten als wahr in *jeder* möglichen Welt und damit auch in jeder möglichen Sprache. Nach Nietzsche muß der Satz, daß 2 x 2 = 4 sei, weil er gewiß, d.h. unbezweifelbar ist, noch nicht wahr sein (ebenso ist es ja auch schon nach Descartes). Sätze dieser Art, als in allen möglichen Sprachen als wahr geltende Sätze, sind nicht vor oder unabhängig von den verschiedenen wirklichen Sprachen wahr, sondern *in jeder* dieser Sprachen, d.h. innerhalb der Voraussetzungen einer inneren Festigkeit der Perspektive solch einer Sprache, derzufolge eine Einteilung der Dinge in Klassen so besteht, daß *daraufhin* gezählt werden kann. Wir zählen, nachdem wir, wie auch immer, *eingeteilt haben*, und so gesehen sind die mathematischen Wahrheiten und alle Vernunftwahrheiten a posteriorische Aussagen. Die mathematischen Sätze beziehen sich erst zusammen mit der Zweckmäßigkeit unserer Einteilungen auf die Wirklichkeit, d.h. sie halten sich an die Zeichen, die in einem ›unmittelbaren‹ Verständnis fraglos für Klassen stehen, in die wir uns zum Zwecke unserer Orientierung die Wirklichkeit eingeteilt denken. Es genügt, daß die verschiedenen Klassen stehen, gleichgültig, ob sie aus nur ›gedachten‹ oder aus bewährten Einteilungen resultieren.«[560]

[560] Josef Simon (1989): Philosophie des Zeichens, S.128f. Ein populärphilosophisches Buch kommentiert Leibniz: »Um zu ermitteln, daß 2 + 2 = 4 ist, sind wir nicht auf unsere Sinne angewiesen. Wir müssen weder – wie der Bakterien-Forscher und der Bauer – eine Beobachtung anstellen, noch sonst eine Erfahrung machen, damit wir die Summe ausrechnen können. Und wenn wir während der Addition Äpfel zusammenlegen, so bedeutet das keineswegs, daß wir durch die Äpfel zu einem Ergebnis kommen. Vielmehr wenden wir unsere Fähigkeit, Zahlen zusammenzuziehen, auf die Äpfel an. Demnach spielt sich der Vorgang, der uns zu der Summe vier führt, allein in unserem Kopf ab, er besteht also aus ›reinem Denken‹.

Zudem besitzen die mathematischen Ergebnisse oder Behauptungen (wie 2 + 2 = 4) den Vorzug, daß sie in jedem Fall und in alle Ewigkeit stimmen [...].« (Paul-Heinz Koesters (1980): Deutschland deine Denker, S.47f.)

Bei Nietzsche heißt es:

> »Auf eine Welt, welche nicht unsere Vorstellung ist, sind die Gesetze der Zahlen gänzlich unanwendbar: diese gelten allein in der Menschen-Welt.«[561]
> »Die Erfindung der Gesetze der Zahlen ist auf Grund des ursprünglich schon herrschenden Irrtums gemacht, daß es mehrere gleiche Dinge gebe (aber tatsächlich gibt es nichts Gleiches), mindestens daß es Dinge gebe (aber es gibt kein ›Ding‹). ... schon da fingieren wir Wesen, Einheiten, die es nicht gibt.« (Ebd., S.33.)

Wenn also nichts einzuteilen wäre, niemand Unterscheidungen vornähme? Die Perspektive hat sich sozusagen umgekehrt: Erst wenn Dinge als Dinge wahrgenommen, beschrieben, definiert werden, kann - 2+2=4 - gezählt werden, solange die Festigkeit dieser Perspektive hält. (Was sie im vorliegenden Falle freilich recht fest verspricht.) Methodologie ist dann auch weniger beschreibbar als Objektreferenz, sondern als »Festigkeit der Perspektive«, als geltende, funktionsfähige Regel.

> »Schon für den rein rechnerischen Umgang mit Quantitäten gilt, daß einzelne Schritte im Nacheinander vollzogen werden müssen, jeweils auf die Ergebnisse vorangehender Messungen bzw. Rechnungen aufbauend. Methoden benutzen als Symmetriebrecher mithin Zeit, nicht Referenz. Die Zulassung von Schritten hängt von der Entscheidbarkeit der Wahrheitsfrage ab. Es muß nicht unbedingt nur eine einzige richtige Reihenfolge geben. Vorausgesetzt ist aber immer und zugleich mit der Wahrheitsentscheidung garantiert, daß die Ergebnisse vorheriger Operationen nicht zerfallen, wenn sie als Prämisse weiterer Operationen verwendet werden (also daß 2+2=4 nicht falsch wird, wenn das Ergebnis mit 4 multipliziert wird). Die Methodologie skizziert, so gesehen, Programme (bzw. Strategien) für die Abfolge der Autopoiesis des Systems [Anm.]; und nur in der Methodologie (in der Methodentheorie also) entsteht daraus wiederum ein Satz-

[561] Friedrich Nietzsche (1982,1): Menschliches, Allzumenschliches, S.34.

bau, der es ermöglicht, über Methoden theoretisch zu forschen, ihre Leistungen zu vergleichen und zu erklären.«[562]

Und dies ist, selbstverständlich, kein Beweis für die uneingeschrankte Geltung unseres Beispiels, nicht sein festes Fundament. Wir rechnen mit »2x2=4«, mit der »Festigkeit der Perspektive«, nicht mit der Geltung »in jeder Welt«. Verkürzt: Statt einer »Theorie des Seins« geht es nunmehr um eine »Theorie des Wissens«.[563]

> »Wenn man wissen will, was ›2 + 2 = 4‹ heißt, muß man fragen, wie wir es ausrechnen. Wir betrachten dann den Vorgang der Berechnung als das Wesentliche, und diese Betrachtungsweise ist die des gewöhnlichen Lebens, wenigstens, was die Zahlen anbelangt, für die wir eine Ausrechnung bedürfen. Wir dürfen uns ja nicht schämen, die Ziffern und Rechnungen so aufzufassen, wie sie die alltägliche Arithmetik jedes Kaufmanns auffaßt. Wir rechnen dann 2+2=4 und überhaupt die Regeln des kleinen Einmaleins gar nicht aus, sondern nehmen sie - sozusagen als Axiome - an und rechnen nur *mit ihrer Hilfe*. Wir könnten aber natürlich auch 2+2=4 ausrechnen und die Kinder tun es auch durch Abzählen. Gegeben die Ziffernfolge 1 2 3 4 5 6, ist die Ausrechnung:
>
> 1 2 1 2
> 1 2 3 4«[564]

Die Methode macht's, bringt unser Sätzchen (mathematische Wahrheit) auf den Weg. Als das *Was* gilt das funktionierende *Wie*. Das immerhin findet sich formuliert auch bei Leibniz. Im Anschluß an einen von ihm vorgelegten Beweis für »2+2=4« heißt es:

> »So wenig nötig dieser Beweis auch im Hinblick auf seinen altbekannten Schlußsatz sein mag, so dient er doch dazu, er-

[562] Auch Niklas Luhmann gebraucht unser Beispiel: N.L. (1992):Die Wissenschaft der Gesellschaft, S.417.

[563] »Und damit tritt an die Stelle der Frage ›was ist?‹ die Frage ›wie wird seligiert?‹.« (Ebd., S.107.)

[564] Wittgenstein (1973): Philosophische Grammatik, S.333.

sichtlich zu machen, wie die Wahrheiten von den Definitionen und Axiomen abhangen.«[565]

Aber zurück - bzw. nach vorn - zu Wittgenstein. Die Einteilungsweise, ihr Regelwerk muß freilich gewußt werden. Wissen wird zu einer Art Grundnahrungsmittel, ohne das nichts geht.

> »Wir verwenden ›2x2=4‹ in solcher Weise, daß es dasselbe bedeutet wie ›4‹. Also besagt die Feststellung ›Er aß die Anzahl von Äpfeln, die das Produkt von 2 mal 2 bildet‹ genau dasselbe wie die Feststellung, daß er vier Äpfel aß, und die Äußerung ›Er aß die Quadratwurzel aus 4 Äpfeln‹ heißt nichts anderes, als daß er 2 Äpfel aß.«[566]

Ein sehr frugales Mahl: Die Quadratwurzel aus 4 Äpfeln mit Stumpf und Stiel, Plus und Minus und dem innersten Kern restlos vertilgt. Man muß das wohl wissen; wobei genau die Frage nach der Bedeutung des »Wir« wieder auftauchen dürfte. Müssen wir, nunmehr an dieser Stelle angelangt, dieses Wissen Arno Schmidt und seinen Rezipienten (s.o., S.30 f., S.41) nachrufen?

Es ist also die Festigkeit der Perspektive, die Konsistenz des Diskurses, die Gewißheit, Sicherheit verleiht. Dies ist freilich ein schwankender Steg. Wie ist dieser Pfad zu sichern?

[565] Leibniz (1915): Neue Abhandlungen über den menschlichen Verstand, S.490f. Der Beweis wird kommentiert bei Gottlob Frege (1987): Die Grundlagen der Arithmetik, S.30ff.

[566] Wittgenstein (1989): Vorlesungen1930–1935, S.400. Mit Bezug auf ein anderes Beispiel: »Zwar wird ›3‹ einmal durch ›2 + 1‹, ein anderes Mal durch ›5 - 2‹ interpretiert. Insofern wäre es jedesmal ein Zeichen mit einer anderen Bedeutung und folglich auch jedesmal ein anderes Zeichen. Da aber sowohl ›2 + 1‹ wie auch ›5 - 2‹ umgekehrt als ›3‹ interpretiert werden können, sind beide Ausdrücke dasselbe Zeichen. ›3‹ erfährt durch beide dieselbe Interpretation und bleibt somit dasselbe Zeichen. Diese *Tilgung* der Unumkehrbarkeit der *Zeit* ist in der Mathematik durch eine axiomatische Interpretationsregel sichergestellt. Sie stellt Wiederholbarkeit, d.h. die Identität von Zeichen bei *vordergründig* verschiedener Bedeutung sicher. Sie errichtet einen *Hintergrund*. […] Jedes Zeichen hat in der Mathematik beliebig viele, aber nicht beliebige Bedeutungen, und jedes ist die Bedeutung von beliebig vielen, aber nicht von beliebigen anderen Zeichen. 3 = 4 - 1 = 5 - 2 = 6 - 3 und unendlich so weiter, aber nicht = 4.« (Josef Simon (1989): Philosophie des Zeichens, S.57f.)

»Im zu akzeptierenden Relativismus steckt keinerlei Beliebigkeit, sondern nur die Nachfrage nach den Konditionierungen, die das ›Wie‹ der Unterscheidungen bestimmen. Und das läuft auf eine empirische Frage, eine Frage an den Beobachter von Beobachtern hinaus.«[567]

Folgen wir Wittgenstein:

»Was in Lehrbüchern, der Geographie z.B., steht, halte ich im allgemeinen für wahr. Warum? Ich sage: Alle diese Fakten sind hundertmal bestätigt worden. Aber wie weiß ich das? Was ist meine Evidenz dafür? Ich habe ein Weltbild. Ist es wahr oder falsch? Es ist vor allem das Substrat alles meines Forschens und Behauptens. Die Sätze, die es beschreiben, unterliegen nicht alle gleichermaßen der Prüfung.«[568]

Die individuelle Perspektive als Garant? Diskursregeln, kommunikative Rückbindungen sind auch hier unerläßlich:

»Bin ich weniger sicher, daß dieser Mann Schmerzen hat, als daß 2 x 2 = 4 ist? - Aber ist darum das erste mathematische Sicherheit? - ›Mathematische Sicherheit‹ ist kein psychologischer Begriff.
Die Art der Sicherheit ist die Art des Sprachspiels.«[569]

Aber wie kommen wir zu dem geltenden Sprachspiel? Wie werden seine Regeln vermittelt? Gehen wir nunmehr dieser Frage nach.

[567] Niklas Luhmann (1992): Die Wissenschaft der Gesellschaft, S.15.
[568] Wittgenstein (1984,2): Über Gewißheit, Nr.162, S.153.
[569] Wittgenstein (1984): Philosophische Untersuchungen, S.569.

Rechenstunde mit unerbittlicher Abrichtung (Soziale Aspekte)

»In der Schule war sie heute nicht die Beste. Das zeigte sich bereits beim Einmaleins. Sie fragte: ›Zwei mal zwei?‹ Und wartete. Ein Schüler der ersten Klasse erhob sich: ›Ist vier!‹
Sie fixierte ihn mit ihren blauen Lichtern.
›Zwei mal zwei ist fünf!‹ erklärte sie.
Und sie schrieb es bereits an die Tafel, auf daß er sich's merke:

(›Na, was ist denn?‹)
›2 x 2 = 5‹
Die Mädchen hatten zu kichern begonnen.
Nun stimmten auch die Buben ein.
›Ist vier!! Ist vier!!‹ jubelten alle im Chor.
Sie bekam einen roten Kopf und griff nach dem Schwamm.
›Ruhe!!‹ schrie sie wie ein Unteroffizier und klatschte schon wütend das Wasser gegen die Tafel.
Und schrieb aufs neue:
›2 x 2 = …‹ Knacks! Eine Rune!
Das Stück Kreide war unter dem Druck ihrer Finger zerbröckelt.«[570]

Unterbrechung. Kleine Pause. Steigen wir langsam in die Rechenstunde ein. Abschweifend, auf den Schwingen der Assoziation. Es wird schon noch streng genug.

Wer ist schon vorm Übel der Abweichung gefeit, allzeit nüchtern, voll und konzentriert bei der Sache? Von Lehrprobe zu Lehrprobe, von Schülermaterial zu Schülermaterial das gleiche Ergebnis? Das Experiment als reine Gleichförmigkeit? Und die Pädagogik immer in Form?

Emotionen, Schwankungen, Abweichungen auch hier. (Wer erinnerte sich nicht, rückblickend auf die eigene Schulzeit?) Doch auf's Ganze gesehen halten wir solche Anfechtungen zumeist weit außen vor: Didaktische Intermezzi; Heiterkeitsbonbons; kleine bescheidene Unfehlbarkeitsdementis.

[570] Hans Lebert (1991): Die Wolfshaut, S.443f.

Insgesamt scheint es so: Auch in pädagogischer Theorie halten sich noch immer Vorstellungen, den unverrückbar festen Stand der Dinge und deren umstandslose Vermittlung betreffend. Pädagogik als Mäeutik, Hebammenkunst: das »Schülermaterial« wird lediglich von seinen eingeborenen Weisheiten entbunden?

Verblüffend die Vorstellung, Schülern würde eine nahezu kontextfrei gegebene Wahrheit, unabhängig von thematischen Vorgaben, vom methodischen Vorgehen der Pädagogen wie deren Überzeugungen vermittelt?

»Wieviel ist zwei mal zwei?

In einer Schule sagte einmal der Lehrer zu den Schülern: ›Merkt es Euch, liebe Kinder, zwei mal zwei ist neun‹. Es war eine seiner letzten Unterrichtsstunden. Kurz danach hat man ihn wegen fortgeschrittenen Alters pensioniert.

Nach Ausscheiden des Lehrers sah sich das Lehrerkollegium vor eine schwierige Frage gestellt: Wie soll man den Mathema-

tikunterricht fortsetzen, wenn die Kinder in der irrigen Überzeugung beharren, daß zwei mal zwei neun ist? Wie soll man ihre entstellte Auffassung über das Einmaleins korrigieren?
Nach dem Meinungsaustausch, der im Schoße des Lehrkörpers stattgefunden hat, kam jemand zu dem Schluß, daß es ein Unsinn wäre, den Kindern das absolut umgekehrte Ergebnis der Aufgabe, zwei mal zwei sei vier, zu offenbaren. Ein so krasser Unterschied in der Berechnung könnte, wie behauptet wurde, das Kinderhirn zu stark erschüttern. Man empfahl demnach dem neuen Lehrer, seinen Schülern ein der Wahrheit näher liegendes Ergebnis bekanntzugeben, nämlich zweimal zwei gleich sieben.
›Mögen die Kinder etappenweise die richtige Lösung kennenlernen‹, sagte der Schulleiter in der Lehrkörperversammlung.
In Übereinstimmung mit diesem Beschluß hielt man es für angebracht, in der folgenden Stunde ein der Wahrheit schon näherliegendes Ergebnis zu wagen: zwei mal zwei gleich sechs.
Es zeigte sich aber, daß diese Lehrmethode kaum voraussehbare Folgen hatte. Denn nicht alle Schüler reagierten auf gleiche Weise auf das derart entstandene Zahlendurcheinander.
Es gab welche, die das jeweils angegebene Ergebnis gleichgültig ins Heft schrieben, ohne sich intellektuell zu engagieren.
Manche lehnten sich innerlich auf, ohne öffentlich zu protestieren.
Es gab auch eine Gruppe von Kindern, die nach dem Unterricht zum Lehrer ging und um Aufklärung bat, doch dieser schickte sie fort unter irgendeinem Vorwand. Ein großer Teil der Schüler bestand hartnäckig auf der ersten Variante ›2x2=9‹, denn er hatte keine Lust, immer wieder die gleiche Aufgabe umzuschreiben.

Artige Kinder schrieben die immer wieder neuen Ergebnisse mit Freude und Begeisterung ab.
Die Unartigen verschmierten die Wände in den Toiletten mit scheußlichen Aufschriften ›2 x 2 = 4‹.

Die weitsichtigen Karrieristen riefen öffentlich in den Pausen (so, daß es der Schulleiter hörte) aus, zwei mal zwei sei drei oder sogar eins.
Aber niemand in der Klasse zweifelte im geringsten daran, daß zwei mal zwei vier war, denn jedes Kind konnte es sich an seinen zehn Fingerchen abzählen.«[571]

Alles war gut. Wissen und Wahrheit. Ein Spiel mit festgelegtem Ausgang. Alles renkt sich ein. Die Dinge nehmen ihren vor-bestimmten Lauf. »Brudersphären Wettgesang« (Faust I).

Im Kommentar hält sich die didaktische Hilfestellung zu diesem Text sofort bereit:

»Die Pointe [...] dieser kurzgeschichtenartigen Satire stellt die karikierte, verkehrte Schul-Welt wieder auf die Füße: Für den Leser ist die komische Vergeblichkeit der Lehrertaktik [...] und der verschiedenartigen Schülerreaktionen (...) endlich bestätigt – befreites Auflachen! Der Blick zurück zwingt dem Leser die Frage nach den Motiven für ein so zwanghaftes Fehlverhalten auf: Offensichtlich ist das Verhältnis zur »Wahrheit« (2x2=4) nur gesellschaftlich gestört, nicht individuell (...»niemand in der Klasse«...). In ängstlicher Absicherung der eigenen Lehrerrolle fühlt sich die Lehrerschaft mit dem pensionierten Kollegen solidarisch, schiebt pädagogische Rücksichten vor und zwingt Abhängige in vielerlei Arten von Anpassung hinein – bis hin zum Widerstand im Untergrund [...].Wider besseres Wissen spielen Lehrer wie Schüler Rollen aus fadenscheinigen Rücksichten. Die Schule als allseits bekannte soziale Institution steht Modell für das verquere Rollenspiel zwischen den Gruppen der Mächtigen und ihren Untergebenen. Autor, Entstehungszeit und -ort verweisen auf die literarische Verschlüsselung der politisch gemeinten Aussage (vgl. Lehrerheft), wiewohl sich der Auto

[571] Janusz Oseka (1985): Wieviel ist zwei mal zwei? In: Karutz und Schulte: Hilfen für erste Deutschstunden, S.24f.

hütet, diese Schule räumlich und zeitlich festzulegen (überzeitliches Modell?).«[572]

Befreites Aufatmen: alles geht seinen sozialrichtigen Gang, die Wahrheit siegt immer. Ausrufezeichen, Punkt.

Nun ist der Text im Zusammenhang seiner historischen Situierung (Polen in den 50er Jahren) ja auch in einen Kontext eingebunden, in dessen Rahmen eine Art Kritikresistenz möglich wird. Wenn - als »überzeitliches Modell« - aber das Verhältnis zur Wahrheit »nur gesellschaftlich gestört« sein sollte, da sie präexistent und pur abzulesen wäre, fragt sich allerdings, wieso überhaupt noch jemand Schule zu besuchen hätte. (Kaspar Hauser als pädagogisches Ideal? »2x2=4« in der Tasche?) Zwar vermag die Lesart an den Text herangetragen werden, hier werde sehr wohl die Definitionsmacht der Institution Schule demonstriert. Dies geschieht aber offenbar vor dem Hintergrund der Vorstellung einer kontextfrei gegebenen, gesellschaftsunabhängig existierenden Wahrheit. Setzt sich diese von alleine durch?[573]

Halten wir wieder einmal inne.

Erst im 20. Jahrhundert beginnt man ernstlich, diese Art Erkenntnistheorie mit ihrem Sozialdefizit zu konfrontieren.«[574] Nach Niklas Luhmann ist auch »Mathematik [...] nur eine Form des Beobachtens«.[575] Es gelte »zu erkennen, daß auch Logik und Mathematik Kondensate und Regulative sozialer Operationen sind - sofern es nur gelingt, den Beobachter als zeitbeständiges selbstreferentielles System zu etablieren. Und genau das

[572] Aus dem Kommentar zum zitierten Text; ebd., S.25. (Hm: »Hilfe für erste Deutschstunden« - Erste Hilfe für Deutschstunden?)

[573] Daß in der Schule mittlerweile »Wahrheiten« gelehrt werden, die vor nicht allzu langer Zeit keinesfalls als solche galten (z.B. Einsteins Relativitätstheorie), ist ein Gemeinplatz. Wer daher an »2+2=4« die historische Beständigkeit von Wahrheit festzumachen versuchte, müßte sich die Frage gefallen lassen, ob Innovationen, kreative Potentiale, prinzipielle Veränderbarkeit des Stoffkanons und der Methodiken überhaupt erwogen und zugelassen sein dürfte. Immerhin erklärt man auch »2x2=4« - zumindest im Mathematikunterricht - kaum mehr als Resultat einer »göttlichen Offenbarung« (K. Barth).

[574] Niklas Luhmann (1992): Die Wissenschaft der Gesellschaft, S.500f.

[575] Ebd., S.74, die Luhmann allerdings »im folgenden weitestgehend außer acht lassen« wird (ebd.).

soll in den folgenden Untersuchungen am Fall Wissenschaft verdeutlicht werden.«[576]

Fragen wir also: Wie erfolgen die »Festlegungen«?[577]

»Im 3. Kindergarten 50 Kinder
Vom 3. Jahr an schon Vorbereitung für Schulunterricht, werden bekannt gemacht mit der Sprache, dem Lesen, dem Schreiben, der Aufteilung von Wörtern, der Bildung von Sätzen -
erzählen nach, was sie auf Bildern gesehen haben
malen, rechnen - bis 10!
Elementare Rechenaufgaben: 2 mal 2 ist -
patriotische Geschichtsbildung
Lenins Kindheit
über die Arbeit im Kolchos
über Internationalismus
über das Leben in anderen Ländern«

So Peter Weiss im 1. Band seiner Notizbücher von 1971 bis 1980[578] nach dem Besuch eines sowjetischen Kindergartens. Präsentiert wird eine Art Wissens-Kanon als tradierte Grundlage für die Verfassung einer Gesellschaft.[579] Dieser Kanon ist

[576] Ebd., S.75. Luhmann verweist in diesem Zusammenhang auf: David Bloor (1973): Wittgenstein and Mannheim on the Sociology of Mathematics. Studies in the History and Philosophy of Science 4, S.173-191; David Bloor (1976): Knowledge and Social Imagery. London, S.74ff.; David Bloor (1983): Wittgenstein: A Social Theory of Knowledge. London, S.83ff.; W. Baldamus (1981): Zur Soziologie der formalen Logik. In: Nico Stehr/Volker Meja (Hrsg.): Wissenssoziologie. Sonderheft 22/1980 der Kölner Zeitschrift für Soziologie und Sozialpsychologie. Opladen, S.464-477.

[577] Niklas Luhmann (1992): Die Wissenschaft der Gesellschaft, S.74. »Wir vermeiden hier bewußt die derzeit modische, weitergehende Formulierung, die besagen würde: Macht ausgeübt wird!« (Ebd.) »[...], so als ob Macht selbst als eine kontextfreie verfügbare Möglichkeit zugänglich sei.« (Ebd., S.667). In anderer Hinsicht mit Foucault einig, sei dies »eine Prämisse [...], die wir nicht teilen« (ebd.).

[578] Peter Weiss (1981): Notizbücher, S.365.

[579] Jeder »ergreift ein bestimmtes Weltbild, ja, er hat es natürlich nicht erfunden, sondern als Kind gelernt. Ich sage Weltbild und nicht Hypothese, weil es die selbstverständliche Grundlage seiner Forschung ist und als solche auch nicht ausgesprochen wird.« (Wittgenstein (1984,2): Über Gewißheit Nr.167, S.154.)

Rolf Kauka's
BUSSI BÄR
schreiben malen rechnen
Sonderausgabe
Sonderausgabe der ersten wissenschaftlich empfohlenen Spiel- und
DM 5,80
öS 45,–
sfr 5,80
Lit 5000
Ptas 375,–
FF 16,–
hfl 6,–
Der Schreibspaß für alle Kinder:
Bilder-Wörter-Abc von Bussi-Bär
Zahlenreime für Kleine
Gewinnspiel: Playmobil-Piraten
2 × 2 = 4
BELLO

selbst in seinem damaligen Geltungsbereich hinfällig geworden, doch bei »2x2 ist?« scheint sein Bestand garantiert.

Kann man sich darüber verständigen, daß »2x2=4« und das Wissen darüber sozusagen nicht vom Himmel fiel, so ist nach dem Erwerb dieses Wissens zu fragen, danach, wie dieses zustandekommt.

> »Sogar eine unumstößliche Wahrheit wie die, daß 2 + 2 = 4 ist, kann als genetische Etappe interpretiert werden, denn einerseits handelt es sich um eine Erkenntnis, die nicht jedes denkende Wesen besitzt, es ist deshalb notwendig, ihre Entstehung aus minderen Erkenntnissen zu studieren; andererseits kann diese Erkenntnis, auch wenn sie definitiv ist (und unabhängig von der Art ihrer ›realen‹ Erkenntnis oder von der ›logischen Syntax‹, von Konventionen usw.), durchaus ein weiteres Wachstum erfahren, indem sie in Operationssysteme einbezogen wird, die reichhaltiger und besser formalisiert sind: Eine sehr komplizierte Entwicklung führt von ihrer empirischen Feststellung auf einer Rechentafel oder von der pythagoräischen Konzeption dieser Wahrheit zu dem, was sie z.B. in den *Principia mathematica* von Russell und Whitehead geworden ist.«[580]

Piaget verweist auf das komplexe Zusammenspiel verschiedener Faktoren hinsichtlich von Erkenntnis, der »Beziehungen zwischen dem Subjekt und den Objekten« (ebd., S.130), »die komplizierter sind, als dies die geläufigen empiristischen, aprioristischen oder konventionalistischen Interpretationen berücksichtigen.« (Ebd.)

Immerhin:

> »Es scheint uns mit allen bekannten Gegebenheiten übereinzustimmen, daß die Erfahrung für das Kind (und den Primitiven) unerläßlich ist, um die elementaren arithmetischen Beziehungen zu entdecken. Die Tatsache, daß 2 + 2 immer 4 ergibt (und nie 3 oder 5), ist für ein Kind nicht unabhängig von jeder konventionellen oder nominalen Definition evi-

[580] Jean Piaget (1972): Die Entwicklung des Erkennens I, Das mathematische Denken, S.18f.

dent, bevor es verstanden hat, daß 4 - 2 = 2 und daß 4/2 = 2 ist, d.h. bevor sich die Handlungen zu reversiblen Operationen organisiert haben. [...] Die Erfahrung ist somit im Verlauf einer anschaulichen und präoperativen Phase des Denkens für die Entdeckung und Verifizierung der arithmetischen Wahrheiten notwendig. Erst in einer operativen Phase beginnt die Deduktion sich selbst zu genügen.« (Ebd., S.130f.)

Denn wie kommen wir auf unser Sätzchen, wenn nicht durch Offenbarung oder Entdeckung eines universalen, unabänderlichen Denkgesetzes?

»Mit fünf bis sechs Jahren tritt ein erstes anschauungsbezogenes Reflektieren auf (Fragealter), das auch einfache Zahlbeziehungen gedanklich faßt. So hatte A. mit fünf Jahren irgendwoher gelernt: 2 und 2 ist 4. Sie lief stolz herum und erklärte: ›Rechnen ist ganz einfach: 2 und 2 = 4. Man braucht einfach zu sagen: 2 und 2 ist 4.‹ Wenig später blieb sie eines Tages vor den Eltern stehen und hielt an jeder Hand Daumen und Zeigefinger hoch: ›Schaut, es stimmt: 2 und 2 ist 4!‹ Nun trat ein zwar anschauungsgebundenes, aber doch deutlich Beziehungen erkennendes Denken hinzu, das innere Überzeugung gab.«[581]

Selbstverständlich ist gerade das pädagogische ein Autoritätsproblem, und dies verschärft sich, wie Luhmann betont, gerade durch Koppelung »schulrelevanten Wissens« nicht mehr an religiös vermittelte Geltung, sondern an die vermeintliche Autorität von Wissenschaft.

»Bald darauf wird aber das Risiko auch dieser Anlehnung deutlich: Nach über zweitausend Jahren Schulgeometrie plötzlich Zweifel an Euklid - und ohne pädagogisch brauchbaren Ersatzvorschlag! Die Figuren haben kein Wirklichkeitskorrelat, die Beweise stimmen nicht oder arbeiten mit unakzeptablen Annahmen, nur noch in der Schule ›gilt‹ diese Geometrie. [Anm.24] Ein Lehrer, der versuchen würde, die monokontex-

[581] Stefan Leber (1983): Die Pädagogik der Waldorfschule und ihre Grundlagen, S.199.

turale Welt durch eine polykontexturale zu ersetzen, dem ›jeux de raison multiple‹ [Anm.25 - Hinweis auf Gaston Bachelard] nachzugeben oder gar die eigenen Vorstellungen ironisch und bezweifelt anzubieten, wird als Lehrer wenig Erfolg haben und allenfalls seinen ›Stil‹ vermitteln können. [Anm.26] Offenbar ist die Autorität des Wissenden für den Lehrer unentbehrlich, sie wird gleichsam durch Nachfrage konstituiert, wie immer er sich verhält und wie immer er schmerzlich erfahren muß, daß die Wissenschaft diese Autorität gar nicht deckt. Er muß so tun als ob.«[582] (2 x 2 ist immer 4!)

Die Frage nach dem verbindlichen (auch literarischen) Kanon: Wer erstellt ihn? Nach welchen Kriterien und wozu? Vermögen die Befürchtungen vor relativistischen Umtrieben im Klassenzimmer auch Phobien zu zeugen? Schauen wir uns folgende Situation an.[583]

»Tut mir leid, Herr Direktor – aber wir haben darüber abgestimmt.«

[582] Niklas Luhmann (1992): Die Wissenschaft der Gesellschaft, S.630f. (Noch der allersüßeste Bussi Bär verkauft sich heute als »wissenschaftliche Empfehlung«; s.o., S.236.)

[583] Die folgende Abbildung entnommen aus: Herbert Baumann (1986): Probleme der Gesellschaft. Lern- und Arbeitsbuch für den sozialkundlichen Unterricht, S.47.

Testfrage: Was zeigt uns diese Karikatur? Vernehmen wir den einleitenden Kommentar:

»*Problematisch* wird es, wenn man *jegliche Autorität* aufgibt. Auf Fachwissen gegründete und durch Persönlichkeitswerte getragene Autorität ist notwendig, um den jungen Menschen zur Selbständigkeit und Mündigkeit sowie zu sozialem Verhalten zu erziehen.« (Ebd.)

Nun wird wohl kaum jemand mit der bedingungslosen Kapitulation von Autorität und Persönlichkeit der Lehrenden im Klassenzimmer rechnen. Wohl auch nicht mit der völligen Aufkündigung von Konsens. Aber: »Wozu eine falsch verstandene Aufgabe jeglicher Autorität führen kann, zeigt die nebenstehende Karikatur.« (Ebd.) Und schon dokumentieren wir die Niederlage in Form der gerade zitierten Abbildung.

Fragen wir nach: Haben wir unseren so einmütigen Chor »2x2=4« denn nicht abgestimmt? Wittgenstein sprach anläßlich von »2x2=4« von einer

»Situation, die man in der Theorie des Gesellschaftsvertrags voraussetzt. Wir wissen zwar, daß es keinen wirklichen Vertrag gegeben hat, aber es ist so, als wäre ein solcher Vertrag geschlossen worden.« [584]

Und er verwies nachdrücklich darauf: »Es muß uns etwas als Grundlage gelehrt werden.«[585] Auch »2x2=4« fiel wohl nicht vom Himmel.

Anläßlich von Wittgensteins Philosophie läßt sich ein entscheidender erkenntnis-theoretischer Schritt beobachten: Es sind nicht mehr die Dinge selbst, auf deren Grund es zu kommen gilt, sondern in den Blick rückt die Art ihrer Verhandlung:

[584] Wittgenstein (1989): Vorlesungen 1930-1935, S.351f. (Vollständiges Zitat s.o., S.176). »Die Fundamente bestehender Institutionen müssen, wie Luhmann es ausdrückt, ›invisibilisiert‹ werden, sollen sie funktionsfähig bleiben. Bevor Gesellschaften sich bewußt auf den Boden eines Vertrages stellen, war solche Invisibilisierung durch die Entrückung in eine andere, als unzugänglich definierte Zeitsphäre gewährleistet.« (Aleida Assmann (1992): Zeit-Strategien. Einige Querverbindungen zwischen Systemtherapie und Kulturtheorie, S.152.)

[585] Wittgenstein (1984,2): Über Gewißheit, Nr. 449, S.209.

Kommunikation wird zum entscheidenden Ort von Erkennen und Wissen.[586]

> »Alles Sprachspiel beruht darauf, daß Wörter und Gegenstände wiedererkannt werden. Wir lernen mit der gleichen Unerbittlichkeit, daß dies ein Sessel ist, wie daß 2 x 2 = 4 ist.«[587]

Nach dieser Vorstellung werden Regeln gelernt, wie zu ordnen, zu unterteilen ist, Regeln, die sich mehr oder minder bewährt haben, deshalb aber nicht unbedingt sagen (wie denn auch?!), wie die Welt selbst beschaffen ist. *Gelernt wird, wie* etwas gemacht wird oder zu verstehen ist; anthropologische und diskursive Spezifik (statt universaler Gültigkeit) rücken ins Blickfeld.

Wenn es denn um Regeln geht und weniger darum, der Welt unmittelbar ihren Sinn abzulesen, ist auch hier auf das Beobachterkonzept (Beobachtung als Rolle), auf den kommunikativen, sozialen Entstehungsort zu verweisen:

»Könnte ein Mensch allein rechnen? Könnte einer allein einer Regel folgen?»[588] Auf die Idee kommen, 2x2=4 zu rechnen?

> – »Das *Gleiche* (Identische) *handelt* zugleich, ist im Handeln Eins – das Entgegengesetzte ist im Wesen Eins – ist Ein We-

[586] An dieser Stelle noch einmal der Hinweis auf David Bloor (1983): Wittgenstein. A social Theory of knowledge.

[587] Wittgenstein (1984,2): Über Gewißheit 455, S.210. »Wir können uns auch denken, daß der ganze Vorgang des Gebrauchs der Worte [...] eines jener Spiele ist, mittels welcher Kinder ihre Muttersprache erlernen. Ich will diese Spiele ›Sprachspiele‹ nennen, und von einer primitiven Sprache manchmal als einem Sprachspiel reden.

Und man könnte die Vorgänge des Benennens der Steine und des Nachsprechens des vorgesagten Wortes auch Sprachspiele nennen. Denke an manchen Gebrauch, der von Worten in Reigenspielen gemacht wird.

Ich werde auch das Ganze: der Sprache und der Tätigkeiten, mit denen sie verwoben ist, das ›Sprachspiel‹ nennen.« (Wittgenstein (1984): Philosophische Untersuchungen, S.241.)

[588] Wittgenstein (1984,1): Bemerkungen über die Grundlagen der Mathematik, S.349. Schon im Kontext von Platons Höhlengleichnis kämpft der Verfechter der Wahrheit, von seiner Wahrheits-Schau zurückgekehrt, auf verlorenem Posten: Keine Chance, sich gegen die sozial vermittelte herrschende Perspektive durchzusetzen.

> sen. Zum Seyn gehören 2 - zum Bestimmen auch 2 - folglich zum *Bestimmtseyn* - 4.«[589] -

Denn so voraussetzungslos, präexistent ist Wissen doch wohl nicht. Sprachspiele mit unterschiedlichen Regeln sind denkbar.

> »Wie wäre es etwa, wenn man in der Arithmetik zu den üblichen Axiomen die Gleichung 2 x 2 = 5 hinzunehmen wollte? Das hieße natürlich, daß das Gleichheitszeichen nun seine Bedeutung gewechselt hätte, d.h., daß nun andere Regeln für das Gleichheitszeichen gälten.«[590]

Das Resultat: Ein neues Sprachspiel. Was also die Geltung von »2x2=4« betrifft oder

> »die Gewißheit des Satzes des Pythagoras [...], so werden wir sie nicht als eine Beziehung der Vernunft zur Dreieckigkeit zu erklären suchen. Unsere Gewißheit wird eine Funktion des Miteinandersprechens von Personen sein, nicht ihre Interaktion mit einer nichtmenschlichen Realität.«[591]

Und wir achten damit auf die Weise ihrer Vermittlung. »Die Kinder lernen in der Schule wohl 2 x 2 = 4, aber nicht 2 = 2.«[592] Doch ist nach Wittgenstein dieser identitätsphilosophische Exkurs alles andere als relevant. [593] Denn ein wenig weiter ist zu lesen:

[589] Novalis (1960): Schriften. Das philosophische Werk, S.225.

[590] Wittgenstein (1973): Philosophische Grammatik, S.303; vgl. auch: Wittgenstein (1989): Vorlesungen 1930-35, S.239.

[591] Richard Rorty (1987): Der Spiegel der Natur. Eine Kritik der Philosophie, S.176. »Mit anderen Worten, was die Wahrnehmung von der Halluzination unterscheidet, ist einzig die Kommunikation der Menschen untereinander. [...] So ergibt sich aus einer bio-anthropologischen Untersuchung des Erkennens eine grundlegende Unbestimmtheitsrelation: Die Beziehung zwischen unserem Geist und dem äußeren Universum ist grundsätzlich indeterminiert.« (Edgar Morin (1992): Das Problem des Erkennens des Erkennens, S.101; vgl. Bertrand Russell über Traum und Realität, s.o.: Kap. Logik.)

[592] Wittgenstein (1981): Philosophische Bemerkungen, S.193.

[593] Im Gegensatz zu der Einschätzung von Botho Strauß im Anschluß an dieses Wittgenstein-Zitat (vgl.: »Paare Passanten«, 1982, S.175f., s.o.,S.86).

»Zunächst ist mir etwas unklar: a = b drückt doch nur die Ersetzbarkeit von a durch b aus. Die Gleichung ist also eine Zeichenregel, eine Regel des Spiels. Wie kann sie dann Axiom, d.h. Konfiguration des Spiels werden? Von diesem Standpunkt ist eine Formel wie $0 \neq 0$ überhaupt nicht verständlich. Denn sie würde ja bedeuten: 0 ist durch 0 nicht ersetzbar - soll ich also nachsehen, ob vielleicht die eine 0 ein Schwanzel hat, das die andere nicht hat? Was heißt denn ein solches Verbot? Es ist derselbe Stiefel, wie wenn ich sage: a = a. Das ist auch Blödsinn, sooft man es anschreibt. Der Lehrer in der Schule hat vollkommen recht, wenn er seinen Kindern beibringt, daß 2 + 2 = 4 ist, aber nicht, daß 2 = 2 ist. Die Art, wie die Kinder auf der Schule rechnen lernen, ist schon vollkommen in Ordnung, und man braucht sie gar nicht strenger zu wünschen.«[594]

Denn sie ist ja streng genug.

Abrichtung

»Das Lehren der Sprache ist [...] kein Erklären, sondern ein Abrichten.«[595]

Die Differenz zu platonischen Konzeptionen wird markant: Folgerungen, Regeln sind als vorgemachte vorgegeben, nicht als (ontologisch) vorgänig (prä-)existent.

»Russell scheint mit jenem Grundgesetz von einem Satz zu sagen: ›Er folgt schon - ich brauche ihn nur noch zu folgern.‹ So heißt es einmal bei Frege, die Gerade, welche je zwei Punkte verbindet, sei eigentlich schon da, ehe wir sie zögen und so ist es auch, wenn wir sagen, die Übergänge, der Reihe + 2 etwa, wären eigentlich bereits gemacht, ehe wir sie mündlich oder schriftlich machen, - gleichsam nachzögen. Einem, der dies sagt, könnte man antworten: Du verwendest hier ein Bild. Man *kann* die Übergänge, die Einer in einer Rei-

[594] Wittgenstein (1981): Philosophische Bemerkungen, S.33 1f. Erwähnen wir, daß »in Pestalozzi's Lehranstalt die Kinder stets so multipliciren mußten: ›2 Mal 2 ist 4 Mal Eins.‹« (Arthur Schopenhauer (1977): Die Welt als Wille und Vorstellung. Band II/I, S.45.)

[595] Ludwig Wittgenstein (1984): Philosophische Untersuchungen, Nr.5, S.239.

he machen soll, dadurch *bestimmen*, daß man sie ihm vormacht. [...] Es ist jedenfalls eine sichere Art, die Übergänge, die einer zu machen hat, zu *bestimmen*, sie ihm, in irgendeinem Sinne, schon vorzumachen. - Wenn wir daher diese Übergänge in einem ganz anderen Sinne bestimmen, indem wir nämlich unsern Schüler einer Abrichtung unterziehen, wie z.B. Kinder sie im Einmaleins und im Multiplizieren erhalten, so nämlich, daß alle, die so abgerichtet sind, nun beliebige Multiplikationen, die sie nicht in ihrer Lehrzeit gemacht haben, auf die gleiche Weise und mit übereinstimmenden Resultaten ausführen - wenn also die Übergänge, die Einer auf den Befehl ›+ 2‹ zu machen hat, durch Abrichtung so bestimmt sind, daß wir mit Sicherheit voraussagen können, wie er gehen wird, auch wenn er *diesen* Übergang bis jetzt noch nie gemacht hat, - dann kann es uns natürlich sein, als Bild dieses Sachverhalts den zu gebrauchen: die Übergänge seien bereits alle gemacht, er schreibe sie nur noch hin.«[596]

Wir haben es mit erfolgreicher und folgenreicher Abrichtung zu tun.

»Als Beispiel: Vier konkrete Dinge, die beim ersten Erlernen der Rechnung 2 x 2 = 4 natürlich von Bedeutung waren, werden nach erfolgter Mechanisierung durch das Signal ›2 x 2‹ vertreten, ein Signal, das unmittelbar und automatisch die Reaktion ›4‹ auslöst.«[597]

[596] Wittgenstein (1984,1): Bemerkungen über die Grundlagen der Mathematik, S.45f. Wie ist der Sklave in Platons »Menon« (vgl. Motto zum Kap. Platon) zu seinem Wissen gelangt: Durch Wiedererinnerung (Sokrates als Hebamme), Vormachen, Zeigen, Abrichtung? Bei Leibniz ist die Frage - wenn auch mit anderer Antwort - zumindest aufgeworfen: »Die ganze Arithmetik ist uns eingeboren.« »Es ist nicht wahr, daß alles, was man lernt, nicht eingeboren sei; - die Wahrheiten der Zahlen sind in uns, und nichtsdestoweniger lernt man sie, sei es, indem man sie aus ihrer Quelle zieht, wenn man sie auf beweisende Art lernt (was eben zeigt, daß sie eingeboren sind), sei es... « (Zit. nach: Gottlob Frege (1987): Die Grundlagen der Arithmetik, S.40.)

[597] Lotte Schenk-Danzinger (1972: Pädagogische Psychologie) beschreibt »Wissenserwerb als eine bedingte Reaktion« (S. 60). Als nette Fußnote sei hier die Verfilmung von Georg Büchners »Woyzeck« durch Werner Herzog erwähnt (»Woyzeck«, BRD 1978, Regie: Werner Herzog. Darsteller: Klaus Kinski, Eva Mattes, Wolfgang Reichmann, Josef Bierbichler). Was im »Lesetext« Büchners als »Szene 4; Das Innere der Bude« verzeichnet ist, die Vorführung des »astronomischen Pferdes« durch den »Marktschreier« (»Sehn Sie was Vernunft, es kann

Durchgehende Konditionierung, lauter pawlowsche Rechner: Es klingelt deutlich »zweimal 2« und daraufhin tröpfelt artig und automatisch die Assoziation: »4«!

Als »Sachverhalt« gilt das konsistente, wiederholbare Resultat einer Beobachtung und nicht eine den Zeichen inhärente oder gar eine beobachtungsunabhängige, ontologisch präformierte Größe, also nicht Verstehen als Nachvollzug vorgegebenen Sinns, sondern als von außen beobachtbares Verhalten, das denjenigen, die verstanden werden wollen, eine Entsprechung zu ihrer Orientierungserwartung signalisiert.

Bereits ältere Soziologie rechnet mit diesem Umstand:

> »Damit wir das Einmaleins ›richtig‹ anwenden, ist nicht notwendig, daß wir die algebraischen Sätze [...] rational eingesehen haben. Die empirische ›Geltung‹ des Einmaleins ist ein Fall der ›Einverständnisgeltung‹. ›Einverständnis‹ und ›Verständnis‹ sind aber nicht identisch. Das Einmaleins wird uns als Kindern ebenso ›oktroyiert‹ wie einem Untertan eine rationale Anordnung eines Despoten. Und zwar im innerlichsten Sinn, als etwas von uns in seinen Gründen und selbst Zwecken zunächst ganz Unverstandenes, dennoch aber verbindlich ›Geltendes‹.«[598]
>
> »Das Maximum der ›Gewißheit‹ aber im Sinn des Geltens – und nur in diesem Sinn hat irgend eine Wissenschaft damit

rechnen und kann doch nit an de Finger herzählen, warum? Kann sich nur nit ausdrücke, nur nit explicire, ist ein verwandelter Mensch! Sag den Herrn, wieviel Uhr es ist.« (Georg Büchner (1978,1): Woyzeck, S.164f.), das wird in Herzogs Verfilmung derart beobachtbar: Eine kleine Bühne, darauf ein Mann, ein Pferd am Zügel haltend, fragend: »Wieviel ist 2x2?« Viermaliges Klopfen mit einem der Vorderhufe; Klaus Kinski und Eva Mattes applaudieren stürmisch, köstliches Amüsement.

Paul Watzlawick (1982: Wie wirklich ist die Wirklichkeit?) rekapituliert unter der Überschrift »Der kluge Hans« (S. 41–46) eine Begebenheit aus dem Jahre 1904, da angeblich dem achtjährigen Hengst »Hans« von einem pensionierten Schullehrer »nicht nur die Arithmetik beigebracht [worden war], sondern auch die Fähigkeit, die Uhr zu lesen, Fotos von Leuten zu erkennen, die ihm vorgestellt worden waren, und so viele unglaubliche Leistungen mehr [...].« (S.42) Watzlawick referiert Umstand und Lösung der sonderbaren Angelegenheit (Klaus Kinski - selig - und Eva Mattes hätten wohl abermals applaudiert) und schließt kommunikationstheoretische Überlegungen daran an.

[598] Max Weber (1988): Über einige Kategorien der verstehenden Soziologie (1913), S.471.

zu schaffen - haftet an Sätzen wie 2 x 2 = 4, nachdem sie einmal ›anerkannt‹ sind, nicht aber an dem unmittelbaren, aber ungeschiedenen Erlebnis, welches wir jeweils ›haben‹ oder, was dasselbe ist, eben ›sind‹.«[599]

Verstehen wird im Kontext solcher Überlegungen dann auch anders gefaßt. Im Bild geblieben: Verstehen wird nicht als Entbindung eingeborenen Wissens beobachtet, sondern die Erzeugung - nüchtern eben: Konstruktion - kommt in den Blick. Im »Diskurs des Radikalen Konstruktivismus« hat sich zuletzt Gebhard Rusch auf Wittgenstein bezogen und zitiert: »Denk doch einmal gar nicht an das Verstehen als ›seelischen Vorgang‹! - Denn *das* ist die Redeweise, die dich verwirrt«.[600]

Der Konstruktivist formuliert:

»Verstehen ist [...] ein soziales (sozusagen ›externes‹) Qualitätskriterium für intellektuelle und physische Leistungen autonom operierender kognitiver Systeme. [...] Verstehen ist ein Mittel zur sozialen Kontrolle individueller Kognition.« (Ebd., S.27)
»Ob jemand beispielsweise auswendig gelernt hat, daß ›1 x 1 = 1‹, ›2 x 2 = 4‹ usw. ist, oder ob er die Multiplikationsausdrücke als Additionsvorschriften auffaßt und ›1 x 1‹ in ›0 + 1‹, ›2 x 2‹ in ›0 + 2 + 2‹ usw. ›übersetzt‹, dann die Additionen ausführt und zu denselben Ergebnissen gelangt, spielt solange keine Rolle, wie nicht die Lösungswege selbst Gegenstand oder Thema von Orientierungshandlungen werden.« (Ebd., S.31)
»Verstehen ist [...] ein Zustand, besser noch: eine Eigenschaft, und zwar: die Eigenschaft, den Orientierungserwartungen eines Orientierenden in einer Orientierungssituation zu entsprechen«[601]

[599] Max Weber (1988): Roscher und Knies und die logischen Probleme der Nationalökonomie. Kap. II: Knies und das Irrationalitätsproblem (1903-1906), S.104.

[600] Gebhard Rusch (1990): Verstehen verstehen. Kognitive Autonomie und soziale Regulation, S.27. (Das Zitat stammt aus: Wittgenstein (1984):Philosophische Untersuchungen, Nr.154, S.317.)

[601] Ebd., S.27. »Der Literaturunterricht, in dem in aller Regel die Lehrerinterpretation die Rolle der richtigen Deutung spielt, zeigt dies überdeutlich:

Nun ist in diesem Zusammenhang das Beispiel ja ungewöhnlich konsistent, eher harmlos. So abstrakt, so gut. Norm und Abweichung. Man sieht es sofort, wo der Takt-Stock regiert. Doch soziale Kontrolle funktioniert auch, wo der inkarnierte Rohrstock fehlt.

Nach Nietzsche wurde der »Mensch […] mit Hilfe der Sittlichkeit und der sozialen Zwangsjacke wirklich berechenbar gemacht.«[602] Eine solche paßt nicht jedem, und nicht jeder paßt sich ihr an. Das ist nicht nur eine Design-Frage. (Wer schneidert? Einheitskleidung?)

»›Was ist der genaue Unterschied zwischen Psychose und Neurose?‹, fragte Marion.
›Nun, der Neurotiker sagt, daß zwei und zwei vier ist, aber er findet das tragisch. Der Psychopath ist überzeugt, daß zwei und zwei fünf ergibt, und findet das wundervoll.‹«[603]

Das Spektrum ist erweiterbar (Lügner, Neutrale, Esoteriker, Fanatiker: Arno Schmidt). Doch meistens rechnen wir einfach. Mit dem Üblichen. Undsoweiter. Munter drauflos. Immerhin geht es nicht reinlich nüchtern um ein wertfreies Phänomen. Wozu sonst der ganze Aufwand? Anläßlich von 2x2=4 soziale Kontrolle, Abrichtung zu demonstrieren, ist relativ billig (man hat es hier »ganz leicht und einfach«, Arno Schmidt). Vielleicht macht dies gerade einen Vorteil aus? Der Blick richtete sich um so mehr auf die Instrumentalisierbarkeit von Verstehen, von Wissen als Herrschaftsinstrument, darauf, was gewußt werden soll, gewußt werden darf? Unsere Entitäten:

Schlaue Schüler lesen die Interpretation und nicht mehr den literarischen Text.« (S.J. Schmidt (1987): Der Radikale Konstruktivismus: Ein neues Paradigma im interdisziplinären Diskurs, S.69.) Und die Note attestiert das richtige Text-, bzw. Literaturverständnis?

[602] Friedrich Nietzsche (1983): Zur Genealogie der Moral, S.47.

[603] Benoîte Groult (1991): Die Dinge, wie sie sind, S.139f. (Warum nicht so, wenn wir schon auf den Flügeln von 2x2=4 ins Universum reisen?) Und dann die »ganz unglücklichen, welche die Zunge herausstrecken, wenn man sie fragt, wieviel sieben mal sieben ist, oder ›Ich‹ sagen, wenn sie den Namen Sr. Kaiser- und Königlichen Majestät angeben sollen […].« (Robert Musil (1983): Der Mann ohne Eigenschaften, S.244.)

»Das Wesen des Rechnens haben wir beim Rechnenlernen kennengelernt.«[604]

»So rechnet man. Und Rechnen ist dies. Das, was wir z.B. in der Schule lernen. Vergiß diese transzendente Sicherheit, die mit deinem Begriff des Geistes zusammenhängt.«[605]

Metaphysisch gefaßte Sicherheit, um den profanen, alltäglichen Restrisiken zu entgehen? Setzen wir etwas dagegen, oder setzen wir darauf, daß 2x2 immer unabänderlich 4 bleibt? »Abrichten«: da nehmen uns manche an der Hand:

Rechnen mit Großen Brüdern

»›Es fragt sich nur‹, sagte Alice, ›ob man Wörter einfach etwas anderes heißen lassen kann.‹ ›Es fragte sich nur‹, sagt Goggelmoggel, ›wer der Stärkere ist, weiter nichts.‹«[606]

Wir haben auch *das* literarische Beispiel zu unseren Beobachtungen: Orwells in den Jahren 1944-49 entstandenes »1984«. Und wir gehen hier einmal nicht davon aus, *das* literarische Beispiel für eine singuläre Gehirnwäsche zu rezipieren. (Wie hoch ist der Anteil an Weißmachern und optischen Aufhellern in Wirklichkeitsprodukten?)

Zunächst scheint die Voraussetzung klar, auch wenn sie noch so bescheiden klingt:

»Freiheit bedeutet die Freiheit zu sagen, daß zwei und zwei vier ist. Gilt dies, ergibt sich alles übrige von selbst.«[607]

Sicher. Ewig. Unumstößlich. Dachten wir. Hofften wir. Wollten wir. Daran klammerten wir uns fest. Trotzten mancher Unbill der Interpretation. Und doch mußten wir Situationen kennen-

[604] Wittgenstein (1984,2): Über Gewißheit, Nr.45, S.129.

[605] Ebd., Nr.47, S.129.

[606] Lewis Carroll (1974): Alice hinter den Spiegeln, S.88.

[607] George Orwell (1984): 1984, S.85. Im Original lautet die Passage: »Freedom is the freedom to say that two plus two make four. If that is granted, all else follows.« (George Orwell (1984): Nineteen Eighty-Four. Harmondsworth, S.75)

lernen, da »zwei und zwei ebenso leicht drei oder fünf hätte sein können [...].« (Ebd., S.261) Da »die Logik gegen die Logik ins Feld zu führen« (ebd., S.39) war. Und »das Fürchterliche [...] war, daß alles wahr sein konnte.« (Ebd.)

Orwellsche Zitate; wie gehen wir damit um?

Selbstverständlich - was liegt im Kontext der Problematik voraussetzungsfrei gedachter Wahrheit näher, als deren Basis anläßlich von »2+2=4« auf die Probe zu stellen, ihre Labilität zu demonstrieren und gründlich zu erschüttern - nicht zum Zwecke der Produktion von Orientierungslosigkeit, sondern mit produktiver Irritation rechnend, wenn auch vorsichtig. Greifen wir nicht zu weit vor. Wo die Geltung von Naturgesetzen fraglos vorausgesetzt wird, dort scheint kontraintuitiv, Kommunikation zu fassen als den Entstehungsort von geltender, Handlungen anleitender Wirklichkeit. Doch wurde diese fraglose Geltung vor dem Hintergrund mancher Erfahrungen des 20. Jahrhunderts vehement in Frage gestellt.

Mit Orwells Roman »1984« wird diskutierbar, daß verweigerte Kommunikation auch vermeintlich unantastbare Naturgesetze oder die scheinbar selbstoffenbarte Vernunftwahrheit »2+2=4« außer Kraft zu setzen vermag. Der »metaphysische Trost« (s.o., S.212, Wittenberg), den viele aus der »ewigen Wahrheit« des Beispiels schöpfen möchten (wie das auch Interpretationen von Orwells Roman immer wieder zeigen), bietet allenfalls ein löchriges, unsicheres Obdach. Leere Transzendenz?

Winston Smith, Protagonist von Orwells »1984«, wird zur Standpunktlosigkeit, auf völligen Orientierungsverlust hin abgerichtet, so, »daß alles wahr sein konnte.« (Ebd.)

> »Zuletzt würde die Partei noch erklären, daß zwei und zwei fünf sei, und man würde es glauben müssen. Früher oder später mußten sie diese Behauptung ganz unvermeidlich aufstellen: die Logik ihrer Position verlangte es. [...] Woher wissen wir denn schon, daß zwei und zwei vier ist? Oder daß die Gravitationskraft funktioniert? Oder daß die Vergangenheit unveränderbar ist? Wenn sowohl die Vergangenheit als auch die äußere Realität nur in der Vorstellung existieren und die Vorstellung selbst kontrollierbar ist, was dann?« (Ebd., S.84.)

Läßt sich dagegen der gesunde Menschenverstand entscheidend in Stellung bringen, standfest und unumstößlich, allzeit bereit?

> »›[…], ich sehe doch nur das, was ich sehe. Zwei und zwei ist vier.‹
> ›Manchmal, Winston. Manchmal ist es auch fünf. Manchmal drei. Manchmal alles gleichzeitig. Sie müssen sich mehr anstrengen. Es ist nicht so leicht, normal zu werden.‹« (Ebd., S.254.)
> »Nur der disziplinierte Geist erkennt die Realität, Winston.« (Ebd., S.252.)

Denn eher geht ein Kamel durch's Nadelöhr, als daß diese Dressur nicht erfolgreich sein könnte?

> »Sie halten die Realität für etwas Objektives, Äußeres, das seinen eigenen Bestand hat. Sie glauben auch, das Wesen der Realität sei an sich selbstverständlich. Wenn Sie sich der Illusion hingeben, etwas zu sehen, nehmen Sie an, daß alle anderen das gleiche sehen wie Sie. Aber ich sage Ihnen, Winston, daß Realität nichts Äußeres ist. Die Realität existiert im menschlichen Geist und sonst nirgends. Nicht im Geist des einzelnen, der irren kann und ohnehin bald untergeht: nur im Geist der Partei, die kollektiv und unsterblich ist. Was immer die Partei für Wahrheit erachtet, ist Wahrheit.« (Ebd.)

»Das Einmaleins zum Schutz-Heiligen wählen«?[608] Hoffen ließe sich ja, der Gehirnwäsche die Festigkeit der *richtigen* Perspektive entgegenzuhalten, etwa locker die Ziffer »4« durch »5« zu ersetzen, also bloß das Zeichen zu tauschen, aber noch immer »4« dabei zu denken.

Doch wer legt schon die Meßlatte für Norm und Abweichung auf? Mit welchen Konsequenzen? Die Abrichtung des Winston Smith ließe sich so lesen, daß zwar die Formeln »der Partei« mechanisch wiederholt werden können, Eintragungen rekapitulierend aus dem Vokabelheft,

[608] Lichtenberg (1984), S.503 (L 425).

daß aber die eigene Perspektive, die individuelle Entscheidungsfähigkeit völlig verloren geht, wo keine Ratifizierung dieser Perspektive durch andere erfolgt.

»›Wieviele Finger halte ich hoch, Winston?‹
›Ich weiß nicht. Ich weiß es nicht. Das nächste Mal werden Sie mich umbringen damit. Vier, fünf, sechs - ich weiß es ehrlich nicht.‹
›Schon besser‹, sagte O'Brien.« (Ebd., S.255.)

Destruierte Kommunikation und verweigerter sozialer Bezug, die fehlende Zustimmung zu individueller (Welt-) Deutung führen zu Entscheidungsfähigkeit; die Festigkeit der Perspektive besteht gerade in der Unmöglichkeit einer solchen, am Ende bleiben alle Fragen offen:

»Seine Gedanken schweiften immer wieder. Beinahe unbewußt malte er mit dem Finger in den Staub auf dem Tisch:
2 + 2 = «[610]

Setzen wir diese einmal als die entscheidende Stelle. Es gehört dann schon zu den Kuriosa der Orwell-Rezeption, daß diese Passagen noch nach den Erfahrungen des 20. Jahrhunderts zumeist so interpretiert werden, als habe Orwell hier doch metaphysischen Trost spenden wollen, derart nämlich, daß - komme was wolle - 2+2 immer 4 sein werde. So heißt es im Nachwort von Herbert W. Franke zur Neuübersetzung von »1984« über O'Brien:

[609] Orwell (1984), S.279.

[610] Ebd., S.292. Denn es erfolgt ja gerade keine solche Abrichtung, deren Ergebnis unmittelbar als kontraintuitiv zur common-sense-Perspektive ablesbar wäre. Übersetzer haben vor dieser Konsequenz offenbar zurückgeschreckt. Eine Interpretations-Glättung geht etwa mit der Übertragung von Kurt Wagenseil (1984, Frankfurt/M., Berlin; Wien 1979) einher. Dort wird aus der auch im Original offen bleibenden, ja nicht unbedingt sprachgebundenen Formel »2+2=« plötzlich ein eindeutiges: »2x2=5« (dort S.266). Diese Variante läßt zwangsläufig ganz andere Lesarten zu.

»Und er bringt Smith schließlich dazu, die Lüge 2 + 2 = 5 zu glauben. Was Orwell zwar nicht erwähnt, was aber als Wahrheit bestehen bleibt, ist die Tatsache, daß die Partei trotz aller Macht nicht einmal das einfachste naturwissenschaftliche oder mathematische Gesetz ändern kann. Orwell hat es nicht erwähnt – aber daran sollten wir erkennen, wo die Macht ihre Grenzen hat.«[611]

Der Triumph des gesunden Menschenverstands? Oder: Sancta simplicitas? Naiv-realistisch bis zur Fahrlässigkeit? Ob nicht auch solche Kritik-resistente Artigkeit geheimen oder offenen Verführern die Hand reichend zum Erfolg verhilft?

Manchen mag die hier vorgeschlagene Perspektive noch immer kontraintuitiv erscheinen, auch andere Interpreten vermuten noch immer, Orwell habe

»uns an ein paar schlichte Wahrheiten erinnert [...] – moralische Wahrheiten, die so klar auf der Hand liegen wie die Tatsache, daß ›zwei und zwei vier ist‹.«[612]

Viele Kommentatoren von »1984« fühlen sich zu dem Schluß berechtigt,

»Orwell lehre uns, all jenen raffinierten Intellektuellen entgegenzutreten, die versuchen, uns weiszumachen, daß die Wahrheit ›nicht dort draußen‹ sei, daß, was als mögliche Wahrheit zählt, eine Funktion des von uns verwendeten Vokabulars, und was als Wahrheit zählt, eine Funktion unserer sonstigen Überzeugungen sei. Kurz: Orwell wurde als realistischer Philosoph verstanden, als einer, der den gesunden Menschenverstand des Metaphysikers gegen seine gebildeten ironistischen Verächter verteidigt.« (Ebd., S.279f.)

Warum auch zweifeln?

»Winston Smith' Überzeugungen sind so einfach, wie zwei plus zwei vier sind; die Vergangenheit steht fest, die Liebe ist privat, und die Wahrheit unveränderlich. Das ist allen dreien gemeinsam: sie setzen der menschlichen Macht Grenzen; sie

[611] Zit. nach Orwell (1984), S.320.

[612] So faßt diese Kommentare zusammen: Richard Rorty (1989): Kontingenz, Ironie und Solidarität, S.278.

bezeugen, daß es Dinge gibt, die nicht zu ändern sind. Das Entscheidende liegt jenseits der Politik – das Entscheidende ist wesentlich Menschlichkeit.«[613]

»2+2=4«: Der Schatz der lieben Jungen? (Immerhin wäre an dieser Stelle eine religiöse Konnotation zu beobachten: »2+2=4« konvertiert geradezu zum Gebet.)

Kleiner Exkurs: Orwell hatte zur Zeit der Abfassung seines Textes konkrete Zeitereignisse vor Augen. Und er wies in »1984« darauf hin: »Die deutschen Nazis und die russischen Kommunisten reichten in ihren Methoden nahe an uns heran«.[614] Motto: »Die Naturgesetze machen wir.« (Ebd., S.267.)

Verwundern kann im vorliegenden Zusammenhang wohl kaum noch, daß deutsche Literatur Beispiele mit ähnlichen Bezugnahmen bereithält, in denen etwa Brecht die Unbeugsamkeit und den letztendlichen Sieg *der* Vernunft beschwor:

»An die deutschen Soldaten im Osten [1942]
[...]
Brüder, wenn ich jetzt bei euch wäre
Auf dem Weg zurück nach Smolensk
Von Smolensk zurück nach irgendwohin
Würde ich fühlen, was ihr fühlt: immer schon
Habe ich es gewußt unter dem Stahlhelm, unter der Hirnschale
Daß schlecht nicht gut ist
Daß zwei mal zwei vier ist
Und daß sterben wird, wer mit ihm ging
Dem blutigen Brüllenden
Dem blutigen Dummkopf.
[...]«[615]

Was beobachten wir hier? Nicht in erster Linie eine Selbstvergewisserung des Schreibers? Die Rezeption war den deutschen

[613] Samuel Hynes: Introduction. In: S. Hynes [Hrsg.] 1971: Twentieth Century Interpretations of 1984, S.19. Zit. nach Richard Rorty (1989), S.280.

[614] Orwell (1984), S.266.

[615] Bertolt Brecht (1984): Die Gedichte von Bertolt Brecht in einem Band, S.838-843.

Soldaten im Osten kaum möglich. Es mag wünschenswert sein, *die* Geschichte wäre so leicht zu berechnen, wie es Brecht – 1942 – möglich schien:

»Der Regen fließt von oben nach unten
Und zwei mal zwei ist vier
Und wer siegt, das sind die andern
Und wer geschlagen wird, das sind wir
Sie sagten: Es fliegt kein Flieger
Bis Essen und Berlin
Und jetzt stürzen unsere Städte
Mit Stuhl und Tisch und Bette
Und wir wissen nicht, wohin.

Sie sagten: In drei Wochen
Ist die Russenmacht ja aus
Und jetzt stehen unsre Armeen
In Feuerregen und Schneen

Und finden nicht mehr nach Haus.
Sie sagten: Wir können es schaffen

Gegen die ganze Welt
Unser Führer ist ein Dummkopf
Nur eines, das ist dumm:
Er hat noch Dümmre getroffen
Die führt er wie besoffen
Jetzt an der Nase herum.

Doch der Regen fließt von oben nach unten
Und zwei mal zwei ist vier
Und wer siegt, das sind die andern
Und wer geschlagen wird, das sind wir.«[616]

Führt die Vorstellung, die *richtige* Weltsicht oder *das* Gute werde sich gleichsam naturgesetzlich schon von selbst durchsetzen, nicht zu einem geradezu naiv-fahrlässigen Optimismus?

[616] Ebd., S.845.

»Kaum Erreichbare, ihr!
In den Konzentrationslagern begraben
Abgeschnitten von jedem menschlichen Wort
Unterworfen den Mißhandlungen
Niedergeknüppelte, aber
Nicht Widerlegte!
Verschwundene, aber
Nicht Vergessene!

Hören wir wenig von euch, so hören wir doch : ihr seid
Unverbesserbar.
Unbelehrbar, heißt es, seid ihr der proletarischen Sache
ergeben
Unabbringbar davon, daß es immer noch in Deutschland
Zweierlei Menschen gibt: Ausbeuter und Ausgebeutete
Und daß nur der Klassenkampf
Die Menschenmassen der Städte und des Landes aus dem
Elend befreien kann.
Nicht durch Stockschläge, noch durch Aufhängen, hören
wir, seid ihr
So weit zu bringen, zu sagen, daß
Zwei mal zwei jetzt fünf ist.

Also seid ihr
Verschwunden, aber
Nicht vergessen
Niedergeknüppelt, aber
Nicht widerlegt
Zusammen mit allen unverbesserbar Weiterkämpfenden
Unbelehrbar auf der Wahrheit Beharrenden
Weiterhin die wahren
Führer Deutschlands.«[617]

Ideologisch fundierte, grandiose Naivität? Wunschtraum? Säkularisiertes Gebet? Hat Orwell diesem Optimismus in »1984« eine nüchterne Gegenrechnung präsentiert? Wird die als Wahrheitspostulat einherschreitende Heilslehre umstandslos allen zuteil? (Sich hier mit der Ikone Wahrheit wappnen?)

[617] Bertolt Brecht: An die Kämpfer in den Konzentrationslagern (zuerst Paris 1934). Zit. nach: B.B. (1984), S.455f.

»[...] man beglückwünscht keinen Lehrer, weil er lehrt, daß zwei und zwei vier ist. Man wird ihn vielleicht dazu beglückwünschen, daß er diesen schönen Beruf gewählt hat. Sagen wir also, daß es löblich war, daß [manche] beschlossen hatten, zu zeigen, daß zwei und zwei vier ergibt und nicht etwas anderes; sagen wir aber auch, daß sie diesen guten Willen mit dem Lehrer und mit all denen gemein hatten, die das gleiche Herz haben wie der Lehrer und die, zur Ehre der Menschen sei es gesagt, zahlreicher sind, als angenommen wird. Dies ist wenigstens die Überzeugung des Erzählers. Er ist sich übrigens des Einwandes sehr wohl bewußt, der ihm entgegengehalten werden könnte, daß nämlich diese Männer ihr Leben aufs Spiel setzten. Aber es kommt immer ein Augenblick in der Geschichte, wo derjenige, der zu behaupten wagt, daß zwei und zwei vier ergibt, mit dem Tode bestraft wird. Der Lehrer weiß das wohl. Und es handelt sich nicht darum, zu wissen, welche Belohnung oder Strafe auf dieser Überlegung steht. Es handelt sich darum, zu wissen, ob, ja oder nein, zwei und zwei vier ergibt.«[618]

Freilich, so einfach haben wir unseren Brecht denn auch wieder nicht, konstatierte er doch:

»Am Ende siegte die Übermacht der Feinde an Menschen und Technik, ins Spiel gebracht durch eine Reihe schwer vorauszusagender Vorkommnisse.«[619]

War das Ereignis dem allumsichtigen Walten einer universalen Vernunftseele zu verdanken?

[618]Albert Camus (1950): Die Pest, S.87. Mag auch der eher pathetische Gestus stören: Camus ist seit geraumer Zeit wieder verstärkt in der Diskussion (vgl. etwa: du. Die Zeitschrift der Kultur, Heft 6, Juni 1992: »Wiederbegegnung mit Albert Camus«). Gerhard Roth sprach anläßlich der Entgegennahme des Marie-Luise-Kaschnitz-Preises von Camus als einem »visionären Schriftsteller«, der den »Erreger [von Fremdenhaß und Antisemitismus] mit dem Pestbazillus verglichen [habe], der Jahrhunderte, unter Gerümpel und alten Kleidern versteckt, überdauern kann. Und wie wir wissen, kann der Pestbazillus jedermann befallen.« (Gerhard Roth: Das Reich der neuen Rede. Neonazis und Ausländerparanoia in Österreich. In: Die Zeit, 13.11.1992, S.69.)

[619] Bertolt Brecht, aus Entwürfen zu einem Vorwort zu »Leben des Galilei«. Zit. nach Werner Hecht (Hrsg.) (1986), S.60.

Nun taucht in der zweiten Hälfte des 20. Jahrhunderts das Beispiel wieder massiv in Deutschland auf, auch ein Grundbaustein der Mauer; ein Großer Bruder diktiert abermals die Antwort auf die Frage nach 2x2. Und Wolf Biermann singt, »für Eva-Maria Hagen«, »die Mutter der Nina«:

> »Die ausm Osten
> [...]
> Für mich ist die Freiheit kein Arschwischpapier
> Ich komm ausm Land, da ist zweimalzweivier
> ein Staatsgeheimnis, tja, leider!
> Und jedes Kind, das dort die Wahrheit spricht
> Das hält man schon darum für'n großes Licht
> denn der Kaiser, er trägt keine Kleider.
> Und die Bonzen sind scharf auf die Posten
> Dort stinkt die Macht, na und - hier stinkt das Geld
> Egal wo es mehr stinkt in der Welt
> - ich bleib immer die ausm Osten.«[620]

Die Wahrheit als »Zewa-wisch-und-weg«? Der Diskurs, die Festigkeit der Interpretationsperspektive macht offenbar auch hier die Wirklichkeit. Aber wer glaubt es schon?

> »[...] wer es nicht erlebt hat, der kann sich kaum vorstellen, wie es ist, wenn alle um einen herum behaupten, daß das Quadrat rund ist. Und man sieht, das Ding ist viereckig. Aber sollten sie alle Unrecht haben, die Lehrer, die Direktoren, die Professoren, die Staatsmänner? Und ich habe recht? Das kann doch nicht...«[621]

[620] Zitiert nach: Wolf Biermann (1986): Affenfels und Barrikade, S.16f. Am 1.12.1989 sang Biermann, zum ersten Mal wieder »im Osten«, die Ballade in Leipzig. Der Kontext machte eine andere Musik. Heute? (Übrigens haben es die »Wahrheit sprechenden« Künstler zu spüren bekommen. Wie Stephan Krawczyk etwa, dem nach seiner erzwungenen Ausreise aus der DDR und dem ersten Plattendokument in der Bundesrepublik Wolfgang Höbel in seiner Rezension genau diese Biermann-Zeile entgegenhielt. In: Süddeutsche Zeitung, 12./13.3.1988.)

[621] So berichten im nachhinein ehemalige Wehrpflichtige der NVA. Zit. nach: Der Spiegel, Nr.37, 1991, S.72. Noch einmal der Hinweis: Schon Platons Höhlengleichnis verweist auf den Gruppendruck, der die »Wahrheit« nicht durchsetzbar machen würde, selbst wenn sie denn jemand »geschaut« hätte.

Quellenkunde und Quelleninterpretation, Wahrnehmung erfolgt nach (hier freilich besonders eigenwilligen) erfolgreich durchgesetzten Diskursregeln. Der Stasi-IM (Informeller Mathematiker?) rechnet allem Anschein nach auf anderer Basis.

> »Sie horchen und lauschen und photographieren, sie fangen die Post ab, bauen eine Wanze im Verlagsbüro ein, lassen das sächsische Wohnhaus der Eltern eines Studienkollegen ›flächendeckend‹ überwachen und schicken einen Spitzel selbst auf die Bulgarien-Urlaubsreise mit - aber sie können das kleine Einmaleins nicht; bei diesen gelernten Analphabeten ist zwei mal zwei immer drei: Mein Pflegevater, Anstaltspfarrer in den politischen Haftanstalten der DDR, war zweifelsfrei einer der bestüberwachten Leute; sie notierten von der Personalausweisnummer bis zum Autoschild alles - aber wenn er mich besuchte, wurde staunend festgehalten ›unbekannter Mann mit nicht identifiziertem Wagen‹«.[622]

Beherrscht wird »Die fünfte Grundrechenart«. Denn

> »[...] es war notwendig, den Menschen gründlicher zu schulen, wozu ein landesweites einheitliches Schulsystem und einige Universitäten zur Verfügung stehen. Und wenn das noch nicht ausreicht, so kann man den Schwer-Belehrbaren anschließend mehrmals zu Schulungen schicken.
>
> Dort lernt er beispielsweise die vier Grundrechenarten, deren Gültigkeit sich freilich vor allem auf die Schule beschränkt. Später - im richtigen Leben, wie es so heißt - erfährt er den schmerzlichen Widerspruch von Theorie und Praxis und lernt die fünfte Grundrechenart anzuwenden, die eigentlich die erste ist, da sie alle anderen umfaßt.
>
> Die fünfte Grundrechenart besteht darin, daß zuerst der Schlußstrich gezogen und das erforderliche und gewünschte Ergebnis darunter geschrieben wird. Das gibt dann einen festen Halt für die waghalsigen Operationen, die anschließend und über dem Schlußstrich erfolgen. Dort nämlich wird dann addiert und summiert, dividiert und abstrahiert, multipliziert und negiert, subtrahiert und geschönt, groß- und kleingeschrieben nach Bedarf, wird die Wurzel ge-

[622] Fritz J. Raddatz (1993): Hermann Kants Mimikry. Groteske und Grausen beim Lesen meiner Stasi-Akte, S.65.

zogen und gelegentlich auch schlicht gelogen. Diese fünfte Grundrechenart dient dazu, den Vorschriften und Anordnungen zu genügen und dennoch der Strafe und Isolierung zu entgehen. Anwendung findet diese Rechenkunst im Privaten wie im Volkswirtschaftlichen, und auch diese Kunst kennt ihre Lehrlinge, Stümper und Meister.
In einer Geschichtsbetrachtung, die dieser Grundrechenart huldigt, wird mit Auslassungen, Vernachlässigungen und scholastischen Rösselsprüngen gearbeitet, es wird verschwiegen und geglättet, um aus dem Labyrinth der Geschichte möglichst fleckenlos und schnell zu jenem Ausgang in die Gegenwart zu gelangen, der dem gewünschten Selbstverständnis am nächsten kommt.«[623]

Und die Rechnung geht auf. Bis Bilanzprüfung auf anderer Grundlage möglich wird. Dann heißt es:

»2 x 2 = 4 *und nicht* 98,85 %«[624]
»Aus Egons Rechenheft: 100 - 20 = 98 %«[625]
»Mit unserm EGON bei der nächsten Wahl 105 %«[626]

[623] Christoph Hein (1990): Die fünfte Grundrechenart, S.65f.

[624] Ewald Lang (Hrsg.) (1990): Wendehals und Stasi-Laus. Demo-Sprüche aus der DDR, S.108. (Vgl. auch die folgende Abbildung: Ost-Berlin, 4.11.1989; Quelle: Zeitmagazin, 29.12.1989, S.6.)

[625] Ebd., S.82.

[626] Ebd. »Die Sprüche des deutschen Herbstes 1989 sprechen Bände, sie zeigen Ironie, Witz, und tiefere Bedeutung und brauchen den Vergleich mit der Straßenkunst anderer revolutionärer Bewegungen, etwa des Pariser Mai 1968, nicht zu scheuen. […] Die Demo-Sprüche sind Abbild des Volksempfindens, einprägsamer, auch hintergründiger und aufschlußreicher als viele Fernsehfilme und Photobände von Aufbruch und Wende in der DDR. Sie offenbaren das innere Gesicht dieser Gesellschaft, ihre psychologische Verfassung, den moralischen Verfall des Staatsgebäudes, die bloßgelegten Tabus, sie umschreiben das Endstadium der DDR von innen. Sie sind zugleich Quintessenz des ostdeutschen Alltagsbewußtseins nach vierzig Jahren Realsozialismus; ihre Sammlung ergibt so etwas wie ein Psychogramm der DDR-Bevölkerung. Der zu Sprüchen geronnene Volkswitz verweist dabei auf politische und persönliche Erfahrungen, die den Westdeutschen fehlen, weil sie ihnen erspart geblieben sind, die die ehemaligen DDR-Bürger aber mit ihren östlichen Nachbarn von der Oder bis zum Mekong teilen.« (Aus einer Rezension zu dem zitierten Band von Peter Schütt; Süddeutsche Zeitung, 15./16.12.1990.)

Doch in den Unwägbarkeiten der Wendezeit suchten manche Pädagogen wieder »Zuflucht im Mathematikunterricht«, sehnten sich manche nach Unterschlupf in der altbekannten Trutzburg:

> »Mathematiker müßte man sein. Die Quadratwurzel aus vier ist zwei – das stimmte vor der Revolution und hinterher immer noch.«[627]

Verweisen wir nicht lange auf Plus und Minus, die sich hier immerhin die Waage halten könnten –, Mathematikunterricht der reinen Form? Ob diese Vorstellung das Potential totalitären Diktats nicht bloß gnädig verdeckt? Ober ob nicht gerade hier die jungfräuliche Reinheit als instrumentalisierbarer Mythos enttarnt wird? Treiben wir die Thematik nicht Orwellsch auf die Spitze. Halten wir fest, daß auch Arithmetik sich nicht im ideologiefreien Raum abspielt, in »das große Ganze« problemlos einzubeziehen ist. Kleiner Blick in einschlägige Lehrbücher:

> »Die Gesetze der Physik werden an militärischen Gerätschaften erklärt und ideologisch aufbereitet: Im Abschnitt Raketentechnik lesen Dresdner Schüler noch heute von der Bedeutung der ›Raketenwaffe‹ für den ›Schutz der sozialistischen Staatengemeinschaft‹. In den Ländern der Nato dagegen habe die ›Raketenrüstung aggressiven Charakter‹ und verhelfe den ›Monopolen zu Maximalprofiten‹. [...] Ebenso martialisch geht es in den übrigen Schulbüchern zu. In Mathematik wird den Schülern zugemutet, die ›minimale Anfangsgeschwindigkeit‹ und den ›Winkel zum Horizont‹ für eine Flugabwehrbatterie zu berechnen, ›damit das Geschoß das Flugzeug trifft‹.«[628]

Das liegt nun hinter uns. Insgesamt sind wir nun gegen Mißbrauch gefeit. Es geht uns gut. Alles ist anders. (»Den erfolgreichsten Kampf gegen die Arbeitslosigkeit führen die Statistiker.«[629])

[627] Zit. nach: Der Spiegel, Nr.2, 1990, S.47. (Arithmetik als eine Art Realitätsflucht?)

[628] Über Mathematik-Lehrbücher in der DDR, zit. nach: Der Spiegel, Nr.21, 1991, S.109.

[629] Günther Mayer, Süddeutsche Zeitung, 15./16.5.1993, »Die letzte Seite«.

NEUE POLITIK erfordert
NEUE REGIERUNG
Reform
Volksbi

Kommen wir zurück zu Orwell: Literatur - wir interpretieren entspannt. Richard Rorty geht - was die Vorstellung von ewigen Wahrheiten, von voraussetzungslosen Selbstverständlichkeiten betrifft - allerdings auch einen anderen Weg. Dabei entfaltet Rorty seine Interpretation von »1984« im Kontext eigener Annahmen und Voraussetzungen, nicht mit Bezug auf dazu passende Formulierungen aus zeitbezogenen Essays von Orwell selbst. Denn dieser formuliert bereits in früher verfaßten Artikeln und Aufsätzen wiederholt Überlegungen, die dann in »1984« wieder aufgegriffen werden. So schreibt er 1939 unter dem Titel »Macht«, in seiner »Besprechung von ›Power: A New Social Analysis‹, von Bertrand Russell«, es sei »eine Art frommer Hoffnung«[630] darauf zu verweisen, »alle Tyranneien sind früher oder später untergegangen« (ebd.):

> »Zugrunde liegt der Gedanke, daß Commonsense schließlich immer obenaufschwingen wird. Der Horror der gegenwärtigen Lage ist jedoch, daß wir da nicht mehr so sicher sein können. Es ist durchaus denkbar, daß wir in ein Zeitalter hinabsteigen, wo zwei und zwei fünf ergeben, wenn unsere Führer es so sagen. [...] Man braucht nur an die unheimlichen Möglichkeiten von Rundfunk, staatlich verwalteter Erziehung und so weiter zu denken, um den Spruch ›Die Wahrheit wird sich durchsetzen‹ als frommen Wunsch zu erkennen - und nicht als ein Axiom.« (Ebd.)

Dies dem common sense und Literaturkritikern ins Stammbuch, die anläßlich von »1984« und im Namen Orwells eine Apotheose des gesunden Menschenverstandes zelebrieren?[631] Was bliebe von den »Triumphen des common sense und der Gott ganz besonders teuren Offenbarung, daß 2x2 4 ist und nicht 5« (Karl Barth)?

Freilich: Die Medien, die Orwell »vor Augen« hatte, waren im damaligen Deutschland »gleichgeschaltet«, galten als »Kanone,

[630] George Orwell, zit. nach: G.O. (1981): Das George Orwell Lesebuch, S.176.

[631] Hier also etwa ein Beispiel für »Vorurteile des gesunden Menschenverstandes (die unter Literaturwissenschaftlern besonders verbreitet sind)«? (Manfred Frank (1992): Wörter, Wörter, Wörter. Eine Abrechnung mit dem Poststrukturalismus, S.74.)

die durch jede Mauer schießt, auch wenn ihre Projektile nur giftige Worte sind«.[632]

1946 schrieb Orwell mit Blick auf totalitäre Systeme in der ersten Hälfte des 20. Jahrhunderts:

> »Freunde des Totalitarismus in diesem Lande benutzen gern das Argument, daß absolute Wahrheit doch unerreichbar und eine große Lüge daher nicht ärger sei als eine kleine. Weiter heißt es, daß alle Geschichtsschreibung unklar und ungenau sei, und die moderne Physik habe bewiesen, daß, was uns als reale Welt erscheine, eine Illusion, und also das Vertrauen auf unsere sinnlichen Wahrnehmungen nichts als gewöhnliches Philistertum sei [...]«[633]

- Woraus speisen sich die Vorurteile gegen Konstruktivismus, Diskurs- oder Systemtheorie? Wird hier ein »anything goes« purer, willkürlich zu setzender Beliebigkeiten propagiert? Hat die Beobachtung der »gesellschaftlichen Konstruktion von Wirklichkeit« (Berger und Luckmann) nicht auch einen therapeutischen Aspekt?[634] -

Am Ende des 20. Jahrhunderts scheint es endgültig vernünftig geworden, rationales Handeln nicht selbstgenügsam (und bequem?) an *die* Vernunft zu delegieren.

> »Für Foucault kann Vernunft die Macht nicht überwinden, sondern nur rationalisieren. Sie errichtet nicht das Reich der Freiheit, sondern weit eher Orwells ›1984‹, diese modernste

[632] Hans Fritzsche (1937) in der Zeitschrift »Weltrundfunk« über das Radio. Zit. nach: Michael Köhler: Radio im totalen Krieg. Hans Fritzsche organisierte 1942 den Reichsrundfunk. In: Frankfurter Rundschau, 31.10.1992, S.11. Vgl. auch: »Funkkolleg Medien und Kommunikation. Konstruktionen von Wirklichkeit«. Hrsg. vom Deutschen Institut für Fernstudien an der Universität Tübingen. Weinheim und Basel 1990.

[633] George Orwell (1975): Zur Verhinderung von Literatur, S.84.

[634] »Vielleicht kann solche Angst beschwichtigen und dennoch in den Genuß eines therapeutischen Effekts kommen, wer sich klar macht, daß die Entlastungs-Chance der ›Therapie‹ nicht an die Bedingung gebunden ist, selbst ein Dekonstruktivist zu werden. Auch in der Psychiatrie oder in der Psychoanalyse werden ja nicht *alle* Patienten oder Klienten nach erfolgreichem Abschluß der Therapie Psychiater oder Psychoanalytiker.« (H.U. Gumbrecht (1988): Who is afraid of Deconstruction?, S.112.)

Gestalt des alt-aufgeklärten Absolutismus, sie führt zum ›Archipel‹ der ›Kerker‹.«[635]

Orwell formulierte:

»Solange man reale Gegebenheit nicht einfach beiseite schieben kann, solange zwei mal zwei immer noch vier ausmachen, hat der Wissenschaftler seinen festen Platz.«[636]

Das klingt hoffnungsfroh. Und beruhigend. Hier bleibt das Positive. Damit scheint nun aber weniger auf eine präexistente, ablesbare ontologische Ordnung der Welt abgehoben, sondern auf einen labilen, durch Rückversicherung immer wieder zu bestätigenden Grund-Konsens, im Rahmen der Festigkeit einer Perspektive, die nicht für sich selbst sorgt.

Orwell, 1942, beim »Rückblick auf den Spanischen Krieg«:

»Besonders die Ideologie der Nazis stellt in Abrede, daß es so etwas wie ›die Wahrheit‹ gibt. Ebenso wenig gibt es so etwas wie ›Wissenschaft‹. Es gibt eine ›deutsche Wissenschaft‹, eine ›jüdische Wissenschaft‹ etc. Am Ende steht eine gespenstische Welt, in der ein Führer oder sonst eine herrschende Clique nicht nur die Zukunft, sondern auch die *Vergangenheit* kontrolliert. Wenn der Führer in Bezug auf irgendein Ereignis bestimmt: ›Das hat es nie gegeben‹ – gut, dann hat es das nie gegeben. Wenn er bestimmt, daß zwei und zwei gleich fünf sind – gut, dann sind zwei und zwei gleich fünf. Diese Aussicht ist für mich erschreckender als Bomben – und nach unsern Erfahrungen der letzten fünf Jahre ist das kein leichtfertig dahergedachter Satz.«[637]

[635] Rolf Grimminger (1990): Die Ordnung, das Chaos und die Kunst. Für eine neue Dialektik der Aufklärung, S.15.

[636] George Orwell (1975): Zur Verhinderung von Literatur, S.95.

[637] George Orwell (1981), S.161. Es ist dies, über den speziellen Fall hinaus, noch immer eine Tendenz autorintentionalen Interpretierens: Texten werden in einer Art »Input-Hermeneutik« (Wolfgang Welsch, 1990, 2, S.159; s.o., S.50) Autorabsichten unterstellt – »Orwell meint hier, 2+2 sei immer 4« – ohne diese Unterstellung vor dem Hintergrund persönlicher, nicht-literarischer Äußerungen des Autors zu überprüfen; – es könnte ja auch, wie es dies hier in aller Deutlichkeit tut, der schöne Schein des Authentischen sich als Fiktion des Interpreten erweisen.

Es scheint angebracht, Orwells »1984«, und gerade die Passagen, in denen die Formel »2+2=4« zentral ins Blickfeld rückt, anders zu interpretieren, als es in manchen Bemerkungen allzu naiv-hoffnungsfroh deutlich wird, da, wo man offenbar meint, dem (Interpretations-) Terror ein trotzig-tröstliches: »Aber 2x2 bleibt dennoch 4« entgegenhalten zu können.

Ist die Orwellsche Perspektive mittlerweile »unrealistisch« geworden? Richard Rorty hat in seinem Buch »Kontingenz, Ironie und Solidarität« Orwells «1984« umfassend interpretiert. Der zentrale Interpretationsvorschlag:

> »[...], es komme nicht darauf an, ob ›zwei plus zwei ist vier‹ der Wahrheit entspricht, noch weniger, ob diese Wahrheit ›subjektiv‹ ist, ob sie ›einer äußeren Realität korrespondiert‹; sondern es komme nur darauf an, daß man es, wenn man daran glaubt, auch sagen kann, ohne verletzt zu werden. Mit anderen Worten, es kommt darauf an, daß man mit anderen Menschen über das, was einem wahr scheint, sprechen kann; es spielt keine Rolle, was tatsächlich wahr ist. Wenn wir für Freiheit sorgen, kann die Wahrheit für sich selbst sorgen.«[638]

> »Ich lese also die Passage aus Winstons Tagebuch über die Notwendigkeit, daran festzuhalten, daß ›zwei plus zwei gleich vier‹ ist, nicht als Orwells Meinung darüber, wie man die O'Briens in Schach halten kann, sondern vielmehr als eine Beschreibung der Möglichkeit, wie wir uns selbst bei Verstand halten können, wenn es bedrohlich wird. Wir tun es, indem wir mit anderen Menschen reden – also versuchen, eine Bestätigung unserer Identität dadurch zu bekommen, daß wir sie in der Gegenwart anderer artikulieren. Wir hoffen, daß diese anderen etwas sagen, was uns hilft, unser Netzwerk aus Überzeugungen und Wünschen kohärent zu halten. Man beachte, daß Winston, während er in sein Tagebuch schrieb, ›alles folge‹ aus der Freiheit zu sagen, daß zwei plus zwei gleich vier ist, ›das Gefühl hatte, er spreche zu O'Brien‹.« (Ebd., S.300.)

Nach dieser Interpretation ginge es, im weitesten Sinne, um die Gewährleistung freier Kommunikation, Freiheit zur Meinungs-

[638] Richard Rorty (1989): Kontingenz, Ironie und Solidarität, S.286. Der »Versuch, in der Wahrheit zu leben« (Václav Havel), wäre hier integrierbar!?

äußerung, wenn man »die geheime Lehre weitergab, daß 2 + 2 = 4 ist.«[639]

Rorty bezieht diesen Interpretationsvorschlag auf einen zentralen Terminus seiner Philosophie, auf Solidarität.

> »Orwells Vision zeigte eine Welt, in der diese Solidarität - gezielt durch sorgfältige Planung - unmöglich gemacht war«.[640] »Daß wir auf Kontingenz und Ironie bestehen und infolgedessen Ideen wie ›Essenz‹, ›Wesen‹ und ›Grundlage‹ ablehnen, macht es unmöglich, an der Vorstellung festzuhalten, daß manche Handlungen und Einstellungen von Natur aus ›unmenschlich‹ sind. Unser Insistieren heißt nämlich: Was man unter einem anständigen Menschen versteht, ist relativ zu historischen Bedingungen, hängt ab von einem kurzzeitigen Konsens darüber, welche Einstellungen normal und welche Handlungsweisen gerecht oder ungerecht sind. Aber in Auschwitz-Zeiten, wenn die Geschichte in Aufruhr ist und traditionelle Institutionen und Verhaltensmuster zusammenbrechen, brauchen wir etwas, das jenseits von aller Geschichte und allen Institutionen steht. Was kann das anderes sein als Solidarität unter den Menschen, als das wechselseitige Erkennen der Menschlichkeit, die uns allen gemeinsam ist?«[641]

[639] George Orwell (1984): 1984, S.222.

[640] Richard Rorty (1989), S.305.

[641] Ebd., S.305f. Beiseite gesprochen: Es wäre zumindest eskapistisch, nunmehr ganz auf das Prinzip Solidarität als Heilslehre zu setzen. Andererseits: So schnellebig sind die Zeiten. Witzelte Der Spiegel in seiner Rezension 1990 über Rortys Buch unter dem Titel: »Wahrheit als Auf und Ab« (Nr. 6/1990, S.234f.) und vermutete, hier werde Philosophie durch »eine Gesellschaft von autistisch witzelnden Privatiers beglaubigt« (ebd., S.235), so konstatiert Ulrich Greiner 1992: »Erstaunlich ist, mit welch wachsendem Interesse zum Beispiel der Pragmatismus des amerikanischen Philosophen Richard Rorty gelesen und zitiert wird. Rorty verspricht die Befreiung von jenem Konsistenzzwang, der das Denken lange gelähmt hat. Dadurch wird alles einfacher. Dadurch wird alles schwieriger, weil es anstrengender ist, im Durcheinander und von Fall zu Fall zu denken als auf dem Schachbrett des Systems. Das Chaos ist, angesichts der hinter uns liegenden ungeheuren und opferreichen ideologischen Kämpfe, ein Glücksfall. Wir sind mitten drin.« (U.G.: Flucht in die Trauer. Ein Nachruf auf die Linke, die es nicht mehr gibt, nebst Herausarbeitung der Vorzüge dieses Sachverhalts sowie einigen Anmerkungen zu den Problemen, die die Rechte damit hat. In: Die Zeit, 18.9.1992, S.69.)

Ein bißchen viel Heroismus gefordert? Das kann man so sehen. Dabei interpretiert Rorty O'Brien so, daß Orwell diesen erfunden habe, »um uns zu warnen« (ebd., S.285).

> »Er sieht O'Brien nicht als verrückt, irregeleitet, verführt von einer falsch verstandenen Theorie oder blind für moralische Tatsachen. Er sieht ihn einfach als *gefährlich* und als *möglich*. Orwells zweite große Leistung nach der Entlarvung der bolschewistischen Propaganda bestand darin, uns davon zu überzeugen, daß O'Brien in der Tat eine Möglichkeit ist.« (Ebd.)

Wobei diese Interpretation dahingehend zu erweitern wäre, daß O'Brien weniger auf personaler denn auf systemischer Ebene zu interpretieren wäre, – gerade Orwells Essays scheinen diesen Interpretationsvorschlag nahezulegen, dieser gewänne gerade vor diesem Hintergrund zusätzlich Kontur.

> Foucault: »Das große Spiel der Geschichte gehört dem, der sich der Regeln bemächtigt, der seinen Nutzen aus ihnen zieht, der sich verkleidet, um sie in ihren Widersinn zu verkehren und sie gegen ihre Schöpfer zu wenden; es gehört dem, der in den komplexen Mechanismus eindringt und ihn so umfunktioniert, daß die Herrscher von ihren eigenen Regeln beherrscht werden. Die verschiedenen Entstehungen sind nicht die aufeinanderfolgenden Gestalten ein und derselben Bedeutung, sondern Ersetzungen, Versetzungen und Verstellungen, Eroberungen und Umwälzungen.«[642]

Und Rorty: »Noch einmal: Sozialisation durchdringt alles, und wer über sie bestimmt, hängt oft davon ab, wer wen zuerst umbringt.«[643]

[642] Michel Foucault (1987): Nietzsche, die Genealogie, die Historie, S.78.
[643] Richard Rorty (1989), S.299.

Knüpfen wir wieder den Faden. Wir begannen dieses Kapitel in der Rechenstunde. Blenden wir uns in den Fortgang wieder ein.

»›Die Frau Lehrerin kann nicht mehr rechnen‹, sagte Anni, als sie nach der Schule mit der Milch daherkam.
Der Matrose ließ sie in die Stube treten.
Er sagte: ›Die hat niemals rechnen können.‹ Anni stellte die Milchkanne neben den Herd. Ihr Blaudruckröckchen hob sich und senkte sich wieder. Dann wandte sie sich dem Matrosen zu. ›Sie hat sich eingebildet, zwei mal zwei wäre fünf!‹ erzählte sie.
Der Matrose machte sich an seinem Schrank zu schaffen. Er sagte: ›Wirklich!?‹ – Schau an! Da lernt sie es noch. Zwei mal zwei ist nämlich wirklich fünf. Das begreifen aber nur die wenigsten.‹«[644]

Es gilt, was gilt. Literaturunterricht: »Bescheidener Vorschlag zum Schutze der Jugend vor den Erzeugnissen der Poesie«?[645] Stop! Das ruft den Pädagogen auf den Plan, läßt ihn mit Nachdruck den Zeigefinger heben, den Kanon und richtiges Interpretieren anmahnend:

»Immerhin stimmt es einfach nicht, wenn Enzensberger behauptet, daß das Resultat von Lektüre ›durch den Text nicht determiniert und nicht determinierbar sei‹.«[646]
Es gehe nämlich darum,
»vermittels adäquater Methoden der Texterschließung zu

[644] Hans Lebert (1991): Die Wolfshaut, S.443f. Pädagogik als »Nürnberger Trichter«, filterlos? Zwischen Stoff, Pädagogik, und dem »Schülermaterial« nichts als das unschuldige Gleichheitszeichen? (Vgl.: Rudolf Reiser: Nürnberger Trichter hemmt Wissensfluß. Professor für pädagogische Psychologie verwirft die traditionelle Didaktik. In: Süddeutsche Zeitung, 10.2.1993, S.40.)

[645] Hans Magnus Enzensberger (1976): Bescheidener Vorschlag zum Schutze der Jugend vor den Erzeugnissen der Poesie.

[646] Otto Knörrich (1981): Didaktische Anmerkungen zur Interpretation und Vermittlung zeitgenössischer Lyrik, S.352 (in einer Replik auf Enzensbergers Polemik).

Aussagen über einen Text zu gelangen, über die sich [...] ein möglichst breiter Konsens herstellen läßt.« (Ebd., S.353.)
»Die Fähigkeit zum adäquaten Umgang mit Gedichten erfordert den Erwerb eines entsprechenden methodischen Rüstzeugs, von geeigneten Beschreibungskategorien, von relevanten Untersuchungsaspekten und Analysekriterien, den der Lehrer nicht dem Zufall überlassen darf, auf dessen möglichst methodische, ökonomische und effektive Organisation durch den Lehrer der Schüler vielmehr geradezu ein Recht hat.« (Ebd., S.353.)
»Er dachte: ›Du bist an der Reihe. Du! Nicht wir. Denn du hast alles: die Wirklichkeit und die Wahrheit. Wir Großen haben nur noch den Betrug: wir deuten und ändern an den Dingen herum, die uns nicht mehr gehören. Ja, wir rechnen! Zwei mal zwei ist vier. Doch es stimmt nicht. Immer ist es mehr. Und zwar um das, womit wir nicht gerechnet haben. Um das Unerkannte. Unberechenbare. – Wahrhaftig! Wenn ihr Kinder eine Ahnung hättet, was wir Großen für kleine, erbärmliche Spaßmacher sind, was für ein schändliches Affentheater wir aufführen, ihr würdet gar nicht mehr zur Schule gehen.‹ [...] Er dachte: ›Herrgott! Wenn man doch wieder die Wahrheit besäße. Die Welt! Nämlich die Wirklichkeit! Nämlich den Traum! Und sich anschleichen könnte! Durch hohes, raschelndes Gras.‹ [...] ›Die Wirklichkeit: ein Ziegenmädchen beschleichen, wieder einen Hirtenengel haben...‹«[647]

Auf der Suche nach der verlorenen Zeit. – Doch werden wir nicht pathetisch. Wir haben zu rechnen. Die Zeit drängt. Wir müssen zu Ende – »zu Potte« – kommen. Daß es sich rechnet. Sicher. Unabänderlich. Das liegt in der Natur der Sache. Doch genießen wir oben noch das berechnete Glück, lauern unten bereits die Ratten der Subversion? Ein Orwellsches Vademecum gegen die allzu euphorisch angepriesene mathematische Hygiene?

[647] Hans Lebert (1991): Die Wolfshaut, S.445. »Die Forderung einer adäquaten Ausdrucksweise ist unsinnig: es liegt im Wesen einer Sprache, eines Ausdrucksmittels, eine bloße Relation auszudrücken...« (Friedrich Nietzsche (1984): Werke IV. Aus dem Nachlaß der Achtzigerjahre, S.343.)

Auch Wittgenstein deutet zumindest Konsequenzen des Konzepts der Abrichtung an.

»Die Grundlage jeder Erklärung ist die Abrichtung. (Das sollten Erzieher bedenken.)«[648]
»Ist die Bedeutung wirklich nur der Gebrauch des Worts? Ist sie nicht die Art, wie dieser Gebrauch in das Leben eingreift?«[649]

Wird damit auch eher nüchtern ein Ort der Erzeugung von Wirklichkeit, der Geltung von Sätzen beschrieben, so aber kein Urteil über Qualität und Resultate der Dressurakte abgegeben. (Wer steht auch dafür gerade: Der rechte Überblick?) Ist es gleichgültig (»=«), ob Wittgensteins Löwe durch das Zirkusrund oder die Savanne schlendert, brüllt? Ob - Luigi Malerbas - Hühner die Addition » 2 + 2 = 22« zweckmäßig finden?

Unsere Spurensicherung fixierte bisher anläßlich von »2x2=4« »Interpretation« in verschiedenem Design und unterschiedlicher Handschrift als Täter bei der Erzeugung von Wirklichkeiten. Es ging überwiegend um die Mechanismen der Aneignung des Wissens, der Abrichtung im »überkommenen Hintergrund«. Historisch und disziplinär wechselnde Marktführer von Wissenskonzepten sind uns dabei begegnet; anläßlich von »2x2=4« ist eine Entfaltung abendländischer Formen des Wissens beobachtbar.

Verfolgen wir nun Konsequenzen dieses Wissens; beobachten wir also, wie der Gebrauch von »2x2=4« in unser Leben eingreift. Gehen wir nunmehr charakteristischen Ausprägungen seiner Anwendung nach.

[648] Wittgenstein (1984,2): Über Gewißheit, Nr. 419, S.370.
[649] Wittgenstein (1973): Philosophische Grammatik, Nr. 29, S.9.

IV. Im Garten der (mathematischen) Lüste

Äpfel, Birnen und 2x2=4: Problematische Anwendung

Nach Bertrand Russell (1912) geht von 2+2=4 ein Zwang aus,

> »eine Notwendigkeit, der sich alles, was wirklich und möglich ist, anpassen muß.«[650]

Damit wäre seine universale Anwendbarkeit garantiert. Nietzsche dagegen sieht die Geltung des Satzes eher nachgeordnet. Erst nachdem eine perspektivische Setzung Einteilungen möglich macht, Dinge definiert, kann - 2+2=4 - gezählt werden. Nach Wittgenstein hat unser Satz nur im Gebrauch Sinn. Seine Anwendbarkeit ist nicht problemlos voraussetzbar.

> »Im physikalischen Raum [...] ist 2 + 2 = 4 eine Hypothese und bedarf der Verifikation.«[651]

Dennoch beobachten wir insgesamt einen exzessiven Gebrauch des Beispiels, der geradezu als Obsession erscheint. Unser Sätzchen kokettiert in verändertem Design nahezu überall und mit jedem. Wie funktionieren die Beziehungen? Was liegen ihnen für Attraktionen zugrunde?

> »Einstein hat das so ausgedrückt: ›So weit sich die Gesetze der Mathematik auf die Wirklichkeit beziehen, sind sie nicht gewiß; so weit sie gewiß sind, beziehen sie sich nicht auf die Wirklichkeit.‹ Schon in der schlichten Aussage, daß 2 Äpfel plus 2 Äpfel zusammen 4 Äpfel sind, ist eine empirische Behauptung über das Verhalten von Äpfeln eingeschlossen, sowie Annahmen über die Anwendbarkeit des Begriffs ›Äpfel‹

[650] Bertrand Russell (1986): Probleme der Philosophie, S.69.
[651] Wittgenstein (1989): Vorlesung 1930-1935, S.97.

auf bestimmte empirische Objekte. Vielfach wird behauptet, daß in dem angeführten Beispiel das Formelschema ›2 + 2 = 4‹ eine ›empirische Interpretation‹ erfahren habe, die die Gewißheit des Satzes unangetastet lasse, insofern ein Isomorphismus zwischen der mathematischen Operation der Addition und dem Zusammenlegen von Äpfeln bestehe. Aber dabei wird übersehen, daß dann entweder der Begriff ›Apfel‹ zu einem scharfen Begriff im Sinne der Zahlen gemacht sein muß (der uneindeutige Fälle wie Apfelzwillinge ausklammert), oder daß es sich nicht um eine Isomorphie handeln kann; denn empirische Tatsachen und ideale Gebilde lassen sich niemals in eine eindeutige Abbildung zueinander bringen.«[652]

Seit Adam und Eva haben wir mit *dieser* Frucht vom Baum der Erkenntnis gerechnet. Gerät uns das Rechnen nun zum Mus? Der mathematische Geschmack nun endgültig verdorben? Wohl kaum. Dieser Wurm im Apfel der Erkenntnis macht uns das Rechnen keinesfalls madig. Denn:

»Die Arithmetik [...] kümmert sich (wie wir alle sehr wohl wissen) überhaupt nicht um diese Anwendung. Ihre Anwendbarkeit sorgt für sich selbst.«[653]
»Es gibt [...] keine ›Arithmetik der Äpfel‹, denn die Gleichung 4 Äpfel + 4 Äpfel = 8 Äpfel ist nicht ein Satz, der von Äpfeln handelt. Man kann sagen, daß in dieser Gleichung das Wort ›Äpfel‹ keine Bedeutung hat.« (Ebd.)

Bedeutet das etwas anderes, als daß Äpfel, Birnen und 2x2=4 nichts dafür können, wie wir mit ihnen umgehen? Daß Arithmetik für arithmetische Weltbeschreibung nicht selbst verantwortlich ist?

Insgesamt scheinen die Perspektiven vielfältig gemischt. Auch empirische Vorgaben müssen gewährleistet sein, um »2x2=4« zu wissen.

[652] Lothar Schäfer (1974): Zahl, S.1785.
[653] Wittgenstein (1973): Philosophische Grammatik, 308.

»Wenn ein Urteil mit voller Allgemeinheit ausgesprochen wird, wenn es unmöglich ist, sich eine Ausnahme vorzustellen, so muß es a priori sein. Selbst wenn ein Kind das Rechnen lernt, indem es mit kleinen Kugeln spielt, so muß es nicht auf die Erfahrung zurückgreifen, um zu erkennen, daß zwei und zwei vier ist. Solche Urteile sind analytisch. Empirische Erkenntnis andererseits ist synthetisch.«[654]

Verhalten die Kugeln sich nun aber immer im Sinne von 2+2=4? Ist das beweisbar? Wittgenstein mahnte eine gewisse Skepsis an und bezog diese schon auf den mathematischen Diskurs selbst.

»Wenn man bedenkt, daß die Gleichung 2 + 2 = 4 ein Beweis des Satzes ist ›es gibt gerade Zahlen‹, so sieht man, wie lose hier das Wort ›Beweis‹ gebraucht ist. Aus der Gleichung 2 + 2 = 4 soll der Satz ›es gibt gerade Zahlen‹ hervorgehen?! – [...]«[655]

»So kann man z.B. die Aussage 2 + 2 = 4 aus 4 + 4 = 8 ableiten, aber es wäre absurd, wenn man sagen wollte, daß 4 + 4 = 8 der zureichende Grund dafür wäre, daß 2 + 2 = 4 ist.«[656]

Über diesen Diskurs hinausgeblickt: »2x2=4« ein Blankoscheck auf das Verhalten nicht-mathematischer Phänomene? Freibrief für jede mögliche Berufung auf »2x2=4«? Wohl kaum. Doch wie ist die anhaltende Konjunktur des Beispiels begründbar? Ob vielleicht gerade dieser Sprachgebrauch weiterbringt? Ob also erst bestimmte Praktiken 2x2=4 auf den Weg brachten und die Erfolgsstory einleiteten, mit der wir uns konfrontiert sehen?

[654] Heisenberg (1986): Physik und Philosophie, S.66. (Vgl. auch: Heisenberg (1985): Die Abstraktion in der modernen Naturwissenschaft, S.153; s.o., S.107 f.) Nach Kant sind mathematische Sätze nicht analytisch, sondern synthetisch a priori. (Kants Beispiel ist »7+5=12«; vgl.: Kant (1982): Einleitung zur Kritik der reinen Vernunft, B 15, S.56f.)

[655] Wittgenstein (1984,2): Über Gewißheit, S.439.

[656] Wie es später auch bei Bertrand Russell heißt (1988: Philosophie. Die Entwicklung meines Denkens, S.60).

Im stahlharten Gehäus unserer Rationalitätshörigkeit: Wahrheit, Geld, Wissenschaft, Bürokratismus

Wahrheit. Und es ward Licht.

> »Doch wenn es auf nichts weiter ankäme als den Wahrheitswert, könnte der W-Satz für ›Schnee ist weiß‹ getrost sagen, dies sei dann und nur dann wahr, wenn Gras grün ist oder wenn 2 + 2 = 4, und dies wäre ebenso gut wie die Aussage, es sei dann und nur dann wahr, wenn Schnee weiß ist. Es mag zwar sein, daß wir uns darauf verlassen können, daß keine befriedigende Wahrheitstheorie solche anomalen W-Sätze hervorbringen wird, doch dieses Vertrauen gibt uns kein Recht, die W-Sätze höher einzuschätzen.«[657]

Wem gebührt schon ein Allein-Vertretungsanspruch auf Wahrheit? Der Thron des Souveräns wurde eingemottet. Nicht, daß deshalb keine Ansprüche mehr erhoben würden. Doch wo diese seriös auftreten, zielen sie weniger auf die Hervorgehobenheit, das Ausgezeichnete dieses Anspruchs, als - wenn vielleicht auch mißmutig - auf ihre äußerst reduzierte lebenspraktische Relevanz: Formale Sprachen mögen hier als Leitwährung gelten. Aber wer gewährt darauf schon Kredit? Worauf treffen deren Wahrheitskriterien schon zu?

> »Schließlich ist Wahrheit sogar innerhalb ihrer eigenen engen Zuständigkeit nicht der einzige und oft auch nicht der übergeordnete Gesichtspunkt. Wahrheit spielt in einer Aussage, die sich nicht auf die Sache bezieht, eine geringe Rolle: ›2 + 2 = 4‹ ist keine Antwort auf die Frage ›Welche Farbe hat der Schnee?‹ Und sowohl in der Wissenschaft wie im täglichen Leben erhalten zugegebenermaßen falsche Approximationen im allgemeinen den Vortritt vor Wahrheiten und sogar vor leicht zugänglichen genaueren Approximationen. Knappe Abrisse und gleichmäßige Kurven werden die Tatsachen und Gesetze, mit denen wir arbeiten und leben.«[658]

[657] Donald Davidson (1990): Wahrheit und Interpretation, S.201.

[658] Goodman und Elgin (1993): Revisionen. Philosophie und andere Künste und Wissenschaften, S.203.

Für »2x2=4« in mythischen, theologischen und philosophisch konzipierten Welten ließ es sich schon beobachten: Wir haben »Schwierigkeiten mit der Wahrheit«.[659]

> »Sofern eine [Welt-]Version sprachlicher Natur ist und aus Aussagen besteht, kann Wahrheit relevant sein. Wahrheit kann jedoch nicht durch Übereinstimmung mit ›der Welt‹ definiert oder geprüft werden. Denn nicht nur ist in verschiedenen Welten Verschiedenes wahr, sondern darüber hinaus ist bekanntermaßen unklar, was Übereinstimmung einer Welt-Version mit einer davon unabhängigen Welt sein soll. Vielmehr wird eine Version - grob gesagt, ohne damit die Pilatus-Frage oder die Tarski-Frage beantworten zu wollen - dann für wahr gehalten, wenn sie keinen hartnäckigen Überzeugungen widerspricht und keine ihrer eigenen Vorschriften verletzt.«[660]

> »Die Wahrheit ist alles andere als eine erhabene und gestrenge Herrin; sie ist eine gefügige und gehorsame Dienerin. Der Wissenschaftler, der annimmt, er widme sich ausschließlich der Suche nach Wahrheit, täuscht sich selbst. [...] Er sucht System, Einfachheit, Reichweite, und wenn er in diesen Punkten befriedigt ist, schneidert er die Wahrheit so zurecht, daß sie paßt.« (Ebd., S.32.)

Kein Zweifel, daß das nicht in purer Nüchternheit oder Wertneutralität geschicht. Wo gerechnet wird, da fallen Späne. Wahrheitssuche: Welche Paßform wählen wir?

> »Zum Beispiel: ›2 + 2 = 4‹ ist wahr von allem *(true of everything)*, insofern für jedes x gilt, daß *x* so ist, daß 2 + 2 = 4.« (Ebd., S.33; Anm.23.)

Was setzen wir für dieses »x« ein? Welches Kreuzchen tragen wir der Formel nach? Oder tragen wir gar - kreuzbrav, wie wir sind - das Kreuz der Formel?

659 Nelson Goodman (1990): Weisen der Welterzeugung, S.31.
660 Ebd. (Auf Tarskis W-Konvention bezieht sich auch Davidson im eben erwähnten Zitat; Anm.8.)

Ist auch in Goodmans Konzept *die* Wahrheit als Herrin aus dem Spiel, hat dies die Herrn der (mathematischen) Dinge doch nicht weiter gestört. Eher im Gegenteil. Und locker wird ein »x« für ein »u« gemacht. (Ja, wer den großen Griffel »Wahrheit« schwingt!)

Abendländische Anstrengungen, *die* Wahrheit zu verbreiten: eine Fülle komplexer Konzepte werden gezeugt; Väter, mit missionarischem Eifer am Werke, und ihre gefügige Dienerin. In platonisch-christlicher Tradition wird Mathematik zum Zauberstab gemacht, die Welt - »x« - zu bannen? Nicht zuletzt die Universalisierbarkeit der mathematischen Perspektive wird im Mantel universaler Wahrheit zur Legitimation, das Licht des Abendlandes weltweit zu zünden: Monopol auf »x«. Nicht nur, daß dabei Schatten geworfen wurde, es blieb auch viel Asche zurück.

> »Philosophen sind Gewalttäter, die keine Armee zur Verfügung haben und sich deshalb die Welt in der Weise unterwerfen, daß sie sie in ein System sperren.«[661]

- Und andere treten in diesem Zeichen dann an.[662] Bereits ältere Soziologie wies darauf hin.

> »Nur im Okzident gibt es ›Wissenschaft‹ in dem Entwicklungsstadium, welches wir heute als ›gültig‹ anerkennen. Empirische Kenntnisse, Nachdenken über Welt- und Lebensprobleme, philosophische und auch […] theologische Lebensweisheiten tiefster Art […] hat es auch anderwärts, vor allem: in Indien, China, Babylon, Aegypten, gegeben. Aber: der babylonischen und jeder anderen Astronomie fehlte […] die mathematische Fundamentierung, die erst die Hellenen ihr gaben.«[663]

[661] Robert Musil (1983): Der Mann ohne Eigenschaften, S.253.

[662] Eine Randbemerkung: Günther Anders, gegen das berühmte Marx-Diktum: »Es genügt nicht, die Welt zu verändern. Das tun wir ohnehin. Und weitgehend geschieht das sogar ohne unser Zutun. Wir haben diese Veränderung auch zu interpretieren. Und zwar, um diese zu verändern. Damit sich die Welt nicht weiter ohne uns verändere. Und nicht schließlich in eine Welt ohne uns.« (Motto zum 2. Band von: G.A.: Die Atiquiertheit des Menschen. München 1988.)

[663] Max Weber (1920): Vorbemerkung, S.1.

Und die sie weiterhin auf den Weg brachten, und damit den »rationalen und systematischen Fachbetrieb der Wissenschaft: das eingeschulte *Fachmenschentum*« (ebd., S.3), die »Fachbeamten, [...] die nirgends in irgendeinem Sinn so konstitutiv für die soziale Ordnung wurden wie im Okzident.« (Ebd.)

Und schließlich, halten wir uns den pekuniären Aspekt vor Augen:

»Der spezifisch moderne okzidentale Kapitalismus nun ist zunächst offenkundig in starkem Maße durch Entwicklungen von *technischen* Möglichkeiten mitbestimmt. Seine Rationalität ist heute wesenhaft bedingt durch Berechenbarkeit der technisch entscheidenden Faktoren: der Unterlagen exakter Kalkulation. Das heißt aber in Wahrheit: durch die Eigenart der abendländischen Wissenschaft, insbesondere der mathematisch und experimentell exakt und rational fundamentierten Naturwissenschaften.« (Ebd., S.10.)

Dies habe zu einer Veräußerung im »Lebensstil aller einzelnen, die in dies Triebwerk hineingeboren werden«, geführt, die diesen »mit überwältigendem Zwang bestimmt und vielleicht bestimmen wird, bis der letzte Zentner fossilen Brennstoffs verglüht ist.«[664] Aus dieser Veräußerung habe »das Verhängnis ein stahlhartes Gehäuse werden« lassen (ebd.), das »Gehäuse unserer Rationalitätshörigkeit«[665].

Und so hängt manch abendländischer Geist an diesem Wissen wie der Drogensüchtige an der Nadel; Entzugserscheinungen zeigen sich in heftiger Abwehrreaktion. Dabei kommt es zu mißverständlichen, wenn nicht gar diskriminierenden Äußerungen.

»Der methodologische Ratschlag, in einer Weise zu interpretieren, in der die Eindeutigkeit optimiert wird, sollte nicht so aufgefaßt werden, als beruhe er auf einer nachsichtigen Voraussetzung mit Bezug auf die menschliche Intelligenz, die sich auch als falsch herausstellen könnte. Wenn wir keine Möglichkeit finden, die Äußerungen und das sonstige Ver-

[664] Ebd., Protestantische Ethik, S.203.
[665] Ulrich Beck (1988): Gegengifte, S.96.

halten eines Geschöpfes so zu interpretieren, daß dabei eine Menge von Überzeugungen zum Vorschein kommt, die größtenteils widerspruchsfrei und nach unseren eigenen Maßstäben wahr ist, haben wir keinen Grund, dieses Geschöpf für ein Wesen zu erachten, das rational ist, Überzeugungen vertritt oder überhaupt etwas sagt.«[666]

Ja nun, wie geht man denn - etwa als logischer Positivist - mit dem logischen Polytheisten um? Der mit solcher Rationalität unvertraute Heide ist zu arithmetisieren, auf den einen wahren Sinn zu verpflichten? Wer nicht wissen, rational sein will, muß dran glauben? Mißverständlich ist das allemal.

Das ist so der platonisch inspirierte Gestus abendländischen Denkens: Freie Fahrt für freie Mathematik. Permanent auf der Überholspur. Und keine Geschwindigkeitsbegrenzung in Sicht. Stigmatisiert mit »2x2=4«? Verzauberung durch leere Universalisierbarkeit wird zur Obsession: Eine Erfolgsstory der Besessenheit?

Wohin führ(t)en diese kulturspezifischen Umtriebe im mathematischen Garten der Lüste? Wohl eingerichtet im »Gehäuse der Hörigkeit«, wurde der absolut sicher geglaubte Besitzstand nicht nur gewahrt, sondern im Dienste eines logischen Imperialismus weltweit exportiert: Wer nicht wissen wollte, mußte dran glauben. Und die 2x2=4-Obsession kommt als solche ja kaum einmal in den Blick.

»Wäre es nicht an der Zeit, wie Richard Goldstein, der Herausgeber der Village Voice, feststellt, ›daß der weiße Mann die Macht aufgibt, die es ihm erlaubte, seine Wahrnehmung mit der Wirklichkeit zu verwechseln, daß er bereit ist, auf den Genuß an einer Kultur zu verzichten, die sein Bild auf Kosten anderer verherrlicht, daß er es endlich lernt, all die Handlungen in Frage zu stellen, die ihm bis heute seine Herrschaft über alle lebenden Wesen bestätigen?«[667]

[666] Donald Davidson (1990): Wahrheit und Interpretation, S.199.

[667] Elisabeth Wehrmann: Weg mit der weißen Kultur! Fünfhundert Jahre nach Columbus begehren die Opfer auf. In: Die Zeit, 6.3.1992, S.56. Vgl. auch: Roy Harvey Pearce: Rot und Weiss. Die Erfindung des Indianers durch die Zivilisation. Stuttgart 1991. »Anhand vielfältiger Quellen wie politischer Pamphlete, Berichten von Missionaren und Anthropologen entwickelt Pearce in an-

»[H]aben wir [...] Grund, dieses Geschöpf für ein Wesen zu erachten, das rational ist, Überzeugungen vertritt oder überhaupt etwas sagt«?[668]

Wer ist »wir«? Kreuz der Interpretation: Ob die überwiegende Mehrzahl der hier zitierten Bezugnahmen auf »2x2=4« dem angegebenen Rationalitätskriterium zu genügen vermag? Wohl kaum, wenn Rationalität unabhängig von verschiedenen Kontexten gedacht würde. Welches Kriterium gilt dafür, wen »wir« als - wohlgemerkt - menschliches Wesen, das »überhaupt etwas sagt« unter oder zwischen uns dulden? Schon Literaturproduzenten hätten es da u.U. wohl schwer:

»Auf diese Idee ist man in Europa schon vor längerer Zeit gekommen. Ich erinnere mich nur an jenen berühmten Philosophen von der Balkan-Halbinsel, 427 bis 347 vor Christus, der, nachdem er selbst einige offenbar ziemlich dilettantische Verse verfasst hatte, zu dem Schluss kam, es handle sich dabei um eine staatsgefährdende Tätigkeit.«[669]

Erscheint - alles in allem - in dieser Interpretation »Rationalität« dann doch nicht eher als eine Ausnahme, denn als ausgezeichnete Regel? Wäre in diesem Kontext Rationalität nicht eher eine Abweichung, sollte Abweichung nicht zur Regel erklärt werden müssen?

Es ist offenbar nicht so einfach, mit der Vokabel »Wahrheit« umzugehen. Ist Wahrheit also vielleicht eher eine Art Paßform, so etwas wie ein gängiges, praktisches Industriedesign?

»Entgegen einer verbreiteten Auffassung führt [...] das Kappen der Fremdreferenz und der Verzicht auf jede Art Adäquations- oder Korrespondenztheorie der Wahrheit keines-

schaulichem Stil, wie sehr das Bild vom amerikanischen Wilden entsprechend den Interessen des jeweiligen Beobachters entworfen wurde, wie wenig der Indianer darin er selbst sein durfte.« (Aus der Verlagsmitteilung) Vgl. dazu: Mirjam Zimmer: Der Weiße und sein Wilder. Roy Harvey Pearce über das Indianerbild amerikanischer Siedler. In: Die Zeit, 24.4.1992.

[668] Donald Davidson (1990): Wahrheit und Interpretation, S.199.

[669] Hans Magnus Enzensberger (1976): Bescheidener Vorschlag zum Schutze der Jugend vor den Erzeugnissen der Poesie, S.425.

wegs zum Relativismus oder gar zum ›anything goes‹. Das Gegenteil trifft zu. Wahrheit funktioniert als ein in empirisch beobachtbaren Prozessen verwendetes Symbol. Es geht nur das, was geht.«[670]

Und solange es geht. Was geht im Anschluß an »2x2=4«? Also Geld, Wissenschaft und Bürokratismus? Gehen wir diesen Spuren nach.

Es rechnet sich: 2 x 2 = 4 aus dem Geist der Börse

Wo's um's Geld geht, da hört der Spaß offenbar auf. Da kann man mit Niels Bohr auch schön spotten:

»Man kann hoffen, daß sich später einmal 2 x 2 = 5 herausstellen wird, denn das wäre so vorteilhaft für die Finanzen.«[671]

Doch ist uns die Valuta »2x2=4« nicht erst im Rahmen der Grundlagenkrise inflationär geworden, ihre Rolle als universale Leitwährung stand für manchen Kalkulator schon immer auf dem Spiel.

»Denn es wäre prinzipiell nicht undenkbar, daß z.B. eine spätere Erweiterung der mathematischen Logik dem Satz, 2 x 2 könne in Ausnahmefällen auch gleich 5 sein, einen gewissen Sinn geben könnte, und es wäre dann sogar möglich, daß diese erweiterte Mathematik im Rechnungswesen nützlich wäre. Nur sind wir eben faktisch auch ohne zwingende logische Gründe überzeugt, daß solche Änderungen in der Mathematik für unsere Finanzen nichts helfen werden.«[672]

So sieht es aus. Müssen die Voraussetzungen also vielleicht umgekehrt werden? Die mögliche Schlußfolgerung aus Bohrs Satz nämlich, dies sei eine Aussage über die Unantastbarkeit von

[670] Niklas Luhmann (1992): Die Wissenschaft der Gesellschaft, S.177.
[671] Zit. nach Werner Heisenberg (1986): Physik und Philosophie, S.108.
[672] Werner Heisenberg, im Anschluß an das eben zitierte Bohr-Zitat (ebd.).

»2x2=4« (und der mit diesem Beispiel verbundenen Phänomene), die erst die Anwendbarkeit der Mathematik auf Geld garantiere, läßt sich wenden in eine Aussage über die Konjunktur von »2x2=4« selbst. Ob diese also nicht vielleicht gerade deshalb auf andere Diskurse überschwappt, weil sie - in diesem Kontext - funktioniert? Das beobachtbare Verhalten empirischer Phänomene, die daraus abschöpfbaren Werte also als Grundlage der anhaltenden Konjunktur unseres Satzes?

> »Tatsächlich hat sich Mathematik in der Geschichte nicht durch pures ›platonisches‹ Nachdenken über Logik und Ähnliches entwickelt, sondern in enger Verzahnung mit Problemen der Praxis, mit dem Zählen von Waren und Geld, mit dem Vermessen des Landes, mit der Navigation auf See, später mit allen möglichen physikalischen und technischen Problemen.«[673]

Dies sagt ein Naturwissenschaftler. Und der Soziologe, der die These vertritt, »daß auch Logik und Mathematik Kondensate und Regulative sozialer Operationen sind«[674], fügt hier hinzu:

> »Daß Wahrheit nichts anderes ist als symbolisierte, also aktuell verfügbare Anschlußfähigkeit läßt sich besonders gut am Paradefall der modernen Wissenschaften zeigen: am Beispiel der Mathematik. Mathematik ist ja nicht eine Repräsentation der außerhalb existierenden Objekte; wenn irgendwo, so ist das hier deutlich. [Anm.54: Wer die Theorie der Wahrheit als Adäquation halten will, muß denn auch hier auf den seltsamen Ausweg verfallen, die Existenz ›idealer‹ mathematischer Objekte außerhalb der Mathematik zu postulieren.] Was Mathematik erreicht und was durch Mathematisierung anderen Wissenschaften vermittelt wird, ist ein sehr hohes Maß an Anschlußfähigkeit für Operationen, und zwar in einer eigentümlichen Kombination von Bestimmtheit und Unbe-

[673] Helmut Schwegler (1992): Konstruierte Wissenschaftswelten. Die Erfahrungen eines Physikers, S.271.

[674] Niklas Luhmann (1992): Die Wissenschaft der Gesellschaft, S.75. Luhmann selbst geht dieser These allerdings, wie bereits erwähnt, nicht weiter nach.

> stimmtheit (Bestimmtheit der Form und Unbestimmtheit der Verwendung), die an Geld erinnert. Mathematik ist also, gerade weil sie auf Übereinstimmung mit der Außenwelt und auch auf entsprechende Illusionen verzichtet, in der Lage, Anschlußfähigkeit zu organisieren.«[675]

Bleiben wir also bei den Finanzen; die Perspektive hat sich eher umgekehrt. Hier heißt es: Die empirische Brauchbarkeit, Zweckmäßigkeit validiert unser Sätzchen.

> »Wie steht es mit der Zahlentheorie? Ist es ebenfalls wesentlich und lebenswichtig, daß verschiedene Zahlentheorien nebeneinander existieren? Wenn man einen Bankbeamten fragt, würde er, glaube ich, Entsetzen und Ungläubigkeit an den Tag legen. Wie könnte 2 plus 2, wenn addiert, etwas anderes ergeben als 4? Und überdies: wenn 2 plus 2 nicht vier ergäbe, bräche nicht die Weltwirtschaft unter der sich ergebenden unerträglichen Unsicherheit zusammen? Nicht ganz. Zunächst bedroht die Nicht-Standard-Zahlentheorie die uralte Vorstellung nicht, wonach 2 plus 2 gleich 4 ist. Sie unterscheidet sich von der gewöhnlichen Zahlentheorie lediglich in der Art und Weise, wie sie mit dem Begriff der Unendlichkeit umgeht. [...] Und wenn man Befürchtungen darüber hegt, daß alte Tatsachen geändert werden, verrät das ohnehin ein Mißverständnis über die Beziehungen zwischen Mathematik und der wirklichen Welt. Die Mathematik erteilt Antworten nur auf Fragen in der wirklichen Welt, *nachdem* man den entscheidenden Schritt getan hat: die Wahl der anzuwendenden Mathematik. Sogar wenn es eine rivalisierende Zahlentheorie gäbe, die die Symbole ›2‹, ›3‹ und ›+‹ verwendete, und in der es einen Satz ›2 + 2 = 3‹ gäbe, hätten die Bankiers wenig Anlaß, diese Theorie zu verwenden, denn sie entspräche nicht der Art und Weise, wie das Geld funktioniert. Man

[675] Ebd., S.201. Vgl. in diesem Zusammenhang auch: Stefan von Aufschnaiter et al. (1992): Kinder konstruieren Welten abhängig von ihren »subjektiven Erfahrungsbereichen« (S.390). Was in der »Zahlen-Welt« (S.391) nicht funktioniert, ist in der »Geld-Welt« (ebd.) oft längst praktikabel. Scheitert das abstrakte Dividieren in einem Kontext, lassen sich in dem anderen »Regeln für das Aufteilen von Geld für verschiedene Zwecke sehr sicher und schnell aktivieren.« (Ebd.) Erinnert sei in diesem Fall auch noch einmal an die sog. »Dyskalkulie«.

paßt seine Mathematik der Welt an, nicht umgekehrt. Zum Beispiel wenden wir die Zahlentheorie nicht auf Wolkensysteme an, weil der Begriff der ganzen Zahl kaum auf sie zutrifft. Da ist eine Wolke und noch eine andere, sie kommen zusammen, und anstatt zwei sind es eine. Das beweist nicht, daß 1 + 1 = 1; es beweist nur, daß unser zahlentheoretischer Begriff ›eins‹ nicht in seiner ganzen Stärke auf das Zählen von Wolken anwendbar ist.«[676]

So geht das. Und die Schlichtung der Grundlagenkrise geschieht auf dem Parkett. Das letztgültige Fundament: Der wahre Wert ist der Warenwert; Garant der Stabilität von »2x2=4«. Wir rechnen mit Gewinn. Oder: Endlich sind wir angekommen: Es rechnet sich!

»[...], und so ist das Geld allen Geisteskräften artverwandt, und nach seinem Muster zerlegen die Gelehrten die Welt in Atome, Gesetze, Hypothesen und wunderliche Rechenzeichen, und die Techniker bauen aus diesen Fiktionen eine Welt neuer Dinge auf.«[677]

Unsere »Geld-Welt« eben; Parkett und Tropenwald, und wie die Hölzer heißen, auf denen diese Wahrheit sprießt: So weit wird »in jeder denkbaren Welt« mit »2x2=4«, der Wahrheit gerechnet. Wen zieht es schon, außer zu touristischen Tändeleien (Was das wieder kostet!), zu Ätna, Vesuv oder Krakatau? Oder die ganz eskapistisch Veranlagten, die es - »Über allen Gipfeln ist Ruh«! - zu den Höhen der Lyrik treibt: »2x2=4, das ist noch kein Gedicht.«[678] Eben!

Aber Wissenschaft?

[676] Douglas R. Hofstadter (ohne Jahreszahl): Gödel. Escher. Bach. Ein endlos geflochtenes Band, S.490. Hofstadter verweist ebenfalls darauf, daß Mathematik als eine Art »Manipulation von Ziffern« (ebd., S.60) zu fassen ist, und »den Kindern als ein Mechanismus vorgelegt [wird], der die richtige Antwort liefert; was vielen Kindern dabei verloren geht, ist der Grund, warum er das tut. Die Gesetze der Multiplikation für die Verschiebung von Ziffern basieren zum größten Teil auf einigen wenigen Eigenschaften der Addition und Multiplikation, von denen wir annehmen, daß sie für alle Zahlen gültig sind.« (Ebd.)

[677] Robert Musil (1983): Der Mann ohne Eigenschaften, S.507.

[678] Wie wir schon einmal von Kurt Schwitters erfuhren (1981: Selbstbestimmungsrecht der Künstler, S.38, s.o., S.44)

Galilei oder: In der Banalität steckt eine Bombe – Wissenschaften

Es scheint eine Art Grundkonsens abendländischer Kulturwissenschaft zu sein, die »Erfolgsstory« von Naturwissenschaft und Technik als ein Erbe der europäischen Aufklärung zu sehen, insofern diese einer Inthronisierung der »Herrschaft der Zahl«[679] den Weg bereitete und mit der Etablierung eines scheinbar rein rationalen Diskurses die Insignien verlieh. Längst ist auch diese Monarchie als allenfalls konstitutionelle zu legitimieren. Spüren wir ihr, längs der Formel, noch einmal nach, fand doch das »rechnende Denken«[680] u.a. hier einen Kulminationspunkt, der wie kaum ein anderer in dieser Hinsicht die »Dialektik der Aufklärung« zu markieren vermag. Die Hauptrolle in diesem Spiel, die Figur des modernen Wissenschaftlers, ist historisch und literarisch vergeben: Galilei. Beginnen wir mit der Brechtschen Version, schauen wir ihr auf die Finger.

Gerade die These von der »eigentlichen *Grundlosigkeit«* (Varela, s.o., S.176) unseres Wissens macht die Suche nach einem verbindlichen Handlungsrahmen, nach vermeintlich sicheren Bezugspunkten plausibel. Nicht zuletzt auch in diesem Kontext sind die inflationären Rekurse auf »2x2=4« zu sehen. Sie verweisen sozusagen auf die Rezession etablierter Sicherheiten und die Konjunktur der Suche nach neuer kultureller Leitwährung.

Doch wer am Sockel geltender Vorstellungen rüttelt, der bestehenden Ordnung eine vermeintlich besser gestützte entgegensetzt, wer derart die gerade geltende untergräbt, der muß mit Konsequenzen rechnen. Die Verwerfungen durch den Wandel von Weltbildern, die Halt bieten, sind u.a. mit Brechts »Galilei« auf die Bühne gebracht. Der ursprüngliche Schöpfungsmythos ist zur Selbstverständlichkeit, zum Orientierung liefernden Begründungszusammenhang, zum Dogma geworden. Der Kritiker wird zwangsläufig zum Häretiker.

[679] Eberhard Reichmann (1968): Die Herrschaft der Zahl. Quantitatives Denken in der deutschen Aufklärung.

[680] Martin Heidegger, zit. bei Wolfgang Welsch (1990,1): Zur Aktualität ästhetischen Denkens, S.47.

Frau Sarti steht in Brechts »Galilei« noch ganz auf dem Boden der alten Ordnung, den sie allerdings bedrohlich schwanken fühlt. Denn Galilei ist revolutionierend, er bringt die herrschende Überzeugung scheinbar haltlos aus der Bahn:

> »Frau Sarti: [...] Sie bringen meinen Andrea noch so weit, daß er behauptet, zwei mal zwei ist fünf. Er verwechselt schon alles, was Sie ihm sagen. Gestern abend bewies er mir schon, daß die Erde sich um die Sonne dreht. Er ist fest überzeugt, daß ein Herr namens Kippernikus das ausgerechnet hat.«[681]

Kopernikus hin, Kippernikus her: Die Reaktion gegen den Wandel klammert sich an das scheinbar ewig Bestehende. Reklamiert wird nicht nur fundiertes, begründbares Wissen, sondern ewige Wahrheit. Doch liegt letztlich auch hier die Beweiskraft in der Exaktheit der Methodologie. Motto: Die Instrumente der Heiligen Inquisition lügen nicht!

Galilei selbst beansprucht für sein Weltbild offenbar den gleichen Status. Er operiert nicht nur auf dem Boden einer festen Überzeugung, einer begründeten oder beweiskräftigen Hypothese. Er rekurriert auf den gleichen Bezugspunkt wie Frau Sarti:

> »Der kleine Mönch: Ich habe Mathematik studiert, Herr Galilei.
> Galilei: Das könnte helfen, wenn es Sie veranlaßte einzugestehen, daß zwei mal zwei hin und wieder vier ist!« (Ebd., S.74.)

Zwei Wahrheiten »2x2=4« liegen offenbar im Wettstreit miteinander. Göttliches Offenbarungs-Wissen und der Glaube an erkennbare, vorgegebene Gesetze des Universums. Beide Diskurse haben den gleichen Bezugspunkt, absolute Wahrheit wird reklamiert. Beide sind in dieser Differenz in ihrem Modell- bzw. Weltbildcharakter erkennbar: »Wissenschaft ist nicht Entdeckung, sondern Konstruktion.«[682] – »Was immer unter dem

[681] Bertolt Brecht (1977): Leben des Galilei, S.12.
[682] Niklas Luhmann (1992): Die Wissenschaft der Gesellschaft, S.714.

Code wahr/unwahr im Hinblick auf Wissensgewinnung operiert, ist Wissenschaft - auch wenn es im Klostergarten oder im Industrieland geschieht.« (Ebd., S.636.)

Wie kommt die Verbindlichkeit zustande? Was gilt? Wer ist im Besitz des richtigen Verständnisses von »2x2=4«? Wer hat in diesem Haushalt alle Tassen richtig zusammengezählt und im Schrank?

Es scheint immer der gleiche Mechanismus: im Namen der einen, *richtigen* Wahrheit werden alte Weltbilder abgelöst und andere - unter dem gleichen Etikett, etwa »Wahrheit« - an deren Stelle gesetzt. Wahrheit wird besetzt zur Durchsetzung eines Deutungsmonopols. Die Häresie wird zur neuen Weltlehre. Zwar bröckelt heutzutage auch über der Vorstellung, Wissenschaft liefere absolute Wahrheit, die Fassade längst gründlich ab, doch steht diese Vorstellung für manche noch fest gefügt auf dem Boden unumstößlicher Tatsachen.

Der Bezugspunkt selbst wiederum erscheint durch die unterschiedlichen Bezugnahmen in jeweils anderem Licht und Schatten. Selbstregulierung, Wandel ist nicht möglich und nicht einmal vorgesehen, wo »die eine Perspektive« sich mit aller Macht zur herrschenden aufschwingt.

Nun verfügt der herrschende Diskurs über Instrumentarien zu seiner Durchsetzung. Nicht, daß Galilei deshalb von seiner Wahrheit abrückte, ihm fehlt das Werkzeug zu ihrer Durchsetzung.

> »Mucius: Herr Galilei, ich bitte Sie um die Erlaubnis, Ihnen die Stellen in meinem Buch zu erklären, wo eine Verdammung der kopernikanischen Lehren von der Drehung der Erde vorzuliegen scheint. Ich habe…
> Galilei: Was wollen Sie da erklären? Sie befinden sich in Übereinstimmung mit dem Dekret der Heiligen Kongregation von 1616. Sie sind vollständig in Ihrem Recht. Sie haben zwar hier Mathematik studiert, aber das gibt uns kein Recht, von Ihnen zu hören, daß zwei mal zwei vier ist. Sie haben das volle Recht zu sagen, daß dieser Stein - *er zieht einen kleinen Stein aus der Tasche und wirft ihn in den Flur hinab* - soeben nach oben geflogen ist, ins Dach.
> […]

Galilei: Ich sage Ihnen: Wer die Wahrheit nicht weiß, der ist bloß ein Dummkopf. Aber wer sie weiß und sie eine Lüge nennt, der ist ein Verbrecher! Gehen Sie hinaus aus meinem Haus!»[683]

Weltbilder prallen aufeinander, die, in unüberwindbarer Konfrontation zueinander stehend, keinen diskursiven Weg zueinander finden. Doch manche der Protagonisten mögen etwas geahnt haben.

»Kardinal Bellarmin, mit der Anklage gegen Giordano Bruno beauftragt, war ein hochsensibler Mann, der den Reiz intellektueller Abenteuer durchaus zu schätzen wußte. Als er von den gegen Galilei erhobenen Vorwürfen hörte, ließ er diesem eine Warnung zukommen: Er solle sich klug verhalten und seine heliozentrische Theorie als eine Hypothese vortragen, mit der bestimmte Erfahrungen erklärt und vorhergesagt werden können. Das sei keine Häresie. Keinesfalls aber dürfe er seine Theorie als eine Beschreibung der von Gott geschaffenen Welt präsentieren. Das wahre Wissen von dieser Welt besitze allein die Kirche, und die Naturwissenschaft dürfe sich hier nicht einmischen. [...]
Galilei aber konnte diese Unterscheidung nicht akzeptieren.«[684]

Er bleibt - bei Brecht - von der zeitlosen Wahrheit seiner Position, die sich, so das traditionelle Vernunftargument, schon durchsetzen werde, überzeugt:

»Galilei: So, sie brauchen jetzt Männer wie Barberini, die etwas Mathematik gelesen haben! Die Dinge kommen in Be-

[683] Bertolt Brecht (1977): Leben des Galilei, S.81.

[684] Ernst v. Glasersfeld (1992,1): Das Ende einer großen Illusion, S.88. Von Torricelli, einem Schüler Galileis, wird überliefert: »Ob die Prinzipien des Lehrgebäudes *de motu* wahr oder falsch sind, bedeutet mir wenig. Wenn sie nämlich nicht wahr sind, dann sollte man so tun, als ob sie es genau so wären [...]. Und wenn sich dann die Kugeln aus Blei, aus Eisen oder aus Stein nicht entsprechend unseren Berechnungen verhalten, um so schlimmer für sie - wir werden einfach sagen, daß wir nicht von ihnen gesprochen haben.« (Silvio Ceccato 1951; zit. nach Glasersfeld (1992,1), S.89.)

> wegung. Federzoni, wir mögen noch eine Zeit erleben, wo wir uns nicht mehr wie Verbrecher umzublicken haben, wenn wir sagen: zwei mal zwei ist vier.«[685]

Wo stehen wir heute? Zunächst: Beobachtung ist auch bei Galilei konzipiert als *»Lesen im ›Buche der Natur‹«*[686], gemeint ist damit keinesfalls interpretierende im Sinne von konstruierender Deutung, sondern vielmehr die Vorstellung, der Natur würden ihre wahren, ewigen Gesetzmäßigkeiten abgelauscht. Und so sind,

> »die ungeheuren Fortschritte der Naturwissenschaften seit der Zeit Galileis erst auf der Grundlage seines brillanten Schachzugs möglich [...], das Verhalten beobachteter natürlicher Objekte dadurch zu berechnen, daß es auf ›Gesetze der Physik‹ zurückgeführt wurde, Gesetze, denen natürliche Objekte aber nie gehorchen, wenn man sie beobachtet. [...] Solche Gesetze konnten in Experimenten gar nicht beobachtet werden, sie konnten nur ›erfunden‹ werden.«[687]

Dies hat allerdings dem »populären Mythos, daß die Wissenschaft absolute Erkenntnis liefere« (ebd.), lange keinen Abbruch getan. Doch dem Beobachter von 1992, 360 Jahre nach Galileis Verurteilung, konnte es so scheinen, als erlebe er gerade die von Brechts Galilei angesprochene Zeit:

> »Papst gibt zu: Die Erde dreht sich um die Sonne«[688]

Es scheint, als habe der Ketzer sich durchgesetzt; die Häresie wurde – zumindest weithin – zur neuen Weltlehre, zur neuen Weltordnung.

> »Die Naturwissenschaft ist heute die nachhaltig vorherrschende Weltreligion. Es gibt Novizen, das sind zum Beispiel die Studenten, es gibt Priester und Bischöfe, sogar Kar-

685 Bertolt Brecht (1977): Leben des Galilei, S.87

686 Vgl.: Hans Lenk (1993): Philosophie und Interpretation, S.20.

687 Ernst Glasersfeld (1992,1), S.89.

688 Überschrift in »Bild am Sonntag« zum Rehabilitierungsverfahren für Galileo Galilei. Zit. nach: Süddeutsche Zeitung, 7./8.11.92, »Die letzte Seite«.

dinäle, nämlich die Nobelpreisträger. Ob es einen Papst gibt oder nicht, darüber kann man streiten. Es gibt Kirchen, ja sogar Kathedralen. [...] Auch die notwendigen Rituale fehlen nicht - es gibt Sekten, Ketzer, Exkommunikation und vieles mehr. Das sicherste Zeichen, daß die Naturwissenschaft zu einer Religion - man könnte auch sagen ›Ideologie‹ - geworden ist, ist die Wissenschaftsgläubigkeit der meisten modernen Menschen.«[689]

Wie gehen wir damit um?

»Nehmen wir an, der Fall Galilei, Naturwissenschaft gegen Kirche, verhandelt 1633 vor dem heiligen Officium zu Rom, würde noch einmal aufgerollt. Der Großinquisitor, auch so einer, der am Tropf der Tagesschau Katastrophen hängt, beantragt ein Revisionsverfahren - Begründung: Tschernobyl, Humangenetik und wie die Fortschritte so heißen. Wie würde das Urteil heute lauten?«[690]

Ein Gedankenspiel. Wir rechnen weiter. Und sahen also kürzlich eine Art weißer Fahne über dem Vatikan gehißt; lasen manch nachdenklichen Kommentar.

»Nicht der Papst, sondern Bert Brecht schrieb zu seinem ›Galilei‹, daß sich die Wissenschaft, ›eine legitime Tochter der Kirche, gegen ihre Mutter gewandt hat‹. Und Carl Friedrich von Weizsäcker war es, der befand, daß bei Galilei ›der gerade Weg zur Atombombe begann‹. Auch diesen Galilei hat der Papst rehabilitiert. So dreht sich die Kirche mit der Welt.«[691]

Starkes Stück: »2x2=4« - göttliche Offenbarung, universales Denkgesetz, Galilei und die Bombe? Wir spielen ja nicht, etwa Taboris »Babylon-Blues« in der Uraufführung am Burgtheater, und rezensieren also:

[689] Joseph Weizenbaum (1992): Das Menschenbild der Künstlichen Intelligenz, S.140f.
[690] Ulrich Beck (1988): Gegengifte. Die organisierte Unverantwortlichkeit, S.183.
[691] Hansjakob Stehle, anläßlich der »Rehabilitation« Galileis durch Papst Johannes Paul II. In: Die Zeit, 6.11.1992, S.57.

»David Hirsch selber spielt den Physiker Einstein, der zum Verzweifeln der Ehefrau (Ursula Höpfner) die richtige Formel, $E=mc^2$, erst nach abenteuerlichen Umwegen ($C=me^2$) findet. Dann wird er aber von der Mamme mit einem Eis belohnt wie der Abc-Schütze, der endlich kapiert hat: ›2+2=4‹. Da stört den endlich wiederhergestellten Ehefrieden, leider, der Donner der ersten Explosion einer Atombombe.«[692]

Noch einmal das Beispiel. Noch eine Obsession? Bleiben wir am Ball. Was schert uns Brechts »Galilei«, Taboris »Babylon-Blues«? Literatur! Satire! Texte! Wir wollen Fakten! Wir tanzen nach der wissenschaftlich geblasenen Pfeife: »2x2=4«!

Gehen wir der Geschichte der Bombe einmal ein Stück weit nach. Blicken wir hierzu in das Jahr 1939. Edward Teller und Leo Szilard fordern Albert Einstein auf, in einem Brief an den Präsidenten der USA, Roosevelt, den Bau einer Atombombe zu unterstützen. Das »Manhattan Project« nimmt seinen bekannten Lauf. Brecht geht gerade mit Charles Laughton daran, eine amerikanische Fassung des »Galilei« zu erstellen, da gibt das »atomarische Zeitalter« [...] sein Debüt in Hiroshima in der Mitte unserer Arbeit.«[693] Edward Teller gehört neben Robert Oppenheimer zu den maßgeblichen Initiatoren. Vom »Superfurz«[694] - vorübergehende wissenschaftliche Verdauungsstörung? - schien plötzlich der Weg zum globalen Kollaps nicht mehr weit.

»Der infernalische Effekt der Großen Bombe stellte den Konflikt des Galilei mit der Obrigkeit seiner Zeit in ein neues, schärferes Licht.«[695]

Nunmehr konnte, nach Brecht,
»Galileis Verbrechen [...] als die ›Erbsünde‹ der modernen Naturwissenschaften betrachtet werden. [...] Die Atombombe ist sowohl als technisches als auch soziales Phänomen

[692] Rolf Michaelis in seiner Rezension zu Taboris »Babylon-Blues«. In: Die Zeit. 19.4.1991, S.68.
[693] Brecht, zit. nach: Werner Hecht (Hrsg.) (1986): Brechts ›Leben des Galilei‹, S.55.
[694] Brecht am 10.9.1945, zit. nach: Hecht (Hrsg.) (1986), S.39.
[695] Brecht, zit. nach: Ebd., S.55.

das klassische Endprodukt seiner wissenschaftlichen Leistung und seines sozialen Versagens.«[696]

Robert Oppenheimer steigt später aus der weiteren Entwicklung der militärisch genutzten Nukleartechnologie aus; Sanktionen folgen.[697] Edward Teller wird »Vater der Wasserstoffbombe«, bleibt potent, zeugt später maßgeblich das SDI-Projekt.[698] 1988, auf den Unterschied zu Oppenheimers Verhalten angesprochen:

> »Daß wir die Atombombe konstruiert haben, war richtig, es war unvermeidlich. Daß wir sie so benützt haben, war störend.[699]

Kleine Unterbrechung im routinierten Betriebsablauf. Störfall. Havarie. Und zügig wird wieder angefahren: Die neue Bombe sollte »noch wirksamer, noch schrecklicher sein.«[700] Dem Gesetz getreu, nach dem wir angetreten:

> »»Auch nach Hiroshima waren für mich zwei und zwei immer noch vier. Es wäre unlogisch gewesen, nicht an neuen Konzepten zu arbeiten.‹ Tellers Stimme wird lauter: ›Es ziemt sich nicht für einen Naturwissenschaftler, unlogisch zu handeln. So ging ich mit meinem Team daran, die Wasserstoffbombe zu entwickeln.‹«[701]

»The games must go on!«[702] Scherz, Satire, Ironie und tiefere Bedeutung: Vom Lächerlichen zum Entsetzlichen ist es offen-

[696] Brecht, zit. nach: Ebd., S.56

[697] Vgl. dazu auch: Heinar Kipphardt (1964): In der Sache J. Robert Oppenheimer. Frankfurt/M.

[698] Vgl. zuletzt: Der Spiegel, 26.4.93.

[699] Zit. nach: Gero von Boehm (1988): Edward Teller. Teilweise bin ich schon tot. Der alte Falke sieht sich lieber als gepanzerte Taube, S.69. Das Gespräch zwischen Boehm und Teller wurde in deutscher Sprache geführt.

[700] Zit. nach dem Kommentar von Gero von Boehm.

[701] Edward Teller, zit nach: Ebd.

[702] Avery Brundage: München, Olympische Sommerspiele 1972. »Sein Ziel, sagt Teller, sei aber auch immer noch dasselbe: Einfach für die Freude an der Wissenschaft, an der Erkenntnis zu leben.« (Zit. nach dem Kommentar von Gero von Boehm.)

bar nur ein winziger (kontextueller) Schritt. »In der Banalität steckt eine Bombe.«[703]

Einstmals eine Gott »ganz besonders teure Offenbarung, daß zwei mal zwei vier ist und nicht fünf...« (Karl Barth) - nunmehr als *die* wissenschaftliche Wahrheit zur Ehre der Altäre erhoben. Und unter diesem Zeichen der »Vernunftreligion« mancher Zeitgenossen zu huldigen, ist nun offenbar auch keine milde Gabe zu groß. Brand-Opfer steigen zum Himmel (Und kein Widder ersatzweise im Busch; was waren das noch für Zeiten!)

Subatomar zerstäubt; aufgewirbelt in Stratosphären, aus extramundaner Perspektive schielend, ergötzt man sich als wahrer E.T. an der Schau des Ewigen, hat endgültig die Gewißheit im Sack: »2+2=4«. Immer noch. Jetzt erst recht. Endlich im Kern der Sache. Hellste Freude. Sonnenschein. Dem Universum auf immer nach dieser Formel eingeschrieben. Was kann uns trotzen? (Und da lernten wir einst: In Einsteins Universum ist 2+2 nicht mehr 4 - bewegte Maßstäbe werden kürzer, bewegte Uhren gehen langsamer. - Und für manche bleiben sie ganz einfach stehn.[704])

Am Anfang unserer Mutmaßungen setzten wir voraus:

> »Wenn man rechnet: ›2 x 2 = 4‹, so werden die Zahlen ›Zwei‹ und ›Vier‹ einfach verwendet, und niemand hat dabei Skrupel.«[705]

So funktioniert Wissenschaft.

> »Teller hat sich auch sonst mehrfach auf die moralische Neutralität des Experten zurückgezogen und sogar den (seit Ludwig Marcuse so genannten) Technologischen Imperativ vertreten: der technische Mensch ›soll das, was er verstanden hat, anwenden‹ und ›sich dabei keine Grenzen setzen‹: ›Was

[703] »SZ: ›[...] Banalität allein hat noch keine Aussagekraft.‹
Polt: ›Doch. In der Banalität steckt, würd' ich sagen, eine Bombe. Ich krieg' eine Vorstellung davon, wie ein Staat sich selber darstellt. [...].‹« (Interview mit Gerhard Polt zur »Tschurangrati« Premiere in den Kammerspielen. In: Süddeutsche Zeitung, 30.4./1.5./2.5.1993, S.21.)

[704] Nigel Calder (1980): Einsteins Universum. Frankfurt/M., S.146: »Für Lichtgeschwindigkeit gilt nicht mehr 1+1=2.«

[705] Bruno Heller (1983): Erkenntnistheorie, S.127 (s.o., S.15.).

man verstehen kann, das soll man auch anwenden‹ (in ›Bild der Wissenschaft‹ 1975, S.116).«[706]

Handeln unter Befehlsnotstand.[707] Auch eine Art § 218: was der (technologische) Vater zeugt, das muß - »2+2=4« - auch ganz schnell ausgebrütet werden; auf »Teufelchen komm raus«? Und auch hier hat eine Glaubenskongregation (Real existierender Technizismus?) Verhütung strikt untersagt. Mittels Reflexionskondom?[708] So haben wir jedenfalls unsere Prinzipien. Und über allem wacht der strenge Blick einer noblen Inquisition.[709]

»Dämmert uns, die wir nach Nagasaki, Bhopal, Tschernobyl und vor dem Endsieg der Humangenetik leben, die Weisheit und Weitsicht des Großinquisitors? Haben wir im Jahrhunderte Streit zwischen Wissenschaft und Dogma, sozusagen hinter unserem Rücken, die Seiten gewechselt? Oder ist es die Wissenschaft, die die Seiten gewechselt hat, und der Ruf ›Hilfe Wissenschaft!‹ verhallt doppeldeutig?«[710]

[706] Hans Lenk (1992): Zwischen Wissenschaft und Ethik, S.54 (Im Kap.: »Zum Gewissen des Forschers«); vgl. auch: Helmut Kreuzer (Hrsg.) (1987): Die zwei Kulturen: Literarische und naturwissenschaftliche Intelligenz. (Dort bes. das Vorwort Kreuzers, S.12ff.)

[707] Strukturelle Parallele? »Wir hatten [...] keinerlei Gewissensbisse; schließlich handelte es sich um Wissenschaft.« (Zygmunt Bauman über Wissenschaftler in der Nazi-Zeit, später befragt zu ihren »Experimenten«. In: Z.B. (1992): Moderne und Ambivalenz. Das Ende der Eindeutigkeit, S.67.) »Objektivität öffnet den Wissenschaftlern die Tür zu jeder Barbarei.« (Benno Müller-Hill, zit. nach: Ebd., S.68.)

[708] »Wie sagte dieses Gentech-As aus Köln? Ein sympathischer Sportsfreund und nicht die Spur übergeschnappt, antwortete er bei einer Anhörung im Deutschen Bundestag auf die Frage, ob ihm in seinem Beruf nicht hin und wieder Skrupel kämen: ›Ach wissen Sie, nach vierzehn Stunden im Labor freue ich mich auf etwas anderes. Für die ethischen Komplikationen der Gentechnologie ist der philosophische Lehrstuhl zuständig.‹«. Klare Aufgabenteilung, 2x2=4! (Norbert Kostede: Wie verrückt ist der Professor? Auf der Suche nach dem wahren Wahn des Wissenschaftlers. In: die Zeit, 4.9.1992, S.32.)

[709] »An der Schwelle zum 21. Jahrhundert kommt eine irrationale Ideologie auf, die sich dem wissenschaftlichen und industriellen Fortschritt entgegenstellt.« Dabei ließe man sich von »pseudowissenschaftlichen Argumenten oder falschen und irrelevanten Daten« leiten. So die Adresse namhafter Wissenschaftler, darunter eine Reihe von Nobelpreisträgern, an die Staatschefs, die auf dem Umweltgipfel in Rio versammelt waren. (Zit. nach: Der Spiegel, 22.6.92: »Gelehrte am Pranger«, S.222-224.)

[710] Ulrich Beck (1988): Gegengifte, S.183.

Tellers Aussage – ein »mit der Waffengewalt von Mathematik vorgetragener Überzeugungsversuch«[711], um »einer skeptisch werdenden kulturellen Öffentlichkeit« (ebd.) die argumentative Pistole auf die Brust zu setzen? (Moralinsaure Entrüstung? Ja, aber gewiß doch: Wir können Tellersche Argumentationsfiguren auch nüchtern beschreiben. Der deutsche Sprachraum hält für solche Fälle die Vokabel »Totschlagargument« bereit; im Amerikanischen liegt einem dafür »killerphrase« auf der Zunge: »Wo knüpft das Zeichen an die Welt an?«[712])

Handlungsmaximen im Modus des generellen Präsens. Als wäre auch platonisches Wissen – dem wir uns mit Bertrand Russell widmeten – zum hinfälligen Glaubensartikel geworden:

> »Wir wissen nicht, wer London in hundert Jahren bewohnen wird, aber wir wissen, daß auch dann zwei Einwohner und noch zwei Einwohner zusammen vier Einwohner ergeben werden.«[713]

Unser »metaphysisches Trostpflaster«[714]: Sind wir auch ganz weit unten, das baut uns wieder auf: »2x2=4«. (Und es droht nicht mal eine Dopingprobe: Arithmetik steht ja bekanntlich nicht auf der Liste verbotener Aufputschmittel.)

> So weit reichen eben die »Beispiele für Bedeutungsverluste in intellektuellen Prozessen [...] Gehen wir [...] zur Aussage 2 + 2 = 4 über, so vollziehen wir die einfachste Art einer mathematischen Abstraktion. [...] Solche Operationen müssen eine gewisse Verfälschung hervorrufen.«[715]

[711] Ebd., S.149.

[712] Wittgenstein (1981): Philosophische Bemerkungen, S.70.

[713] Bertrand Russell (1986): Probleme der Philosophie, S.75 (s.o., S.135 f.). Russell berichtete später über Kriegserfahrungen, die seine Verzückung angesichts der Mathematik gehörig relativiert hätten. (In: B.R. (1988): Philosophie. Die Entwicklung meines Denkens, S.220.) »Die Formel $E = mc^2$ ist ewig gedacht, an nichts gebunden. So können andere die Bindung vornehmen: die Stadt Hiroshima ist plötzlich sehr kurzlebig geworden.« (Bertolt Brecht; zit. nach Werner Hecht (Hrsg.) (1986), (S.57.)

[714] Das uns Alexander Israel Wittenberg therapierte (1957: Vom Denken in Begriffen, S.137; s.o., S.212 f.).

[715] Auch dieser Verdacht zumindest eine begründete Mutmaßung: Davis und Hersh (1990): Descartes' Traum, S.361f. (vollständiges Zitat s.o., S.25).

Eine gewisse Verfälschung, wir biegen das schon wieder hin, »Hiroshima mon amour« (Marguerite Duras).

Der Größte Anzunehmende Unfug: Kritische Massen kommen offenbar schon anläßlich mancher 2+2=4-Anordnung zustande. Dagegen ein GAU-Spottfest mit Restrisiko? Freigesetzt 1 Lichtenberg mit langer Halbwertszeit: Die Diskurse - inclusive »2x2=4« - durchgehend mit Zweifel kontaminiert?[716] (Oder doch Kritik im gesellschaftlichen Entsorgungspark, endgelagert, zwei und zwei, schön in der Reih'?)

(Beiseite gesprochen: Wie wirken Geisteswissenschaften im Design der »Kompensationsthese«? »Mütterchen Kultur« mit der pflegerischen Aufgabe betraut, die klaffenden Risse, die durch die Moderne gehen, die unübersehbaren Schäden, die der Fortschrittswut der Erzeuger folgen, mit einem artigen poetischen Heftpflästerchen zu heilen?[717])

Aber bleiben wir doch nicht so beschränkt. Über den Teller-Rand hinausgeblickt: Haben wir nach dieser Ordnung unseren Gesamt-Haushalt sortiert? Ein bloß individuell eingerichtetes Eigenheim oder möglicherweise das orientierende Strukturprinzip? »2+2=4« - grandioser Abschluß aller Versuche?

> »Jedes System, das sich einer perfekten Operationalität annähert, ist seinem Untergang nahe. Wenn das System sagt: ›A ist A‹ oder ›2 + 2 = 4‹, geht es zugleich seiner absoluten Macht und einer totalen Lächerlichkeit entgegen, d.h. einer unmittelbaren und zu erwartenden Subversion - es reicht ein kleiner Finger, um es zum Einsturz zu bringen. Man kennt die Kraft der Tautologie, die die Anmaßung des Systems zur vollkommenen Kugelgestalt vorantreibt (Ubus Bauch).«[718]

716 Das Zeichen, in dem wir hier antraten: »Zweifle an allem wenigstens ein Mal, und wäre es auch der Satz: zweimal 2 ist 4.« (Lichtenberg (1984), S.534; II/136,4, s.o., S.54.)

717 Vgl.: »Kompensation. Materialien zu einer Deabatte«. In: Kursbuch 91 (1988): »Wozu Geisteswissenschaften?« März 1988, S.13-25.

718 Jean Baudrillard (1982): Der symbolische Tausch und der Tod, S.12. Er liefert eine Art »Katastrophentheorie, die auf den Zusammenbruch des Systems reflektiert. Dabei sind zwei Aspekte zu unterscheiden: Der Gesichtspunkt, daß es einer universellen Subversion bedarf, um die Katastrophe herbeizuführen, und jener andere, daß sich das System von sich aus mit einer Art Automatik auf seine Katastrophe zubewegt. (...) Vorausgesetzt ist dabei, daß das System erst kulminieren muß, bevor es zusammenbrechen kann.« (Gerd Bergfleth, zit. nach: Ebd, S.367.)

Apokalyptische Perspektive: alle Schleier fallen. »Ende der Geschichte«?[719] Oder: Jüngstes Gerücht?

Auch der Schlaf der Interpretation gebiert Ungeheuer.[720] Doch was hilft schon das Wettern. Bleiben wir nüchtern, in der Geschichte. Wie ist Wissenschaft zu disziplinieren? Nunmehr ist weiter mit 2x2=4 zu rechnen.[721]

Wir bleiben im hier gewählten Programm. Nach den Angeboten »Wahrheit«, »Geld« und »Wissenschaft« schalten wir weiter, prüfen unser »2x2=4« im Kontext von »Bürokratismus«.

»2 x 2 = Schulze - Zur Banalität des Bösen

Wir rechnen also. »2x2=4.« In der abendländischen Kulturgeschichte lieferte gerade dieses Beispiel das herausragende Symbol für Gerechtigkeit. Auch Symbole haben ihre Zeit. Gehen wir hier nicht verschiedenen Vorstellungen von Gerechtigkeiten, ethischen Konzepten nach.[722] Bleiben wir nach wie vor bei unserem Beispiel. Denn auch hier leistet 2x2=4 wieder Anschauungsunterricht.

[719] Noch einmal der Hinweis: Francis Fukuyama (1992): Das Ende der Geschichte. Wo stehen wir?

[720] »Das ist eine Grunderfahrung jetzt. [...] Gerade bei uns: die Menschheit braucht ein neues Wozu.« (Heiner Müller im Gespräch mit Robert Weimann. In: Weimann und Gumbrecht (Hrsg.) (1991), S.183.)

[721] Zwei Varianten: »Als Gesamtunternehmen Sinn ist die Gesellschaft ihren eigenen Bemühungen um Erkenntnis wehrlos ausgesetzt. Wenn demgegenüber heute ›ethische‹ Bedenken diskutiert werden, ist das in einer fast lächerlichen Weise inadäquat.[Anm. 103: Oder um abzuschwächen: man sieht zum Glück nicht die geringsten Ansätze zu einer kognitionsfreien (und damit in gewisser Weise faschistoiden) Ethik.]« (Niklas Luhmann (1992): Die Wissenschaft der Gesellschaft. S.686.)

»Auch für Wissenschaft besteht keine Notwendigkeit. Nicht nur hat sich die Evolution des Menschen ohne ihre Hilfe vollzogen, Menschen lebten viele Jahrhunderttausende ohne ein Spur von Wissenschaft. Und es ist nicht ausgeschlossen, daß die Wissenschaft eines Tage aufhören wird, ohne daß die Menschheit ausstirbt. Zahlreiche Gründe dafür sind denkbar, wie z.B. auch der, daß sie als gefährlich empfunden und verboten wird, oder einfach, daß das Interesse an wissenschaftlichen Problemen aufhört.« (Wolfgang Stegmüller (1986): Wertfreiheit, Interesse und Objektivität, S.201.)

[722] Um den Symbolismus wenigstens mit einer bereits älteren Stimme zu würdigen: »Man muß sich davor hüten, an das Wort Gerechtigkeit den Gedanken irgendeiner wirklich vorhandenen Sache zu knüpfen [...]; es ist dies eine

»Wer an eine Sache glaubt, kann ein guter Mann sein, wer nicht, ein ebenso guter. Wenn ich zweifle, ob zweimal zwei vier seien, so sind es darum nicht minder vier, und wenn ich glaube, daß zweimal zwei vier seien, so habe ich mir darauf gar nichts einzubilden und kein Mensch wird mich darum loben.«[723]

Aber wissen, was als gut und böse gilt, muß man wohl schon. Läßt sich das kleine Einmaleins verbindlicher Moralvorstellungen, geltender Grundwerte als platonische Unversalie verhandeln? Unter welcher Voraussetzung wird ethisches Verhalten zuschreibbar? Nach dem rechten Glauben? Dem rechten Denken? Wie wird dies ermittelt? Durch Introspektion? Oder nach beobachtbarem Verhalten, gemäß den Regeln einer Kommunikationsgemeinschaft?

Unreflektierte Befolgung, kritiklosen Vollzug sozial vermittelter Regeln hat Ortega y Gasset in seinem Buch »Der Mensch und die Leute« anläßlich unseres Beispiels zum Thema gemacht. Der Blick richtet sich dabei auf die nahezu untrennbare Vermischung von rationalen und emotionalen Aspekten des Wissens, auf die geradezu bewußtlose Übernahme und Tradierung von Standards. Ortega y Gasset formuliert,

»daß die Wörter, sobald sie den Charakter der individuellen Erfindung eingebüßt haben, und in das Wortbrauchsystem der Sprache eingegangen sind, ihre Verständlichkeit, ihre Seele verlieren und als seelenlose Mechanismen weiterleben«.[724]

Und er fährt fort:

»Es ist aber nun einmal so: mit diesen mechanischen Dingern, diesen Wörtern, die ihren eigentlichen Sinn verloren

schlichte Weise des menschlichen Begreifens, eine Weise, die einen unbegrenzten Einfluß auf das Glück eines jeden Menschen hat.« (Beccaria, Cesare: Über Verbrechen und Strafen: 1766. Hrsg. von Wilhelm Alff. Frankfurt/M. 1988, S.61.)

[723] Gottfried Keller (1966): Der grüne Heinrich,I,7, S.319.

[724] José Ortega y Gasset (1957): Der Mensch und die Leute, S.359. (Aus dem Kap.: »Was die Leute sagen: Die ›öffentliche Meinung‹ – Das ›Sozial-Gültige‹ – Die öffentliche Macht«)

haben, bringen wir - bald besser, bald schlechter - das zum Ausdruck, was wir denken. Und unser gesellschaftlicher Umkreis, die Leute, die uns von Kindheit an die übliche Sprache einflößen, geben uns zugleich auch die Ideen ein, die sie zusammen mit der Sprache und durch sie aussagen. Dies ist schon bedenklicher. Denn die Ideen über die Dinge, die anderen Menschen und uns selbst, kurzum über das Leben, sind das, was die Grundlage unseres Wesens bildet, ja, man könnte sagen, das, was wir sind. Das Leben ist ein Drama, und als solches hat es immer eine Fabel. Diese aber richtet sich in der Hauptsache nach unseren Ideen über die Welt und den Menschen. Es läßt sich zum Beispiel nicht bezweifeln, daß bei dem, der an Gott glaubt, die Fabel des Lebensdramas ganz anders aussieht als bei dem, der nur die Materie kennt. Nun aber haben wir den größten Teil der Ideen, mit denen und von denen aus wir leben, niemals selbständig gedacht, ja wir haben sie nicht einmal nach-gedacht. Wir verwenden sie rein mechanisch, verwenden sie auf Rechnung des Kollektivs, in dem wir leben und unter dessen Druck sie auf uns über- und in uns eingegangen sind wie das Schmieröl in den Motor des Kraftwagens. Wenn es nicht unmöglich wäre, so wäre es sicher reizvoll, einmal statistisch zu erfassen, wieviel Personen einer Gesellschaft, etwa unseres Volkes jemals wirklich *gedacht* haben, daß zwei und zwei vier ist oder daß morgen die Sonne aufgehen wird. Daraus aber folgt, daß die überwältigende Mehrheit unserer Ideen, obwohl sie Ideen sind und für uns den Charakter von Überzeugungen haben, nichts Rationales darstellen, sondern Bräuche sind wie die Sprache oder der Gruß, gutum, nicht minder mechanisch, unverständlich und erzwungen als diese. Die Sache verhält sich so: Wir erkennen in einem Satze, den man rings um uns unzählige Male wiederholt, den ersten, gröbsten Sinn, unterscheiden zwei von drei, und das verhilft uns zu einer verschwommenen Idee von der Idee, die in dem betreffenden Satze ausgesagt wird. Man beachte jedoch, daß der Satz ›Zwei und zwei ist vier‹ eine Idee darstellt; er spricht nämlich über diese Zahlen eine Meinung aus, also etwas, das den Anspruch auf Wahrheit erhebt. Die Ideen sind Ideen von oder über etwas, sind folglich wahre oder falsche Meinungen und somit erst dann Ideen, wenn wir uns außer ihrem eigentlichen Sinn auch die Gründe vergegenwärtigt haben, durch die ihre Wahrheit erhärtet bzw. ihre Irrigkeit bewiesen wird. Erst durch ihre Gründe sind sie rational. Nichts von alledem aber geschieht bei der Ideenäußerung, wie sie fortwährend bei uns stattfindet. Wir machen Aussagen über sämtliche Gegenstände des Universums, wobei wir dem, was die Leute sagen, ohne weiters Kredit einräumen, also gleichsam Schecks auf ein Konto ausstellen, dessen Bilanz wir niemals gelesen haben. Das intellektuelle Leben des Menschen geht auf Rechnung der Gesellschaft, in der er lebt, deren Kreditfähigkeit er aber niemals in Frage gestellt hat. Er lebt als Automat seiner Gesellschaft. Nur in einzelnen Fällen macht er sich die Mühe, die Rechnungen zu revidieren, die übernommenen Ideen einer Kritik zu unterziehen und sie abzulehnen oder anzuerkennen, diesmal aber, weil er selbst ihre Grundlagen neu erdacht und überprüft hat.« (Ebd., S.359ff.)

Der kritiklose Glaube an Banalitäten als banale Voraussetzung für die Hinfälligkeit des Selbstverständlichen? Geht es um eine verantwortliche Kultur verantwortlicher Subjekte (Ethik im Fundus der Mottenkiste antiquierter Verhaltensweisen?), gilt Wissen als Voraussetzung, als Grundlage für Kritikfähigkeit: Wer Wissen kontrolliert, macht Individuen, Gesellschaften verfügbar. (Es geht nicht um eine umstandslose Verallgemeinerung. Doch wenn »2x2=4« *das* eindeutige Beispiel sein soll, das gegen Interpretation, Bedeutungszuweisung, Verantwortlichkeit sprechen soll, dann spricht eben doch vieles – alles? – dafür.)

In dieser Hinsicht wendet Heinz von Foerster Konstruktivismus gegen die Anästhetisierung von Subjekten; Stichwort: »Wissen und Gewissen«[725]. Francisco Varela folgert aus der »eigentlichen *Grundlosigkeit* unserer Erfahrung«,

»daß Ethik – Toleranz und Pluralismus, Loslösung von unseren eigenen Wahrnehmungen und Werten, um Rücksicht zu nehmen auf Wahrnehmungen und Werte anderer – schlecht-

[725] Heinz von Foerster (1993): Wissen und Gewissen. Versuch einer Brücke. Hrsg. Von S. J. Schmidt. Frankfurt/M.

hin die Grundlage der Erkenntnis und zugleich ihr Endpunkt ist. An dieser Stelle sind Taten eindeutiger als Worte.«[726]

Funktionstüchtigkeit wäre – in dieser Hinsicht – purem Funktionieren entgegengesetzt. Da formulieren wir also Einschränkungen. Denn zwar hält auch der Konstruktivist Paul Watzlawick den

> »Gegnern des als skandalös empfundenen Radikalen Konstruktivismus [...] unter anderem entgegen, daß Menschen, denen es tatsächlich gelänge, sich als Konstrukteure ihrer eigenen Wirklichkeit zu sehen, sich durch drei Eigenschaften auszeichneten: Sie wären frei, im wahrhaft ethischen Sinne verantwortlich und zutiefst konziliant.«[727]

Doch fügt er hinzu:

> »Solche Menschen gäbe es nur sehr, sehr selten. Er selbst habe in seinem Leben nur zwei getroffen.« (Ebd.)

Der Appell an Moralität geht leicht über die Lippen. Wo und wie greift er?[728] Selbst Kant hatte Schwierigkeiten, Beispiele für Existenzweisen nach dem Kategorischen Imperativ zu geben, auch wenn er massiv dafür warb.

> »›Du sollt nicht lügen.‹ Und das bedeutet für Kant: Es gibt keine Ausnahme. Verstehen Sie? Das liegt bei ihm auf der Ebene: 2 x 2 ist immer 4.«[729]

[726] Francisco Varela (1984): Der kreative Zirkel, S.308 (s.o., S.176). Vgl. auch nochmals: »Eigentlich möchte ich sagen, daß es auch hier nicht auf die *Worte* ankommt, die man ausspricht, oder auf das, was man dabei denkt, sondern auf den Unterschied, den sie an verschiedenen Stellen im Leben machen. [...] *Die Praxis* gibt den Worten ihren Sinn.« (Wittgenstein (1984,2): Vermischte Bemerkungen, S.571; vollständiges Zitat s.o., S.90.)

[727] Willi Köhler (1993): Die Erfindung der Welt. Paul Watzlawick über unsere Wirklichkeit, S.14.

[728] Im übrigen: »[...] die ethisch motivierte Gewalt steigt ebenso wie die Gewaltkriminalität.« (Wilhelm Heitmeyer: Schneller, härter, unkalkulierbarer. Desintegration erzeugt Gewalt. In: Süddeutsche Zeitung, 6./7.3.1993, S.17.)

[729] Josef Simon, Proseminar zu Nietzsches »Jenseits von Gut und Böse«, Uni Bonn, 6.7.1988; vgl. auch Kant: »Über ein vermeintes Recht aus Menschenliebe

Wir sind da skeptisch geworden. Das spricht gerade nicht gegen Reflexionen über Ethik, den orientierenden »überkommenen Hintergrund« (Wittgenstein), aber verlangt auch nach anderen Regularien. Reden wir also einmal von der Einhaltung unserer »Geschäftsgrundlage«, von gewissen »points of no return«, wie ein Konstruktivist sie benennen würde[730], sagen wir also: »2x2=4«! Und die Anwendung, respektive Einhaltung sorgt für sich selbst? Es bedarf keiner offenbaren Lüge, um den Grundkonsens aufzukündigen. Wirkungsvolle und doch banale, äußerst erfolgreiche andere Mechanismen sind zu beobachten: Bürokratisierung, Technokratie, These und Fragestellung sind ja nicht neu: Geht sozusagen auf dem Dienstweg ethisches Verhalten flöten? Abrichtung im unemphatischen Sinne: Es bedarf u.U. keiner Ideologie, nicht des Schlafes der Vernunft, um Ungeheures zu zeugen. Ein artiger Bürokratismus, funktionstüchtige Organisation, durchrationalisiert, reicht allemal aus.

»2 x 2 = Schulze

Ein avantgardistisches Fragment
(Die Szene spielt in einem imaginären Gerichtssaal)
Staatsanwalt: Wieviel ist Ihrer Ansicht nach zwei mal zwei?
Adolf: Herr Staatsanwalt, ich bin kein Mathematiker.
Staatsanwalt: Ich möchte trotzdem wissen, wieviel Ihrer Ansicht nach zwei mal zwei ist.
Adolf: Ich habe mich mit solchen Dingen nie beschäftigt. Wenn ich es mit Problemen dieser Art zu tun bekam, habe ich sie an die zuständige Abteilung weitergeleitet. Die Entscheidungen wurden in jedem Fall von Schulze getroffen.

zu lügen.« Mit aktuellem Zeitbezug: Florian Rötzer: Das Böse ist überall. Von der Schwäche des Kantischen Imperativs: Gedanken zu unserem veränderten Weltbild, In: Süddeutsche Zeitung, 11.5.1993, S.11.

[730] »Als ›points of no return‹ betrachte ich: die christliche Idee der Liebe und Toleranz; Kants Aufklärungsprinzip (= Ausgang des Menschen aus der selbstverschuldeten Unmündigkeit); Montesquieus Prinzip der Gewaltenteilung und der Legitimationsbedürftigkeit von Macht; die bürgerliche Idee der Menschenrechte; Marx' Forderung nach dem Ende der Herrschaft des Menschen über den Menschen; die '68er Ideen solidarischen und kooperativen Handelns und das Recht des Individuums auf flexible Identität und Selbstverwirklichung.« (Siegfried J. Schmidt (1988,1): Literarische Wertung. Zur Reformulierung eines Problems im Rahmen der Empirischen Literaturwissenschaft, S.187.)

Staatsanwalt: Sie wissen also nicht, wieviel zwei mal zwei ist?
Adolf: Ich kann darüber keine Angaben machen, Herr Staatsanwalt.
Staatsanwalt: Und wenn ich Ihnen auf den Kopf zu sage, daß Sie es wissen?
Adolf: Ziffern waren die Sache von Schulze.
Staatsanwalt: Immer, wenn Sie wissen wollten, wieviel zwei mal zwei ist, haben Sie nach Schulze geschickt?
Adolf: Nicht immer. Manchmal konnten die betreffenden Fragen auch telefonisch geklärt werden. Ich möchte bei dieser Gelegenheit bemerken, daß Schulze Ende 1943 in das Salzkammergut versetzt wurde und daß ich ihn erst dort zusammen mit Lehmann getroffen habe.«

Die Szene spielt vor einem singulären historischen Hintergrund. Ephraim Kishon[731] stellt dem Abdruck dieses Textes voraus:

»Was die Finessen der Weltpolitik betrifft, so haben wir [Israel] die anderen Völker noch nicht ganz eingeholt. Hingegen ist es uns gelungen, den Mann einzuholen, der die Vernichtung unseres eigenen Volkes durchzuführen hatte, und ihn vor Gericht zu stellen. Der Fall hatte etwas Surrealistisches an sich. Man konnte im Gerichtssaal beinahe plastisch die Gedankengänge einer überwirklichen Ratte verfolgen.« (Ebd., S.108)

Aber ist der Mechanismus der Argumentation nur dieser »überwirklichen Ratte« zuzurechnen? Kant hatte in seiner »Beantwortung der Frage: Was ist Aufklärung?« formuliert: »Es ist so bequem, unmündig zu sein«[732]. Diese psychologische Ressource ist leicht auszubeuten, etwa zur Delegation von Verantwortung an »Sachzwänge«, an »übergeordnete Autorität«, »die Wahrheit«, die »›Arithmetik des allgemeinen Glücks‹, die beweist, daß es richtig ist, der Zufriedenheit von Millionen ein paar tau-

[731] Ephraim Kishon (1988): 2 x 2 = Schulze, S.108.
[732] Immanuel Kant (1977), S.53 (s.o., S.13).

send Widerstrebende zu opfern [...]«[733]. Entscheidungsunfähigkeit läßt sich nicht nur unter der Folter erzwingen (Orwell) oder medial, durch systematische »Abrichtung« (Wittgenstein) erzeugen, sie läßt sich auch »im weißen Kittel« verordnen: Moralität, eigene Entscheidungsfähigkeit läßt sich unter bestimmten Bedingungen wie ein unbequemes Kleidungsstück an der Garderobe abgeben, gegen eine (argumentative) Uniform, die reine Weste »Befehl und Gehorsam«[734] eintauschen. Die »Banalität des Bösen«, von der Hannah Arendt sprach[735], hat hier eine ihrer Voraussetzungen. Und »Bruder Eichmann«[736] rekurriert dabei sogar auf Kants kategorischen Imperativ.

> »Natürlich ist es Kant nie in den Sinn gekommen, das Prinzip des Handelns einfach mit dem Prinzip des jeweiligen Gesetzgebers eines Landes oder den in ihm jeweils geltenden Gesetzen zu identifizieren, da für ihn ja jeder Bürger im Augenblick seines Handelns selbst Gesetzgeber wird durch den Gebrauch seiner ›praktischen Vernunft‹. Dennoch entspricht Eichmanns unbewußte Einstellung dem, was er selbst ›den kategorischen Imperativ für den Hausgebrauch des kleinen Mannes‹ nannte. In diesem Hausgebrauch bleibt von Kants

[733] Václav Havel: Anatomie einer Zurückhaltung, S. 130.

[734] Es geht nicht um eine Verrechnung historisch inkompatibler Realisationen. Doch Beispiele für die Funktionstüchtigkeit des Mechanismus, strukturelle Parallelen liegen auch hier auf der Straße. Vgl.: Heinz Nilges: »›Wir waren doch nur Soldaten‹. Erich Mielkes ehemalige Offiziere fühlen sich heute benachteiligt.« In: Die Zeit, 28.2.1992, S.4.

»Man sagte uns, daß alle Muslime getötet werden müssen. Ich habe einfach getan, was mir befohlen wurde.« Borislav Herak, 21jähriger Serbe, der wegen Vergewaltigung und Mord vor einem bosnischen Kriegsgericht steht. Zit. nach: Die Zeit, 4.12.1992, S.2. (Vgl. auch die Experimente Stanley Milgrams und die daran anschließende Diskussion.)

[735] Hannah Arendt (1986): Eichmann in Jerusalem. Ein Bericht von der Banalität des Bösen.

[736] Vgl. Heinar Kipphardt (1986): Bruder Eichmann. Schauspiel und Materialien. Was in der Perspektive ausgeblendet werden könnte, die auf die historische Singularität von Auschwitz rekurriert, kommt auch hier wahrscheinlich deutlicher in den Blick. Ein geradezu banaler Mechanismus, der ins Kalkül einzubeziehen ist: die Entmoralisierung, die pure Technisierung des Diskurses, die Entstehung des Holocaust aus dem Geist der Bürokratie. (Vgl. etwa: Zygmunt Bauman (1992): Dialektik der Ordnung. Die Moderne und der Holocaust. Hamburg; und: Z.B. (1992): Moderne und Ambivalenz. Das Ende der Eindeutigkeit. Hamburg.)

Geist nur noch die moralische Forderung übrig, nicht nur dem Buchstaben des Gesetzes zu gehorchen und sich so in den Grenzen der Legalität zu halten, sondern den eigenen Willen mit dem Geist des Gesetzes zu identifizieren - mit der Quelle, der das Gesetz entsprang. In Kants Philosophie war diese Quelle die praktische Vernunft; im Hausgebrauch, den Eichmann von ihr machte, war diese Quelle identisch geworden mit dem Willen des Führers.«[737]

Wird nicht gerade anläßlich von Kishons Text der einfache (lächerliche?) Mechanismus beobachtbar? Ein Vorteil, sollte es darum gehen, gerade diesen Mechanismus nicht als historisch singuläres Ereignis weitgehend in den Archiven verwalteter Geschichte zu verorten?

»Staatsanwalt: Wußte auch Lehmann, wieviel zwei mal zwei ist?

Adolf: Das weiß ich nicht. Danach habe ich nie gefragt. Mein Vorgesetzter war, wie schon erwähnt, Schulze.

Staatsanwalt: Wußte Schulze die richtige Antwort auf die Frage: ›Wieviel ist zwei mal zwei?‹

Adolf: Das kann ich nicht sagen. Ich hatte keine Möglichkeit, in sein Inneres zu sehen.

Staatsanwalt: Aber Sie durften sicher sein, daß er die Antwort wußte?

Adolf: Ich habe mir niemals ein Urteil über meine Vorgesetzten angemaßt.

Staatsanwalt: Wieso wissen Sie dann, daß Schulze für diese Dinge zuständig war? Er kann doch nur dann zuständig gewesen sein, wenn er wußte, wieviel zwei mal zwei ist? Woher wissen Sie, daß er das nicht wußte? Oder daß er es wußte?

Adolf: Ich wußte es nicht. Wenn ich mich richtig erinnere, habe ich sogar daran gezweifelt. Ich bin kein Mathematiker.

Staatsanwalt: Dann erklären Sie mir, wieso das Dokument Nr. 6013 in Ihrer Handschrift den Vermerk ›2 x 2 = 4‹ trägt.

Adolf: Das ist unmöglich.

Staatsanwalt: Hier. *(Reicht ihm ein Dokument)* Haben Sie das geschrieben?

[737] Hannah Arendt (1986): Eichmann in Jerusalem, S.174f.

Adolf: *(nach sorgfältiger Prüfung des Dokuments):* Ja.
Staatsanwalt: Das ist also Ihre Handschrift?
Adolf: Nein.
Staatsanwalt: Nein? Wieso nicht?
Adolf: Zu dem auf diesem Dokument angegebenen Zeitpunkt war ich nicht in Berlin.
Staatsanwalt: Das Dokument wurde in München ausgefertigt.
Adolf: Ich war auch nicht in München. Ich hatte damals gerade in Dachau zu tun.
Staatsanwalt: Was hatten Sie in Dachau zu tun?
Adolf: Mir fällt soeben ein, daß ich in Linz war.
Staatsanwalt: Wie kommt dann Ihre Unterschrift auf dieses Dokument?
Adolf: Sie wurde später hinzugefügt. Ich möchte darauf hinweisen, daß die auf diesem Dokument angebrachten Ziffern nicht sehr gut leserlich sind. Besonders die Ziffer 4 ist undeutlich und kann sehr leicht mit der Ziffer 7 verwechselt werden.
Staatsanwalt: Zwei mal zwei wäre dann also sieben?
Adolf: Das habe ich nicht gesagt. Ich bin kein Mathematiker. Meine Bemerkung bezog sich ausschließlich auf die Form der Ziffer 4, die mich an die Form der Ziffer 7 im Dokument Nr. 6013 erinnert.
Staatsanwalt: Wollen Sie jetzt angeben, wo Sie sich zum fraglichen Zeitpunkt aufgehalten haben?
Adolf: In Dachau.«[738]

Nun schaltet sich, Kraft und Gewalt ihres Amtes, die oberste Autorität der Verhandlung in die Suche nach dem vermeintlich Selbstverständlichen ein:

»Vorsitzender: Angeklagter, Sie sollen die Frage beantworten, wieviel zwei mal zwei ist.
Adolf: Nicht sieben. Ich habe nie gesagt, daß es sieben ist. Ich habe nur gesagt, daß mich die Ziffer 4 auf manchen Dokumenten an die Ziffer 7 erinnert.
Staatsanwalt: Wir sprechen jetzt nicht über ›manche Dokumente‹. Wir sprechen über das Dokument Nr. 6013.

[738] Ephraim Kishon (1988): 2 x 2 = Schulze, S.108-109.

Adolf: Für dieses Dokument bin ich nicht verantwortlich, weil ich zur Zeit seiner Ausfertigung in Linz war.
Staatsanwalt: Also doch Linz und nicht Dachau?
Adolf: Soweit ich das aus dem Gedächtnis rekonstruieren kann.
Staatsanwalt: Für mich besteht nicht der geringste Zweifel, daß Sie ganz genau wissen, wieviel zwei mal zwei ist.
Adolf: Ich muß wiederholen, daß ich kein Mathematiker bin.
Staatsanwalt: Heben Sie zwei Finger Ihrer rechten Hand.
Adolf *(tut es)*: Ich schwöre bei Gott dem Allmächtigen...
Staatsanwalt: Ich habe Sie zu keiner Eidesleistung aufgefordert, sondern nur dazu, zwei Finger zu heben.
Adolf: Darf ich in diesem Zusammenhang noch eine Aussage machen?
Staatsanwalt: Ja.
Adolf: Lehmann wurde 1943 ins Protektorat versetzt, so daß ihn Schulze in diesem Jahr unmöglich im Salzkammergut treffen konnte.
Staatsanwalt: Ich verstehe den Zusammenhang nicht.
Adolf: Wenn ich einen Eid ablege, Herr Staatsanwalt, dann lege ich einen Eid ab, um die Wahrheit zu sagen. Lehmann hatte mit Schulzes Angelegenheit nichts zu tun.
Staatsanwalt: Schön. Er hatte nichts mit Ihnen zu tun. Aber darum handelt es sich nicht. Es handelt sich darum, wie viele Finger Lehmann gehoben hat.
Adolf: Soweit ich mich erinnern kann, hat Lehmann niemals irgendwelche Finger gehoben.
Staatsanwalt: Es war ja auch nicht Lehmann gemeint, sondern Sie. Wie viele Finger sind es, die Sie jetzt gehoben haben?
Adolf: Ich glaube: zwei. Vorsorglich und in jedem Fall möchte ich mich dagegen verwahren, für etwaige Ungenauigkeiten auf diesem Gebiet verantwortlich gemacht zu werden. Ich bin kein Mathematiker.
Staatsanwalt: Lassen wir das. Heben Sie jetzt noch zwei Finger Ihrer linken Hand.
Adolf: *(tut es)*
Staatsanwalt: Wie viele Finger sehen Sie jetzt?« (Ebd., S.109f.)

(Kurzer Rückblick: Bei Orwell scheitert die banale Fingerzählung, weil die kommunikative Bestätigung durch den [Diskurs-] Stärkeren verweigert wird.)

»Adolf: Zehn.
Staatsanwalt: Ich meine: erhobene Finger.
Adolf: Aber ich kann auch die anderen sehen.
Staatsanwalt: Uns interessieren jetzt nur Ihre erhobenen Finger.
Adolf: Auch die nicht erhobenen Finger gehören mir. Sie stellen insgesamt 60 Prozent meiner Fingeranzahl dar, also eine Majorität von 50 Prozent im Vergleich zu den erhobenen Fingern.
Staatsanwalt: Ich möchte von Ihnen nichts anderes hören als die Gesamtzahl der zwei mal zwei Finger, die Sie gehoben haben.
Adolf: Jetzt?
Staatsanwalt: Ja. Zählen Sie.
Adolf *(versucht es erfolglos)*: Ich kann nicht.
Staatsanwalt: Warum nicht?
Adolf: Ich bin gewohnt, so zu zählen, daß ich den Finger über die zu zählenden Gegenstände gleiten lasse. Im hier vorliegenden Fall ist der Finger, mit dem ich zählen soll, identisch mit einem der zu zählenden Finger, was mich sehr verwirrt. Außerdem könnte es zu Ungenauigkeiten führen, und da ich unter Eid stehe, muß ich auf größte Genauigkeit bedacht sein. Darf ich noch eine Aussage machen?
Staatsanwalt: Ja.
Adolf: Ich möchte nicht den Eindruck erwecken, als ob ich die Lesart, derzufolge zwei mal zwei unter bestimmten Voraussetzungen das Ergebnis vier oder ein annähernd ähnliches Ergebnis haben kann, vollkommen von der Hand weisen wollte. Dessen ungeachtet lege ich Wert auf die Feststellung, daß ich mich mit Arbeiten auf diesem Gebiet niemals beschäftigt habe, weil das eine Überschreitung der mir übertragenen, genau umschriebenen Zuständigkeit bedeutet hätte. Ich beantrage daher die Einvernahme des Zeugen Schulze, der zum fraglichen Zeitpunkt Gauleiter in Wuppertal war.
Staatsanwalt: Wenn ich Sie richtig verstehe, sind Sie mit Schulze de facto einer Meinung darüber, daß zwei mal zwei vier ist?

Adolf: Ich habe bereits wiederholt ausgesagt, daß ich über diesen Punkt nicht aussagen kann, solange ich unter Eid stehe. Aber ich werde selbstverständlich alle aus meiner Aussage entstehenden Folgen auf mich nehmen, um nicht den Eindruck zu erwecken, daß ich mich meiner Verantwortung entziehen will.

Staatsanwalt: Schön. Wieviel ist zwei mal zwei?

Adolf: Wenn ich nicht irre, habe ich darüber bereits ausgesagt.

Staatsanwalt: Ich möchte es noch einmal hören.

Adolf: Ich habe darüber bereits ausgesagt, wenn ich nicht irre.

Staatsanwalt: Wiederholen Sie Ihre Aussage.

Adolf: Bitte sehr. Ich kann nach bestem Wissen und Gewissen nur aussagen, daß das Ergebnis der hier wiederholt gestellten mathematischen Aufgabe annähernd dem entspricht, was Sie, Herr Staatsanwalt, vor einigen Minuten als Ergebnis festgestellt haben.

Staatsanwalt: Also vier.

Adolf: Soweit ich das beurteilen kann.

Staatsanwalt: Vier!

Adolf: Nach allgemeinem Dafürhalten.

Staatsanwalt: Zwei mal zwei ist vier - ja oder nein?

Adolf: Das erstere.

Staatsanwalt: Danke. Das ist alles, was ich wissen wollte.«[739]

[739] Ebd., S.110-111. Vorbehalte gegen die Präsentationsform, das »Design«? Banalisierung des Schrecklichen? Oder doch ein erschreckend klarer Blick auf die »Banalität des Bösen«? Einem israelischen Schriftsteller gesteht man die vorliegende Form wahrscheinlich eher zu als einem anderen. Liegt in dieser Variante nicht auch ein Vorteil gegenüber den eher dokumentarisch verfahrenden Texten von Peter Weiss (1969: Die Ermittlung. Oratorium in 11 Gesängen. Reinbek) oder Heinar Kipphardt (1986: Bruder Eichmann), nämlich der Vorteil, den Argumentationsmechanismus, diese diskursive Praktik - und damit ihr Potential - pointiert durchsichtig zu machen, in ihrer lächerlichen Banalität zu demonstrieren? Einen möglichen kathartischen Effekt noch nicht erwähnt: »Humor, sagt die amerikanische Komikerin Karin Babbitt, ist eine der elementarsten Techniken des Überlebens. Sie lernte dies von ihrer Mutter, die Auschwitz überlebte. Es machte ihr Mut zu einem ungewöhnlichen Projekt.« (Zit. nach: Paul Moor: Das letzte Gelächter. Aidskranke trafen sich zu einem Workshop der Komödianten. In: Die Zeit, 6. März 1992, S.102.)

– »Und wenn dies ›banal‹ ist und sogar komisch, wenn man ihm nämlich beim besten Willen keine teuflisch-dämonische Tiefe abgewinnen kann, so ist es darum doch noch lange nicht alltäglich.«[740] –

Auf die Banalität des Mechanismus hinzuweisen, dies bedeutet keine Banalisierung des singulären historischen Produktes »Endlösung«. Andererseits ist die alltägliche Hinfälligkeit des »zivilisatorischen Minimums«[741] ja nicht erst mühsam ins Kalkül einzubeziehen.[742] Was tut der Hinweis auf die Mehrheit, gleichwohl schweigend, die in diesem Zusammenhang schon wisse, daß 2x2=4 ist?[743] Manchmal möchte man es schon sehen, daß hier das kleine Einmaleins gilt, 2x2 zu 4 multipliziert wird, ohne daß etwa wieder Schulze dazwischentritt. (Verstehen von »2x2=4«, sagte der Konstruktivist, »ist vielmehr ein Zustand, besser noch: eine Eigenschaft, und zwar: die Eigenschaft, den Orientierungserwartungen eines Orientierenden in einer Orientierungssituation zu entsprechen.«[744]) Auf richtiges Kopfrechnen läßt sich allemal locker pochen. (Damit kommt ein Grundschüler nicht durch. Aber wir mündigen Bürger!)

»Das Beunruhigende an der Person Eichmanns war doch gerade, daß er war wie viele und daß diese vielen weder pervers noch sadistisch, sondern schrecklich und erschreckend normal waren und sind. Vom Standpunkt unserer Rechtsinstitutionen und an unseren moralischen Urteilsmaßstäben gemessen, war diese Normalität viel erschreckender als die Greuel zusammengenommen, denn sie implizierte – wie

[740] Hannah Arendt (1986): Eichmann in Jerusalem, S.16.

[741] Hans Magnus Enzensberger (1992): Die große Wanderung. 33 Markierungen, S.65 »Daß jedermann aussprechen kann, was er von der Macht im Staat oder vom lieben Gott hält, ohne gefoltert und mit dem Tod bedroht zu werden [...].« (Ebd.) Oder über »2+2=4«. Was anderes sagt Richard Rorty?

[742] »Das Böse kam ein weiteres Mal sehr banal daher« – kommentierte Dieter Buhl nach den Morden von Mölln. In: Die Zeit, 4.12.1992, Titelblatt.

[743] Die »Banalitäten« häufen sich ja; am 7.6.93 kommentiert der Spiegel den »Weg des Jugendlichen Christian zum Attentäter von Solingen« (S.27-29): »Beim Bier mit den Sauffreunden, die in Deutschland endlich Ordnung schaffen wollen, hat er das kleine Einmaleins des stinknormalen Rechtsradikalen gelernt. Beim Verfassungsschutz gibt es über ihn kein Blatt Papier.« (S.29)

[744] Gebhard Rusch (1990): Verstehen verstehen, S.27 (s.o., S.246).

> man zur Genüge aus den Aussagen der Nürnberger Angeklagten und ihrer Verteidiger wußte -, daß dieser neue Verbrechertypus, der nun wirklich *hostis generis humani* ist, unter Bedingungen handelt, die es ihm beinahe unmöglich machen, sich seiner Untaten bewußt zu werden.«[745]

Mittlerweile liegen mehrere Studien vor, die diejenige These erhärten, die »Inhumanität als mobilisierbares Potential des zivilisatorischen Fortschritts erscheinen läßt.«[746] »Die Ordnung des Terrors«[747] verweist auch auf die »Rationalität von Auschwitz«[748] - u.a. aus dem Geist des Bürokratismus. Es scheint angeraten, mit der Hinfälligkeit der Selbstverständlichkeiten zu rechnen. »Grundwerte« sind nicht ewig, sind ein eher instabiles, flüssiges Fundament. Das ist gerade kein Plädoyer für relativistische Beliebigkeit.«[749]

> »Der reinen Funktionalität zu entkommen, das betrifft ja nicht nur Soldaten, das betrifft Wissenschaftler, das betrifft Militärs, Rüstungsarbeiter, das betrifft Lehrer, die lehren, was ihnen gesagt wird, das betrifft Schriftsteller, die schreiben, was ihnen befohlen wird, Kirchen, Parlamente, das betrifft die Polizei - also überall finden wir in unserer Welt den funktionalen Menschen, der sich in einem Befehlsstrang

[745] Hannah Arendt (1986): Eichmann in Jerusalem, S.326.

[746] Wolfgang Benz: »Laboratorium der Gewalt.« Über Wolfgang Sofskys KZ-Studie ›Die Ordnung des Terrors‹. In: Der Spiegel, Nr. 22, 1993, S.70-73, dort S.73.

[747] Wolfgang Sofsky (1993): Die Ordnung des Terrors: Das Konzentrationslager. Frankfurt/M.

[748] Otto Köhler: Die Rationalität von Auschwitz. Frankfurter Diskussion über die Einrichtung eines Holocaust-Forschungszentrums. In: Die Zeit, 1.11.1991. Verwiesen wird auf Arbeiten von Götz Aly und Susanne Heim, die eine »erbarmungslose [] Planungselite junger Hochschulabsolventen [benennen], die mit einer schrecklichen Rationalität die Lebensberechtigung ganzer Völker nach mathematischen Formeln berechnete und den überflüssigen Rest nach rassistischen Prioritäten der Vernichtung auslieferte.« (Ebd.) (Vgl.: G. Aly und S. Heim (1991): Die Vordenker der Vernichtung. Auschwitz und die deutschen Pläne für eine neue europäische Ordnung. Hamburg.)

[749] Zum Problem einer Verabsolutierung bestimmter Moralvorstellungen, speziell mit Bezug auf die allgemeinen Menschenrechte bei Rorty und Marquard, vgl. Lutz Kramaschki (1992): Konstruktivismus, konstruktivistische Ethik und Neopragmatismus, S.257f.

sieht, der seine Mündigkeit, sein Schöpfertum, seine offene menschliche Haltung aufgibt.«[750]

»Staatsanwalt: Wieviel ist Ihrer Ansicht nach zwei mal zwei? Adolf: Herr Staatsanwalt, ich bin kein Mathematiker.«[751]

Das meint vielmehr auch:

»Man kann - in der modernen Gesellschaft! - sehr gut ohne Religion und vielleicht ohne Kunst leben. Man kann aber nicht ohne Recht und ohne Geld leben.«[752]

- Wenn wir nunmehr also dem Vorschlag folgen, Wahrheit als nichts anderes denn als symbolisierte Anschlußfähigkeit zu nutzen (Niklas Luhmann), so liefert uns »2x2=4« im abendländischen Kontext wahrscheinlich *das* anschauliche Beispiel für damit verbundene Möglichkeiten. Wiederholt kamen uns auch strategisch genutzte Varianten markant in den Blick: »2x2=4« - das gilt auch für das Ergebnis »Schulze« - wird instrumentalisiert als interessegebundener Abschluß eines Diskurses, weitere Anschlußfähigkeit soll so gerade verhindert werden. »2x2=4« als Diskursplacebo: hier winkt das argumentative Heil; *das* Vademecum für ungewisse Stunden.

Wie und von wem wird es verabreicht? Richten wir gezielt die Beobachtung aus auf: Interpretationsherrschaft, Diskursmacht. Lassen sich die bisher verzeichneten diskursstrategischen Varianten unter dem Stichwort »Politik« bündeln? Beackern wir also, weitgehend unabhängig von thematischen Erörterungen, nun dieses Feld: Politik.

[750]Heinar Kipphardt (1986,1): Der funktionale Mensch, S.211.

[751]Ephraim Kishon (1988): 2 x 2 = Schulze, S.108.

[752] Niklas Luhmann (1987): Archimedes und wir. Hrsg. von D. Baecker und G. Stanitzek. Berlin, S.79. Zit. nach: Harro Müller (1990): Systemtheorie und Literaturwissenschaft, S.216.

Zu neuerer ästhetischer Theorie in diesem Kontext vgl.: Wolfgang Welsch: Adornos Ästhetik: Eine implizite Ästhetik des Erhabenen. (In: W. Welsch (1990): Ästhetisches Denken, S.114-156.) Welsch verweist darauf, daß sowohl für Adorno wie für Lyotard »die Bezugnahme auf Auschwitz zentral« sei: »Beide Denker richten ihre Reflexion gegen die Tendenz zur Umlügung der Realität ins Positive, wollen dem grassierenden Tranquilizing Widerstand leisten, wenden sich gegen das Vergessen im weitesten Sinn.« (Ebd., S.145) (Vgl. auch W. Welsch (1990,2): Für eine postmoderne Ästhetik des Widerstands.)

Kleines diskursstrategisches Vademecum: 2 x 2 = 4 in politischen Diskursen

»Wer die Meinung vertritt, zwei mal zwei sei vier, galt früher als Idiot und heute als Fundamentalist.«[753]

Wo haken wir ein? Welchem Programm folgen wir?

> »Das Blabla mancher Politiker und Journalisten ist nicht meine Sache. Die Wahrheit muß deutlich gesagt werden... Politische Entwicklungen oder Revolutionen werden heute nicht mehr dadurch in Gang gesetzt, daß man Bahnhöfe oder Telegrafenämter besetzt, sondern dadurch, daß man Begriffe besetzt.«[754]

(Sitzblockade: »2x2=4«! Wie die Glucke auf dem Ei. Andere kommen da nicht ran. Andere haben da nichts verloren. Schneller Brüter: Was schlüpft? Ein Kuckuck im Nest?)

> »Es hat sich in den Parteizentralen seit Jahren herumgesprochen, daß die Besetzung von Begriffen strategisch ebenso wichtig ist wie die Verfügung über den Apparat.«[755]

Reden wir hier also nicht lange theoretisch von »Diskursmacht«, sie wird längst offen propagiert. Richtlinienkompetenz.[756] Es gilt, was gilt.

[753] Der sächsische Umweltminister Arnold Vaatz; zit. nach: Süddeutsche Zeitung, 16./17.10.1993, »Die letzte Seite«.

[754] Heiner Geißler, 1985; zit. nach: Die Zeit, 3.6.1988, S.53.

[755] Hans Magnus Enzensberger (1992): Die große Wanderung. 33 Markierungen. Mit einer Fußnote ›Über einige Besonderheiten bei der Menschenjagd‹, S.67.

[756] Wie sie uns in der folgenden Zeichnung von Horst Haitzinger demonstriert wird. (Das hieß auch schon mal: »Weiter so, Deutschland!«) So wechseln wir die Schule, den Kontext oder das Klassenzimmer, und der Text »2x2=5«, der wiederholt auf unserer Tafel erschien (vgl. oben, S.93, S.239) erhält wieder einen anderen Sinn.

Der Kontext zur Karikatur: Frühjahr 1989. Altes Denken – Rüstig bleiben! Wenig später: Was fest zementiert, stahlhart schien, kaum Risse oder Schwanken zeigte, durchgehend korrodiert. Rostzerfressen. Durch ein Loch im Mantel der Geschichte verweht?

Doch wen kümmert noch trutzig abgewehrter Wankelmut, wo alle Perspektiven kippen? (»Was kümmert mich mein Geschwätz von gestern?«) Und wieder trumpft er auf. Sagt Bescheid. Richtlinienkompetenz: »Er [der Kanzler] klagt ein, wie die Zustimmung zu der Einheit, die andere gegeben haben, zu interpretieren sei.«[757]

Begriffe werden besetzt, instrumentalisiert, verfügbar gemacht. Und was hat das alles mit der einfachen Wahrheit »2x2=4« zu tun?

> »Was ist das Sicherste von allem?
> Eine beliebte Antwort lautet, sicher seien die Wahrheiten der Mathematik und der Logik. Selbst wenn Ihr Grundschullehrer das blinde Werkzeug einer Verschwörung war, mit dem einzigen Ziel, Ihnen etwas Falsches beizubringen, können Sie nicht daran zweifeln, daß 2 plus 2 gleich 4 ist. Sie können sich jetzt, in diesem Augenblick, zwei Dinge vorstellen, noch zwei weitere Dinge danebenlegen und feststellen, daß die Summe vier ist. Dieser Schluß muß anscheinend in jeder möglichen Welt gültig sein, ob es sich nun um die Außenwelt handelt, an deren Existenz wir glauben, um das Laboratorium der Retortengehirne oder um etwas noch Seltsameres.
> Die Antwort birgt zwei Gefahren. Einmal kann man die ultraskeptische Meinung vertreten, auch Logik und Mathematik seien Täuschungen. Nur weil Sie sich nicht vorstellen können, Sie hätten Unrecht mit der Annahme, 2 plus 2 sei 4, ist noch lange nicht gesagt, daß es wirklich so ist.«[758]

[757] Gunter Hofmann: Das Schwanken als historische Linie. Der Bundeskanzler schweigt, wo er reden müßte, und redet, wo er schweigen sollte. In: Die Zeit, 3.4.1992, S.8.

[758] William Poundstone (1992): Im Labyrinth des Denkens. Wenn Logik nicht weiterkommt, S.24.

WEHRDIENST-
VERLÄNGERUNG
2+2=5
ES MUSS 4 LAUTEN!
WEHRDIENST-
VERLÄNGERUNG
2+2=5!!!
MÖGLICH, ABER WIR WOLLEN NICHT WANKELMÜTIG SEIN!
13.IV

Davon lassen wir uns nun nicht mehr schrecken. Auch gilt:

»In der Philosophie wird die Skepsis nur selten so weit getrieben. Das andere, pragmatischere Problem, wenn man Gewißheit auf die Gebiete der Logik und der Mathematik beschränken will, ist, daß uns dann keine Methode mehr bleibt, Annahmen über die physische Welt zu rechtfertigen. Gewißheit in der Arithmetik sagt nichts darüber aus, was die Hauptstadt von Frankreich ist. Gibt es also außerhalb der Logik und der Mathematik irgendwelche Tatsachen, deren wir uns gewiß sein können?« (Ebd., S.24f.)

Das ist die Frage. Wahrheit? Als absolute Sicherheit? Im Range von »2x2=4«?

»Hume behauptete, es gebe nur zwei Arten von Wahrheit, die uns offenstünden. Es gibt ›Wahrheiten der Vernunft‹, wie den Satz, daß 2 + 2 = 4 ist; und es gibt ›Tatsachenurteile‹ wie ›Der Rabe in der Voliere des Kopenhagener Zoos ist schwarz.‹ Diese zweizinkige Konzeption der Wahrheit ist als ›Humes Gabel‹ bekannt. Eine Frage, die keinem der beiden Typen angehört (etwa: ›Existiert die Außenwelt wirklich?‹), ist Hume zufolge unbeantwortbar und sinnlos.« (Ebd., S.28.)

Alles andere liefe auf einen Vergleich von Äpfeln und Birnen hinaus. Doch Mechanismen einer diskursiven Terrainbesetzung können gerade an »2x2=4« anschaulich gemacht und demonstriert werden. Ein Fähnchen im Wind? Jedenfalls sahen wir schon, wie der Wechsel des Referenzrahmens den vermeintlich stabilen Referenten »2x2=4« beständig verbiegt, seinen »Sinn« verändert.

Wahlkampf

Einladung zu einer kleinen Theater-Exkursion. Gegeben wird eine Szene aus dem Bundestagswahlkampf 1983. Der Titel könnte lauten: »Die Wahrheit: Eine Sack-Gasse«.

Prolog in Ludwigshafen. In der Rolle als CDU-Generalsekretär tritt Heiner Geißler schwungvoll an die Rampe, holt mächtig aus und erklärt,

»man werde die SPD als ›Partei der Arbeitslosigkeit, der Konkurse und Staatsverschuldung‹ angreifen. Die SPD sei außerdem die Partei der ›Täuschung des Wählers‹, da sie dem ›Rentenbetrug von 1976 und dem Finanzbetrug von 1980 nun die Mietenlüge hinzugefügt‹ habe. ›Auf diese Leute‹, sagte Geißler, ›treffe das Wort von Bert Brecht zu [und er zitiert aus »Leben des Galilei«]: ›Wer die Wahrheit nicht weiß, ist nur ein Dummkopf. Wer die Wahrheit weiß und sie Lüge nennt, ist ein Verbrecher.‹ [...] Geißler meinte, ›die anständigen Deutschen müssen sich von dieser Politik distanzieren‹, und die CDU müsse der Wahrheit eine Gasse schlagen.«[759]

Starker Abgang, »unter tosendem Beifall«[760], gewissem Raunen – seine Deklamation fand »auch in der Union nicht ungeteilten Beifall«[761] – und mit heftigem Grollen. Denn schon ist der Gegner zur Stelle, einige »unanständige« Deutsche ergreifen erzürnt das Wort:

»Die SPD forderte eine Entschuldigung Geißlers, der die Sozialdemokraten [...] unter Verwendung eines Brecht-Zitats in die Nähe von ›Verbrechern‹ gerückt hatte.«[762]

Ja, hat er das denn? Wechselrede. Der Gassenhauer der Wahrheit – Tell: »Durch diese hohle Gasse muß er kommen, es führt kein andrer Weg nach« Bonn – eilt wieder auf den Plan:

»Sie haben laut Mitteilung für die Presse vom 20. Januar 1983 [...] folgendes erklärt: ›... er (der Generalsekretär der CDU) hat es für richtig gehalten, uns als Verbrecher zu bezeichnen.‹ Ich mache Sie darauf aufmerksam, daß Sie mit dieser Aussage die Unwahrheit sagen.«[763]

[759] Süddeutsche Zeitung, 10.01.1983.
[760] Bild am Sonntag, 9.1.83.
[761] FAZ, 10.1.83.
[762] ddp-Meldung, 9.1.83.
[763] Aus einem Brief Heiner Geißlers an den damaligen Spitzenkandidaten der SPD, Hans Jochen Vogel, den die Pressestelle der CDU am 21.1.1983 veröffentlichte.

Und seine Heerschar steht ihm bei. Die

> »CDU sah nach den Worten ihres Sprechers Wolter von Tiesenhausen ›keinen Grund‹ für eine Entschuldigung des Generalsekretärs der CDU, Heiner Geißler, gegenüber den Sozialdemokraten. Tiesenhausen sagte [...], Geißler habe lediglich ein Brecht-Zitat verwendet, als er die SPD in die Nähe von ›Verbrechern‹ gerückt habe und könne sich schließlich nicht für Brecht entschuldigen.«[764]

Reines Gewissen, Unschuldslamm. Quid est veritas? (Wenn sich einer die Hände im unschuldigen Zettelkasten wäscht? »Meine stärkste Waffe gegen Alfred Kerr, ein Zitat.« Karl Kraus)

Spiel im Spiel. Zwei Parteien suchen einen Autor. Erste Variante: Bert Brecht, informeller Mitarbeiter Helmut Kohls, das Theater am Schiffbauerdamm die Wahlkampfplattform der CDU: »Was sie schon immer über die SPD wissen wollten!«

Wie sieht das denn aus: der Sekundärtext, die Interpretation validiert, umschreibt, erläutert bloß den primären? Gegenprobe: der Primärtext resultiert aus der Interpretation, der Bedeutungszuweisung? Die Wahrheit des Textes? Ja, wem gehört sie denn nun?

Lassen wir diese Fragen, konzentrieren wir uns wieder auf das Stück: »Die Wahrheit: Eine Sack-Gasse«.

Zweite Variante. Auf tritt die »Alte Tante SPD«, der mit argumentativem Rüstzeug lange kein Stich gelingt. (Diese alten Klamotten!) Doch jetzt schickt sie ihren erfahrensten Kämpen ins Gefecht. Und dieser bedient sich, welche Tücke, der gleichen Strategie, läßt sich auf die vorgegebene Diskursart ein und stellt den Gegner mit der von ihm einst triumphierend erprobten Waffe. Dieser Sieg ist gründlich. Und der Rezensent der FAZ kommentiert – wenn auch verhalten enthusiastisch –:

[764] ddp-Meldung, 9.1.83.

»Mit Brecht gegen Geißler
Von Eckhart Kauntz

Ludwigshafen, 16. Januar. Von Ludwigshafen war sie vor einer Woche ausgegangen, die Aufregung über das Zitat des CDU-Generalsekretärs Geißler, der Brecht bemüht hatte und damit die SPD ›kriminalisieren‹ wollte, wie Sozialdemokraten mit Empörung feststellten. Aber es war wohl nicht nur die in des Galilei Worten enthaltene Unterstellung: ›Wer die Wahrheit nicht weiß, ist nur ein Dummkopf. Wer die Wahrheit weiß und Lüge nennt, ist ein Verbrecher‹, allein, die die der Mietenlüge bezichtigte SPD tief traf. Eine Woche später jedenfalls, und wieder in Ludwigshafen, ist der SPD-Bundesvorsitzende Willy Brandt dem fechtenden Generalsekretär mit einem gelungenen Gegenangriff in die Parade gefahren und hat so den Klassiker Brecht wieder an die Seite seiner Partei zurückgeholt. Mit dem Beifall der Erleichterung jedenfalls nahm der rheinland-pfälzische SPD-Landesparteitag zur Kenntnis, was in Brechts Theaterstück der Galilei seinem Mitarbeiter, dem Linsenschleifer Federzoni, als Trost zuteil werden läßt: ›Wir mögen noch eine Zeit erleben, wo wir uns nicht mehr wie Verbrecher umzublicken haben, wenn wir sagen: Zweimal zwei ist vier.‹ Geißler habe wohl das Buch nicht gelesen, sonst hätte er wissen müssen, daß ihm dieses Zitat entgegengehalten werde, sagte Brandt triumphierend und zeigte so, daß Wahlkämpfe nicht nur Schmutz aufwirbeln, sondern auch unsere Verbundenheit mit der Literatur zu stärken vermögen.«[765]

Politik ist die Fortsetzung der Literaturgeschichte mit anderen Mitteln. Auch eine Variante.

Immerhin: Wieder erscheint wahrhaftig unser Sätzchen auf der Bühne. Und schon fällt über dieser Aufführung der Vorhang. Kein Epilog. Nichts mehr zu sagen. Das ist so die Hermeneutik des Wahlkampfs. Die Wahrheit: Eine »erkenntnistheore-

[765] FAZ, 17.01.83. Das hier zitierte Pressematerial stellten die Konrad-Adenauer Stiftung, Archiv für Christlich-Demokratische Politik: Abteilung Pressedokumentation sowie das Pressearchiv des Parteivorstands der Sozialdemokratischen Partei Deutschlands zur Verfügung.

tische Verschleierung des Faustrechts«?[766] Eine Sack-Gasse? Die Wahrheit in die Gosse geschlagen? Wo liegen wir richtig?

Wahrheit: Da geht's lang! (Aber: »Der Wegweiser geht ja auch nicht in die Richtung, in die er zeigt.«[767])

Das verschlungene Verhältnis von »Wahrheit und Lüge in der Politik«[768] ist hier nicht aufzudröseln. Zumindest wäre der Begriff »Wahrheit« zu differenzieren, wie dies u.a. Hannah Arendt in den beiden Essays »Die Lüge in der Politik«[769] und »Wahrheit und Politik«[770] unternimmt.

> »Der Gegenstand dieser Überlegungen ist ein Gemeinplatz. Niemand hat je bezweifelt, daß es um Wahrheit in der Politik schlecht bestellt ist.« (Ebd., S.44.)
> »Wahrhaftigkeit ist nie zu den politischen Tugenden gerechnet worden, weil sie in der Tat wenig zu dem eigentlich politischen Geschäft, der Veränderung der Welt und der Umstände, unter denen wir leben, beizutragen hat.«[771]

Denn – man hat es auch gerade in diesem Kontext erwähnt – der traditionelle Begriff der (Vernunft-)Wahrheit rekurriert auf eine andere und resultiert aus einer anderen Sphäre.

> »Im Grunde gilt für Wahrheiten aller Art, was Le Mercier de la Rivière gelegentlich über mathematische Wahrheiten sagt: ›Euclide est un véritable despote; et les vérités géométriques qu'il nous a transmises, sont des lois véritablement despotiques.‹ So hatte schon ein Jahrhundert zuvor Grotius, als er die Macht der absoluten Fürsten zu beschränken wünschte, erklärt, daß ›auch Gott nicht bewirken könne, daß zwei mal zwei nicht gleich vier sind.‹ Ihm ging es darum, das Zwin-

766 Josef Mitterer: Das Jenseits der Philosophie. Wider das dualistische Erkenntnisprinzip. Wien. Zit. nach: Der Spiegel, Nr. 11, 1993, S.202.

767 Um hier Max Schelers Bonmot, bezogen auf die Diskrepanz zwischen philosophischem Postulat und Lebenspraxis, zu zitieren. Und den überlieferten Nachschlag: »Aber auch nicht in die andere.«

768 Hannah Arendt (1987): Wahrheit und Lüge in der Politik.

769 Ebd., S.7-43.

770 Ebd., S.44-92.

771 Ebd., S.74f. (Vgl. zuletzt: Peter Kemper (Hrsg.) (1993): Opfer der Macht. Müssen Politiker ehrlich sein?)

gende der Wahrheit gegen politische Macht auszuspielen, und es dürfte ihm kaum bewußt geworden sein, daß er gleichzeitig die Allmacht Gottes bestritt. Die beiden Bemerkungen mögen verdeutlichen, wie Wahrheit sich in der rein politischen Perspektive ausnimmt - als ein Konkurrent gewissermaßen im Machtkampf. Und die Frage ist lediglich, ob es hinreicht, Macht durch Verfassungen, gesicherte Bürgerrechte, Gewaltenteilung, d.h. durch Faktoren, die selbst dem politischen Bereich entstammen, zu limitieren, oder ob es darüber hinaus noch einer anderen Begrenzung bedarf, die ihren Ursprung außerhalb des politischen Raumes hat und deren Legitimität von den Wünschen und Ansichten der Bürger so unabhängig ist wie der Wille des schlimmsten Tyrannen.«[772]

- Und wo diese - vorgegebenen - Grenzen denn zu finden wären, die dann als allgemeinverbindliches Regulativ wirksam werden könnten. Wir sind Argumenten ähnlicher Art mehrfach begegnet.

Nehmen wir einen anderen Fall, ein anderes Beispiel. Nicht nur, wo Erinnerung versagt, weil sich der Mensch versprechen kann: Auch Wahrheit als Tatsachenbehauptung, als Übereinstimmung von Sätzen ist hintergehbar. Manch einer hat sich ja schlichtweg vergessen. Denn wo Begriffe fehlen, stellt ein Blackout zur rechten Zeit sich ein (Mephistophelische Regel)?

Gerade in politischen Diskursen wird deutlich: Wahrheit hat sich keineswegs als Strukturprinzip ausgemendelt, systemspezifisch codiert. Mutationen, Sprünge, Brüche, Mimikry halten sie auf dem Laufenden. Diskursstrategische Katalysatoren. (Immer wieder wird sie gebarschelt: Ehrenwort!)

Gerade an der Kieler Waterkant wurde in den letzten Jahren ordentlich das Messer der lauteren, berechenbaren Wahrheit gewetzt.

[772] Ebd., S.60. Hannah Arendt hebt in ihrer Differenzierung des Wahrheitsbegriffs u.a. auch auf die Humesche Unterscheidung von »Vernunftwahrheiten« und »Tatsachenwahrheiten« ab. Hält sie dabei zwar auch erstere nicht für verbindlich im politischen Kontext, so doch insgesamt auch durch staatliche Macht kaum für aufhebbar. »Tatsachenwahrheiten« seien in dieser Hinsicht jedoch äußerst gefährdet. - Die sog. »Auschwitzlügen« haben in jüngster Zeit wieder ein drastisches Beispiel dafür geliefert.

– »Es gibt im Politischen kaum einen Typus, der so berechtigten Zweifel an seiner Wahrhaftigkeit hervorruft als der berufsmäßige Wahrheitssager, der eine prästabilierte Harmonie zwischen Interessen und Wahrheit vorspiegelt.« (Ebd., S.73f.) –

Fragen wir nach: Welches Messer hat den schärfsten Schliff, schneidet am sichersten? (Na welches?)

Vor den Rücktritten des Kieler Ministerpräsidenten und SPD-Vorsitzenden Björn Engholm sah und hörte man in der SFB-Presseschau von ARD/ZDF, Donnerstag 25.3.1993:

»Die Befreiung von Engholms Anwalt aus der Schweigepflicht wird von einigen Blättern als unzureichend angesehen. So bemängelt das ›Hamburger Abendblatt‹ das Kleingedruckte:
›die Erklärung ist so gewunden, so interpretierbar, daß Juristen die Tränen kommen. Wieder gelang kein überzeugender Befreiungsschlag.
Zwar kann weiterhin nicht bewiesen werden, daß Engholm früher als zugegeben von Barschels und Pfeiffers Machenschaften gewußt hat. Aber Engholm verkennt, daß er nicht vor Gericht steht, sondern demnächst zur Wahl. Und die Wähler rechnen sich selber aus, daß zwei plus zwei gleich vier ist.‹«[773]

Ja, das hoffen wir doch! Aber sehen auch: So schlägt man der Wahrheit eine Gasse: Wer verweigerte hier schon den Durchgang, erlaubte sich, in diesem Falle Nichtwähler zu sein?[774]

Immerhin: Gar nicht so billig, unser kleines Scheibchen Wahrheit »2x2=4«! Göttliche Offenbarung, platonisches Universalgesetz, erfolgreich anwendbares Sätzchen, und wie die Pelle auch immer heißt (vgl.: Wilhelm Busch). Wir haben die Wahl! Aber darf es nicht etwas mehr sein? Eine kleine Füllung? Ein kleiner perspektivischer Nachschlag?

[773] Zitiert nach einer vom SFB zur Verfügung gestellten Kopie der Presseschau.

[774] Mittlerweile liegen längst Engholmsche Eingeständnisse, ein Rücktritt vor. Welche Wahrheit gilt retrospektiv als Übereinstimmung von Spekulation und Erfüllung?

»Die größte Wahrheit unter der Sonne ist für ihn, daß zwei mal zwei vier ist. Und können wir leugnen, daß zwei mal zwei vier ist? Natürlich nicht, ich sage das auch nur, um zu zeigen, daß [er] ewig recht hat. Es kommt eben nur darauf an, ob man wahrheitsnärrisch genug ist, sich dies alles bieten zu lassen, ob unsere Erkenntnisfähigkeit vor lauter Wahrheit schon so lahm geworden ist, daß sie sich von einer unumstößlichen Tatsache einfach zu Boden schlagen läßt. Darum handelt es sich ...«[775]

Ja, wünschen wir uns denn Gladstone[776] an den Gestaden des Rheins?

»Er ist ein unermüdlicher Kämpfer und eifrig bestrebt, Gutes auf unserem Erdball zu tun, ist täglich bereit, für das Recht, die Wahrheit und Gott zu kämpfen. Und was für Schlachten gewinnt er nicht? Zwei mal zwei ist vier, die Wahrheit hat gesiegt, die Ehre gebühret Gott.«[777]

Hosianna! Das reicht uns nicht?

»Nun, Gladstone kann es höher bringen als auf zweimal zwei ist vier; ich habe ihn in einer Budgetdebatte nachweisen hören, daß siebzehn mal dreiundzwanzig dreihunderteinundneunzig ist, und er siegte vernichtend, siegte strahlend, er hatte wieder recht, und das Recht leuchtete aus seinen Augen, bebte in seiner Stimme und hob ihn zur Größe empor.« (Ebd., S.72f.)

Also ohne Wahrheit? Halten wir inne. Noch einmal Einwände:

»Nun gibt es aber doch Wahrheiten, die so feststehen, daß jeder Zweifel daran uns als gleichbedeutend mit Verrücktheit erscheint? Daß zweimal zwei vier ist, daß die drei Winkel ei-

[775] Knut Hamsun (1987): Mysterien, S.73.

[776] Gladstone, die hier bei Hamsun auftauchende Figur, hat als Vorbild den gleichnamigen Leiter des britischen Handelsministeriums, den Kolonialminister, Schatzkanzler und mehrfachen Premierminister im viktorianischen Zeitalter (1809 - 1898).

[777] Hamsun (1987): Mysterien, S.72.

nes Dreiecks gleich zwei rechten sind, daß Paris in Frankreich liegt, daß ein Mensch ohne Nahrung Hungers stirbt usw.? Also gibt es doch ewige Wahrheiten, endgültige Wahrheiten letzter Instanz?
Allerdings. Wir können das ganze Gebiet des Erkennens nach altbekannter Art in drei große Abschnitte teilen. Der erste umfaßt alle Wissenschaften, die sich mit der unbelebten Natur beschäftigen und mehr oder minder einer mathematischen Behandlung fähig sind: Mathematik, Astronomie, Mechanik, Physik, Chemie. Wenn es jemandem Vergnügen macht, gewaltige Worte auf sehr einfache Dinge anzuwenden, so kann man sagen, daß gewisse Ergebnisse dieser Wissenschaften ewige Wahrheiten, endgültige Wahrheiten letzter Instanz sind: weshalb man diese Wissenschaften auch die exakten genannt hat. Aber noch lange nicht alle Ergebnisse. Mit der Einführung der veränderlichen Größen und der Ausdehnung ihrer Veränderlichkeit bis ins unendlich Kleine und unendlich Große hat die sonst so sittenstrenge Mathematik den Sündenfall begangen; sie hat den Apfel der Erkenntnis gegessen, der ihr die Laufbahn der riesenhaftesten Erfolge eröffnete, aber auch die der Irrtümer. Der jungfräuliche Zustand der absoluten Gültigkeit, der unumstößlichen Bewiesenheit alles Mathematischen war auf ewig dahin; das Reich der Kontroversen brach an, und wir sind dahin gekommen, daß die meisten Leute differenzieren und integrieren, nicht weil sie verstehn, was sie tun, sondern aus reinem Glauben, weil es bisher immer richtig herausgekommen ist.«[778]

Explizit steht damit die Frage auf dem Tapet, in welchem Kontext der Rechtfertigungsgestus vor dem Hintergrund unumstößlicher Wahrheit steht, die Frage nach der diskursstrategischen Relevanz.

»Daß zwei mal zwei vier ist, daß die Vögel Schnäbel haben, oder derartiges wird nur der für ewige Wahrheiten erklären, der mit der Absicht umgeht, aus dem Dasein ewiger Wahrheiten überhaupt zu folgern, daß es auch auf dem Gebiete der

[778] Friedrich Engels (1962): Anti-Dühring (»IX. Moral und Recht. Ewige Wahrheiten«), S.81.

Menschengeschichte ewige Wahrheiten gebe, eine ewige Moral, eine ewige Gerechtigkeit usw., die eine ähnliche Geltung und Tragweite beanspruchen wie die Einsichten und Anwendungen der Mathematik. Und dann können wir mit Bestimmtheit darauf rechnen, daß derselbe Menschenfreund uns bei erster Gelegenheit erklären wird, alle früheren Fabrikanten ewiger Wahrheiten seien mehr oder weniger Esel und Scharlatane, seien alle im Irrtum befangen gewesen, hätten gefehlt; das Vorhandensein ihres Irrtums und ihrer Fehlbarkeit aber sei naturgesetzlich und beweise das Dasein der Wahrheit und des Zutreffenden bei ihm, und er, der jetzt erstandne Prophet, trage die endgültige Wahrheit letzter Instanz, die ewige Moral, die ewige Gerechtigkeit fix und fertig im Sack. Das alles ist schon so hundertmal und tausendmal dagewesen, daß man sich nur wundern muß, wenn es noch Menschen gibt, leichtgläubig genug, um dies nicht von andern, nein, von sich selbst zu glauben. Und dennoch erleben wir hier wenigstens noch einen solchen Propheten, der denn auch ganz in gewohnter Weise in hochmoralischen Harnisch gerät, wenn andere Leute es ableugnen, daß irgendein einzelner die endgültige Wahrheit letzter Instanz zu liefern imstande sei. Solche Leugnung, ja schon der bloße Zweifel ist ein Schwächezustand, wüste Verworrenheit, Nichtigkeit, aushöhlende Skepsis, schlimmer als der bloße Nihilismus, wirres Chaos und was dergleichen Liebenswürdigkeiten mehr sind. Wie bei allen Propheten, wird nicht kritisch-wissenschaftlich untersucht und beurteilt, sondern ohne weiteres moralisch verdonnert.«[779]

Mathematischer Machiavellismus: »Right or wrong: 2 + 2 = 4!?« (Oder: »Wie man dem Götzenglauben einer Zahlenmystik verfällt und meint, es ginge ganz ohne Moral«?[780])

Aber da hat auch jemand Kritik angemeldet: Da werde bei Friedrich Engels eine Art Relativismus-Plädoyer gehalten im Sinne von (ethischer) Beliebigkeit![781] Wenn aber nicht gerade mit

[779] Ebd., S.83f. Wo eigentlich landete in der »Hauptabteilung für ewige Wahrheit« (Robert Havemann über die SED) solches Schriftgut?

[780] Chaim Noll (1992): Nachtgedanken über Deutschland, S.99.

[781] Vgl.: Dieter Birnbacher und Norbert Hörster (Hrsg.) (1991): Texte zur Ethik. München, 2. Kapitel: Das Problem der Relativität, S.24-51; dort Kommentar zu den auch hier zitierten Engels-Zeilen, S.25-29.

solchen Thesen ein vehementer Appell an Kritikfähigkeit, (Eigen-) Verantwortlichkeit zu verbinden wäre, um Diskursstrategien, Wahrheitstaktikern - im eigenen Interesse - auf die Schliche zu kommen? (Wo die Wahrheit sich selbst besetzt, muß man sich freilich nicht drum kümmern.)

»Das unverkennbare Merkmal des Glaubens an die Wahrheit des eigenen Wissens ist nicht die Überzeugung, daß das fragliche Wissen befriedigend, erfreulich, nützlich oder auf andere Weise bewahrenswert ist. Eine solche Überzeugung bedarf nicht des Glaubens an die Wahrheit zu ihrer Unterstützung. In der Regel kommt diese Überzeugung ganz gut ohne die autoritative Bestätigung aus, daß der Glaube an die Wahrheit vernünftig ist. Erst dann, wenn es darum geht, den anderen zu sagen, daß sie sich alle im Irrtum befinden und deshalb erstens ihre Auffassung ändern sollen oder müssen, wodurch sie zweitens die Überlegenheit bestätigen, kann man nicht ohne ›den gutbegründeten Begriff der Wahrheit‹ auskommen. Der Anspruch auf Wahrheit als eine in Anspruch genommene Qualität des Wissens entsteht deshalb allein im Kontext der Hegemonie und des Bekehrungseifers; im Kontext der Koexistenz von autonom unterhaltenen Wissenssystemen, von denen sich zumindest eines sträubt, friedlich zu koexistieren und die bestehenden Grenzen zu respektieren; im Kontext einer Pluralität, die zumindest von einem Mitglied als ein quälender Zustand betrachtet wird, der zu korrigieren ist; im Kontext eines Gleichgewichts von Kräften, das im Begriff steht, sich in Asymmetrie der Macht zu verwandeln.«[782]

»2x2=4«! Daß Qualitäten und Regeln des Diskurses, aus dem unser Beispiel entstammt, nicht umstandslos übertragbar sind, wird - strategisch - ausgeblendet. Offenbar hofft man, dieser rhetorische Schlenker komme als solcher nicht in den Blick, der Adressat bleibe von der einfachen Gewißheit des Ausgesprochenen geblendet. Wie gehen wir also mit dem Kollektivsingular »die Wahrheit« um?

[782] Zygmunt Baumann (1992): Moderne und Ambivalenz. Das Ende der Eindeutigkeit, S.282f. (Dort mit explizitem Bezug auf den Holocaust.)

»Wenn ich den Liberalismus aus Überzeugung verteidige, so verteidige ich vor allem dieses Prinzip, das ich auf die etwas paradoxe Formel bringe: gute Politik ist nur von der Wahrheit her möglich, und niemand darf sich anmaßen, er sei im Besitz der Wahrheit. Jeder der beiden Teilsätze bleibt nur in der Spannung zum anderen Teilsatz seriös.«[783]

Auf Wahrheit bestehend, geraten wir in Zwickmühlen. Geht es bei Weizsäcker vielleicht um die »innere Kohärenz« einer Perspektive? Denn immerhin konstatiert er: »Geschichte, wie wir sie kennen, ist Kampf der Wahrheiten.« (Ebd., S.57) Wer hat die schwereren Waffen, das stärkere Kaliber? Welche Wahrheit verbirgt sich hinter dem Singular? (Das ist, natürlich, eine rhetorische Frage.)

»An sich ist Wahrheit intolerant; wer weiß, daß 2x2=4 ist, kann zwar schweigen, aber er kann nicht ehrlich zugeben, es könnte auch 5 sein; und wenn das Wohl der Gemeinschaft daran hängt, daß 2x2=4 erkannt oder anerkannt wird, so muß er für diese Anerkennung kämpfen. Toleranz als Wahrheitsneutralität ist selbstzerstörerisch.« (Ebd.)

Von welcher Wahrheit »2x2=4« gehen wir aus? Besteht denn hinsichtlich der Wahrheit dieses Beispiels Konsens? Suggestion der grandiosen Einfachheit der Formel. Wo bleibt im Pochen auf die absolute Wahrheit Raum für Alternativen?[784]

In der Parade der »Supersingulare vom Typ ›der Mensch‹, ›die Vernunft‹, ›das Bewußtsein‹«[785] marschiert »die Wahrheit« zumeist an der Spitze. In deren Namen wird verrechnet und gerichtet. Toleranz ist in dieser Perspektive nicht weniger selbstzerstörerisch als der hier vorgeschlagene Wahrheitsentwurf destruktiv.

Wer vergibt den Platz an der Sonne? Allzu oft wird diese Reklamation ja nicht nur zu einer argumentativen Killerphrase.

[783] Carl Friedrich von Weizsäcker (1987): Die Ambivalenz des Fortschritts, S.103.

[784] Immerhin kein Grund, die Verflüchtigung *dieser* Differenz zu beweihräuchern: »Wenn Herr Schönhuber zufällig mal sagen sollte, daß zwei mal zwei sechs ist, kann ich nicht umhin, ihm zuzustimmen.« (Theo Waigel, CSU-Vorsitzender; zit. nach: Süddeutsche Zeitung, 10.12.1993, S.2.)

[785] Niklas Luhmann (1992): Die Wissenschaft der Gesellschaft, S.500.

»[…] Uneinigkeit in inhaltlichen Grundüberzeugungen zuzulassen gehört zum Sinn der modernen Demokratie. Natürlich hat auch diese ihre konsensuale Basis. Sie besteht in der Anerkennung der Menschen- und Grundrechte. Diese aber sind eben im Kern Rechte zum Dissens. Sie beziehen sich auf die Legitimität des Andersseins. Noch ihre Schranke, die Beachtung der gleichen Freiheit des Anderen, hat in der Sicherung solcher Pluralität ihren Sinn.«[786]

Der Rekurs auf *die* Wahrheit neigt auch zum Dogmatismus der Art, mit dem Lebensentwürfe, Parteiprogramme, Weltmodelle, Ideologien als unbezweifelbare Common-sense-Artikel aus dem nicht-anthropogenen Fundus kosmischer Notwendigkeiten angepriesen werden.

Doch vorausgesetzt, es wäre Wahrheit, ein Sinn an sich die Grundlage politischen Handelns: Wäre dann Politik nicht nur unnötig, sondern Demokratie schier unmöglich, undenkbar?

»Dieser Index verweist auf die Freiheit; denn – so könnte man in Abwandlung eines Kant-Wortes sagen –, ›wäre ein Sinn an sich selbst, so wäre Freiheit nicht zu retten‹ (*KrV* B171).«[787]

So wahrhaft einfach ist das Alltagsgeschäft der Politik ja wahrlich nicht gestrickt. Im Zusammenhang komplex verflochtener, globaler Interdependenzen ist kontextlose, absolute Gültigkeit kaum voraussetzbar und verifizierbar. Die alten einfachen Rezepturen taugen nicht mehr, um Wahrheit als Anschlußfähigkeit (Niklas Luhmann) zu produzieren. Dennoch:

»Die Herausforderungen des Atom-, Chemie- und Genzeitalters werden in Begriffen und Rezepten verhandelt, die der frühen Industriegesellschaft des 19. und beginnenden 20. Jahrhunderts entnommen sind.«[788]

Zwei und zwei ist vier. Das kann man so beschreiben:

[786] Wolfgang Welsch (1992): Topoi der Postmoderne, S.42.

[787] Manfred Frank (1984): Die Grenzen der Beherrschbarkeit der Sprache. Das Gespräch als Ort der Differenz von Neostrukturalismus und Hermeneutik, S.213.

[788] Ulrich Beck (1988): Gegengifte, S.9.

»Noch immer wird darüber gerätselt, wo das Entsetzen, der Schock geblieben sind, der die Menschen nach Tschernobyl aus den Fassungen der Normalität gerissen hatte. Vielleicht ist die Antwort leicht zu finden. Vielleicht haben wir in Westeuropa eine Erfahrung nachgeholt, die in Osteuropa schon länger Alltag ist: die *Wirklichkeit* von Kafkas *Prozeß*.

Leben und Handeln in der Risikogesellschaft sind im strengen Sinne des Wortes kafkaesk geworden – wenn dieser Begriff die real erlebbaren absurden Situationen des einzelnen in einer totalitären, für ihn undurchschaubaren, labyrinthischen Welt bezeichnet, die durch kein anderes Wort zu charakterisieren sind und für die weder Politologie und Soziologie noch Psychologie einen Schlüssel liefern. Was Max Weber vom Standpunkt der Verwaltung als ›bürokratische Herrschaft‹ entfaltet, und was Hannah Arendt am Extremfall der bürokratisch geplanten und vollzogenen Judenvernichtung in der Täterperspektive Eichmanns als ›Banalität des Bösen‹ entschlüsselt, enthüllt Franz Kafka in der Opferperspektive des einzelnen, der, wie Milan Kundera es ausdrückt, ›in der Falle sitzt, zu der die Welt geworden ist‹.« (Ebd., S.101.)

Beschreiben läßt sich dies auch anders. Sinnkrisen entstehen, indem alte Deutungsmuster keine verläßliche Orientierung mehr bieten. Und so sind immer öfter Situationen beschreibbar,

SZ AM WOCHENENDE

JONATHAN SCHELL

Wenn zwei und zwei nicht mehr vier ist

Der US-Wahlkampf 1992: Wie Präsidentschaftskandidat Bill Clinton zum Hoffnungsträger der Nation wurde

einfache Wirtschaftstheorie: man könnte sie Hauswirtschaftslehre nennen. Sie besagt, daß die Grundrechnungsart im Schulbuch für den Bundeshaushalt ebenso zutrifft wie für jeden privaten Haushalt. Jahrelang galten diese einfachen, überzeugenden Gesetze der Hauswirtschaftslehre als das Glaubensbekenntnis der Republikaner; bis in die achtziger Jahre hinein predigten sie einen ausgeglichenen Haushalt und Steuerdisziplin.

Die zweite Schicht der Krise ist wirt- vergangenen Jahren stets die einzig plausible Antwort gegeben, daß zwei und zwei vier ist. Sehen sie aber diese Zahlen wirtschaftlich (wie Keynes oder wie die Angebotspolitiker) dann lautet die Antwort: „Zwei und zwei ist wahrscheinlich vier, nächstes Jahr aber vielleicht fünf." Bei politischer Betrachtung aber kommt einmütig die Antwort: „Zwei und zwei ist fünf." Seit dem Jahr 1980 hat sich die politische Wahrheit dieser Rechnung bei jeder Wahl erwiesen. Als erster fand sich so weit, daß im amerikanischen System jeder das Recht hat, sich Souverän zu nennen), ergab sich daraus natürlich die Frage, wem wir Rechenschaft zu leisten hätten.

Die Antwort konnte nur heißen: uns selbst. Damit aber wurde ein weiteres Grundprinzip einer rechtmäßigen Regierung verletzt, nach dem niemand Richter in eigener Sache sein soll. Die Väter der Verfassung erkannten dieses Problem, und, als Spezialisten im Umgang mit

Seit Amerika den Tyrannen auf der anderen Seite des Ozeans abgeschüttelt hat, sind zwei Jahrhunderte vergangen, und in dieser Zeit hat das Volk unter der Verfassung regiert. Unsere Demokratie ist heute erwachsen, sie verdient Respekt. Ihre charakteristischen Mängel sind *demokratischer Natur*, sind keine Protestsignale eines unterdrückten Volkes, das gegen Aristokraten und Könige kämpft. Der Protest gegen den Souverän muß sich also weitgehend gegen uns selbst richten.

So Jonathan Schell über den US-Wahlkampf 1992.[789] Schell konstatiert, im amerikanischen Wahlkampf hätten die »Kandidaten alle Anstrengungen darauf konzentriert«, das zentrale Thema zu vermeiden, nämlich die Krise durch den erforderlichen Ausgleich des Haushaltsdefizits. Diese Krise sei

> »vielschichtig. Im Kern enthält sie ein rechnerisches Problem: Die Haushaltszahlungen stimmen nicht. Das kann sich jeder Viertklässler ausrechnen: Wenn die Gesamtausgaben der Regierung 1,47 Billionen Dollar betragen und die Summe der Einnahmen 1,075 Billionen ausmacht, dann ergibt sich daraus ein Minus von 400 Milliarden Dollar.
>
> Solange mathematische Gesetze noch gelten, solange also zwei und zwei vier ist, gibt es keine andere Lösung. Dieser einfachen Rechnung entspricht eine ebenso einfache Wirtschaftstheorie; man könnte sie Hauswirtschaftslehre nennen. Sie besagt, daß die Grundrechnungsart im Schulbuch für den Bundeshaushalt ebenso zutrifft wie für jeden privaten Haushalt. Jahrelang galten diese einfachen, überzeugenden Gesetze der Hauswirtschaftslehre als das Glaubensbekenntnis der Republikaner; bis in die achtziger Jahre hinein predigten sie einen ausgeglichenen Haushalt und Steuerdisziplin.« (Ebd.)

Dieses Glaubensbekenntnis habe sich nunmehr als ein solches erwiesen, u.a. deshalb, weil die »Wirtschaftstheorie [...] die einfachen Rechnungen der Hauswirtschaftslehre durcheinander« bringe. Motto: Die Portokasse als Grundlage für den Haushaltsplan. Die Krise sei aber auch

> »politischer Natur. Bei rechnerischer Betrachtung der Zahlen haben die Politiker in den vergangenen Jahren stets die einzig plausible Antwort gegeben, daß zwei und zwei vier ist. Sehen sie aber diese Zahlen wirtschaftlich (wie Keynes oder wie die Angebotspolitiker) dann lautet die Antwort: ›Zwei und zwei ist wahrscheinlich vier, nächstes Jahr aber vielleicht fünf.‹ Bei politischer Betrachtung aber kommt einmütig die Antwort: ›Zwei und zwei ist fünf.‹ Seit dem Jahr

[789] Quelle: Süddeutsche Zeitung, 19./20.12.1992, S.118.

> 1980 hat sich die politische Wahrheit dieser Rechnung bei jeder Wahl erwiesen. Als erster fand sich Ronald Reagan bereit: Wenn die Ausgaben für die Verteidigung erhöht und Steuern gesenkt würden, so lautete seine Argumentation, könne man den Haushalt immer noch ausgleichen.« (Ebd.)

Auch eine spezifisch amerikanische (Polit-)Arithmetik! Und erst deutsche Auguren! (Eher müßig, ihre als Gewißheit verkündeten Prognosen ab Herbst 1989 zu wiederholen.)

Wer also wollte ernsthaft politisches Handeln auf eine wohlfeil ablesbare Formel, auf die reine Wahrheit »2+2=4« gründen? Auf den horizontalen Zahlenstrahl als Leit-Perspektive? Entstehen die (Rest-)Risiken nicht gerade aus der Suggestion garantierbarer Sicherheit? Zitieren wir eine doppelt qualifizierte Persönlichkeit, den als sächsischen Umweltminister derzeit (1993/94) in Amt und Würden stehenden Arnold Vaatz:

> »›Ich bin in gewisser Weise ein Totaloppositioneller‹, beschreibt er sich selbst und erklärt seine Umwelt in schöner Offenheit für verrückt, politischen Rigorismus zur einzig angemessenen Reaktion.
> ›Nie und nimmer‹ werde er anerkennen, schwört der studierte Mathematiker Vaatz, ›daß zwei und zwei fünf ist‹. Doch ›absurderweise‹ bilde gerade ›diese verquere Rechenoperation‹ oft die Grundlage politischen Handelns.«[790]

Wir ahnten es ja. Freilich gerät, wer gängigen Operationen Alternativen entgegensetzt, auch in diesem Kontext u.U. in den Ruch des Kurpfuschers.[791] – Wer, obendrein Mathematiker, 2x2=5 für ein Strickmuster politischen Handelns hält, muß schon über eine gewisse Richtlinienkompetenz verfügen, so er sich denn durchsetzen will (s.o., S.314). –

[790] »Stark erhöhter Puls. Spiegel-Redakteur Jan Fleischhauer über den Polit-Rebellen Arnold Vaatz.« In: Der Spiegel, Nr. 22, 1993, S.59-65, dort S.62.

[791] »Mit seiner Ruppigkeit ist der Mathematiker, seit 1990 CDU-Mitglied, in der Partei weitgehend isoliert.« (Ebd., S.59.) Ein anderes Beispiel: Wer vor ca. 15 Jahren von »Waldsterben« sprach, war so ziemlich »politisch tot«. Heutzutage wird »die Absichtserklärung«, »das Waldsterben zu bekämpfen«, zur Grundlage »politischen Überlebens«.

Essay

Charles Krauthammer

On Getting It Wrong

"Nothing ever gets settled in this town," George Shultz once said of Washington. "The debate never stops." Which is why no one can ever decide which side won. It takes so long for the consequences of a critical policy—say, welfare—to become apparent, and the results are so murky, that in the end few can remember who said what, assuming those who said anything are still living.

Not so the Persian Gulf war. Rarely in the life of a nation is a question so vital settled so decisively. The gulf debate is the closest politics gets to a controlled experiment. Hypotheses were advanced, and 43 days later the results were in. In the scientific world, one side admits error at this point. Those who believe in Lamarck or cold fusion either recant or retire.

In politics, however, you just carry on, trusting to the short memory of the audience. Well, maybe not this time. For once, an issue was settled. For once, the vaunted sagacity of Senator Sam Nunn, the angry isolationism of columnist Pat Buchanan, the "street"-smart Arabism of the Middle East experts have been put to the test: an encounter with reality. The results are not pretty, and the tested don't like it.

In January, Democrats solemnly warned that history would closely scrutinize the great gulf debate. Now, barely three months later, they indignantly cry "Foul!" when their antiwar words are recalled to them. How unseemly, they charge, to so manipulate a "vote of conscience."

Vote of conscience? What an odd distribution of congressional consciences we have, when 98% of Republican consciences just happen to fall on the President's side of the argument, and 70% of Democratic consciences on the other. Mathematicians will long be studying this extraordinary exception to the law of random probabilities.

Conscience? If this was a vote of conscience, what are we to make of Congress's other votes? Votes of pocketbook and partisanship? One would expect members of Congress to vote their consciences—i.e., to decide what is in the best interest of the U.S.—every time.

And since when has conscience been a defense? It is hard to think of a more genuinely conscientious question for any legislator than abortion. And yet in the election campaign of 1989, the Democratic Party consciously, and successfully, focused savage partisan attacks on antiabortion Republicans.

I have no doubt that Democrats acted in the highest patriotism, seeking the best for their country, when they voted to deny the President war authority. I have no doubt that they voted their deep-seated feelings. But, and this may come as news to Democrats, feelings aren't enough in life. Representatives are elected not for their feelings but for their judgment. And this time the Democrats got it wrong.

But at least the politicians can plead ignorance. What can the experts plead? As New York *Times* columnist Leslie Gelb points out, in being wrong the Democrats were "joined by probably 90% of American and European experts on Arab affairs." Take, for example, Zbigniew Brzezinski, perhaps the most prominent of the antiwar advocates. He led the fight against military action because, variously, 1) "One must expect . . . thousands of deaths among American servicemen"; 2) "the price of oil could easily climb to $65 per bbl. or even more"; 3) "the financial costs of the war by themselves" could cause "an economic and financial world crisis"; 4) we risked "an increasing wave of anti-Americanism among the Arab masses"; and 5) "the region as a whole could erupt into flames."

Well, not quite. In fact, the only eruption caused by America's war on Saddam Hussein was a decidedly anti-Saddam eruption by an overwhelming majority of Iraq's own people. The one Arab uprising to follow the war called not for Yankees to go home but for America to march on to Baghdad.

The war and its aftermath have finally exposed the mindless clichés about the Arab world that the experts had propagated so assiduously and that steered them so wrong. These are the clichés of Arab radicalism, proclaiming the ubiquity of Arab hatred of the West, the centrality of the Palestinian issue and the power of Pan-Arabist and Islamic slogans to mobilize the Arab street. Indeed, the Arab street became a cult of its own, built by the experts into a mythic force that the West dare not challenge.

What is the Arab street? The Arab street is a creation of intellectuals who want the West to believe that the radical agenda is the Arab agenda and the West must bend to it. In fact, in the Arab world, public opinion—the street—is tightly controlled by regimes with busy secret-police networks and a monopoly on information. The street is largely an echo of the palace.

What is heard on the street? Envy in Algiers, gratitude in Riyadh, rage in Amman. Which is the authentic Arab voice? The question itself is nonsensical. There is no single Arab voice, no Arab street. One would think that such an idea might have occurred to experts contemplating a war that found tens of thousands of Arab soldiers arrayed against one another.

It is true, of course, that the President has committed serious blunders in the aftermath of the war. But that is a blot on Bush; it does nothing to absolve those who got it wrong on Kuwait, who would have consigned its people to the fate now befalling the Kurds. Has one expert admitted error? Not that I have heard. The other night, I listened to one scholar, who had been 180° wrong on the war, blithely advising a Senator on the Foreign Relations Committee on how to handle postwar Iraq.

Gentlemen, Ladies: No one is asking you to resign your tenured chairs. But would you consider a moment of silence? A decent interval for reflection and re-examination? How about a month in a monastery? Not to worry: TV news shows will always have you back. ■

So wechseln die Perspektiven. Auf welches Fundament bauen wir? Welche Zielvorgaben haben wir im Blick?

Bescheidener Vorschlag; kleines Vademecum im Getöse der Wortgefechte: Rechnen mit der diskursstrategischen Vereinnahmung des Beispiels, der Besetzung der Begriffe. Ein Schmidt für alle Fälle:

> »*2 mal 2* (und er wurde beim bloßen Zuhören so wütend, daß man ihm bläßlich gut sein *mußte*!): ›Der Lügner würde behaupten: 5! – Der Neutrale: weder 3 noch 6.‹ – ›Und sonst kennen Sie keine Alternative?!‹ (erstickt; die besseren Kreise). ›Doch‹ sagte ich nachdenklich: ›soo – der vorsichtige Esoteriker würde sich etwa äußern: Logarithmus 10.000 oder so.‹ ›Und?: Wie wäre es mit 4!?‹ schlug er verächtlich vor. ›Ja, das sind die ausgesprochenen Fanatiker!‹ lehnte ich sofort ab: ›Denken Sie doch an die Politiker: die deklamieren auch nur vorsichtshalber von A.C. Kultur, diesem moro bianco; anstatt die Wähler simpel zu fragen: ›Na wie iss es: wollt ihr wieder auf Kasernenhöfen liegen, mit der Schnauze im Dreck?‹ – - Neenee: gehen Sie mit Ihrer 4 weg!‹.«[792]

»Die Wahrheit 2x2=4« entsetzt, besetzt oder instandbesetzt: Insgesamt darf es wohl ruhig etwas mehr sein. Perspektiven, Optionen, Zweifel. Ab wann wird es zuviel? Das müssen wir wohl noch einmal besprechen. Selbstverständlich sind Situationen denkbar, da wir – mit kaltem Verstand – auch Pathos einstreuen.

[792] Auch zu dieser Re-Zitation finden wir also zureichenden Grund: Arno Schmidt (1985): Das Steinerne Herz, S.31 (s.o., S.41). Das Beispiel bleibt in struktureller Hinsicht aktuell: Bezog sich Schmidt auf Sprachregelungen im Zusammenhang mit der Debatte um die »Wiederbewaffnung«, so sind wir selbstverständlich – Frühjahr 1993 – längst manchen Schritt weiter. »Der letzte Golfkrieg hat neben unbestimmten ein bestimmtes Ergebnis gezeitigt: Viele deutsche Intellektuelle zwischen Garmisch und Flensburg sind über Nacht zu Militär- und Kriegs›experten‹ geworden. Endlich erscheint die Welt handhabbar nach all den abstrakten Illusionen, Utopien und kritischen Theorien. Der Horizont wird überschaubar verengt [2x2=4!]. Stirnvernagler und Scheuklappenproduzenten machen Kasse. Fast alles reduziert sich auf militärische Arithmetik: wo kann man, wo muß man, wo darf man ›rein‹ – alles nur eine Frage des Eintrittspreises.« (Rudolf Walther: Verantwortungsethik als Passierschein zur Macht. Unser Umgang mit Geschichte angesichts der Forderung militärischer Interventionen. In: Süddeutsche Zeitung, 14.6.1993, S.9.)

– »Ja, wenn es stimmt, daß die Menschen daran hängen, Beispiele und Vorbilder vor Augen zu haben, die sie Helden nennen, dann schlägt der Erzähler gerade [einen] unbedeutenden und bescheidenen Helden vor, der nichts für sich hatte als ein wenig Herzensgüte und ein offensichtlich lächerliches Ideal. Das wird der Wahrheit geben, was ihr gebührt, der Rechnung von zwei und zwei ihr Ergebnis vier, und dem Heldentum jene zweite Stelle, die ihm zukommt, unmittelbar nach, aber niemals vor der mutigen Forderung nach Glück.«[793] –
Die ganze Wahrheit über »2x2=4«? »Gevierteilt«?[794]

Was bleibt? »Interpretation« als Täter also endgültig überführt, dingfest gemacht? Und dabei »2x2=4« nicht voraussetzungsloses Wissen, sondern, so gesehen, der Einbruch der Politik in die Diskurse? »2x2=4« – unser arithmetisches mutiert endgültig zum arthritischen Paradepferdchen? Das Exemplar für argumentative Verhärtung?

Liegen Diagnosen vor, sind Therapievorschläge erforderlich. Eine andere Rechenkunst. Versetzen wir uns endlich konsequent ins »Jenseits von 2x2=4«. Ein anderer systemischer Ort. Einstmals als das Reservat interpretierender Freiheiten ausgewiesen: Kunst.

[793] Albert Camus (1950): Die Pest, S.90f.

[794] E.M. Cioran (1991): Gevierteilt, S.132: »›Was ist die Wahrheit?‹ ist eine grundlegende Frage. Aber was ist sie neben ›Wie kann man das Leben ertragen?‹ Und sogar diese verblaßt im Vergleich zu jener anderen: ›Wie kann man sich ertragen?‹ – Das ist die entscheidende Frage, auf die uns eine Antwort zu geben niemand imstande ist.«

V. Rechenkünste ohne Schlußstrich (Ästhetisches)

»Logik, Mathematik – Kalkulation. Die unerschöpfliche Quelle immer neuer Wunder. Ein sich in Unendlichkeit verlierender Weg. Die Mathematik erobert sich von Tag zu Tag wichtigere Plätze in verschiedensten Wissenschaften und darüber hinaus. Die Kalkulation versagt scheinbar nie auf verschiedensten Gebieten. Die Logik schneidet manchmal Fratzen. Bleibt aber sicher.
Ist dies auch die unerschöpfliche Quelle der ›Wunder der Kunst‹? Der sich in Unendlichkeit verlierende Weg der siegesreichen Kunst? 2 Heringe + 2 Heringe = 4 Heringe. Scheint ein ewiges Gesetz zu sein, das stets unerschüttert bleibt.
2 Gelb + 2 Gelb = ? Manchmal = 0.
In der Kunst wird nicht selten Vergrößerung durch Verminderung erreicht. Wo bleibt die Kalkulation? Die Logik schmunzelt verlegen. Die Mathematik faßt sich am Kopf.
Wer will noch ein Kunstwerk errechnen?»[795]

Wer wird der Kunst noch ein Ideal zum Vorwurf machen? Sie als *den* emphatischen Gegenentwurf zur schnöden Wirklichkeit verstehen? Moderne, post-moderne Zeiten, oder wie das Label auch immer heißen mag: den Maßstäben, die angelegt werden, liegen flexible Parameter zugrunde.

Der mathematische Diskurs ist nicht universalisierbar: Wenn nicht hier, wo sonst wird es derart deutlich? Denn ästhetische Theorie rechnet damit, »daß ästhetische Phänomene sich nicht mathematisieren lassen. Gleich in der Kunst ist nicht gleich.«[796]

[795] Wassily Kandinsky (1973): Zugang zur Kunst, S.203f.

[796] Theodor W. Adorno (1973): Ästhetische Theorie, S.434; wenn auch insgesamt Adornos Ästhetik wiederum auf »ästhetische Wahrheit« rekurriert und ästhetische Phänomene u.a. »konsequenzlogischen Prinzipien« unterworfen sieht. Doch, wie immer, greift eine formelhafte Reduzierung zu kurz: »Wertfreie Ästhetik ist Nonsens. Kunstwerke verstehen heißt, [...] des Moments ihrer Logizität innewerden und ihres Gegenteils, auch ihrer Brüche und dessen, was sie bedeuten.« (Ebd., S.391.) Könnten!

Mag auch Schmidts Arno (»Diese Germanisten kapieren nichts…«) seine produktionsästhetischen Versuche »Berechnungen« (I-III) nennen und ersterem als Motto den Spruch voranstellen, der dem Pythagoras zugeschrieben wird und der über dem Eingang zu Platons Akademie gehangen haben soll: »Nemo geometriae ignarus intrato«[797] – wen schreckt dies schon? Nicht erst der Hinweis auf Goethe (der »mit seinem üblichen formlosen Prosabrei«[798]) läßt uns eine andere Kurve nehmen:

> »Das Wort, es soll kein mit der Geometrie Unbekannter, der Geometrie Fremder in die Schule des Philosophen treten, heißt nicht etwa, man solle ein Mathematiker sein, um ein Weltweiser zu werden.« [799]

Wir haben uns – mit Kurt Schwitters – längst entschieden: »2 x 2 = 4, das ist noch kein Gedicht«[800], und diese Konvention durchzieht als eine Art Grundkonsens, als eine Art kleinster gemeinsamer Nenner eine mögliche Geschichte der Kunst- und Literaturkritik, sofern diese nicht der Affirmation, der Festigung herrschender Diskurse zuarbeitet.

Blicken wir dazu kurz zurück: Was für Zeiten, als die alten Gegensätze noch intakt waren, schwarz und weiß und Kunst und Wirklichkeit noch sauber getrennt und fein verschieden schienen, die Vorstellung auf dem Programm stand, »Kultur« stelle eine Art autonomen, übergeordneten Seinsbereich dar.

Versuche artiger Selbstrechtfertigung sind in der Literatur zu registrieren, offensichtlich von der Erwartung ausgehend, die bloße Bezugnahme auf Werke der Kultur, angesiedelt »über der schnöden Wirklichkeit«, schütze vor existentiellen Krisen; – esoterische Varianten, am Indifferenzpunkt von »Innen und Außen«?

> »Es war ein Mann mit Namen Friedrich, der beschäftigte sich mit geistigen Dingen und besaß vielerlei Kenntnisse. Doch

[797] Arno Schmidt (1979): Berechnungen I und II. Die Berechnungen III erschienen u.a. im Beiheft zur »Zürcher Kassette«, Zürich 1985, S.7-15.

[798] Arno Schmidt (1979): Berechnungen I, S.236.

[799] Goethe (1976): Maximen und Reflexionen, Nr. 654, S.129.

[800] Kurt Schwitters (1981): Selbstbestimmungsrecht der Künstler, S.38. (»Du mußt es dreimal sagen.« Mephistopheles, in: Faust I.)

war ihm nicht eine Kenntnis wie die andere und ein Gedanke wie der andere, sondern er liebte eine gewisse Art des Denkens, und die anderen verachtete und verabscheute er. Was er liebte und verehrte, das war die Logik, jene so vortreffliche Methode, und weiterhin überhaupt das, was er ›Wissenschaft‹ nannte.
›Zweimal zwei ist vier‹, pflegte er zu sagen, ›daran glaube ich, und von dieser Wahrheit aus muß der Mensch das Denken betreiben‹.
Daß es auch andere Arten des Denkens und der Erkenntnis gab, war ihm zwar nicht unbekannt, aber ›Wissenschaft‹ war das nicht, und er hielt nichts davon.«[801]

So haben wir unsere Perspektiven, unsere Leidenschaften, unsere Berechnungen; wir wissen es ja, und irgendwann gehen sie nicht mehr auf, sehen wir - 2x2=4-Junky hin oder her - die eben zitierte Überzeugung in ihren Grundfesten erschüttert.

»Eines Nachts lag er, wie es ihm zu jener Zeit oft geschah, vorzeitig und ängstlich erwacht im Bett, ohne den Schlaf wiederfinden zu können. Er fühlte sich überaus unwohl und beängstigt. Er wollte nachdenken, er wollte Trost suchen, wollte sich selber irgendwelche Sätze zusprechen, gute Sätze, beruhigende, tröstliche, etwas von der aufrichtigen Ruhe und Klarheit wie der Satz ›Zweimal zwei ist vier‹. Es fiel ihm nichts ein [...].« (Ebd., S.848.)

Und nunmehr die Kunst als das ganz andere? Kompensatorisches Ruhekissen? Gelobtes Land, in dem die Differenz zerfällt?

Das bloße Aufrufen aller Heiligen in einer Litanei schützt per se vermutlich ebenso wenig vor »Unheil« wie der sprachliche Vollzug der Formel »$E = m \times c^2$« neue, universale Potenz verleiht. Kettenreaktionen müssen erst einmal in Gang gesetzt werden.

»Was ist Fleisch? Es zerfällt wie Geist meine Herren, ich bin vollständig besoffen. Zwei mal zwei ist vier. Ich bin also nicht besoffen. Aber ich habe Ahnungen von einer höhe-

[801] Hermann Hesse (1952): Innen und Außen, S.836.

ren Welt. Beugt euch. Seid de-, demütig. Legt den alten Adam ab. *Trinkt zittrig und heftig*. Ich bin noch nicht ganz herunter, solange ich noch meine Ahnungen habe, und ich kann noch gut ausrechnen, daß zwei mal zwei... Was ist doch zwei, zw-ei, für ein komisches Wort? Zwei! *Setzt sich*.«[802]

Auch Kunst und Literatur gelten kaum mehr glaubhaft als Medien für das »Eigentliche«, das »wahre Leben«[803], »das« gesellschaftliche Fundament (»Dichter und Denker«). Solche Zuschreibungen lassen sich allenfalls noch ironisch gegen ein wissenschaftlich reklamiertes Wahrheits- und Deutungsmonopol ins Feld führen. Motto: Der Teller-Rand als Zentralperspektive. Karl Kraus ging dabei locker und ironisch aufs Ganze, ritt bereits 1912 unter dem Titel »Nestroy und die Nachwelt« eine heftige Attacke gegen Tendenzen eines puren, selbstgenügsamen Operationalismus.

»Was sich da Welt nennt, weil es in fünfzig Tagen sich selbst beweisen kann, ist fertig, wenn es sich berechnen kann. Um der Frage: Was dann? getrost ins Auge zu sehen, bleibt ihr noch die Zuversicht, mit dem Unberechenbaren fertig zu werden. Sie dankt den Autoren, die ihr das Problem sei es durch Zeitvertreib abnehmen, sei's durch Bestreitung. Aber sie muß jenem fluchen, dem sie - tot oder lebendig - als Mahner oder Spielverderber zwischen Geschäft und Erfolg begegnet. Und wenns zum Fluch nicht mehr langt - denn zum Fluchen gehört Andacht -, so langt's zum Vergessen. Und kaum besinnt sich einmal das Gehirn, daß der Tag der großen Dürre angebrochen ist. Dann verstummt die letzte Orgel, aber noch saust die letzte Maschine, bis auch sie stille steht, weil der Lenker das Wort vergessen hat. Denn der Verstand verstand nicht, daß er mit der Entfernung vom Geist zwar innerhalb der Generation wachsen konnte, aber die Fähigkeit verlor, sich fortzupflanzen. Wenn zweimal zwei

[802] Bertolt Brecht (1966): Baal, S.69f. (1.Fsg.) sowie S.142 (2.Fsg.). In diesem Kontext sei auch nochmals die Passage bei Georg Büchner erinnert (1978: Dantons Tod, S.59; s.o., S.19).

[803] So bei Marcel Proust (1984): Die wiedergefundene Zeit, S.297.

> wirklich vier ist, wie sie behaupten, so verdankt es dieses Resultat der Tatsache, daß Goethe das Gedicht ›Meeresstille‹ geschrieben hat. Nun aber weiß man so genau, wieviel zweimal zwei ist, daß man es in hundert Jahren nicht mehr wird ausrechnen können.«[804]

Ein äußerst solides Fundament für unseren Satz! Auch bei unserem Beispiel sahen wir ja: Ein Ozean von Perspektiven. Warum auch nicht an dieser Stelle den Anker werfen?

> MEERES STILLE
> Tiefe Stille herrscht im Wasser,
> Ohne Regung ruht das Meer,
> Und bekümmert sieht der Schiffer
> Glatte Fläche ringsumher.
> Keine Luft von keiner Seite!
> Todesstille fürchterlich!
> In der ungeheuern Weite
> Reget keine Welle sich.[805]

Aber sicher, Brecht, »Lyrik und Logik«:

> »Ein Mathematiker sagte, als er Goethes ›Iphigenie‹ gesehen hatte: Gut, aber was beweist das? Der Satz war nicht am Platz, aber er ist es gegenüber tausenden und tausenden von Gedichten.«[806]

Andererseits ist die Beweislast mühelos zu tragen. Ist sie auf die Kontexte Kunst und Literatur nicht ebenso zu übertragen wie auf »2x2=5«? Ist uns auf der kulturgeschichtlichen Reise durch Diskurse und gesellschaftliche Teilsysteme der alles integrierende Repräsentant nicht verloren gegangen? (»[…]: es hilft nichts, unser Knie beugen wir nicht mehr.«[807])

Um den Faden zu knüpfen: Einst ereiferte der Disput über

[804] Karl Kraus (1912): Nestroy und die Nachwelt, S.2.
[805] Goethe (1982): Gedichte in zeitlicher Folge, S.352.
[806] Bertolt Brecht (1981): Lyrik und Logik, S.50.
[807] Letztmals hier »wiedergekäut«: Hegel (1971): Vorlesungen über die Ästhetik, S.170.

die angeblich »2 Kulturen«[808]. Doch die Zeiten sind vorüber, da jeweils von einer Position aus ernsthaft universale Deutungskompetenz, der richtige Zugang zur wahren Wirklichkeit reklamiert wird. Die Scheidung der »2 Kulturen« scheint zumindest wissenschaftshistorisch längst schon eher zum Lexikon-Artikel geronnen; unter anderen Voraussetzungen ist eher eine erneute Annäherung zu verzeichnen.

»Unter den Vorwürfen, die in jenem alten und unsinnigen Streitgespräch zwischen ›humanistischen‹ und ›wissenschaftlichen‹ Fächern ausgetauscht zu werden pflegten, spielte einer eine besondere Rolle: ›Euren Fächern fehlt die Präzision‹, riefen die Verfechter der Wissenschaft, ›was ihr sagt ist verschwommen und unverbindlich, wenn auch wohltönend. Wir aber zwingen den Geist des Schülers durch die harte Schule einer Wahrheit, die nur so ist und nicht anders sein kann: 2 x 2 = 4. Es lebe die Wissenschaft!‹ ›Eure Präzision ist geistige Armut‹, erwiderten die ›Humanisten‹, ›eure Unerbittlichkeit legt Zeugnis ab von der Oberflächlichkeit und Dürftigkeit eures Gegenstandes. Freilich lernt der Schüler bei uns keine unerschütterlichen Theoreme; dazu sind unsere Gegenstände zu reich und zu komplex. Er lernt aber, was viel wichtiger ist, an der Auseinandersetzung mit diesen Gegenständen das empfindungsgesättigte, vielseitige, farbenreiche Denken. Er erwirbt das Fingerspitzengefühl des Geistes. Es lebe das, was die Wissenschaft nicht zu fassen vermag!‹«[809]

[808] Rekurriert wird auf die These einer prinzipiellen Differenz von Natur- und Geisteswissenschaften, die nicht nur zum Dogma gerann, sondern – 1959 durch C.P. Snow propagiert – in der Diskussion zur Etablierung eines Schismas von »2 Kulturen« führte, einer von naturwissenschaftlich- und einer von humanistisch Gebildeten – vgl.: Helmut Kreuzer (Hrsg.) (1987) – eine These, die, nach Erich Jantsch (1986, S.20), »so viel zur Verwirrung der frühen sechziger Jahre beigetragen« habe und Wellen schlug, deren Ausläufer noch heute zu spüren sind. Denn waren Snows Voraussetzungen und Folgerungen aus wissenschaftstheoretischer Sicht zumindest krude, wenn nicht gar falsch (denn in naturwissenschaftlichen Konzepten sah man zu dieser Zeit längst eine Vorgängigkeit von Theorie vor »empirischer« Beobachtung und propagierte kaum noch, einer vorgegebenen natürlichen Ordnung analytisch zu folgen), so ließ sich in der Folge doch eine Favorisierung naturwissenschaftlich-technolgischen Arbeitens auf Snows Thesen gründen, eine Favorisierung, die noch heute beobachtbar ist.

[809] Alexander Israel Wittenberg (1963): Bildung und Mathematik, S.241.

Nun denn: Ist das Design (die Präsentation) Wittenbergs auch antiquiert, so das Inventar (die Positionen) damit aber längst noch nicht antiquarisch. Zwar ist in ausdifferenzierten Gesellschaften Pluralität von Deutungs- und Handlungsmustern nicht nur unübersehbar geworden, sondern eher geradezu ihr Grund. »2x2=4« im Alltag, in verschiedenen Disziplinen, zu verschiedenen Zeiten hat es zumindest erahnen lassen.«[810] Doch erscheinen noch allemal aktualisierte Neuauflagen der »2 Kulturen«. Ob auf elaboriertem Silbertablett oder handelsüblicher Haushaltsware.

> »Wenn heute Politiker aller Couleur fordern, es müsse der angewandten gegenüber der Grundlagenforschung noch mehr Gewicht gegeben werden, überhaupt gelte es in der Forschungsförderung, die ›Prosa‹ zu pflegen und nicht die ›Lyrik‹, dann sind von diesem rabiaten Pragmatismus alle Fächer betroffen.« [811]

Doch auch hier gilt:

> »Wer zur Abwechslung den Zweifel auch auf die eigenen Grundlagen hetzt, kann, wenn er gute Arbeit leistet, zur Kenntnis bringen, daß er keine hat.«[812]

Das muß aber verhindert werden. Wo die Anwendung regiert, triumphiert das Rechnen. Mit Bombenerfolg. Die Alternative: »Lyrik und Heizungsbau«?

> »Wir hoffen, daß beide hervorragend sind und wir auch im Winter unsere mittelalterliche Lyrik (und Prosa) in wohliger Wärme lesen können.«[813]

[810] Könnte der eingangs vorgestellten Forderung, gegen den »Mythos der 2 Kulturen« die anthropologischen Dimensionen des Wissens zu profilieren, dann nachgekommen sein, wenn u.a. etwa der »Basistext« »2x2=4« im Rahmen eines solchen Konzepts beschrieben wäre? (Vgl.: Frühwald et al. (1991): Geisteswissenschaften heute. Eine Denkschrift, bes. S.23-26.)

[811] Wolf Lepenies (1993): Die zwei Kulturen. Lyrik und Heizungsbau. In: Die Zeit, 21.5.1993, S.29.

[812] Ulrich Beck (1988): Gegengifte, S.195.

[813] Wolf Lepenies (1993), S.29.

Machen wir also den Versuch einer anderen Rechnung. Bringen wir noch einmal den berüchtigten »V-Effekt« ins Spiel.

> »[...] in Zukunft wird der Forscher, bemüht, das Naturgeschehen verständlich, beherrschbar und irdisch zu machen, immer wieder zunächst einen Standpunkt aufsuchen, von dem aus es geheimnisvoll, unverständlich und unbeherrschbar erscheint. Er wird sich in die Haltung des Staunenden bringen, den V-Effekt anwenden. Der ist kein Mathematiker, dem die Formel ›zweimal zwei ist vier‹ selbstverständlich erscheint, noch ist der einer, der sie nicht begreift. Der Mann, der eine an einem Seil schwingende Lampe zum ersten Mal mit Staunen betrachtete und es nicht selbstverständlich, sondern höchst auffällig fand, daß sie pendelte, näherte sich mit dieser Festsetzung sehr dem Verständnis des Phänomens und damit seiner Beherrschung. Man darf auch nicht einfach ausrufen, die hier vorgeschlagene Haltung gezieme sich der Wissenschaft, aber nicht der Kunst. Warum sollte die Kunst nicht versuchen, natürlich mit *ihren* Mitteln, der großen gesellschaftlichen Aufgabe der Beherrschung des Lebens zu dienen?«[814]

Sprechen wir nicht von Beherrschung, aber weisen wir Kunst eine andere Rolle zu. Denn - nicht nur Kunst ist »kommentarbedürftig«[815], auch schon »2x2=4« basiert auf kommunikativ vermittelten Voraussetzungen. Doch wird die Unhintergehbarkeit der Interpretation wahrscheinlich nirgends so sehr deutlich wie anläßlich der (liberalen) Kunst-Konvention, im Kunstsystem der modernen Gesellschaft.

Sicher, wir bewegten uns bisher im abendländischen Kontext, im 20. Jahrhundert. Doch ist dies eigentlich eine so neue Rechnung: Kandinsky, Adorno, Schwitters - Bilanzverwalter des Unkalkulierbaren? Avantgardisten bei der Präsentation von Rechnungen, die nicht mehr aufgehen? Oder ist diese Annahme dem zahnlosen Tiger vergleichbar, der sein Maul besser nicht so weit aufgerissen hätte?

[814] Bertolt Brecht (1985): Verfremdungseffekte in der chinesischen Schauspielkunst, S.84.

[815] Wie wir bereits einleitend voraussetzten: Gehlen, zit. nach: Hannes Böhringer (1991): Attention im Clair-obscur: Die Avantgarde, S.17.

»Noch vier Zähne waren dir, Aelia, glaub ich, verblieben:
Zweimal hustetest du, zwei mal zwei fielen dir aus.
Huste jetzt nur, sooft es dir paßt - was kann schon passieren?
Wenn du zum dritten Mal hustest, kommt gar nichts heraus.«

Diese Rechnung geht auf. Martial streut - epigrammatisch - Spott und Ironie.[816] Der Stil übertrumpft allemal das (mathematisch) Eingemachte.

Im Brennpunkt ästhetischer Reflexion taucht immer wieder der Verweis auf die Nicht-Berechenbarkeit ästhetischer Phänomene auf. Und dies in expliziter Abgrenzung zur leichten Kost bekömmlicher Massenware, die, sagen wir, wie warme Semmel über die Ladentheke geht. Nichts Neues unter der Sonne. Denn fehlt der literarische Ballaststoff, liegt dies nicht nur dem ästhetischen Feinschmecker unserer Tage schwer im Magen, sondern

»so überrascht uns das so wenig, wie irgend eine neue Bestätigung des alten Satzes, daß zweimal zwei vier sind, rührt und erschüttert uns aber auch eben so wenig«.

Und damit sind wir bei Friedrich Hebbel gelandet, der 1858, anläßlich eines seiner »Literaturbriefe« hier geradezu ein (rezeptions-)ästhetisches Paradigma formulierte.[817]

Aber müssen sie nicht exakt vermessen, fixiert werden, die Koordinaten der Ästhetik? Schon kommt der Staatschef, aus deutschen Landen, drischt auf den Tisch, reklamiert in Sachen Kunst Deutungskompetenz und ergreift als Sachverständiger das Wort, drohend den Zeigefinger hebend:

[816] Martial, zit. nach: (1984): Epigramme, S.20. Der lateinische Text lautet: »Si memini, fuerant tibi quattuor, Aelia, dentes:// expulit una duos tussis et una duos.// Iam secura potes totis tussire diebus:// nil istic quod agat tertia tussis habet.« (Zit. nach: P. Howell (1980): A Commentary on Book One of the Epigrams of Martial, London, S.38.)

[817] Friedrich Hebbel (1903-1920): Brunhild. Eine Tragödie aus der Nibelungensage. Von Emanuel Geibel, S.66. Man muß also nicht erst weit in die Moderne ausgreifen. Wie aus einer Kafka-Vorlesung von Beda Allemann (Uni Bonn, Wintersemester 1969/70) dann die Bemerkung überliefert wird, diejenigen, für die 2+2 immer 4 sei, könnten Kafkas Literatur wohl kaum Interesse abgewinnen. (Mitgeteilt von Gabriele Wix.)

»Erzähl uns nicht, wie einst der Fluß im Schilf die Nymphe Syrinx vor dem Pan beschützt, nein, dring als großer Weiser tiefer ein und zeig in Reimen 2x2 sei 4.«

Die deutsche Kulturgeschichte bietet Überraschungen mancher Art: Ein gekröntes Haupt, und Ironie feiert Triumphe! (Rheinsberg, du hast es besser?) Max Bense überliefert die Zeilen eines exponierten Monarchisten: Friedrich II., hier gerade dabei, mit diesem »Verslein«[818] Bestrebungen eines Zeitalters zu veralbern, in dem »der Mathematiker als der erste Künstler vor dem Poeten« (ebd.) und die »Autorität der Regel« (ebd.) gepriesen wurde.

Diese Spielregel ist mithin also nicht unbedingt neu. Die Vorstellung, Kunst sei berechenbar, den gängigen Diskursen umstandslos integrierbar, im Modus des Gleichheitszeichens zu übersetzen, war etwa auch für (»unsern«) Goethe wohl eine eher kuriose Idee:

»Die Deutschen sind übrigens wunderliche Leute! - [...] Da kommen sie und fragen, welche Idee ich in meinem ›Faust‹ zu verkörpern gesucht. Als ob ich das selber wüßte und aussprechen könnte!«[819]

Die sog. Dadaisten brachten diese Vorstellung endgültig ans Laufen; und allen voran bat sie Kurt Schwitters zum Tanz:

[818] Max Bense (1949): Konturen einer Geistesgeschichte der Mathematik, S.33.

[819] Nach den Aufzeichnungen Eckermanns zum 6.5.1827, die »Ideen« in »Tasso« und »Faust« betreffend. (Zit. nach: Eckermann (1981), S.590.) Mag in der Diskussion um Kunstrezeption der Abbé in Goethes »Lehrjahren« auch darauf insistieren, es sei »ein treffliches Gemälde an und für sich zu beschauen«, und mag er sich auch über die Praxis mokieren: »[...] alles ist relativ, und so wird auch alles relativ, außer dem Unsinn und der Abgeschmacktheit, die denn auch ganz absolut regiert« -, es hilft nichts. In der Diskussion behält Jarno das letzte Wort: »[...] ich kann es aber mit den armen Teufeln von Menschen unmöglich so genau nehmen. Ich kenne freilich ihrer genug, die sich bei den größten Werken der Kunst und Natur sogleich ihres armseligsten Bedürfnisses erinnern, ihr Gewissen und ihre Moral mit in die Oper nehmen, ihre Liebe und Haß vor einem Säulengange nicht ablegen, und das Beste und Größte, was ihnen von außen gebracht werden kann, in ihrer Vorstellungsart erst möglichst verkleinern müssen, um es mit ihrem kümmerlichen Wesen nur einigermaßen verbinden zu können.« (Alle Zitate: Goethe (1979): Wilhelm Meisters Lehrjahre. 8. Buch, 7. Kapitel, S.615.)

»[…] Der künstlerischen Logik ist die verstandliche fremd und feindlich. […] Das Fehlen der verstandlichen Logik im Kunstwerk bemerkt aber nur der, der die künstlerische nicht sieht. Dem, der die künstlerische Logik erkennt, ist die verstandliche gleichgültig. […] Verstandliche Logik, wohin sie gehört, in die Wissenschaft.]2x2=5) […]«[820]

»Wichtig ist nur die prinzipielle Frage: ›Kann überhaupt ein mit normalem menschlichem, logischem Verstand begabter Mensch Kunst genießen, ohne den logischen Verstand auszuschalten, wie man einen Stiefel auszieht.‹ Er kann es nicht. Sagt der Dichter: ›2x2=5‹, dann sagt besagter Verstand: ›Das ist doch Unsinn!‹ Sagt der Dichter: ›2x2=4‹, dann sagt besagter Verstand: ›Das ist weniger als Unsinn, das ist akademisch.‹ Zieht besagter Verstand nun seinen Stiefel aus, wie man den Verstand ausschaltet, so fühlt besagter Stiefelknecht im ersten Falle 5 als Mißklang, im zweiten 4 als Wohlklang. Und dann merkt der Leser, der in diesem Fall Stiefelknecht ist, den Rhythmus, der durch Abwechslung von Klang und Zwieklang entsteht. Er steht visavis der Kunst, und der Stiefel neben ihm.«[821]

»[…] Der Tanz nimmt seinen Fortgang. 2x2=6. Die Vernachlässigung der verstandlichen Logik stört Sie so sehr, daß Sie darüber die künstlerische nicht sehen. 2x2=7. Jawohl, da staunen Sie. 2x2=8. […]«[822]

Auch damit ist der Schwittersche Reigen längst nicht beendet. Hier beobachten wir offenbar eine Demonstrationsveranstaltung, deutlich genug gegen eine Jury von (Kunst-)Experten gerichtet, die, von der Selbstverständlichkeit eines verbindlichen Regelkanons ausgehend, immer wieder dieselbe Schrittfolge

[820] Kurt Schwitters (1981): Tragödie. Tran No. 22, gegen Herrn Dr. phil. et med. Weygandt, S.99.

[821] Kurt Schwitters (1974): Einleitung. Was ist Bleie?, S.59.

[822] Kurt Schwitters (1981): Tragödie. Tran No. 22, gegen Herrn Dr. phil. et med. Weygandt, S.99.

etablierter Standardtänze einklagt. Schwitters schreitet weiter mächtig aus - ästhetischer Freistil - und läßt gehörig Dampf ab:

> »[...] Nehmen Sie doch einmal ein ganz heißes Vollbad! 2x2=125 Grad. Oder sollten Sie etwa wirklich urteilslos sein und sich nur so stellen, als verständen Sie etwas von Kunst? 2x2=150°. Möglich. Jedenfalls stellen Sie sich dann verständig, um, ja um zu kompromittieren, um die Kunst zu kompromittieren. 2x2=300 Grad Reomür, Vollbad in 5 Minuten. Soll ich Ihnen mal sagen, was 2x2 ist? Vier mein Herr, vier, vier, manchmal auch fünf, je nachdem, ob Sie Dr. med. oder Dr. phil. sind.« (Ebd., S.101.)

2x2=4 mit Krankenschein. Noch immer findet solche Polemik in manchen Kontexten einen zureichenden Grund. (Wo Lust und Laune des Kritikers zur definitiven Richter-Skala werden!)

Halten wir fest: Die Schwittersche Kritikerschelte ist keinesfalls ein dadaistisches Zwischenspiel. Es ist aber nicht nur der vehemente Protest gegen die Kunst- und Kulturwächter, die unter dem Hinweis auf kanonisierte Ladenhüter vor dem Text stehen und sich anschicken zu entscheiden, ob und wen sie zu diesem durchlassen. Vielmehr ist damit zu Beginn des 20. Jahrhunderts, Einstein, Nietzsche, Fritz Mauthner, Wittgenstein sind oder werden bekannt, die Überlegung verbunden, daß

> »traditionelles Erzählen mit Plot und Story« problematisch geworden ist, denn es »setzt einen erkenntnistheoretischen Rahmen voraus, der zumindest sechs Annahmen enthält: die Annahme der Realität der ›äußeren Wirklichkeit‹; die Annahme, daß Sprache diese Wirklichkeit referentiell abbildet; die Annahme der Linearität von Zeit, der Kontinuität von Geschichte, der Kausalität von Handlungsfolgen sowie der Identität von Aktanten.«[823]

Doch nicht nur avancierte Literatur der Moderne hat darauf reagiert, indem nicht-mimetische Schreibweisen vorgelegt werden, die den Konstruktionscharakter der Texte selbst deutlich

[823] S.J. Schmidt (1984): ›Der Fall ins Ungewisse‹. Anmerkungen zu einer Nicht-Erzählerin, S.16f.

werden lassen. Zwar lassen sich gerade im Umfeld von »Dada« die heftigsten Angriffe gegen die Berechenbarkeit von Kunst und Literatur finden.

> »Wir sind. Wir treiben. Gestern hat die Wissenschaft unsere... von links nach rechts bewegt, und von nun an ziehen wir es vor, an der Zimmerdecke spazierenzugehen.
> Von nun an ist 2 x 2 = 5 oder auch 6 je nach Belieben, und nun zählen wir:
> 9.8.3.2.1.1/5 4.108 usw.«[824]

Doch sind solche Reaktionen - als Hinweis auf einen beschleunigten Wechsel von Interpretationsperspektiven - nicht auf dieses Umfeld beschränkt. Wir sehen es eben nicht nur im Kontext von Kunst und Literatur, doch wird es in diesen Konzepten markant: Der ästhetische Diskurs widmet sich passioniert der Abweichung vom »rechten Pfad«. Seine Produktions- und Reflexionsspirale folgt der Formel: »2 x 2 = 5«. Ein Beispiel:
Don Juan oder die Liebe wird skeptisch - Eine Metamorphose: Anläßlich von Cabrera-Infantes »Drei traurigen Tigern« (s.o., S.113) war es als Umkehrung der perspektivischen Präferenz einer Figur zu beobachten: 2+2=4 ist ein schwankender Bezugspunkt. Im literaturhistorischen Kontext wird die Ablösung bzw. Umkehr ehemals verbindlicher Orientierungsmuster beobachtbar an einem Detail des Don-Juan-Stoffes, das im Rahmen der Tradierung eine entscheidende Umkehrung bzw. Neu-Interpretationen erfährt, - im Bezug auf die vermeintlich feste Größe »2x2=4« (bzw. »2+2=4«).

Beschreiben wir Molières Don Juan als Hedonisten, in einer Welt agierend, die ihre Handlungsorientierung im Glauben an gültige Wertvorstellungen gewinnt. Don Juan allerdings läßt sich auf die Maßgaben nicht ein, wird zur Rede gestellt:

> »Sganarell: [...] Aber an irgendetwas in der Welt muß man schließlich doch glauben. Woran also glauben Sie?
> Don Juan: Woran ich glaube?
> Sganarell: Ja.

[824] Theo van Doesburg (1983): Caminoskopie. Eine antiphilosophische Lebensbeschreibung ohne Faden oder System von Aldo Camini, S.137.

Max Ernst: »Zwei und zwei macht eins – 1925«

Don Juan: Ich glaube, daß zwei und zwei vier und daß vier und vier acht ist.
Sganarell: Schöne Glaubensartikel das! Ihre Religion ist demnach, wie ich sehe, die Arithmetik. Man muß wohl sagen, es wachsen absonderliche Narrheiten in Menschenköpfen, und je mehr man studiert, je weniger gescheit ist man zuletzt.«[825]

Das säkularisierte Glaubensbekenntnis Don Juans ist das eines Rationalisten, der allenfalls lustvoll vor dem Folgerichtigen, dem Unbezweifelbaren zu Kreuze kriecht. Don Juan Dank abzustatten mit einem Gebet zu Gott, »daß er Ihnen alles Gute schenke« (ebd., S.34) ist obsolet geworden.

»Sganarell: Du kennst meinen Herrn nicht, guter Freund. Er glaubt nur, daß zwei und zwei vier und vier und vier acht ist.« (Ebd.)

»2+2=4« wird zum scheinbar einzig sicheren Bezugspunkt. Zur Religion, zum Fetisch wird Berechenbarkeit, das scheinbar Faktische, die scheinbar unumstößliche Tatsache.

Doch Don Juan verpuppt sich; die Rollen wechseln; im Laufe seiner Tradierung erlebt er manche Metamorphose. Im 20. Jahrhundert etwa präsentiert Bert Brecht seine Molière-Bearbeitung mit kleineren Varianten.

Don Juan glaubt: »Daß zwei mal zwei vier ist.«[826] Sganarell erwidert: »Ihre Religion ist also das Einmaleins.« (Ebd.) Und er bescheidet einen Bettler, der Don Juan mit einem Gebet danken möchte:

»Sganarell: Guter Freund, du kennst den Herrn nicht. Der glaubt nur an ›zwei mal zwei ist vier‹.«[827]

Hat sich hier scheinbar nur die Grundrechenart geändert, die zum alleinigen Glaubensartikel wird, so ist in Heiner Müllers »Kopie« von Molières Don Juan wieder Addition zur Ehre der Altäre erhoben. Don Juan glaubt wieder an »zwei und zwei ist vier«

[825] Molière (1988): Don Juan, S.33.
[826] Bertolt Brecht (1967): Don Juan von Molière. Bearbeitung, S.2583.
[827] Ebd., S.2585.

und »vier und vier ist acht«. Auch hier dominiert als vermeintlich fester Glaubensgrund alleinseligmachende reine Rationalität.

Gibt sich dann bei Max Frisch Don Juan der Liebe zur Geometrie hin, so kehrt Jean Anouilhs »Ornifle« sozusagen den Ironiker, den Skeptiker gegen vermeintliche Selbstverständlichkeiten heraus. Hier gerät die Perspektive nicht nur ins Wanken, sondern wird geradezu umgekehrt.

> »Ornifle: [...] Nicht jeder kann Jesus Christus sein.
> Mademoiselle Supo: Glauben Sie denn an gar nichts auf dieser Welt?
> Ornifle: Ich glaube, daß zwei und zwei nicht immer vier und vier und vier nicht immer acht sind.
> Mademoiselle Supo: Was soll das heißen?
> Ornifle: Denken Sie nach.«[828]

Einfach wird es nun nicht mehr gemacht. Nicht also, daß er's besser wüßte; er hat andere Prinzipien. Das einst mit erhabenen Gestalten angefüllte Zahlenpantheon hat sich geleert, wird nicht mehr ehrfürchtig angehimmelt oder rein zweckorientiert instrumentalisiert.

Wandlungen, Mimikry, Metamorphosen: Individuelle, literaturhistorische, kulturgeschichtliche Perspektiven (zu »2x2=4«) - repräsentieren sie nicht geradezu eine Basisfunktion der Kunstkonvention: Rechenkünste, die nicht unbedingt aufgehen müssen?

(Auto-) Biographische Rechnungen: Auch zum Tanz von Daten und Fakten wird ja zunächst nicht nach einer vorgegebenen Partitur aufgespielt, die gleichsam naturgegebener Tonart folgt. Kosmisch präformierter Sphärenmusik zu lauschen ist ein Privileg magisch-mythisch strukturierter Zeiten.

Gewiß doch: Man kann z.B. »Andrew Field, dem oft eher schwatzhaften Biographen von Djuna Barnes«[829], einiges entgegenhalten, etwa daß er »aus dem Leben der Djuna Barnes eine endlose Anekdote, eine plappernde Aufzählung von Affären und Histörchen«[830] mache. »Mister Field schwadroniert und

[828] Jean Anouilh (1967): Der Herr Ornifle, S.482.

[829] Kyra Stromberg: Doktor O'Connors wahre Lügen. Über eine Romanfigur und ihr Original - zum 100. Geburtstag von Djuna Barnes. (In: Süddeutsche Zeitung, 20./21.6.1992, S.II der Feuilleton-Beilage.)

[830] Iris Radisch: Ich bin schon tot. (Über Djuna Barnes.) In: Die Zeit, 12.6.1992, S.73.

spekuliert, so gut er kann.« (Ebd.) Man kann sogar, vor dem Hintergrund der eigenen Faktensammlung, die Fieldsche derart resümieren:

Literatur

Zwei und zwei ist fünf

Andrew Field erzählt das Leben von Djuna Barnes

Die „größte amerikanische Dichterin unserer Zeit", wie man hierzulande bisweilen liest, war Djuna Barnes gewiß nicht; auf diesen Titel gibt es ganz andere Anwärterinnen, darunter Carson McCullers und Eudora Welty. Aber sie war eine bedeutende Frau und hat ein besseres Buch verdient als *The Formidable Miss Barnes* (1983) aus der Feder des Nabokov-Biographen Andrew Field. Es liegt jetzt auch auf deutsch vor, wohl aus Anlaß des hundertsten Geburtstags; die Dichterin starb 1982 in New York im Alter von neunzig Jahren.

ein sehr amerikanischer Wesenszug zur Geltung, nämlich ihr sardonischer Humor. Als ein Bauunternehmer die heruntergekommene Nachbarschaft sanieren wollte, in der sie im Alter fast vergessen und am Rande der Armut dahinvegetierte, verweigerte sie ihre Zustimmung mit dem Argument, der Kiez solle so bleiben, wie er war, damit die jungen Leute ihn als „Übungsgelände für ihre Raubüberfälle" behalten könnten.

Leider werden Lichtblicke dieser Art immer wieder durch die unzulängliche Über-

Aber welcher Interpret hat schon (Lebens-)Geschichte wie sein Kleines Einmaleins? Hier liegt alles geordnet und offen auf der Hand, biographischer Tagebau? »Ein Romancier oder Märchenerzähler hingegen kann zwei und zwei auch mal fünf sein lassen«?[831] »Diese Dinge bedeuten doch nichts. Die Bronx hat mit Fakten nichts zu tun. Der einzige Grund, weshalb Menschen bereit sind, in Städten zu leben, ist, daß man dort wenigstens von den Fakten loskommt.«[832]

Verweisen wir an dieser Stelle nicht noch einmal auf Kurt Schwitters. Die Tanzschritte einzeln abgezählt und wie Perlen fein säuberlich aufgereiht, Biographie, eine »Spielregel« (Michel Leiris) mit Satzstruktur und kein Spiel (Max Frisch), festgefügt, vorgegeben und »es war mir nicht erlaubt, auch nur ein Komma an meiner Vergangenheit zu ändern«?[833] 2x2=4!

[831] Wolfgang Leppmann (1992): Zwei und zwei ist fünf. Andrew Field erzählt das Leben von Djuna Barnes. In: FAZ, 2.7.1992, S.30. (Die FAZ brachte am selben Tag auch den folgend abgebildeten Artikel.)

[832] Djuna Barnes, zit. nach Iris Radisch, Die Zeit, 12.6.1992, S.73.

[833] Michel Leiris (1988): Mannesalter, S.19.

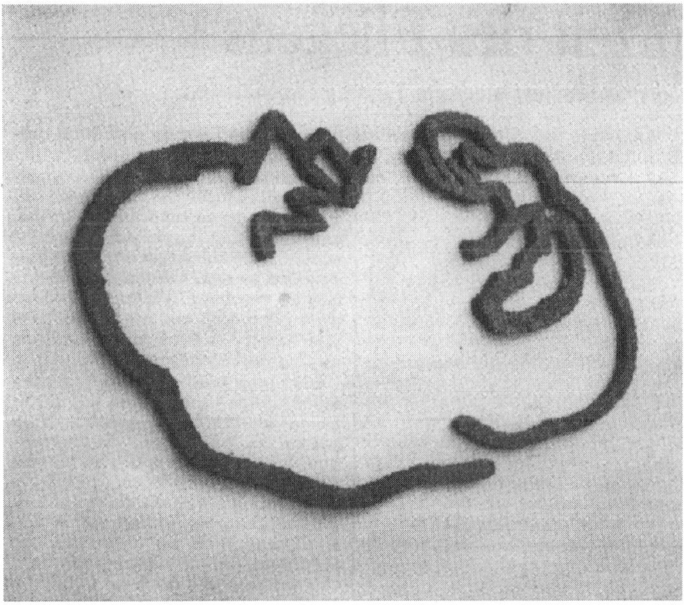

Physiognomie von Pappe: Hideyo Okuya, „Ohne Titel", 1991 Foto Katalog

Zwei mal zwei ist Papier

Die vierte Internationale Biennale der Papierkunst in Düren

Täglich haben wir mit dem Material zu tun, aber nur selten sind wir uns der vielfältigen Gebrauchs- und Gestaltungsmöglichkeiten von Papier bewußt. Die vierte Internationale Biennale der Papierkunst, die größte weltweit, verschafft da Erkenntnisse. In der prachtvollen neobarocken Villa von Leopold Hoesch, dem Gründer des Dortmunder Eisen- und Walzwerkes Hoesch, der schon um die Jahrhundertwende die repräsentative Stätte für eine Kunstsammlung in seiner Heimatstadt Düren, zwischen Köln und Aachen gelegen, errichten ließ, stellt zum viertenmal die Creme der Papierkünstler ihre Werke Stahlseilverspannung von künstlerischer Klarheit und Strenge. Das Objekt verändert seine Erscheinungsweise mit den Veränderungen des Tageslichts. Weitere Preise gingen nach Alaska und Japan.

Die rheinische Mittelstadt Düren, seit jeher Zentrum von Papierfabriken, Zulieferer- und Verarbeitungsbetrieben, hat mit der seit 1986 ausgerichteten Biennale ein interessantes Podium der Selbstvermarktung gefunden, das zugleich einer noch jungen und vielversprechenden Kunstrichtung zur Verfügung gestellt wird.

Neben den Einzelobjekten können Performances, Papiertheater und Papiermusik

Rechnen wir also auch hier damit, daß »auch Klio dichtet« (Hayden White), so sind wir in dieser Hinsicht etwas vorsichtiger, sprechen vielleicht von Grenzwerten, Asymptoten. Und manchmal geht die Sache gar nicht auf. Da findet sich in Hans Richters Dada-Buch eine Kapitelüberschrift: »2 x 2 = 5«[834] Einleitend wird die Aufgabe formuliert:

> »Um das Gewebe aus Mißverständnissen und Verwirrung, aus dem sich das heutige Bild Dadas zusammensetzt, aufzulösen, soll eine Reihe von Fragen gestellt werden.« (Ebd., S.10.)

Dabei steht der Anspruch allerdings hintan, einen wohlfeil ablesbaren Überblick über »das Ganze« zu liefern, da diesem offensichtlich einiges zuwiderläuft.

> »Die Antworten werden kaum alle meine alten Dadaistenfreunde befriedigen, noch jene Leser, für die zwei mal zwei stets vier macht.«[835]

Nun werden Augenzeugen zitiert, Erinnerungen artikuliert, aufgelistet, verglichen. Und am Ende wird resümiert.

> »Wie ich eingangs sagte, wollte ich versuchen, Daten und Fakten nach Möglichkeit auf ihre Echtheit und ihren Wahrheitsgehalt zu prüfen. Dabei stellten sich unerwartete Schwierigkeiten heraus, die in der Tat beweisen, daß 2x2 manchmal nicht unbedingt 4 ergibt.« (Ebd., S.103.)

Mit der Auflistung von Daten und Fakten ist es nun einmal nicht getan. Wie werden sie interpretiert? Was macht die Quelle zur Quelle? Unhintergehbar ist ihre Interpretation durch verschiedene Beobachter, wenn sie nicht zum Sammelsurium, aber auch nicht zum Selbstbedienungsladen historischer Wahrheiten oder gar zum Kartell verkommen soll, das die eine richtige Perspektive diktiert.

[834] Hans Richter (1978): DADA-Kunst und Antikunst. Der Beitrag Dadas zur Kunst des 20. Jahrhunderts, S.103.

[835] Ebd. Der Hinweis ist notwendig, kann doch gerade nicht vorausgesetzt werden, daß Rezipienten per se eine gründliche Irritation gängiger Vorstellungen erwarten.

So scheint es längst eher peinlich geworden, mit dem Hinweis »Dada« folgende Überlegung umstandslos abzuweisen:

> »Wenn also in vielen Dada-Büchern Daten und Fakten durcheinander tanzen, so braucht man sich darüber nicht zu wundern, da zwei der führenden Dadaisten, an deren Gewissenhaftigkeit nicht zu zweifeln ist, verschiedene Erinnerungen an die gleichen Ereignisse haben.
> Wir lassen widerstreitenden Aussagen Gerechtigkeit widerfahren mit der Feststellung, daß 2x2 doch manchmal 5 ergeben kann.« (Ebd., S.104.)

Sollten Kunst und Literatur die Aufgabe haben, politische Rechnungen zu begleichen, die längst überfällig geworden sind? Sollten sie gesellschaftliche Differenzen umstandslos aufgehen lassen?

Oder sind dies nicht eher »Denkaufgaben«, die noch jede literarische Figur

> »als erzählerisches Transportmittel ein wenig überfrachten. Wenn er zwei und zwei, Weltkrieg und Wirtschaftswunder plus Wiedervereinigung und Fußballweltmeisterschaft, so zusammenrechnen muß, daß seine Geschichte als glatter Widerspruch aufgeht«?[836]

Schürzen wir langsam den Knoten: Eher in der Formulierung des Nicht-Beherrschbaren, des »Grenzüberschreitenden«, des Befragens vermeintlicher Selbstverständlichkeiten sehen Autoren ihre Aufgabe, wenn damit auch nicht unbedingt Verkaufserfolge zu erzielen sind.

[836] Ursula März (1992): Das Höschen (Rezension zu Elisabeth Plessens Erzählungen »Lady Shaghetti«), S.13. »Literatur ist kein Kommentar zu einem Parteiprogramm und keine Anleitung zu einem Schachspiel. Literatur ist, wenn sie erfolgreich sein will, so volkstümlich wie ein Arztroman, und wenn sie Kunst sein will, ein Abbild des Lebens selbst, genauso rätselhaft, genauso ohne Antworten und Rezepte, genauso voller Zauber und Brutalität wie das Leben.« (Michael Winter: Vertrockneter Ernst. Zum dritten Leipziger Literatur-Symposion. In: Süddeutsche Zeitung, 8.6.1993, S.13.)

»Bei Hildesheimer ergibt 2 und 2 selten 4, und wenn doch, dann schaut man ihm mißtrauisch auf die Finger und rechnet schnell nach.«[837]

Das ist es wohl: die Diskursregeln scheinen anders gesetzt. Die Regeln des Kunstsystems schüren geradezu die Unberechenbarkeitserwartung, feuern sie in zunehmender Beschleunigung an.

Doch ist die definitive Eingrenzung fraglos problematisch. Andere Zeiten, andere kulturspezifische Umstände, und Kunst erhält eine andere Funktion. So gibt es historisch-politische Kontexte, die im Rahmen der Literaturkonvention Diskurse ermöglichen, die andernorts nicht nur den Zensor auf den Plan rufen. Wolf Biermann, am 16.11.1986 bei einem Konzert in Köln, rückblickend auf Spanien zur Zeit der Diktatur Francos:

»Es gab eine Zeit, da durften die Zeitungen noch nicht behaupten, daß zwei mal zwei vier ist, aber die Künstler, Sänger durften das schon [...].«[838]

Berechenbarkeit von Kunst und Literatur ist geradezu die Voraussetzung ihrer (offiziellen, tolerierten) Existenz in totalitären Systemen. Wo Interpretation - als Abweichung von doktrinär verordneter wahrer Wirklichkeit - aus systemstabilisierenden

[837] Aus einer Rezension des Senders Freies Berlin. Zit. nach: Klappentext zu Wolfgang Hildesheimer (1962): Vergebliche Aufzeichnungen. Nachtstück. Frankfurt/M.

Was lieferte auch die Kalkulation: »Ich plus Form gleich Demut zur Welt«? (Tobias Gohlis über einen »Selbstversuch im Leipziger Literaturinstitut Johannes R. Becker«. Die Zeit, 30.11.1990, S. 75.)

[838] Zitiert nach einer während des Konzerts angefertigten Aufzeichnung. »Das Theater war der einzige Raum, der hell war und warm und belebt. Hierher kamen sie alle, Alte und Junge, Intellektuelle und Arbeiter. Sie wollten, daß an diesem Ort all das gedacht und gesagt wurde, was sie selbst nur heimlich dachten und unter den drohenden schwarzen Schwingen der Securitate nicht zu sagen wagten.« (Jutta Duhm-Heitzmann und André Rival (Phots): Das ewig blutige Spiel um Macht. Seit einigen Jahren gilt das Ensemble Teatrul National Craiova in westlichen Theaterkreisen als Geheimtip. Die Truppe aus Rumänien zeigt zwei Inszenierungen beim Festival ›Theater der Welt‹, das jetzt in München beginnt.« In: Zeitmagazin, Nr.24, 11.6.1993, S.18-28, dort S.24.)

Gründen nicht vorgesehen ist, regiert der Zensor aus der »Hauptabteilung für ewige Wahrheit« (Robert Havemann) die Bühne: Hier gilt einheitlich das »rechte Maß«.

Doch hat in funktional ausdifferenzierten Gesellschaften Literatur in dieser Hinsicht mit anderen Medien zu konkurrieren. Das kann man bedauern. Doch beispielhaft hat dies etwa der »deutsch-deutsche Literaturstreit«, der sogenannte, auf hervorgehobener Bühne demonstriert.[839]

Um den Begriff ins Spiel zu bringen: »Mimesis« ist in komplexe Geflechte, Diskurse eingebunden, historisch, kulturgeschichtlich variant. Verkürzt gesagt: »Bei den historischen Ausprägungen von Mimesis geht es um die Erzeugung symbolischer Welten mit Hilfe von Medien. [...] Sie zielt auf Einwirkung, Aneignung, Veränderung, Wiederholung; ihr Mittel ist die Neuinterpretation von vorgegebenen Welten.«[840] Läßt eine Kulturgeschichte von »2x2=4« nicht auch gerade darauf den Blick zu: Auf Paradigmenwechsel, Ordnungen des Wissens, soziale Ordnungen, darauf, wie Interpretation Wirklichkeiten schafft? »2x2=4« als »welt-repräsentierend« zu beschreiben, das ist zumindest kurios geworden.

Kalkulierbar bleibt Literatur, bleiben Texte weitgehend hinsichtlich ihrer Verkaufszahlen: »Wie man einen Bestseller

[839] Vgl.: Deiritz und Krauss (Hrsg.) (1991): Der deutsch-deutsche Literaturstreit oder ›Freunde, es spricht sich schlecht mit gebundener Zunge‹. Analysen und Materialien.

[840] Gebauer und Wulf (1992): Mimesis. Kultur-Kunst-Gesellschaft, S.431. Was ja auch nichts Neues ist: »Weithin wird mißachtet, daß eine einmal gefundene Methode, Wirklichkeit zu zeigen, buchstäblich ›mit der Zeit‹ ihre Wirkung verliert. Die einmal gewonnene Methode wird nicht jedesmal neu überdacht, sondern unbedacht übernommen. Es wird so getan, als sei die Beschreibung dessen, was positiv ist (sichtbar, hörbar, fühlbar ...) in sprachlich vertrauten, nach Übereinkunft gebauten Sätzen, eine natürliche, nicht gekünstelte, nicht gemachte Methode. Die Methode wird überhaupt für die Natur gehalten. Eine Spielart des Realismus, in diesem Fall die Beschreibung, wird für naturgegeben gehalten. Man bezeichnet diese Art der Literatur dann als ›unliterarisch‹, ›unpreziös‹, ›sachlich‹, ›natürlich‹ (der Ausdruck ›dem Leben abgelauscht‹ scheint sich nicht durchgesetzt zu haben). Aber in Wirklichkeit ist diese Art der Literatur genauso wenig natürlich wie alle Arten der Literatur bis jetzt... Neuigkeiten allerdings werden auf diese Weise nicht mehr vermittelt. Die Methode ist zur Schablone geworden. Das hat zur Zeit einen sehr trivialen Realismus zur Folge.« (»Der junge Handke«, 1966 in Princeton, gegen »die realistische Manier« gewandt. Zit. nach Iris Radisch: Die Zeit, 6.11.1992, S.3 der Literaturbeilage.)

Der Kritiker als Prophet

Ein Film, der zwar angeboten, aber kaum gesendet werden wird an diesem Wochenende ist **Wetherby (Sat 1, Samstag 23 Uhr)** von dem britischen Regisseur und Dramatiker David Hare (1985). Die Beschreibung frustrierter Provinzintellektueller, die sich in Zynismus und Sarkasmus geflüchtet haben und verstört auf den provokativen Selbstmord eines jungen Studenten reagieren, wurde seinerzeit bei der Berlinale mit einem „Goldenen Bären" dekoriert. Jetzt muß er im Rahmen einer diesmal von Sat 1 kreierten Wunschfilmnacht gegen einen Horrorfilm **(Ab in die Ewigkeit)** und eine der tückischen samstäglichen Rammelorgien **(Die Lust)** antreten. Man kann sich lebhaft ausmalen, wie das Abstimmungsergebnis aussehen wird.

SZ-Mitarbeiter Arnold Hohmann in den Spielfilmtips unserer Wochenendausgabe.

★

An der ersten Wahl-Nacht in Sat 1 am Samstag . . . beteiligten sich insgesamt knapp 121 000 Zuschauer. Um 22.58 Uhr wurde in den TOP NEWS das überraschend klare Ergebnis der Wahl aus drei verschiedenen Spielfilm-Genres bekanntgegeben. Der Film **Die Lust** aus dem Genre „Erotik" siegte mit 78,1 Prozent vor dem Film **Ab in die Ewigkeit** aus der Rubrik „Action" mit 15,1 Prozent. Abgeschlagen auf dem dritten Platz hingegen das preisgekrönte „Drama" **Wetherby** mit 6,8 Prozent. Den Erotikfilm **Die Lust** verfolgten 1,63 Mio Zuschauer West; das bedeutete einen Marktanteil von 15,7 Prozent.

Aus einer Sat 1-Pressemitteilung von Montagmittag.

macht«.[841] Die guten schönen Waren; der wahre Wert der Kunst wird zum Warenwert. Was, wo Kunst mit einer Vielzahl anderer Medien in Konkurrenz tritt, wo die Einschaltquote das kulturelle Programm diktiert? (Da wird der Kritiker zum locker kalkulierenden Propheten.[842]) Ist Kunst gezwungen, ihren spezifischen Diskurs durch Differenzierung, durch Abgrenzung von anderen deutlich zu machen? Sollen Grenzen gezogen werden, um nicht bis zur Ununterscheidbarkeit im Gemenge medialer Vielfalt unterzutauchen?

> »Die Fernsehbilder, die uns allabendlich das Leiden und Sterben in der dritten Welt vor Augen führen, machen uns blind. Nur die Kunst und vor allem die Literatur ist angesichts der Bilderflut noch in der Lage, uns eine wahre Vorstellung vom unmenschlichen Leben der fernen Nächsten zu machen. Diese Vergegenwärtigung fremden Leidens gelingt der Literatur vor allem dann, wenn sie sich ganz und gar auf die ihr eigenen Mittel der Suggestion konzentriert und gar nicht erst den Versuch macht, mit den drastischen Darstellungsformen der vorwiegend elektronischen Massenmedien zu konkurrieren.«[843]

»Ernst ist das Leben, heiter ist die Kunst«?[844] An welche Literatur denkt der Autor dabei? An welchen Adressaten? Wie ist diese Überlegung einlösbar?

> »Kein Mensch glaubt nach zwei Weltkriegen und unzähligen Völkermorden noch an die heilsame Wirkung des abstoßenden Beispiels. Die Schocks der Kunst sind lächerlich geworden im Vergleich zu denen der Wirklichkeit, und noch die schlimmste Grausamkeit in der Kunst hinkt hilflos der un-

[841] Klaus Podak: Ein Dichter, der ackern muß wie ein Roß. Schwerstarbeit zur Buchmessenzeit: Wie man einen Bestseller macht. (Zu Martin Walser). In: Süddeutsche Zeitung, 9.10.1991, Die Seite Drei.

[842] Vgl. den folgenden Artikel. Quelle: Süddeutsche Zeitung, 15.6.1993, S.16.

[843] Peter Schütt: In Teheran hingerichtet. Fahime Farsaie über den Mordfall Danesh. (Rezension zu Fahime Farsaie: »Vergiftete Zeit. Der Fall des Dr. Danesh, Frankfurt/M.« In: Süddeutsche Zeitung, 4.10.1991, S.53.

[844] Friedrich Schiller: Prolog zum Wallenstein.

überschaubar und darum undarstellbar gewordenen Gewalt in der Welt hinterher.«[845]

Laden wir *der* Kunst vielleicht einfach noch immer zu viel auf?

»Kein Gedanke lag mir ferner als der, einen Klassiker zu aktualisieren. Eine Kunst, die ihre Kühnheit unter Beweis zu stellen sucht, indem sie auf der Bühne Schweine schlachtet oder auf Kruzifixe uriniert, erscheint mir als Ladenhüter. Don Giovanni in Harlem, Faust als Skinhead, die Atriden als Drogenmafia: wer mit solchen Einfällen versucht, alte Stücke aufzumöbeln, beweist damit nur sein anspruchsloses Gemüt. Ein Theater, das sich einbildet, es könne mit dem Pornofilm und dem Horrorvideo auf deren eigenem Terrain erfolgreich konkurrieren, ist verloren. Bearbeiter und Regisseure, die beliebig auf irgendwelchen ›Vorlagen‹ herumtrampeln, strengen sich vergebens an; die Resultate stehen in einem auffallenden Mißverhältnis zu ihrer Kraftmeierei. Wie auf dem Kunstmark sinkt der ästhetische Grenznutzen des Sakrilegs gegen Null. Die tabubrechende Attitüde ist zum müden Reklametrick geworden.«[846]

Ästhetik reservieren für ein eher minoritäres Konklave? Und wenn der Kanon verabschiedet ist, steigt weißer Rauch auf? Und Diskurstheorie, »Medienkunde« nichts als Etikettenschwindel? Inhaltlich kommen wir da offenbar kaum voran. »Bilanzen des Scheiterns«?[847]

Der Bereich »Ästhetisches« ist mit euklidischen Koordinaten kaum umfassend absteckbar; wir rechnen – nichteuklidisch – auch hier eher mit der Unendlichkeit von Parallelen, als mit dem singulären Schnittpunkt in der Unendlichkeit; rechnen mit dem Unkalkulierbaren. »Die Grenzen der Interpretation« (Umberto Eco) sind im Rahmen von Diskursqualitäten be-

[845] Peter Buchka: Reiz oder Abschreckung? Weder noch! Zum aktuellen Problem der Gewalt in der Kunst. In: Süddeutsche Zeitung, 15.12.1992, S.13.

[846] Hans Magnus Enzensberger (1992,1): Drei Fußnoten zur Tochter der Luft, S.128.

[847] In Anlehnung an eine Arno-Schmidt-Interpretation: Michael Schneider (1984): Bilanzen des Scheiterns. Raum, Wirklichkeit und Subjekt in Arno Schmidts Werken. Frankfurt/M.

schreibbar, nicht als vorgängige Objekteigenschaften, sind im Unterschied zu anderen Diskursen faßbar. –

> »Von Kursbüchern abgesehen, ist kein Buch ganz frei von ästhetischen Erwägungen.«[848] »Das norwegische Kursbuch ist ein gutes Kursbuch. Es enthält kein Wort, keine Zahl und kein Zeichen zuviel.« Und einen Buchstaben, Anlaß und Titel liefernd zu einer langen Reflexion: »Ja, Tynset, wegen des Ypsilon. Wo ein Ypsilon ist, da steckt nicht selten ein Geheimnis, oft aber auch nur Mythologie.«[849]

Ästhetisches umfaßt keinen präformierten Objektbereich. Die Festlegungen erfolgen diskursiv und nicht zuletzt auch abhängig von individuellen Vorlieben. Daher geht es um Zuweisungen an Literatur, nicht um »Eigenwerte« *der* Literatur, nicht um eine ihr per se zukommende Größe, auch dies ist das Ergebnis eines Zuschreibungsprozesses.

> »Ich mag die Literatur nicht, die so einfach zu verstehen ist wie das kleine Einmaleins. Deshalb schätze ich letztendlich Michel Foucault, ohne ihn zu mögen.«[850]

[848] George Orwell, zit. nach: Denken mit Orwell. Sätze für Zeitgenossen zusammengestellt von Fritz Senn. Aus dem Englischen von Felix Gasbarra und Tina Richter: Mit acht Zeichnungen von Tomi Ungerer. Zürich 1982, S.83.

[849] Wolfgang Hildesheimer (1965): Tynset, S.11 bzw. 15. (»Ja, darin ist ›Tynset‹ gelungen: es ist kein Roman geworden.« W.H.: Antworten über Tynset. In: Dichten und Trachten, 25, Frankfurt/M. 1965, S.9.) Längst schon sind Zahlenreihen, Zahlenkombinationen, mathematische Sätze und Formeln im Kontext von Kunst, von Titeln einer Reihe von Ausstellungen zum Anlaß von Interpretationen geworden. Stichwort: »2 x 2 aus Holland« (s.o., S.64). Es geht auch mit anderen Formeln. Hinzuweisen ist auf die berühmte Ausstellung: »5 x 5 = 25«. Russische Avantgarde, Ausstellung Moskau 1921. (Der Katalog ist als Faksimile erhältlich.) In München traf man sich »mit einer minimalistischen Arbeit von Susanne Koch in der Ladengalerie, auf einer kleinen Tafel liest man dort ›1 + 1 = 1‹.« (Doris Schmidt: Sende eine fragile Nachricht… Zu zwei Ausstellungen aktueller Kunst aus Prag. In: Süddeutsche Zeitung, 19.2.1992, S.13.)

[850] Paul Virilio (1991): Technik und Fragmentierung, S.79. Andererseits. »Es gibt keine wahre Kunst ohne eine kräftige Dosis Banalität. Wer das Außerordentliche ständig ins Spiel bringt, ermüdet schnell, da nichts unerträglicher ist als die Gleichförmigkeit des Außergewöhnlichen.« (E.M. Cioran (1979): Vom Nachteil, geboren zu sein. S.33.)

Auch hier schafft erst die Beobachterperspektive eine spezifische Kommentarbedürftigkeit. »It is the spectator, and not life, that art really mirrors.«[851] Über welchem Gipfel ruht der souveräne, allgemeinverbindliche Überblick?[852]

> »Komische Alte werden in der Sprache der Theaterreporter ›unverwüstlich‹ genannt. So tritt uns am Saisonbeginn auch unser alter Masaidek, der Humorist der christlichsozialen Weltanschauung entgegen. Weil Kürze denn des Witzes Seele ist... Aber auf den Körper verzichtet Herr Masaidek immerzu. Auch stellt er die Wahrheit eines Gedankens weit über dessen Originalität. Eine seiner letzten ›Glossen‹ lautet z.B.: ›Es gibt Philanthropen, die von Rechts wegen ins Zuchthaus gehörten.‹ Nur zu wahr! Allsonntägig erwartet man jetzt die Glosse: ›Zweimal zwei ist vier.‹ Aber ich glaube, daß Masaidek sie nicht schreiben wird, weil doch mancher Leser eine versteckte Pointe dahinter wittern könnte.«[853]

Eben. (Und ganz vordergründig!) Weithin unstrittig wurde die These von der Mitarbeit der Rezipienten »am Text«.

> »Einmal publiziert, ist der Text wie eine Apparatur, deren sich jeder auf seine Weise und nach seinen Möglichkeiten bedienen kann: es ist nicht sicher, daß der Erbauer sie besser

[851] Oscar Wilde (1974): Preface. Zu: The Picture of Dorian Gray. Oxford, S.XIX [1891].

[852] »Es gibt keine privilegierten, konkurrenzfrei operierenden (extramundanen oder intramundanen) Positionen, von denen allein aus die Welt richtig beobachtet werden könnte.« (Niklas Luhmann (1992): Die Wissenschaft der Gesellschaft, S.543.)

[853] Karl Kraus (1904): Antworten des Herausgebers, S. 22. »Herr Masaidek vertritt die Satire der antisemitischen Presse. Er gehört zu den eifrigsten, wenn auch nicht geistig regsamsten Lesern der ›Fackel‹.« (K. K.: Die Fackel, Heft Nr. 157, S. 21.) Gehört er auch nicht zu seinen Favoriten, wie Alfred Kerr, der Journalist Bekessy oder der Politiker Schober, so bringt Karl Kraus doch auch für ihn sein bevorzugtes Stilelement, seine »schärfste Waffe« in Stellung: »Aber ich halte Masaidek nach wie vor für einen geistreichen Schriftsteller, jedenfalls für den eigenartigsten, den wir haben. [...] Ich habe mich stets begnügt, ihn zu zitieren. Natürlich immer mit Quellenangabe.« (K. K.: Die Fackel, Heft Nr. 173, S. 23.) (Alle Zitate nach dem Reprint bei Zweitausendeins.)

verwendet als irgendein anderer.«[854] »Die Schönheit ist eine Privatangelegenheit; [...]. Niemals ist sicher, daß ein bestimmter Gegenstand uns bezaubert; auch nicht, wenn er uns einmal gefallen (oder mißfallen) hat, daß er uns ein anderes Mal ebenfalls gefällt (oder mißfällt). Diese Unsicherheit, die alle Berechnungen und alle Sorgfalt hintertreibt, die alle Kombinationen der Werke mit den Individuen erlaubt, alle Ächtungen und alle Vergötterungen, knüpft die Geschicke des Geschriebenen an die Launen, die Leidenschaften und die Wandlungen jeder Person.«[855] »Meine Verse haben den Sinn, den man ihnen gibt.«[856]

Wer rechnet nicht mit der Emotionalität der (Kunst-) Kritik? Dem ästhetischen Poltergeist? Der Vorhang zu -

»Dieser Theaterkritiker konnte die selbstverständlichsten und unstreitigsten Dinge äußern, sobald er es war, der sie behauptete, wirkten sie unglaubwürdig und reizten zum Widerspruch. Hätte er, in seinem Pathos von der Stange, erklärt, zweimal zwei sei vier, [man] hätte plötzlich an der Richtigkeit der Rechnung gezweifelt.«[857]

- und alle Fragen offen?

Deshalb sind Texte aber noch immer kein Blankoformular: »Wenn es nach der Rezeptionsästhetik ginge, müßten Bücher nur aus weißen Seiten bestehen, Platz da für den Leser«?[858] In der Malerei, immerhin, sind wir, im Kontext kunsthistorischer, kunsttheoretischer Diskurse, längst soweit. (Und zu welch interpretierenden Höhenflügen schwingen wir uns anläßlich von »2x2=4« schon auf!)

Wie sind und werden Rezeptionsweisen eingeschliffen? Literatur ist in mancher Hinsicht ein ernstes Geschäft. (»*Erzählzeit* also. Man könnte natürlich auch einfach damals und heute sagen. Aber die Germanistik ist schließlich eine Wissen-

854 Paul Valéry (1962): Notwendigkeit der Dichtkunst, S.189.
855 Ebd., S.42.
856 Ebd., S.193.
857 Erich Kästner (1989): Fabian. Die Geschichte eines Moralisten, S.39.
858 Dagmar Leupold (1992): Edmond: Geschichte einer Sehnsucht, S.52f.

schaft.«[859]) Wir haben unsere Kriterien. Sprechen wir doch nicht immer (technizistisch?) von »Beobachtung«. »Das könnte ich ›Augenkonservatismus‹ nennen.«[860] Auch eine Art der »Berechnung« (ebd.). Wer ist schon permanent progressiv, den anderen in der Ordnung mindestens einen Schritt voraus? (Sorry Sir - this is a queque!) Was manche als larmoyant empfinden, das wird anderen zum Anlaß ernsthafter Recherche. Perspektiven im Probelauf:

»Ein Vorsichtiger

Einmal sagte
(ich wollt', ich hätte es vergessen können)
ein vorsichtiger Bekannter
zu mir:
›Wenn zwei mal zwei vier ist,
dann bin ich jetzt glücklich.
Aber ist
zwei mal zwei wirklich vier?
Ich bin da nicht sicher.
Rechne doch mal nach.‹«[861]

Ach, das obskure Objekt der Begierde, das arithmetisierbare Glück. Spottvers: Reichen für diese Rechnung nicht doch die Finger einer Hand? Aber steht das »im Text«? In diesem Buch eine Etappe zwar, aber nicht, daß dies den Anlaß gegeben hätte, die vorliegende Route einzuschlagen.[862]

Ob eine kleine Rechenstunde die Frage nicht poetischer (Schwärmer!), kreativer, hintergründiger stellen könnte?

[859] Ebd., S.99.

[860] Wassily Kandinsky (1973): Berechnung (Katalogtext von1935). In: W.K.: Essays über Kunst und Künstler, S.159-160, dort S.160.

[861] Werner Sprenger (1982): Stabile Träume und andere Wirklichkeiten, S.72.

[862] Immerhin erreichte der zitierte Band zwischen 1979 und 1982 »5« (in Worten: Fünf) Auflagen! Was wurde »bewegt«? Welche Rechnungen aufgemacht? Authentizitäts-Recherche im Rahmen sog. Selbsterfahrungsgruppen? Was an »hoher« Literatur wurde in der gleichen Zeit alles einstampft? Das ist kein Qualitätsmerkmal. Doch lenkt es den Blick auf die Beobachterperspektive. Die, deren Objekt eingestampft wird, kann ebenso wenig einen objektiv höheren als einen kleineren Sockel beanspruchen. Oder welchen Vorgaben folge ich dabei?

»Rechenstunde

Zwei und zwei sind vier
Vier und vier sind acht
Acht und acht sind sechzehn
Wiederholen! sagt der Lehrer
Zwei und zwei sind vier
Vier und vier sind acht
Acht und acht sind sechzehn
Aber da fliegt der Wundervogel
Am Himmel vorbei
Das Kind sieht ihn
Das Kind hört ihn
Das Kind ruft ihn
Rette mich
Spiel mit mir
Vogel!
Da schwebt der Vogel nieder
Und spielt mit dem Kind
Zwei und zwei sind vier…
Wiederholen! sagt der Lehrer
Und das Kind spielt
Der Vogel spielt mit ihm
Vier und vier sind acht
Acht und acht sind sechzehn
Und wieviel sind sechzehn und sechzehn?
Sechzehn und sechzehn sind nichts
Und erst recht nicht zweiunddreißig
Denn das gibt ja keinen Sinn
Also schwinden sie dahin
Und das Kind hat den Vogel
In seinem Pult versteckt
Und alle Kinder
Hören sein Lied
Und alle Kinder hören die Musik
Und nun verschwinden auch die acht und acht
Und die Vier und Vier und die Zwei und Zwei
Trollen sich
Und eins und eins sind weder eins noch zwei
Eins ums andre ziehn sie ab

Und der Wundervogel spielt
Und das Kind singt
Und der Lehrer schreit:
Wann hört ihr endlich mit dem Unsinn auf?
Aber alle Kinder
Horchen auf die Musik
Und die Wände des Klassenzimmers
Sinken friedlich ein
Und die Fensterscheiben
werden wieder Sand
Die Tinte wird wieder Wasser
Die Pulte werden wieder Bäume
Die Kreide wird wieder Felsen
Der Federhalter wird wieder Vogel.«[863]

An einer Rechenstunde sind mehrere beteiligt.

> »Was sind Kochrezepte? Eine Aufzählung von ›Elementen‹ und eine Angabe der Proportion. Dazu der Werdegang der Zubereitung.
> Besteht eine volle Sicherheit, daß das genaue Befolgen dieser Rezepte schmackhafte Speisen zur Folge haben wird? Ein echter Koch würde über diese Frage lächeln. Ohne ›Zunge‹ geht es nicht.«[864]

Was ist schon ein Rezept ohne Rezipient. Eine Diskursregel ohne Diskurs? Wird's immer der gleiche Eintopf? 2x2=4?

Schürzen wir also den Knoten: Es ist ja keine auf gut Glück versenkte und angelangte Flaschenpost: »Post-Moderne«. Botschaften der Moderne sind eher als eine Art Kettenbrief unübersehbar geworden. Und pflanzen sich weiter fort. Was heute in konstruktivistischen, in wissenschaftstheoretischen Konzepten programmatisch wird, die These, »daß die Grundlagen dessen, was wir Wirklichkeit nennen, fiktionaler Natur sind«[865], war bereits im Programm der Moderne mitgedacht, aber noch nicht programmatisch.

[863] Jaques Prévert (1962): Gedichte und Chansons, S.97ff.
[864] Wassily Kandinsky (1973): Berechnung (Katalogtext von 1935). In: W.K.: Essays über Kunst und Künstler, S.159-160, dort S.159.
[865] Wolfgang Welsch (1990): Ästhetisches Denken. Vorwort, S.7.

»[...] und bedenken Sie, daß die Fiktion unser Leben ausmacht. Wir leben ununterbrochen in einem Erzeugen von Fiktionen... Sie denken gegenwärtig an den wünschenswerten Zeitpunkt, wo ich zu sprechen aufgehört haben werde... [Beiseite gesprochen: Es ist bald soweit!] Das ist eine Fiktion! Wir leben nur von Fiktionen, als da sind: unsere Pläne, unsere Hoffnungen, unsere Erinnerungen, unsere Reue usw., und wir sind nichts als ein beständiges Erfinden.«[866]

Zum Topos wurde, daß die

»Grundlagenkrisis der Wissenschaft [...], daß die Revolution des Denkens und der Welterfahrung, die in der Physik so manifest zutage trat, auch in den anderen Wissenschaften wirksam war und mit dem Durchbruch neuer Formen in der modernen Kunst zusammenhing.«[867]

Man muß dies nicht als höhere Erkenntnisqualität verrechnen.

»Auch Kunst hat Wissenschaft in ihrem Erkenntnisanspruch überflügelt. Schon zu Beginn dieses Jahrhunderts war es beispielsweise der Kubismus, der die Fiktion des Gegenstandes in die Vielfalt und Mehrdeutbarkeit seiner Perspektiven aufgelöst hat - während parallel in den Naturwissenschaften noch die Scheineindeutigkeit des seiner Herstellerrolle unbewußten Empirismus vorherrschte. Erst heute wird der Untergang der bürgerlichen Ehe- und Familien-Ideale, wie ihn Ibsen, Strindberg usw. auf den Brettern vorgeführt haben, von der Familiensoziologie, und zwar widerwillig, zur Kenntnis genommen; nun ist er auch nicht länger in der Statistik zu verstecken. Und was seit Joyce, Musil, Thomas Mann die Erzählfigur des Romans lähmt und beflügelt, nämlich die im Bewußtsein der Konstruktion zerbrochene Naivität des Erzählers, die diesen dazu zwingt, die Herstellung der Erzählung in der Erzählung selbst Thema werden zu lassen, wird in der Wissenschaft immer noch kraftvoll ver-

[866] Paul Valéry (1962): Notwendigkeit der Dichtkunst, S.61.
[867] Georg Picht; zit. nach: Carl Friedrich von Weizsäcker (1987): Ausgewählte Texte, S.13.

drängt. Gewiß, auch Daten sind hergestellt. Theorien wie Romane windige Konstruktionen. Aber der wissenschaftliche Trivialromancier verbarrikadiert sich mehr denn je hinter der inzwischen durchscheinend gewordenen Fiktion wissenschaftlicher Standpunktlosigkeit und Routine.«[868]

Auch in dieser Hinsicht gibt es aus dem »wissenschaftlichen Schützengraben« längst Rückzugsgefechte. »Chaos-Theorien« sprechen in diesem Zusammenhang nicht unbedingt für einen geordneten Abzug.[869] Zwischen Disziplinen sind Koalitionen entstanden, ohne daß eine zum bloßen Mehrheitsbeschaffer (Etappenhengst?) herhalten müßte.

Andererseits, je nach Standort, ließe sich auch sagen, Literatur ahme wissenschaftliche Theoriebildung nach, hinke manch anderem Diskurs hinterher. Ja:

»So wird sich der Schriftsteller ins Unbekannte stürzen: er wird im Dunkeln sprechen, zu Leuten, die er nicht kennt, zu denen man nie gesprochen hat, außer um sie zu belügen; er wird seine Stimme ihrer Wut und ihren Sorgen leihen; durch ihn werden sich Menschen, die niemals von irgendeinem Spiegel reflektiert worden sind und die wie Blinde zu lächeln und zu weinen gelernt haben, ohne sich zu sehen, plötzlich ihrem eigenen Bild gegenüber finden. Wer wagte zu behaupten, daß die Literatur dabei verlieren wird? Ich glaube, daß sie im Gegenteil dabei gewinnt: die ganzen Zahlen und die Bruchzahlen, die einst die gesamte Arithmetik waren, stellen heute nur einen kleinen Sektor der Wissenschaft der Zahlen dar. Das gilt auch für das Buch: wenn jemals die ›totale Literatur‹ das Licht der Welt erblickt, so wird sie ihre Irrationalien, ihre Algebra und ihre Imaginarien haben.«[870]

Wie man es auch wendet: Zwei sogenannte Kulturen, denen per se Objekteigenschaften zugesprochen werden könnten, sind kaum beobachtbar und nicht gegeneinander aufzurech-

[868] Ulrich Beck (1988): Gegengifte, S.197.
[869] Vgl. etwa: Kursbuch 98: »Das Chaos«. November 1989.
[870] Jean-Paul Sartre (1981): Situation des Schriftstellers im Jahre 1947, S.206.

nen. Die jeweiligen Präferenzen basieren auf anderer - u.a. pekuniärer - Grundlage. (Sagen wir es doch so.)

Aber ist es wenig, daß das Kunstsystem gerade die Abweichungen vom Normativen gestattet, auf prinzipielle Konstruktivität von Wirklichkeit den Blick richten läßt? Begradigung, Zensur und Unterdrückung von Kunst und Literatur begegnen gerade diesem Phänomen: »Wirkliche Kunst hat die Eigenschaft, uns nervös zu machen«[871]. Wenn sie als Irritation des jeweils »herrschenden Gedankens« (Nietzsche) aufzutreten vermag, dann ist sie nicht unbedingt bequem.

> »Sie wissen eben, dass, obgleich die Masse der Halbgebildeten schwerfällig ist, die Gefahr besteht, natürlich von Ihrem Standpunkt aus betrachtet, dass trotzdem Einzelne langsam begreifen könnten, was Kunst eigentlich ist. Das soll und muss aber verhindert werden. 2x2=4.«[872]

Dagegen läßt sich eben wohlfeil polemisieren. Mancherorts mag man noch immer gegen eingeschliffene Rezeptions-Erwartungen mit heißem Dampf vorgehen und mit spitzer Nadel pieksen. Insgesamt gesehen und so verstanden, stellt sich jedoch die Frage, ob nicht gerade Kunst »die eigentliche *Grundlosigkeit* unserer Erfahrungen« (Varela, s.o., S.176), unseres Wissens nachhaltig vor Augen führt.

> »Einmal angenommen, die Kunst hätte keinen Grund, sie hätte nur ihre eigene Grundlosigkeit, würde das heißen, daß sie zu nichts dient? Ich glaube jedenfalls, daß sie nur in ihrer radikalen Grundlosigkeit Kunst sein und als Kunst dienen kann.«[873]

Ob sie also nicht gerade dadurch zum Zuge käme? Auch dieser Überlegung springt hier eine bereits zitierte Formulierung bei. Erinnern wir also Karl Kraus, hatte uns dieser doch einleitend einen Wegweiser (vor-) geprägt, der auch im wissenschaft-

[871] Susan Sontag (1982): Gegen Interpretation, S.16.

[872] Kurt Schwitters (1981): Tragödie. Tran No. 22, gegen Herrn Dr. phil. et med. Weygandt, S.101.

[873] Jochen Gerz; zit. nach Karl Heinz Bohrer (1992): Die Grenzen des Ästhetischen, S.57.

lichen Kontext auf eine Textsorte verweist, an der man in Zeiten brüchig gewordener Sicherheiten kaum vorbeikommen kann. Oder handeln wir hier »nur ein Plakat [...] für die neueröffnete Animierkneipe ›Essay‹«?[874]

> »Logik ist die Feindin der Kunst. Aber Kunst darf nicht die Feindin der Logik sein. Logik muß der Kunst einmal geschmeckt haben und von ihr vollständig verdaut worden sein. Um zu behaupten, daß zweimal zwei fünf ist, hat man zu wissen, daß zweimal zwei vier ist. Wer freilich nur dieses weiß, wird sagen, jenes sei falsch.«[875]

Lange sind wir diesem Vorschlag gefolgt, versuchten dieses Rezept. Als Selbstvergewisserung und Irritation. Fassen wir die geltenden Regularien dann nicht zuletzt auch als eine Frage des Stils? Spätestens mit Nietzsche und Wittgenstein wird auch die Form philosophischer Reflexion entscheidend verändert, nicht mehr so sehr als bloß fixierender Rahmen, als scheinbar neutrale Folie übersehen, sondern sie kommt selbst in den Blick.

> – »Daß gerade bei diesen beiden Inhalt und Form, ja eigentlich der Stil des Philosophierens, der bei beiden im herkömmlichen Sinn nicht mehr systematisch-methodisch ist, einen unauflöslichen Zusammenhang bilden, ist nicht zu übersehen, wenn auch noch wenig Konsequenzen daraus gezogen wurden. Der vorliegende Versuch kann nicht leugnen, daß sich ihm im Zusammenhang mit der Aufnahme gewisser Inhalte auch Konsequenzen für die Form der Darstellung ergaben, ohne daß deshalb eine bestimmte Form zu übernehmen gewesen wäre.«[876] –

Wittgenstein insbesondere kam hier zu Wort. Und auch »seine 2x2=4-Philosophie« ist geprägt von und rekurriert auf Stil, ist sozusagen ästhetisch vermittelt, von Beispielen, Bildern, Meta-

[874] Carl Einstein (1912): Bebuquin, S.22.

[875] Karl Kraus (1986): Aphorismen, S.325; zuerst: Die Fackel, Nr. 381/382/383, 19.9.1913, S.72 (s.o., S.58). Freilich: Inwiefern Therapien anschlagen, obliegt nicht unbedingt der Diagnose des Therapeuten. (»Psychoanalyse ist jene Geisteskrankheit, für deren Therapie sie sich hält.« Ebd., S.351.)

[876] Josef Simon (1989): Philosophie des Zeichens, S.35.

phern geprägt.[877] Konnte es da ausbleiben, daß unserem Sätzchen auch auf diesem Feld Ehre, Würdigung, zumindest Aufmerksamkeit widerfuhr?

»Wittgenstein scheut keine Konsequenz. Das Stil-statt-Wahrheit-Denken wird von ihm in seiner ganzen Radikalität vorgeführt. Auch die Mathematik nimmt er von seiner Umkehrung der traditionellen Perspektive nicht aus und behauptet, auch bei ihr sei die Form und nicht der Inhalt das Entscheidende. Gegen den mathematischen Formalismus stellt er einen ästhetischen Formalismus. Die Rechenaufgabe ›2 + 2 = ?‹ mit ›4‹ zu beantworten, ist für Wittgenstein eine ästhetische Entscheidung. Er fordert dazu auf, eine mathematische Rechnung so zu sehen, daß deutlich wird, es sind Stilgründe, die verlangen, einen Haken von der Form einer Vier hinter die anderen Schnörkel zu schreiben.«[878]

»Hmm..., würden die meisten von uns antworten.«[879] An gleicher Stelle folgt das Wittgenstein-Zitat:

»Die Rechnung als Ornament zu betrachten, das ist auch Formalismus, aber einer guten Art. Man kann die Rechnung als Ornament betrachten. Eine Figur in der Ebene kann an eine andere passen oder nicht, mit anderen in verschiedener Weise zusammengefaßt werden. Wenn die Figur noch gefärbt ist, so gibt es dann noch ein Passen in Bezug auf die Farbe. (Die Farbe ist nur eine weitere Dimension.)«[880]

[877] Vgl. u.a. noch einmal: Wittgenstein (1984,1): Bemerkungen über die Grundlagen der Mathematik, S.67; und noch einmal der Hinweis auf Friedrich Kambartel (1968): Erfahrung und Struktur (s.o.).

[878] Lambert Wiesing (1991): Stil statt Wahrheit. Kurt Schwitters und Ludwig Wittgenstein über ästhetische Lebensformen, S.123. (»Wenn am Ende der Eindruck von Wahrheit entsteht, so hat man es vielleicht mit einer erzähltechnischen Innovation zu tun.« Harold Brodkey, zit. nach: Volker Hage: Ich habe keinen Namen. Die »Nahezu klassischen Stories« in deutscher Übersetzung – eine Begegnung mit dem amerikanischen Schriftsteller Harold Brodkey in New York. In: Die Zeit, 11.10.1991, Literaturbeilage, S.1f., dort S.2.)

[879] Und das ja nicht nur hier! Davis und Hersh (1990): Descartes' Traum. Über die Mathematisierung von Zeit und Raum, S.311.

[880] Wittgenstein (1984,2): Zettel, Nr. 709f., S.441.

Eine Position, die, in der Moderne angelegt, in der »Postmoderne« sozusagen Marktführer wird.

»Der Fehler des Logischen ist, daß es noch nicht einmal symbolisch gelten kann. Man muß einsehen, ihr Dummköpfe, daß die Logik nur Stil werden darf, ohne je eine Wirklichkeit zu berühren. Wir müssen logisch komponieren, aus den logischen Figuren heraus wie Ornamentkünstler. Wir müssen einsehen, daß das Phantastische die Logik ist.«[881]

Man muß also kein Zeitgeistsurfer sein, nicht auf einer modischen Welle reiten, um diese Beobachtungen zu machen. »Es dürfte für wache Zeitgenossen und reflektierte Wissenschaftler gar nicht so leicht sein, nicht postmodern zu sein.«[882] Über das Etikett kann man zu Recht streiten[883], doch sind die Konsequenzen für die Differenz Wirklichkeit - Kunst/Literatur kaum noch übersehbar. Als ontologisch fixierte läßt sich diese Unterscheidung nicht beschreiben.

Wenn also nicht hier, wo dann wird es so deutlich beobachtbar:

»Illusion, daß etwas *erkannt* sei, wo wir eine mathematische Formel für das Geschehene haben: es ist nur *bezeichnet, beschrieben*: nichts mehr!«[884]

Tritt damit also »ästhetisches Denken« nicht hervorgehoben auf den Plan? Gerade Interpretationen, Kommentare arbeiten im Kunstsystem nicht mit dem Katalysator »=«, operieren nicht mit einem Werkzeug, nach einer Regel, die erlaubt, »das Wort ›ist‹ durch das Gleichheitszeichen zu ersetzen«.[885]

»Im Feld der Kunst kann man die Pluralität, die mittlerweile gesellschaftlich als Diversität von Lebensformen vordring-

[881] Carl Einstein (1912): Bebuquin, S.79.

[882] Wolfgang Welsch (1992): Topoi der Postmoderne, S.54.

[883] Vgl.: Niklas Luhmann (1992,1): Beobachtungen der Moderne, dort besonders das Vorwort.

[884] Friedrich Nietzsche (1984): Nachlaß, S.501.

[885] Wie es, Ludwig Wittgenstein sagte es uns bereits (1984: Philosophische Untersuchungen, S.449), im mathematischen Kontext möglich ist.

lich wurde (und die zugleich in anderen Bereichen wie der Sprache, ja im ganzen der Wirklichkeit gilt), so deutlich studieren wie sonst nirgendwo. Die Kunst kann in diesem Sinne - als Elementarschule der Pluralität - soziale Modellfunktion haben. Das heißt keineswegs, daß nun alles inhaltlich an ihr zu orientieren wäre. Aber strukturell hat sie Vorbildfunktion. An ihr kann man lernen, was heute analog auch in der Gesellschaft mit ihren differenten Lebensformen wichtig wird: Anerkennung des Differenten, Verbot von Übergriffen, Aufdeckung impliziter Überherrschung, Widerstand gegen strukturelle Vereinheitlichung, Befähigung zu Übergängen ohne Gleichmacherei.«[886]

Die Reflexion von Selbstverständlichkeiten erfolgt auch gerade in diesem Zusammenhang: nämlich in der »Doppelfigur von Ästhetik und Anästhetik«.[887] »Ästhetische Erziehung« fungierte damit nicht im Sinne Schillers als Harmonisierung des Individuums mit sich selbst und - als reformierter Repräsentant - mit seiner Gattung[888], sondern als ästhetische Schule derart, daß in ihr ein Umgang mit den Pluralitäten modern verfaßter, ausdifferenzierter Gesellschaften einübbar wäre.

Und *eine* Kulturgeschichte von »2x2=4« lieferte dazu *ein* kleines Einmaleins?

[886] Wolfgang Welsch (1990,2): Für eine postmoderne Ästhetik des Widerstands, S.165.

[887] Wolfgang Welsch: Ästhetik und Anästhetik. In: W.W.: (1990): Ästhetisches Denken, S.9-40.

[888] Wie es nach Schiller die Antiken gewesen seien; vgl. den 6. Brief »Über die ästhetische Erziehung des Menschen«.

Überschlag

...»ein Durch-Imitieren ein Wandern durch ein Motiv, erinnern Sie sich«?[889]

Manche Salti, Sprünge, Windungen liegen hinter uns. Wie sieht die abschließende Wertung aus? Sind wir klüger geworden?

Wir begannen, in strategischer Absicht, die Recherche mit einem Gedankentier: Pembrokes Katze

> »wußte, daß zwei plus zwei vier ergeben, und sie wußte es auf eine unergründliche Weise. Sie wußte ebenfalls, daß diese Tatsache für ihre Zeitgenossen Binsenwahrheiten waren, und sie gut daran täte, sich eine pfiffige Antwort einfallen zu lassen.«[890]

Unsere Philosophie im Trenchcoat folgte einer bestimmten Spur: Wir vermuteten, gerade anläßlich von »2x2=4« »Interpretation« als Täter bei der Erzeugung von Wirklichkeiten dingfest zu machen. Wozu reicht die Indizienkette aus?

Skizzieren wir ein vorläufiges Bulletin:

Der traditionelle abendländische Wissenschaftsdiskurs ist charakterisiert durch die Versuche, (Be-)Deutungen auf eine letzte, unhintergehbare Basis zu gründen. »2x2=4« kann als diskursiver Kristallisationspunkt dieses Unternehmens beschrieben werden, seiner historisch varianten Erfolgsgeschichten, seines letztendlichen Scheiterns. Dabei werden neuere erkenntnis-, neuere wissenschaftstheoretische Annahmen transparent.

In erkenntnistheoretischer Perspektive wird anläßlich von »2x2=4« ein Wechsel beobachtbar: der vom »Finden« zum »Erfinden« des Gewußten, vom »Was?« zum »Wie?«, zur Konstruktion. Als Schnittstelle fungiert dabei die sog. Grundlagenkrise der Wissenschaft. Hier vollzieht sich ein Wechsel: von der ontologisch/metaphysisch verstandenen Singularität des Beispiels »2x2=4« zu seiner Konkurrenz mit den Möglichkeiten der Setzung

[889] Friederike Mayröcker (1987): Die Abschiede, S.123.
[890] Philip J. Davis (1991): Pembrokes Katze, S.14 (s.o., S.16).

von »2x2=5«; von seiner vorgängig verstandenen Universalität zu seiner Beobachtung als einem Kondensat sozialer Ordnungen.

Diskurstheoretisch wird beobachtbar, wie der vermeintlich semantisch eindeutige, stabile Referent »2x2=4« je nach Aussagefeld, abhängig vom aktualisierten Referenzrahmen, vom spezifischen Diskurs seine Bedeutung wechselt.

Zeichentheoretisch gefaßt ist auch das scheinbar einfache Zeichen »2x2=4« nicht als - sozusagen selbstexplikativer - endgültiger Abschluß einer Zeichenkette zu verstehen, ist auch »2x2=4« kein Zeichen, das ohne den Verweis auf weitere Zeichen, anderen Zeichengebrauch verstanden werden kann.

Kulturhistorisch kommen die varianten, insgesamt kontingenten Gültigkeiten des Beispiels auch als Ausprägungen politischer Aspekte in den Blick: gerade an »2x2=4« wird die Notwendigkeit definitiver Setzungen von Bedeutung anschaulich. Der Inflationierung semantischer Potentiale ist zur Gewährleistung von Anschlußmöglichkeit entgegenzuwirken. Gleichzeitig läßt sich das Augenmerk auf Weisen von Festlegungen, von Konditionierungen richten: Wer bestimmt wo und wozu, was gilt? Gerade der »Text ohne Eigenschaften« macht die jeweilige Bedeutungszuweisung in der Differenz ihrer Ausprägungen markant. Der verbreiteten These, anläßlich dieses Beispiels artikuliere sich unumgänglich reine Vernunft, entgegenzuhalten: Sein Gebrauch ist ideologisch nutzbar, seine Beobachtung ideologiekritisch relevant.

In systemtheoretischer Perspektive wird die funktionale Ausdifferenzierung der modernen Gesellschaft beobachtbar: in ihr existiert kein Teilsystem, das den abschließend gültigen Bedeutungswert auf seinen spezifischen Voraussetzungen gründen könnte, kein Teilsystem, das den repräsentativen Code lieferte, in dem die moderne Gesellschaft abschließend zu beschreiben wäre. Denn gerade anläßlich unseres Beispiels setzen sich diese Teilsysteme, seien es etwa »Alltag«, »Theologie«, »Philosophie« oder »Kunst«, der Beobachtung aus.

> »Auch zwei mal zwei ist nur so lange vier, als eine durch Kommunikation befestigte Konstruktion aufrechterhalten wird.«[891]

[891] Wir kommen also auch auf diesen Ausgangspunkt unserer Beobachtungen zurück: Klaus Merten (1990): Inszenierung von Alltag. Kommunikation, Massenkommunikation, Medien (s.o., S.52).

Gerade wer in der modernen Gesellschaft reklamiert, sicher zu sein (so wie 2x2=4), stellt sich in den Blickpunkt der Diskussion seiner Voraussetzungen und Absichten, trägt unvermeidlich zur Relativierung seiner Position bei.

Doch ist damit kein Plädoyer für Beliebigkeit verbunden. Der Blick auf die Anwendungsmöglichkeiten unseres Beispiels demonstriert einerseits ihre diskursive Begrenzung; diese Möglichkeiten enden andererseits dort, so vage die Formulierung dieses Schrittes auch sein mag, wo nichts mehr geht.

Daß sich abschließend die Perspektive auf das Kunstsystem richtet, geschieht auch in therapeutischer Hinsicht. Wenn hier das »letzte Kriterium bleibt: ob es dem Beobachten gelingt, zum Beobachten zu verführen«[892], dann lassen sich zunächst gerade anläßlich moderner Kunst Beobachtungen der Funktionsweise der modernen Gesellschaft bündeln. Ihre Intransparenz wird in der Formel transparent, mit der das Kunstsystem – in Differenz zu den jeweils geltenden Semantiken – passioniert seine Selbstbeschreibung betreibt.

> *»Zwei und zwei sind manchmal fünf oder Überwintern, bis alles vorüber ist. First Things First.*
>
> Was soll dieser Titel? Ich weiß es natürlich nicht; so schreibt man heute eben, ist *eine* Erklärung. Irrlauf meiner Hand. Chromatik der Sprache. Liebeskummer. Keine Lust auf Konjunktionen. Die Worte in die Schürze füllen, wie Sterntaler, und verstreuen, rieseln lassen. Dasjenige, das zuerst unten landet, darf sich selbst sagen. Das ist sicherlich nicht affiger, als alles klein zu schreiben. Am oberen Rand des Bildschirms lese ich: *File Edit Search Layout Mark Tools Font Graphics Help*: das Computermenü als Kurzwarenladen voller Sonderangebote einschließlich Selbstmordprophylaxe.«[893]

Ist es gerade dies, was auch in der modernen Gesellschaft immer noch zu Kunst, Literatur und anderen Medien, anderen Diskursen, auch zu Wissenschaft treibt, nicht daran glauben zu

[892] Niklas Luhmann (1992,1): Beobachtungen der Moderne, S.121.
[893] Dagmar Leupold (1992): Edmond: Geschichte einer Sehnsucht, S.85.

können, daß alles bereits ausgemacht, schon längst und auf ewig beschlossen ist?

»Da man [...] nie glauben kann, daß zwei mal zwei vier ist - denn sonst könnte man schon längst nicht mehr leben - so läuft man in den nächsten Film.«[894]

Auch der »Text ohne Eigenschaften« entläßt uns nicht ins Ende der Geschichte, in die letztgültige Ordnung einer interpretationsfreien Zone.

Und selbstverständlich ist seine hier vorgeschlagene (An-) Ordnung nur eine mögliche des Wissens. Daß auf die abschließende Wertung, den endgültigen Schlußstrich verzichtet wird, ergibt sich aus der eingeschlagenen Route, der gewählten Sicht. Freilich setzt sich gerade derjenige, der in freiem Stil und freibeuterisch den (Dis-)Kurs gleich mehrerer (Theorie-)Flottillen kreuzt, zwangsläufig zumindest kritischer Kommentierung aus: Auch hier geht nur, was geht. Doch da unterdessen anderswo das Rechnen mit 2x2=4 fortschreitet, kann dies einer Überprüfung des eigenen Kurses und einer möglichen anderen Orientierung wohl nur förderlich sein.

- »Gesetzt, daß auch dies nur Interpretation ist - und ihr werdet eifrig genug sein, dies einzuwenden? - nun, um so besser. -«[895]
»Daß auch dies nur eine Kommunikation, nur eine Beschreibung, nur eine Theorie ist, die sich hiermit der Beobachtung aussetzt, ergibt sich aus ihr selbst.«[896] -

Denn was könnte den Diskurs schon endgültig beenden?

»›Der Tod‹, schrie sie.
›Verzeihung, zweimal zwei ist vielleicht immer vier, dann geht es weiter; vielleicht auch nicht, dann ist Schluß.‹«[897]

[894] Carl Einstein (1922): Die Pleite des deutschen Films, S.128.
[895] Friedrich Nietzsche (1981): Jenseits von Gut und Böse, 1. Hauptstück, Nr.22, S.27.
[896] Niklas Luhmann (1992): Die Wissenschaft der Gesellschaft, S.710.
[897] Carl Einstein (1912): Bebuquin, S.47.

Nachschlag

Dieses Buch basiert zwar auf einer Dissertation[898], doch Thema und Beobachtungsobjekt machten eine andere Verfahrensweise erforderlich als die übliche dieser wissenschaftlichen Gattung. Insofern erfolgte für den Druck kein Versuch einer umfangreichen »Revision«[899], in deren Folge üblicherweise Frustrationen zu verzeichnen sind.[900]

Wer aber offen Philosophie im Trenchcoat betreibt, hat schließlich noch das Heer seiner offiziellen und inoffiziellen Mitarbeiter (IM-Dissertation) zu enttarnen. Für sachdienliche Hinweise, die zur Erfassung von »2 x 2 = 4«, des Textes ohne Eigenschaften, führten, wird hiermit aufrichtiger Dank ausgesprochen. Er geht an:

Stefan Alkier, Alfred Gerhards, Kornelia Hahn, Michael Hasse, Berthold, Christiane, Marlene, Martina, Simone (alle Hühner), Rembert Hüser, Angelika Koch, Holger Kuntze, Susanne Landeck, Andreas Lohr, Georg Peters, Astrid Reven, Bernd Scheffer, Klaus Schmitz, Rudolf Schmitz, Manfred Schössler, Heiko Uecker, Ingrid Weiler, Martin Wigger, Thomas Wirtz und Gabriele Wix, vor allem aber an Helmut Schmitz, der im Rahmen seines eigenen Lektürepensums beständig auf (Text-)Spuren verwies.

Als Gutachter der Dissertation haben Jürgen Fohrmann und Detlef Kremer Spielraum gewährt, um auf eigenes Risiko etwas abseits der etablierten akademischen Pfade wandeln zu können. Die damit einhergehende Ermutigung kann nicht hoch genug eingeschätzt werden –, andernfalls wäre den Verlagsprospekten dieser Titel erspart geblieben.

[898] »Der Text ohne Eigenschaften: ›Zwei mal zwei ist vier‹. Zur Kulturgeschichte eines scheinbar eindeutigen Textphänomens«, Universität Bielefeld, Fakultät für Linguistik und Literaturwissenschaft, 1993.

[899] Hans Magnus Enzensberger (1961): Brentanos Poetik. München (Diss., Erlangen 1955), S.141.

[900] »Leider hat sie erwiesen, daß der Versuch einer Übersetzung aus dem Germanistischen ins Deutsche letzten Endes zum Scheitern verurteilt bleiben muß.« (Ebd.)

Norbert Oellers hat dem Verfasser mit mehr als sanftem Druck eine Bewerbung um ein Promotionsstipendium empfohlen. Die Friedrich-Ebert-Stiftung hat durch Gewährung eines Stipendiums die Bedingungen geschaffen, ohne die die Arbeit in der vorliegenden Form nicht möglich gewesen wäre. Jürgen Fohrmann, Bernd Scheffer und Heiko Uecker haben in diesem Zusammenhang mit Gutachten und manchem Rat geholfen.

Bernd Graff hat das Projekt im Februar 1993 in der Süddeutschen Zeitung vorgestellt. Seinen Fragen und Ausführungen verdankt die Arbeit viel.

Michael Hasse hat mit kreativem Eifer und viel Mühe diesem Text ein Gesicht modelliert; Hilde Hansen hat diesem verschiedenen Aus-Druck gegeben; Willi Weber legte beim orthographischen Facelifting Hand an. Und schließlich ist es Petra Wägenbaur vom Metzler Verlag zu verdanken, daß dieser Arbeit voller Fußnoten mit Nach-Druck Beine gemacht wurden.

Selbstverständlich gehen Mängel, Redundanzen und anderes Ärgerliche mehr ausschließlich auf die Kappe des Verfassers. »Wer (jedoch) aus alledem den Schluß zieht, daß der Autor der Verfasser und Zusammenfasser der Ratschläge ist, die andere ihm erteilen, liegt richtig.« Auch dies kann hier nur nachbuchstabiert werden (Ulrich Beck: Die Erfindung des Politischen. Zu einer Theorie reflexiver Modernisierung. Frankfurt/M. 1993, S.23), um damit schließlich einer letzten Selbstverständlichkeit zu genügen, - dem Dank an alle Autorinnen und Autoren, deren Zitate maßgeblich zu dieser Arbeit beitrugen. Ohne ihre Texte wäre der vorliegende Text überhaupt nicht denkbar.

Literaturverzeichnis

I. Dieses Verzeichnis verweist auf Texte aus unterschiedlichen Bereichen, in denen auf »2 x 2 = 4« oder »2 + 2 = 4« Bezug genommen wird. In diesem Zusammenhang wird auf die übliche Trennung von Primär- und Sekundärliteratur verzichtet. Weitere zitierte Literatur wird anschließend gesondert aufgelistet. Reihentitel von Taschenbüchern sind in eckigen Klammern [...] angegeben.

Adorno, Theodor W. (1981): Kritik des logischen Absolutismus. - In: T.W.A.: (1981) Zur Metakritik der Erkenntnistheorie. Studien über Husserl und die phänomenologischen Antinomien. Frankfurt/M. (2. Aufl.) [es 590], S. 48 - 95.

Anouilh, Jean (1967): Der Herr Ornifle. Aus dem Französischen von Franz Geiger. - In: Schondorff, Joachim (Hrsg.): Theater der Jahrhunderte. Don Juan. Molina, Molière, Da Ponte, Grabbe, Von Horvath, Anouilh. München und Wien, S. 441 - 528.

Arendt, Hannah (1987): Wahrheit und Lüge in der Politik. München (2. Aufl.) [SP 36], darin: Die Lüge in der Politik, S. 7 - 43 (zuerst als »Lying and Politics«, 1971, New York Review of Books), Wahrheit und Politik, S. 44 - 92 (zuerst als »Truth and Politics«, 1967, im New Yorker).

Baacke, Dieter (1985): Spiele jenseits der Grenze. Zur Phänomenologie und Theorie des Nonsense. - In: Dencker, K.P. (Hrsg.) (1985): Deutsche Unsinnspoesie. Stuttgart [rub 9890], S. 355 - 377.

Barlach, Ernst (1918): Der arme Vetter. Drama in fünf Akten. In: E.B. (1956): Das dichterische Werk in zwei Bänden. Hrsg. von Klaus Lazarowicz in Gemeinschaft mit Friedrich Droß. München, Bd. 1, S. 97 - 183.

Barlach, Ernst (1926): Der blaue Boll. Drama in sieben Bildern. - In: E.B. (1956): Das dichterische Werk in zwei Bänden. Hrsg. von Klaus Lazarowicz in Gemeinschaft mit Friedrich Droß. München, Bd. 1, S. 385 - 456.

Barth, Karl (1984): Kirchliche Dogmatik. Zit. nach: Otto Weber: Karl Barths Kirchliche Dogmatik. Ein einführender Bericht zu den Bänden I,1 bis IV,3,2. Mit einem Nachtrag von Hans-Joachim Kraus zu Band IV,4. Neukirchen (10. Aufl.), darin: »XII. Gottes Vorsehung. Bd. III, 3, S. 1 - 326«, S. 124 - 140.

Bateson, Gregory (1981): Ökologie des Geistes. Anthropologische, psychologische, biologische und epistemologische Perspektiven. Übers. von Hans Günter Holl, Frankfurt/M.

Baudrillard, Jean (1982): Der symbolische Tausch und der Tod. Aus dem Französischen von Gerd Bergfleth, Gabriele Ricke und Ronald Voullié. München.

Bauer, Wolfgang, Dümotz, Irmtraud und Sergius Golowin (1983): Lexikon der Symbole. Wiesbaden.

Baumann, Herbert (1986): Probleme der Gesellschaft. Lern- und Arbeitsbuch für den sozialkundlichen Unterricht. Köln-Porz.
Becker, Jurek (1982): Jakob der Lügner. Frankfurt/M. [st 774].
Beikircher, Konrad (1991): Himmel un Ääd: Rheinisch beim Wort genommen. Bonn.
Bense, Max (1943): Konturen einer Geistesgeschichte der Mathematik. Bd. II: Die Mathematik in der Kunst, Hamburg.
Biermann, Wolf (1986): Affenfels und Barrikade. Gedichte - Lieder - Balladen. Köln.
Biesheuvel, J.M.A. (1986): Mein schwerster Schock. - In: J.M.A.B. (1986): Schrei aus dem Souterrain. Hrsg. von Carel ter Haar. Aus dem Niederländischen von Siegfried Mrozek. Frankfurt/M. [SV 1179], S. 99 - 109.
Bloor, David (1983): Wittgenstein. A social theory of knowledge. London und Basingstoke.
Böhm, Gero von (1988): Edward Teller. Teilweise bin ich schon tot. Der alte Falke sieht sich lieber als gepanzerte Taube. - In: Die Zeit, 29.1.1988, S. 69.
Bosquet, Alain (1936): Cahiers d'Art. Paris. Zitiert nach: Gabriele Wix (1990): Vampir und Verbrechen. Zu Max Ernsts Collagenroman ›La femme 100 têtes‹ (1929). - In: Max Ernst. Druckgraphische Werke u. illustrierte Bücher. Ausstellungskatalog, Museum Ludwig, Köln 1990, S. 47 - 61.
Brecht, Bertolt (1966): Baal. Drei Fassungen. Kritisch ediert und kommentiert von Dieter Schmidt, Frankfurt/M. [SV 170].
Brecht, Bertolt (1967): Don Juan von Molière. Bearbeitung. - In: B.B. (1967): Ges. Werke. Bd. III, Stücke 3. Frankfurt/M., S. 2547 - 2615.
Brecht, Bertolt (1977): Leben des Galilei, Frankfurt/M. (21. Aufl.) [SV 1].
Brecht, Bertolt (1984): Die Gedichte von Bertolt Brecht in einem Band. Hrsg. vom Suhrkamp Verlag in Zusammenarbeit mit Elisabeth Hauptmann. Frankfurt/M. (3. Aufl.).
Brecht, Bertolt (1985): Verfremdungseffekte in der chinesischen Schauspielkunst. - In: B.B.: (1985): Schriften zum Theater. Über eine nicht-aristotelische Dramatik. Frankfurt/M., S. 74 - 89.
Büchner, Georg (1978): Dantons Tod. Ein Drama. - In: G.B.: Gesammelte Werke. Hrsg. von Gerhard P. Knapp [Goldmann Klassiker 7510], S. 23 - 98.
Bühler, Karl (1934): Sprachtheorie. Die Darstellungsfunktion der Sprache. Zit. nach dem ungekürzten Neudruck, Stuttgart und New York 1982 [UTB 1159].
Busch, Wilhelm (1943): Sämtliche Werke. Bd. 6. Hrsg. von Otto Nöldeke. München, darin: Spricker, S. 211 - 228.
Busch, Wilhelm (1974): Eduards Traum. Zit. nach: W.B.: Eduards Traum. Der Schmetterling und Autobiographisches. Hrsg. von Friedrich Bohne. Zürich [detebe 21899], S. 35 - 87.
Camus, Albert (1950): Die Pest. Aus dem Französischen von Guido G. Meister. Reinbek.
Cabrera Infante, Guillermo (1990): Drei traurige Tiger. Aus dem kubanischen Spanisch von Wilfried Böhringer, Frankfurt/M. [st 1714].
Carroll, Lewis (1976): Briefe an kleine Mädchen. Hrsg. u. übersetzt von Klaus Reichert. Frankfurt/M. [it 172].

Coupland, Douglas (1992): Generation X. Geschichten für eine immer schneller werdende Kultur. Roman. Aus dem Amerikanischen von Harald Riemann. Hamburg (zuerst New York 1991).

Davidson, Donald (1990): Wahrheit und Interpretation. Übersetzt von Joachim Schulte. Frankfurt/M. [stw 896].

Davis, Philip J. (1991): Pembrokes Katze. Die wundersame Geschichte über eine philosophierende Katze, ein altes mathematisches Problem und die Liebe. Aus dem Amerikanischen von Hans J. Schütz. Frankfurt/M. [Fischer TB 10646] (zuerst Boston, San Diego und New York 1988).

Davis, Philip J. und Reuben Hersh (1990): Descartes' Traum. Über die Mathematisierung von Zeit und Raum. Von denkenden Computern, Politik und Liebe. Aus dem Amerikanischen und mit einem Kommentar von Klaus Volkert. Frankfurt/M. [Fischer TB 10157] (zuerst San Diego, Boston und New York 1986).

Döblin, Alfred (1986): Berlin Alexanderplatz. München (25. Aufl.) [dtv 295].

Doesburg, Theo van (1983): Caminoskopie. Eine antiphilosophische Lebensbeschreibung ohne Faden oder System von Aldo Camini (1921 - 1924). - In: T.v.D. (1983): Das Andere Gesicht. Gedichte, Prosa, Manifeste, Roman. 1913 bis 1928. Übers. u. hrsg. von Hansjürgen Bulkowski, München, S. 119 - 153.

Dostojewski, F.M. (1921): Die Dämonen. Übersetzt von E.K. Rahsin. - In: Sämtliche Werke. Unter Mitarbeiterschaft von Dimitri Mereschowski herausgegeben von Moeller von den Bruck, Bd. 5 - 6, München.

Dostojewski, F.M. (ohne Jahreszahl,1): Die Dämonen. Übersetzt von E.K. Rahsin (Revidierte Übersetzung von 1956) Gütersloh.

Dostojewskij, F.M. (ohne Jahreszahl,2): Die Dämonen. 2. Bd. Übersetzt von Gregor Jarcho. Berlin.

Dostojewskij, F.M. (1975): Die Dämonen. Vollständige Ausgabe in der Übertragung von Marianne Kegel. Stuttgart.

Doyle, Sir Arthur Conan (1988): Studie in Scharlachrot. Hrsg. von Nino Erné u. übersetzt von Beatrice Schott. Frankfurt/M. und Berlin [Ullstein TB 2655].

Eco, Umberto (1989): Das Foucaultsche Pendel. Aus dem Italienischen von Burkhart Kroeber. München u. Wien.

Einstein, Carl (1912): Bebuquin oder die Dilettanten des Wunders. Zitiert nach Stuttgart 1985 [rub 8057].

Einstein, Carl (1922): Die Pleite des deutschen Films. - In: Einstein, Carl (1962): Gesammelte Werke. Hrsg. von Ernst Nef. Wiesbaden, S. 128 - 132.

Endres, Franz Carl und Annemarie Schimmel (1990): Das Mysterium der Zahl. Zahlensymbolik im Kulturvergleich. München (6. Aufl.) [DG 52].

Engels, Friedrich (1962): Herrn Eugen Dührings Umwälzung der Wissenschaft (Anti-Dühring). - In: Karl Marx und Friedrich Engels: Werke. Band 20. Berlin (Ost) 1962, S. 1 - 303.

Engels, Friedrich (1962,1): Dialektik der Natur. - In: Karl Marx und Friedrich Engels: Werke. Band 20. Berlin (Ost) 1962, S. 305 - 570.

Feuerbach, Ludwig (1969): Nikolaus Malebranche. - In: L.F. (1969): Geschichte der neueren Philosophie von Bacon von Verulam bis Benedikt Spinoza. Berlin, S. 317 - 361.

Flaubert, Gustave (1979): Bouvard und Pècuchet. Übers. von Georg Goyert. Frankfurt/M. [it 373].

Flor, Jan Riis (1993): Der späte Wittgenstein. Sprache und Lebensform. - In: Anton Hügli und Paul Lübcke (Hrsg.): Philosophie im 20. Jahrhundert. Band 2: Wissenschaftstheorie und Analytische Philosophie, Reinbek, S. 212 - 235 (zuerst Kopenhagen 1983).

Frege, Gottlob (1987): Die Grundlagen der Arithmetik. Stuttgart [rub 8425] (zuerst 1884).

Friedell, Egon (1927 - 1931): Kulturgeschichte der Neuzeit. Die Krisis der europäischen Seele von der schwarzen Pest bis zum Ersten Weltkrieg. München, darin: Moses Mendelssohn, S. 678 - 680.

Giddens, Anthony (1984): Interpretative Soziologie. Eine kritische Einführung. Deutsche Übersetzung von Wolfgang Föste. Frankfurt/M. und New York [Campus-Taschenbuch] (zuerst London 1976).

Gluski, Jerzy (1971): Proverbs. A comparative book of English, French, German, Italian, Spanish and Russian proverbs with a Latin appendix. Compiled and edited by Jerzy Gluski. Amsterdam, London und New York.

Goethe, Johann Wolfgang (1893): Über Mathematik und deren Mißbrauch, so wie das periodische Vorwalten einzelner wissenschaftlicher Zweige. - In: Goethes naturwissenschaftliche Schriften, 11. Band: Zur Naturwissenschaft. Allgemeine Naturlehre I. Theil. Weimar, S. 78 - 95.

Goethes Gespräche (1972): Eine Sammlung zeitgenössischer Berichte aus seinem Umgang auf Grund der Ausgabe und des Nachlasses von Flodoard Freiherr von Biedermann. Ergänzt und herausgegeben von Wolfgang Herwig, Bd. 3, Zweiter Teil 1825 - 1832. Zürich und Stuttgart.

Goodman, Nelson (1990): Weisen der Welterzeugung. Übersetzt von Max Looser, Frankfurt/M. [stw 863] (zuerst 1978).

Goodman, Nelson und Catherine Z. Elgin (1993): Revisionen. Philosophie und andere Künste und Wissenschaften. Übersetzt von Bernd Philippi. Frankfurt/M. [stw 1050] (zuerst Indianapolis 1988).

Grabowski, Joachim, Herrmann, Theo und Rupert Pobel (1990): Sprechen, Handeln, Regulieren. Vom Zeichentausch zum zielgerichteten Sprechen. - 7. Studieneinheit des Funkkollegs »Medien und Kommunikation. Konstruktionen von Wirklichkeit«. Weinheim und Basel.

Gradmann, Stefan (1986): Das Ungetym. Mythologie, Psychoanalyse und Zeichensynthesis in Arno Schmidts Joyce-Rezeption. München.

Grips, Benno (1971): Wetzsteine des Verstandes. - In: Das neue Universum. Forschung. Wissen. Unterhaltung. Ein Jahrbuch. Band 88. Stuttgart, S. 417 - 425.

Groult, Benoîte (1991): Die Dinge, wie sie sind. Roman. Aus dem Französischen von Mauki Venjakob. München [Knaur TB 3095] (zuerst Paris 1972).

Guillen, Michael (1987): Brücken ins Unendliche: Die menschliche Seite der Mathematik. Aus dem Amerikanischen von Rupprecht Schattner u. Hans-Rainer Mannhaupt. München [dtv 10698].

Hahn, Hans (1988): Empirismus, Logik, Mathematik. Hrsg. von Brian McGuinness. Frankfurt/M. [stw 645].

Hammett, Dashiell (1976): Der dünne Mann. Roman. Neu übersetzt von Tom Knoth. Zürich [detebe 20295] (zuerst New York 1934).

Hamsun, Knut (1987): Mysterien. Hamburg (Einmalige Sonderausgabe zum 100. Geburtstag von Ernst Rowohlt am 23. Juni 1987).

Hauptmann, Gerhart (1964): Sämtliche Werke. Bd. 4: Lyrik und Versepik. Hrsg. von Hans-Egon Hass. Frankfurt/M. - Berlin.

Hebbel, Friedrich (1903 - 1920): Sämtliche Werke. Historisch kritische Ausgabe besorgt von Richard Maria Werner. Erste Abteilung. Vermischte Schriften IV, 1852 - 1863. Kritische Arbeiten III. Berlin, darin: Brunhild. Eine Tragödie aus der Nibelungensage. Von Emanuel Geibel. Stuttgart und Augsburg bei Cotta, S. 164 - 167.

Hein, Christoph (1989): Die Ritter der Tafelrunde. Eine Komödie. Frankfurt/M.

Heisenberg, Werner (1985): Schritte über Grenzen. Gesammelte Reden und Aufsätze. München und Zürich (6. Aufl.) [SP 336], darin: Die Abstraktion in der modernen Naturwissenschaft, S. 151 - 170 (zuerst: Vortrag, Bonn 1960).

Heisenberg, Werner (1986): Physik und Philosophie. Frankfurt/M. u. Berlin [Ullstein Materialien 35132] (zuerst 1959).

Heller, Bruno (1983): Erkenntnistheorie. Materialien für den Philosophieunterricht in der gymnasialen Oberstufe. Kommentarband. Stuttgart.

Hesse, Hermann (1952): Innen und Außen. - In: H.H.: Gesammelte Werke. Bd. 2. Frankfurt/M., S. 836 - 850.

Hildesheimer, Wolfgang (1963): Vergebliche Aufzeichnungen. Nachtstück. Frankfurt/M.

Hinrichs, Boy (1986): Utopische Prosa als längeres Gedankenspiel. Untersuchungen zu Arno Schmidts Theorie der Literatur und ihrer Konkretisierung in »Schwarze Spiegel«, »Die Gelehrtenrepublik« und »Kaff auch Mare Crisium«. Tübingen.

Hofstadter, Douglas r. (ohne Jahreszahl): Gödel-Escher-Bach. Ein Endloses Geflochtenes Band. Gütersloh.

Husserl, Edmund (1913): Logische Untersuchungen. 2 Bde. Halle a.d.S.

Ifrah, Georges (1986): Universalgeschichte der Zahlen. Frankfurt/M. u. New York.

Jelinek, Elfriede (1986): Die Klavierspielerin. Roman. Reinbek [rororo 5812].

Joyce, James (ohne Jahreszahl): Ulysses. Übersetzt von Hans Wollschläger. Gütersloh.

Kästner, Erich (1989): Fabian. Die Geschichte eines Moralisten. München [dtv 11006] (zuerst Stuttgart und Berlin 1931).

Kafka, Franz (1986): Briefe an Milena. Erweiterte und neu geordnete Ausgabe. Hrsg. von Jürgen Born und Michael Müller. Frankfurt/M. [Fischer TB 5307].

Kandinsky, Wassily (1973): Essays über Kunst und Künstler. Hrsg. und kommentiert von Max Bill. Bern (3. Aufl.), darin: Zugang zur Kunst (1937), S. 203 - 210.

Keller, Gottfried (1966): Der grüne Heinrich. (1.Fsg.) - In: G.K. Sämtliche Werke und ausgewählte Briefe. Bd. 1. München.

Kishon, Ephraim (1988): 2 x 2 = Schulze. Ein avantgardistisches Fragment. - In: E.K.: (1988): Arche Noah, Touristenklasse. Neue Satiren aus Israel. Aus dem Amerikanischen übertragen von Friedrich Torberg. Reinbek [rororo 756] (zuerst New York 1962), S. 108 - 111.

Koeppen, Wolfgang (1979): Ein Fetzen von der Stierhaut. - In: W.K.: Nach Rußland und anderswohin. Empfindsame Reisen. Frankfurt/M. (2. Aufl.) [st 115], S. 9 - 72.

Koesters, Paul-Heinz (1980): Deutschland deine Denker. Geschichten von Philosophen und Ideen, die unsere Welt bewegen. Hamburg (3. Aufl.), darin: Leibniz, S. 42 - 69.

Kranz, Walter (Hrsg.) (1964): Die Fragmente der Vorsokratiker. Griechisch und deutsch von Hermann Diels, Zürich und Berlin.

Kraus, Karl (1904): Antworten des Herausgebers. - In: Die Fackel, Nr. 168, 10.11.1904, S. 22. (Reprint bei Zweitausendeins).

Kraus, Karl (1912). Nestroy und die Nachwelt. - In: Die Fackel, Nr. 349/350, 13.5.1912, S. 1 - 13 (Reprint bei Zweitausendeins).

Kraus, Karl (1986): Aphorismen. Sprüche und Widersprüche. Pro domo et mundo. Nachts. Frankfurt/M. [st 1318] (zuerst 1913).

Krauthammer, Charles (1991): On getting it wrong. Essay. - In: Time, 15. April 1991, S. 68.

Kwiatkowski, Gerhard (Hrsg.) (1985): Schülerduden Philosophie. Mannheim.

Lang, Ewald (Hrsg.) (1990): Wendehals und Stasi-Laus. Demo-Sprüche aus der DDR. München.

Lautréamont, Comte de (1954): Gesamtwerk. Aus dem Französischen von Rè Soupault. Heidelberg, darin: Die Gesänge des Maldoror, S. 9 - 288.

Leber, Stefan (1983): Die Pädagogik der Waldorfschule und ihre Grundlagen. Darmstadt.

Lebert, Hans (1991): Die Wolfshaut. Roman. Wien und Zürich.

Leibniz, G.W. (1915): Neue Abhandlungen über den menschlichen Verstand. Übersetzt, eingeleitet und erläutert von Ernst Cassirer. Leipzig.

Lenk, Hans (1986): Zwischen Wissenschaftstheorie und Sozialwissenschaft. Frankfurt/M. [stw 637].

Leppmann, Wolfgang (1992): Zwei und zwei ist fünf. Andrew Field erzählt das Leben von Djuna Barnes. - In: FAZ, 2. Juli 1992, S. 30.

Lessing, Theodor (1983): Geschichte als Sinngebung des Sinnlosen. Mit einem Nachwort von Rita Bischof. München.

Leupold, Dagmar (1992): Edmond: Geschichte einer Sehnsucht. Roman. Frankfurt/M. [Fischer TB 2373].

Lichtenberg, G.C. (1984): Sudelbücher. Hrsg. von Fritz H. Mautner. Frankfurt/M. [it 792].

Luhmann, Niklas (1992): Die Wissenschaft der Gesellschaft. Frankfurt/M. [stw 1001].

März, Ursula (1992): Das Höschen. Arbeit am deutschen Gedanken: Elisabeth Plessens Erzählungsband »Lady Spaghetti«. In: Die Zeit, 2.10.1992, S.13 (Literatur).

Malerba, Luigi (1984): Die nachdenklichen Hühner. 131 kurze Geschichten. Aus dem Italienischen von Elke Wehr. Mit Zeichnungen von Matthias Koeppel. Berlin [Wagenbach Q 132] (zuerst Turin 1980).

Martial (1984): Epigramme. Ausgewählt, übersetzt und erläutert von Harry C. Schnur. Stuttgart [rub 1611].

Mauthner, Fritz (1982): Beiträge zu einer Kritik der Sprache. 3 Bde. Frankfurt/M., Berlin und Wien [Ullstein Materialien 35145 - 7.].

Merten, Klaus (1990): Inszenierung von Alltag. Kommunikation, Massenkommunikation, Medien. - 3. Kollegstunde des Funkkollegs: »Medien und Kommunikation. Konstruktionen von Wirklichkeit.« (Hier zitiert nach einem Manuskript des Hessischen Rundfunks.)
Michaelis, Rolf (1991): Schwarze Revue. Uraufführung in Wien: George Taboris »Babylon-Blues« am Burgtheater. - In: Die Zeit, 19. April 1991, S. 68.
Miller, Henry (1992): Sexus. Roman. Deutsch von Kurt Wagenseil. Reinbek [rororo 4612] (zuerst Paris 1947).
Mischke, Roland (1992): Zwei mal zwei ist Papier. Die vierte Internationale Biennale der Papierkunst in Düren. - In: FAZ, 2. Juli 1992, S. 32.
Mohr, Reinhard (1992): Zaungäste. Die Generation, die nach der Revolte kam. Frankfurt/M.
Molière (1988): Don Juan. Komödie in fünf Akten. Aus dem Französischen von Arthur Luther. Stuttgart [rub 5402].
Müller, Heiner (1989): Kopien 1. Berlin, darin: Molière: Don Juan oder Der steinerne Gast.
Musil, Robert (1955): Aus dem stilisierten Jahrhundert ›Die Straße‹. - In: R.M.: Tagebücher, Aphorismen, Essays und Reden. Hrsg. von Adolf Frisé. Hamburg, S. 28 - 30.
Musil, Robert (1977): Die Verwirrungen des Zöglings Törleß. Hamburg [rororo 300].
Nahr, Helmut (1970 - 1974): Definitionen. Unveröffentlichte Manuskripte. - In: Schmidt, Lothar (Hrsg.) (1989): Schlagfertige Definitionen. Von Aberglaube bis Zynismus. Reinbek.
Natorp, Paul (1910): Verhältnis der Logik zur Psychologie. - In: Logik in Leitsätzen zu akademischen Vorlesungen. Marburg, S.10f. Hier zit. nach Volker Spierling (Hrsg.) (1986): Lust an der Erkenntnis. Die Philosophie des 20. Jahrhunderts. Ein Lesebuch, München u. Zürich [SP 547], S. 44f.
Nietzsche, Friedrich (1984): Werke IV. Aus dem Nachlaß der Achtzigerjahre. Briefe (1861 - 1889). Hrsg. von Karl Schlechta. Frankfurt/M., Berlin, Wien [Ullstein Materialien 35074].
Novalis (1960): Schriften. 2. Band. Das philosophische Werk I. Hrsg. von Richard Samuel in Zusammenarbeit mit H.-J. Mähl und Gerhard Schulz. Stuttgart.
Ortega y Gasset, José (1957): Der Mensch und die Leute. Nachlaßwerk. Übers. von Ulrich Weber. Stuttgart (zuerst Madrid 1957).
Orwell, George (1975): Rache ist sauer. Erzählungen und Essays. Aus dem Englischen von Felix Gasbarra. Zürich [detebe-Klassiker 20250], darin: Zur Verhinderung von Literatur, S. 77 - 96 (zuerst 1946).
Orwell, George (1979): 1984. Aus dem Englischen von Kurt Wagenseil. Frankfurt/M., Berlin und Wien [Ullstein TB 3253].
Orwell, George (1981): Das George Orwell Lesebuch. Essays. Reportagen. Betrachtungen. Hrsg. von Fritz Senn. Aus dem Englischen von Tina Richter. Zürich [detebe 20788], darin: Rückblick auf den Spanischen Krieg, S. 147 - 174 (geschrieben 1942), Macht. Besprechung von »Power: A New Social Analysis« von Bertrand Russell, S. 175 - 177 (zuerst 1939).
Orwell, George (1984): 1984. Hrsg. und mit einem Nachwort von Herbert W.

Franke. Übers. von Michael Walter. Frankfurt/M., Berlin und Wien [Ullstein TB 20456] (geschrieben 1944 - 1949).
Oseka, Janusz (1985): Wieviel ist zwei mal zwei? In: Karutz, Guido und Wolfgang Schulte (1985): Hilfen für erste Deutschstunden. Stuttgart (3. Aufl.), S. 24 - 27.
Patzig, Günther (1981): Sprache und Logik. Göttingen (2. Aufl.).
Pessoa, Fernando (1992): Das Buch der Unruhe des Hilfsbuchhalters Bernardo Soares. Aus dem Portugiesischen übersetzt und mit einem Nachwort versehen von Georg Rudolf Lind. Frankfurt/M. [Fischer TB 11212] (zuerst Lissabon 1982).
Piaget, Jean (1972): Die Entwicklung des Erkennens I. Das mathematische Denken. Stuttgart.
Piaget, Jean und Inhelder, Bärbel (1981): Die Psychologie des Kindes. Frankfurt/M. (4. Aufl.) [Fischer TB 6339].
Platon (1982): Menon. Auf der Grundlage der Übersetzung von Otto Apelt in Verbindung mit Else Zekl neu bearbeitet und herausgegeben von Klaus Reich. Hamburg.
Pocci, Franz von (1989): Das Einmal Eins. - In: Bogner, Ute (Hrsg.) (1989): Die schönsten Kinderreime. Herrsching, S. 231 - 254.
Pohlen, Annelie (1987): Was ist noch zu tun? Über Bilder nachdenken, über Skulpturen nachdenken ... und über Kunst. - In: Bonner Kunstverein (Hrsg.) (1987): »2 x 2 aus Holland«. Katalog zur gleichnamigen Ausstellung vom 16.6. - 9.8.1987, Bonn, S. 7 - 14.
Poundstone, William (1992): Im Labyrinth des Denkens. Wenn Logik nicht weiterkommt: Paradoxien, Zwickmühlen, Sackgassen, Rätsel und die Hinfälligkeit des Wissens. Deutsch von Peter Weber-Schäfer, Reinbek (zuerst New York 1988).
Prévert, Jacques (1962): Gedichte und Chansons. Französisch und Deutsch. Nachdichtungen von Kurt Kusenberg. Reinbek. [rororo 1421].
Raddatz, Fritz J. (1993): Hermann Kants Mimikry. Groteske und Grausen beim Lesen meiner Stasi-Akte. - In: Die Zeit, 2.4.1993. S. 65.
Randow, Gero von (1992): Unverstandene Zahlenwelt. Rechenschwäche muß kein Zeichen von Dummheit sein. Kinder, die nicht »zwei und zwei« zusammenzählen können, leiden häufig unter einer Dyskalkulie. - In: Die Zeit, 7. Februar 1992, S. 94.
Reichmann, Eberhard (1968): Die Herrschaft der Zahl. Quantitatives Denken in der deutschen Aufklärung. Stuttgart.
Richter, Hans (1978): DADA - Kunst und Antikunst. Der Beitrag Dadas zur Kunst des 20. Jahrhunderts. Köln.
Ringelnatz, Joachim (1987): Ausgewählte Gedichte. Hamburg (Einmalige Sonderausgabe zum 100. Geburtstag von Ernst Rowohlt am 23. Juni 1987).
Rivarol, Antoine de (1988): Zwiegespräch zwischen einem König und einem Religionsstifter. - In: Hocke, Gustav René (Hrsg.) (1988): Der französische Geist. Die Meister des Essays von Montaigne bis Giraudoux. Deutsch von Peter M. Schon. Zürich, S. 112 - 117 [detebe 21634] (zuerst 1938).
Rorty, Richard (1989): Kontingenz, Ironie und Solidarität. Übersetzt von Christa Krüger, Frankfurt/M., darin vor allem: Der letzte Intellektuelle in Europa. Orwell über Grausamkeit, S. 274 - 304.

Rucker, Rudy (1988): Der Ozean der Wahrheit oder Die fünf Arten zu denken. Über die logische Tiefe der Welt. Expeditionen zu den Grenzen unserer Erkenntnis. Aus dem Amerikanischen übertragen und mit einem Literaturverzeichnis versehen von Klaus Volkert. Frankfurt/M. (zuerst Boston 1987).

Rusch, Gebhard (1990): Verstehen verstehen. Kognitive Autonomie und soziale Regulation. - 8. Studieneinheit des Funkkollegs »Medien und Kommunikation. Konstruktionen von Wirklichkeit«. Weinheim und Basel.

Russell, Bertrand (1986): Probleme der Philosophie. Aus dem Englischen übersetzt und mit einem Nachwort versehen von Eberhard Bubser. Frankfurt/M. [SV 207] (zuerst 1912).

Russell, Bertrand (1988): Philosophie. Die Entwicklung meines Denkens. Aus dem Englischen von Eberhard Bubser. Frankfurt/M. [Fischer TB 6572].

Sailer, Johann Michael (1987): Die Weisheit auf der Gasse. Sinn und Geist deutscher Sprichwörter. Nördlingen (zuerst 1810).

Salmon, Wesley C. (1983): Logik. Aus dem Englischen übersetzt von Joachim Buhl. Stuttgart [rub 7996].

Schäfer, Lothar (1974): Zahl. - In: Krings, Hermann, Baumgartner, Hans Michael und Christoph Wild (Hrsg.): Handbuch philosophischer Grundbegriffe. München, Bd. 6, S. 1775 - 1787.

Scheidt, Friedrich (1986): Grundfragen der Erkenntnisphilosophie. Historische Perspektiven. München und Basel.

Schell, Jonathan (1992): Wenn zwei und zwei nicht mehr vier ist. Der US-Wahlkampf 1992: Wie Präsidentschaftskandidat Bill Clinton zum Hoffnungsträger der Nation wurde. Übersetzung von Birgit Weidinger. - In: Süddeutsche Zeitung, 19./20. Dezember 1992, S. 118.

Schenk-Danzinger, Lotte (1972): Pädagogische Psychologie. Wien.

Schmidt, Arno (1981): Der Triton mit dem Sonnenschirm. (Überlegungen zu einer Lesbarmachung von »Finnegans Wake«). - In: A.S.: (1981): Nachrichten aus dem Leben eines Lords. 6 Nachtprogramme. Frankfurt/M. [Fischer TB 1622], S. 194 - 253.

Schmidt, Arno (1985): Das steinerne Herz. Historischer Roman aus dem Jahre 1954. Zürich [Band 4 der »Zürcher Kassette«].

Schmidt, Wilhelm (1967): Grundfragen der deutschen Grammatik. Eine Einführung in die funktionale Sprachlehre. Berlin (Ost).

Schmitz, Hermann Harry (1992): Mein erster Mittag an der Table d'hôte und was daraus entstand. - Zit. nach: Der Rabe. Magazin für jede Art von Literatur. Nr. 33, S. 135 - 144.

Schöne, Albrecht (1982): Aufklärung aus dem Geist der Experimentalphysik. Lichtenbergsche Konjunktive. München.

Schopenhauer, Arthur (1977,1): Die Welt als Wille und Vorstellung. (Zürcher Ausg. Werke in zehn Bänden. Bd. I-IV) Zürich [detebe-Klassiker 20421-24].

Schopenhauer, Arthur (1977,2): Ueber den Willen in der Natur. - In: A.S.: Kleinere Schriften I. (Zürcher Ausgabe. Werke in zehn Bänden. Band V) Zürich [detebe-Klassiker 20425], S. 183 - 342.

Schwitters, Kurt (1974): Das literarische Werk. Bd. 2: Prosa 1918 - 1930. Hrsg. von Friedhelm Lach, Köln, darin: Einleitung: Was ist Bleie? (1922), S. 59 - 60.

Schwitters, Kurt (1981): Das literarische Werk. Bd. 5: Manifeste und kritische Prosa. Hrsg. von Friedhelm Lach, Köln, darin: Selbstbestimmungsrecht der Künstler (1919), S.38f., Tragödie. Tran No. 22, gegen Herrn Dr. phil. et med. Weygandt (1922), S. 97 - 104.

Searle, John R. (1992): Geist, Gehirn, Programm. - In: Hofstadter Douglas R. und Daniel C. Dennett (Hrsg.): Einsicht ins Ich. Fantasien und Reflexionen über Selbst und Seele. Aus dem Amerikanischen von Ulrich Enderwitz. München, S. 337 - 356 (zuerst als »Minds, Brains, and Programms«, in: The Behavioral and Brain Sciences, Bd. 3. Cambridge 1980).

Simon, Josef (1989): Philosophie des Zeichens. Berlin und New York.

Sprenger, Werner (1982): Stabile Träume und andere Wirklichkeiten. Gedichte. Konstanz (5. Aufl.).

Steinbeck, John (1979): East of Eden. New York (5. Aufl.).

Steinbeck, John (1987): Jenseits von Eden. Deutsch von Harry Kahn. München [dtv 10810].

Sterne, Laurence (1982): Leben und Meinungen von Tristram Shandy Gentleman. Übersetzung von Adolf Friedrich Seubert. Durchgesehen und revidiert von Hans J. Schütz. Frankfurt/M. [it 621].

Stolzenberg, Gabriel (1984): Kann eine Untersuchung der Grundlagen der Mathematik uns etwas über das Denken verraten? - In: Paul Watzlawick (Hrsg.) Die erfundene Wirklichkeit. Wie wissen wir, was wir zu wissen glauben? Beiträge zum Konstruktivismus. München und Zürich [SP 373], S. 236 - 293.

Strauß, Botho (1982): Paare, Passanten. München und Wien (5. Aufl.).

Strindberg, August (1983): Ein Traumspiel. Aus dem Schwedischen übersetzt von Willi Reich. Stuttgart [rub 6017].

Strombach, Werner (1975): Die Gesetze unseres Denkens. Eine Einführung in die Logik. München (3.Aufl.).

Sudermann, Hermann (1917): Die Reise nach Tilsit. Stuttgart. - Zit. nach: Marcel Reich-Ranicki (Hrsg.) (1980): Anbruch der Gegenwart. Deutsche Geschichten. 1900 - 1918. München [dtv 1526], S. 448 - 480.

Taubes, Jacob (1993): Die politische Theologie des Paulus. München.

Tschechow, Anton (1963): Ariadna. Deutsch von Johannes von Guenther. - In: A.T.: Werke in 3 Bänden. Hamburg und München. 2. Band, S. 756 - 791.

Turretini, Jean Alphonse (1728): Über die Methode der Auslegung der Heiligen Schrift. - Zit. nach Kümmel, W.G. (1970): Das neue Testament. Geschichte der Erforschung seiner Probleme. Freiburg und München.

Voltaire (1981): Philosophische Briefe. 14. Brief: Über Descartes und Newton. Übersetzt von Anna Mudry und Paul Thiel. - In: Fontius, Martin (1981): Voltaire. Berlin (Ost), Bd. 3, S. 69 - 75.

Walser, Robert (1988): Der Räuber. Roman. Frankfurt/M.

Wander, Karl Friedrich Wilhelm (1876): Deutsches Sprichwörter-Lexikon. Bd. 4. Leipzig.

Wander, Karl Friedrich Wilhelm (1880): Deutsche Sprichwörter-Lexikon. Bd. 5. Leipzig.

Weber, Max (1988): Gesammelte Aufsätze zur Wissenschaftslehre. Tübingen (7. Aufl.) [UTB 1492], darin: Roscher und Knies und die logischen Probleme der historischen Nationalökonomie (1903 - 1906), S. 1 - 145, Über eini-

ge Kategorien der verstehenden Soziologie (1913), S. 427 - 474, Soziologische Grundbegriffe (1921), S. 541 - 581.
Weerth, Georg (1971): Humoristische Skizzen aus dem deutschen Handelsleben. Hrsg. von Jürgen Wolfgang Goette. Stuttgart [rub 7948] (entstanden 1845 - 1848).
Weiss, Peter (1981): Notizbücher 1971 - 1980. Frankfurt/M. [NF 67].
Weizsäcker, Carl Friedrich von (1987): Die Ambivalenz des Fortschritts. - In: C.F.v.W. (1987): Ausgewählte Texte. Hrsg. von Hans Christian Meiser. München [Goldmann 11030], S. 91 - 131.
Weizsäcker, Carl Friedrich von (1988): Aufbau der Physik. München [dtv 10899].
Wiesing, Lambert (1991): Stil statt Wahrheit. Kurt Schwitters und Ludwig Wittgenstein über ästhetische Lebensformen. München.
Wittenberg, Alexander Israel (1957): Vom Denken in Begriffen. Mathematik als Experiment des reinen Denkens. Basel und Stuttgart.
Wittenberg, Alexander Israel (1963): Bildung und Mathematik: Mathematik als exemplarisches Gymnasialfach. Stuttgart.
Wittgenstein, Ludwig (1973): Philosophische Grammatik. Hrsg. von Rush Rhees. Frankfurt/M. [stw 5].
Wittgenstein, Ludwig (1978): Wittgensteins Vorlesungen über die Grundlagen der Mathematik. Cambridge, 1939. Hrsg. von Cora Diamond. Frankfurt/M.
Wittgenstein, Ludwig (1981): Philosophische Bemerkungen. Aus dem Nachlaß herausgegeben von Rush Rhees. Frankfurt/M. [stw 336].
Wittgenstein, Ludwig (1984): Tractatus logico-philosophicus. Frankfurt/M. [stw 501], darin: Tractatus logico-philosophicus, S. 7 - 85, Tagebücher 1914 - 1916, S. 87 - 223, Philosophische Untersuchungen, S. 225 - 580.
Wittgenstein, Ludwig (1984,1): Bemerkungen über die Grundlagen der Mathematik. Hrsg. von G.E.M. Anscombe, Rush Rhees und G.H.v. Wright. Frankfurt/M. [stw 506].
Wittgenstein, Ludwig (1984,2): Über Gewißheit. Frankfurt/M. [stw 508], darin: Bemerkungen über die Farben (Hrsg. von G.E.M. Anscombe), S. 7 - 112, Über Gewißheit (Hrsg. von G.E.M. Anscombe und G.H.v. Wright), S. 113 - 257, Zettel (Hrsg. von G.E.M. Anscombe und G.H.v. Wright), S. 259 - 443, Vermischte Bemerkungen (Eine Auswahl aus dem Nachlaß. Hrsg. von Georg Henrik von Wright unter Mitarbeit von Heikki Nyman), S. 445 - 573.
Wittgenstein, Ludwig (1989): Vorlesungen 1930 - 1935. Hrsg. von Desmond Lee und Alice Ambrose. Übersetzt von Joachim Schulte. Frankfurt/M. [stw 865].
Wolf, Christa (1992): Was bleibt. Hamburg und Zürich [SL 1073] (zuerst Berlin 1990).

II. Verzeichnis der zitierten Literatur, sofern diese nicht zuvor aufgelistet wurde.

Adorno, Theodor W. (1973): Ästhetische Theorie. Hrsg. von Gretel Adorno u. Rolf Tiedemann. Frankfurt/M. [stw 2].

Arendt, Hannah (1986): Eichmann in Jerusalem. Ein Bericht von der Banalität des Bösen. Mit einem Essay von Hans Mommsen. München [SP 308] (zuerst München 1964).

Aristoteles (1981): Metaphysik. Übersetzt und herausgegeben von Franz F. Schwarz. Stuttgart [rub 7913].

Assmann, Aleida (1992): Zeit-Strategien. Einige Querverbindungen zwischen Systemtherapie und Kulturtheorie. - In: Fischer, Hans Rudi et al. (Hrsg.) (1992), S. 147 - 155.

Aufschnaiter, Stefan von, Fischer, Hans E. und Hannelore Schwedes (1992): Kinder konstruieren Welten. Perspektiven einer konstruktivistischen Physikdidaktik. - In: Siegfried J. Schmidt (Hrsg.) (1992), S. 380 - 424.

Bachmann, Ingeborg (1992): Ludwig Wittgenstein - Zu einem Kapitel der jüngsten Philosophiegeschichte. - In: I.B. (1992): Gedichte. Erzählungen. Hörspiele. Essays. München und Zürich (7. Aufl.), S. 284 - 295 [SP 1630].

Baecker, Jochen, Borg-Laufs, Michael, Duda, Lothar und Ellen Matthies (1992): Sozialer Konstruktivismus - eine neue Perspektive in der Psychologie. - In: Schmidt, Siegfried J. (Hrsg.) (1992). S. 116 - 145.

Barck, Karlheinz, Gente, Peter, Paris, Heidi und Stefan Richter (Hrsg.) (1991): AISTHESIS. Wahrnehmung heute oder Perspektiven einer anderen Ästhetik. Essais. Mit 13 Künstlersprüchen. Leipzig. [Reclam-Bibliothek 1352]

Bauer, Wolfgang (1978): Ackerbau im Paradies. Glücksvorstellungen im Alten und Neuen China. - In: Was ist Glück? Ein Symposion. München (2.Aufl.), S. 171 - 204 [dtv 1134].

Bauman, Zygmunt (1992): Moderne und Ambivalenz. Das Ende der Eindeutigkeit. Aus dem Englischen von Martin Suhr. Hamburg.

Beck, Ulrich (1988): Gegengifte. Die organisierte Unverantwortlichkeit. Frankfurt/M. [NF 468].

Böhringer, Hannes (1991): Attention im Clair-obscur: Die Avantgarde. - In: Barck, Karlheinz et al. (Hrsg.) (1991), S. 14 - 32.

Boëtius, Henning (1985): Brentano und die Philologen. - In: H.B. (1985): Der andere Brentano: nie veröffentlichte Gedichte; 150 Jahre Literatur-Skandal. Frankfurt/M., S. 5 - 16.

Bogdal, Klaus-Michael (1990): Einleitung: Von der Methode zur Theorie. Zum Stand der Dinge in den Literaturwissenschaften. - In: K.-M. Bogdal (Hrsg.) (1990), S. 9 - 30.

Bogdal, Klaus-Michael (Hrsg.) (1990): Neue Literaturtheorien. Eine Einführung. Opladen.

Bohrer, Karl Heinz (1992): Die Grenzen des Ästhetischen. - In: Die Zeit, 4.9.1992, S. 56f.

Braun, Christoph-Friedrich von (1990): Das Maß aller Dinge. - In: Die Zeit, 26.10.1990, S. 93.

Brecht, Bertolt (1981): Lyrik und Logik. - In: B.B.: Über Lyrik. Frankfurt/M. (7. Aufl.) [SV 70], S. 50 - 52.
Büchner, Georg (1978,1): Woyzeck. Lesetext. Szenen bzw. Bruchstücke früherer Entwürfe. - In: G.B. (1978): Gesammelte Werke. Hrsg. von Gerhard P. Knapp [Goldmann Klassiker 7510], S. 159 - 194.
Bürger, Peter (1992): Prosa der Moderne. Unter Mitarbeit von Christa Bürger. Frankfurt/M. [stw 1013].
Bürger, Peter (1992,1): Schwarze Philosophie. Über die Aktualität des Poststrukturalismus. Entgegnung auf Manfred Frank. - In: Die Zeit, 30.10.1992, S. 83.
Calvino, Italo (1991): Sechs Vorschläge für das nächste Jahrtausend. Harvard-Vorlesungen. Aus dem Italienischen von Burkhart Kroeber. München und Wien.
Carroll, Lewis (1974): Alice hinter den Spiegeln. Mit einundfünfzig Illustrationen von John Tenniel. Übersetzt von Christian Enzensberger. Frankfurt/M. [it 97].
Chartier, Roger (1992): Die unvollendete Vergangenheit. Geschichte und die Macht der Weltauslegung. Aus dem Französischen von Ulrich Raulff. Frankfurt/M. [FW 10968].
Cioran. E.M. (1979): Vom Nachteil, geboren zu sein. Übersetzt von François Bondy. Frankfurt/M. [st 549] (zuerst Paris 1973).
Cioran, E.M. (1991): Gevierteilt. Aus dem Französischen von Bernd Mattheus. Frankfurt/M. [st 1838] (zuerst Paris 1979).
Danneberg, Lutz und Friedrich Vollhardt (Hrsg.) (1992): Vom Umgang mit Literatur und Literaturgeschichte. Positionen und Perspektiven nach der »Theoriedebatte«. Stuttgart.
Deiritz, Karl und Hannes Krauss (Hrsg.) (1991): Der deutsch-deutsche Literaturstreit oder ›Freunde, es spricht sich schlecht mit gebundener Zunge‹. Analysen und Materialien. Hamburg und Zürich [SL 1002].
Derrida, Jacques (1991): Gesetzeskraft. Der »mystische Grund der Autorität«. Aus dem Französischen von Alexander García Düttmann. Frankfurt/M. [NF 645].
Descartes, René (1982): Abhandlung über die Methode des richtigen Vernunftgebrauchs. Ins Deutsche übertragen von Kuno Fischer. Erneuert und mit einem Nachwort versehen von Hermann Glockner, Stuttgart [rub 3767].
Descartes, René (1983): Meditationen über die Erste Philosophie. Aus dem Lateinischen übersetzt und hrsg. von Gerhart Schmidt. Stuttgart [rub 2887].
Doyle, Sir Arthur Conan (1989): Das Zeichen der Vier. Neu übersetzt von Leslie Giger. Zürich [Haffmans 1059].
Dürrson, Werner (1986): Wie ich lese? - Selbstbefragung eines Autors. - In: »Was sollten Schüler lesen?« Umfrage zur Jugendlektüre. Schriftsteller antworten. Hrsg. von Guido Kohlbecher. Neustadt/Wied (Wiedtal-Gymnasium), S. 23 - 29.
Duras, Marguerite (1988): Das tägliche Leben. Aus dem Französischen von Ilma Rakusa. Frankfurt/M. [NF 508], darin: Das Haus, S. 50 - 72.
Eagleton, Terry (1992): Einführung in die Literaturtheorie. Aus dem Englischen von Elfi Bettinger und Elke Hentschel. Stuttgart (2. Aufl.) [SM 246].

Eckermann, Johann Peter (1981): Gespräche mit Goethe. In den letzten Jahren seines Lebens. Hrsg. von Fritz Bergemann. 2 Bde. Frankfurt/M. [it 500].
Eco, Umberto (1987): Streit der Interpretationen. Konstanz.
Eco, Umberto (1987,1): Nachschrift zum ›Namen der Rose‹. Deutsch von Burkhart Kroeber. München (8. Aufl.) [dtv 10552].
Eggert, Hartmut, Profitlich, Ulrich und Klaus R. Scherpe (Hrsg.) (1990): Geschichte als Literatur. Formen und Grenzen der Repräsentation von Vergangenheit. Stuttgart.
Einstein, Albert (1981): Briefe. Aus dem Nachlaß hrsg. von Helen Dukas und Banesh Hoffmann, Zürich.
Endres, Franz Carl (1951): Mystik und Magie der Zahlen. Zürich (3. Aufl.).
Enzensberger, Hans Magnus (1976): Bescheidener Vorschlag zum Schutze der Jugend vor den Erzeugnissen der Poesie. - In: The German Quarterly 49, 1976, S. 425 - 437.
Enzensberger, Hans Magnus (1992): Die große Wanderung. Dreiunddreißig Markierungen. Mit einer Fußnote »Über einige Besonderheiten bei der Menschenjagd«. Frankfurt/M.
Enzensberger, Hans Magnus (1992,1): Drei Fußnoten zur Tochter der Luft. - In: H.M.E. (1992): Die Tochter der Luft. Ein Schauspiel. Nach dem Spanischen des Calderon de la Barca. Frankfurt/M., S. 123 - 130.
Fink-Eitel, Hinrich (1989): Foucault zur Einführung. Hamburg.
Fischer, Hans Rudi (1992): Zum Ende der großen Entwürfe. Eine Einführung. - In: Fischer, Hans Rudi et al. (Hrsg.) (1992), S. 9 - 34.
Fischer, Hans Rudi, Retzer, Arnold und Jochen Schweitzer (Hrsg.) (1992): Das Ende der großen Entwürfe. Frankfurt/M. [stw 1032].
Flusser, Vilém (1991): Kleine Anthropologie der Dinge. II: Vom Topf. - In: Die Zeit, 5.4.91.
Flusser, Vilém (1992): Die Schrift. Hat Schreiben Zukunft? Frankfurt/M. [FW 10906].
Foerster, Heinz von (1984): Das Konstruieren einer Wirklichkeit. - In: Paul Watzlawick (Hrsg.) (1984), S. 39 - 60.
Foerster, Heinz von (1991): Wahrnehmen wahrnehmen. - In: Barck, Karlheinz et al. (Hrsg.) (1991), S. 434 - 443.
Förster, Jürgen, Neuland, Eva, und Gerhard Rupp (Hrsg.) (1989): Wozu noch Germanistik? Wissenschaft/Beruf/Kulturelle Praxis. Stuttgart.
Fohrmann, Jürgen (1988): Der Kommentar als diskursive Einheit der Wissenschaft. - In. Fohrmann und Müller (Hrsg.) (1988), S.244 - 257.
Fohrmann, Jürgen und Harro Müller (1988): Einleitung: Diskurstheorien und Literaturwissenschaft. - In: Fohrmann und Müller (Hrsg.) (1988), S. 9 - 22.
Fohrmann, Jürgen und Harro Müller (1988): Diskurstheorien und Literaturwissenschaft. Frankfurt/M. [st 2091].
Forget, Philippe (Hrsg.) (1984): Text und Interpretation. Deutsch-französische Debatte mit Beiträgen von J. Derrida, Ph. Forget, M. Frank, H.-G. Gadamer, J. Greisch und F. Laruelle. München [UTB 1257].
Foucault, Michel (1987): Nietzsche, die Genealogie, die Historie. - In: M.F. (1987): Von der Subversion des Wissens. Hrsg. und aus dem Französischen und Italienischen übertragen von Walter Seitter. Mit einer Bibliographie der Schriften Foucaults. Frankfurt/M. [FW 7398], S. 69 - 90.

Frank, Manfred (1984): Die Grenzen der Beherrschbarkeit der Sprache. Das Gespräch als Ort der Differenz von Neostrukturalismus und Hermeneutik. - In: Philippe Forget (Hrsg.) (1984), S. 181 - 213.

Frank, Manfred (1992): Wörter, Wörter, Wörter. Eine Abrechnung mit dem Poststrukturalismus. - In: Die Zeit, 11.9.1992, S. 74.

Fricke, Harald (1991): Literatur und Literaturwissenschaft. Beitr. zu Grundfragen einer verunsicherten Disziplin. Paderborn, München, Wien, Zürich.

Frühwald, Wolfgang, Jauß, Hans Robert, Koselleck, Reinhard, Mittelstraß, Jürgen und Burkhart Steinwachs (1990): Geisteswissenschaften heute: Empfehlungen. (Sonderdruck des Bundesministeriums für Forschung und Technologie).

Frühwald, Wolfgang, Jauß, Hans Robert, Koselleck, Reinhard, Mittelstraß, Jürgen und Burkhart Steinwachs (1991): Geisteswissenschaften heute. Eine Denkschrift. Frankfurt/M. [stw 973].

Fukuyama, Francis (1992): Das Ende der Geschichte. Wo stehen wir? Aus dem Amerikanischen von Helmut Dierlamm, Ute Mihr und Karlheinz Dürr. München (zuerst New York 1992: The End of History).

Funkkolleg »Medien und Kommunikation. Konstruktionen von Wirklichkeit«. Hrsg. vom Deutschen Institut für Fernstudien. Weinheim und Basel 1990.

Gadamer, Hans-Georg (1988): Gedicht und Gespräch. Überlegungen zu einer Textprobe Ernst Meisters. - In: Jordan, Lothar, Marquardt, Axel und Winfried Woesler (Hrsg.): Lyrik - Erlebnis und Kritik. Gedichte und Aufsätze des dritten und vierten Lyrikertreffens in Münster. Frankfurt/M. [Fischer TB 2359], S. 314 - 326.

Gamper, Herbert (1991): ›Keiner wagt mehr seine Person daran‹ - Zur Situation der Literaturwissenschaft nach vollendeter Marginalisierung der Literatur. - In: Griesheimer und Prinz (Hrsg.) (1991), S. 102 - 126.

Gebauer, Gunter und Christoph Wulf (1992): Mimesis. Kultur - Kunst - Gesellschaft. Reinbek [re 497].

Geertz, Clifford (1987): Common sense als kulturelles System. - In: C.G.: Dichte Beschreibung. Beiträge zum Verstehen kultureller Systeme. Übersetzt von Brigitte Luchesi und Rolf Bindemann. Frankfurt/M. [stw 696], S. 261 - 288.

Glasersfeld, Ernst von (1992): Aspekte des Konstruktivismus: Vico, Berkeley, Piaget. - In: Konstruktivismus: Geschichte und Anwendung. Delfin 1992. Frankfurt/M. [stw 1040], S. 20 - 33.

Glasersfeld, Ernst von (1992,1): Das Ende einer großen Illusion. - In: Fischer, Hans Rudi et al. (Hrsg.) (1992), S. 85 - 98.

Goethe, Johann Wolfgang (1976): Maximen und Reflexionen. Text der Ausgabe von 1970 mit den Erläuterungen und der Einleitung Max Heckers. Nachwort von Isabella Kuhn. Frankfurt/M. [it 200].

Goethe, Johann Wolfgang (1979): Wilhelm Meisters Lehrjahre. München (2. Aufl.) [dtv 2026].

Goethe, Johann Wolfgang (1982): Goethes Gedichte in zeitlicher Folge. Hrsg. von Heinz Nicolai. Frankfurt/M.

Göttert, Karl-Heinz (1991): Einführung in die Rhetorik. Grundbegriffe - Geschichte - Rezeption. München [UTB 1599].

Greenblatt, Stephen (1991): Schmutzige Riten. Betrachtungen zwischen Weltbildern. Aus dem Amerikanischen von Jeremy Gaines. Berlin.

Griesheimer, Frank und Alois Prinz (Hrsg.) (1991): Wozu Literaturwissenschaft? Kritik und Perspektiven. Tübingen [UTB 1640].

Grimminger, Rolf (1990): Die Ordnung, das Chaos und die Kunst. Für eine neue Dialektik der Aufklärung. Mit einer Einleitung zur Taschenbuchausgabe. Frankfurt/M. [stw 885].

Gumbrecht, Hans Ulrich (1987): Pathologien im Literatursystem. - In: Baecker, Dirk, Markowitz, Jürgen, Stichweh, Rudolf, Tyrell, Hartmann und Helmut Willke (Hrsg.): Theorie als Passion. Niklas Luhmann zum 60. Geburtstag. Frankfurt/M., S. 137 - 180.

Gumbrecht, Hans Ulrich (1988): Who ist afraid of Deconstruction? - In: Fohrmann und Müller (Hrsg.((1988), S. 95 - 113.

Habermas, Jürgen (1988): Erkenntnis und Interesse. Mit einem neuen Nachwort. Frankfurt/M. (9. Aufl.) [stw 1].

Habermas, Jürgen (1992): Die zweite Lebenslüge der Bundesrepublik: Wir sind wieder »normal« geworden. - In: Die Zeit, 11.12.1992, S. 48.

Havel, Václav (1990): Anatomie einer Zurückhaltung. - In: V.H.: Am Anfang war das Wort. Texte von 1969 bis 1990. Aus dem Tschechischen von Joachim Bruss. Reinbek [rororo Aktuell 12838], S. 115 - 159 (zuerst 1985).

Hecht, Werner (Hrsg.) (1986): Brechts »Leben des Galilei«. Frankfurt/M. [st 2001].

Hegel, Georg Wilhelm Friedrich (1971): Vorlesungen über die Ästhetik. Hrsg. von Rüdiger Bubner. Stuttgart [rub 7976 u. 7985].

Hein, Christoph (1990): Die fünfte Grundrechenart. Rede auf der Tagung des Ost-Berliner Schriftstellerverbandes v. 14.9.1989. - In C.H. (1990): Die fünfte Grundrechenart. Aufsätze und Reden 1987 - 1990. Frankfurt/M., S. 163 - 172.

Heisenberg, Werner (1973): Der Teil und das Ganze. Gespräche im Umkreis der Atomphysik. München [dtv 903].

Hildesheimer, Wolfgang (1965): Tynset. Frankfurt/M.

Hildesheimer, Wolfgang (1969): Die Wirklichkeit des Absurden. Frankfurter Vorlesung. - In: W.H.: Interpretationen. James Joyce. Georg Büchner. Zwei Frankfurter Vorlesungen. Frankfurt/M., S. 55 - 83.

Hörisch, Jochen (1988): Die Wut des Verstehens. Zur Kritik der Hermeneutik. Frankfurt/M. [es 1485].

Horkheimer, Max (1963): Theismus - Atheismus. - In: M.H. (1985): Zur Kritik der instrumentellen Vernunft. Aus den Vorträgen und Aufzeichnungen seit Kriegsende. Hrsg. von Alfred Schmidt. Frankfurt/M. [FW 7355], S. 216 - 228.

Horkheimer, Max und Theodor W. Adorno (1984): Dialektik der Aufklärung. Philosophische Fragmente. Frankfurt/M. (10. Aufl.) [Fischer TB 6144].

Hüser, Rembert (1992/93): Frozen Fritz. Diskussionspapier zum Literaturwissenschaftlichen Kolloquium von Jürgen Fohrmann, WS 1992/93, Uni Bonn.

Ickstadt, Heinz (1991): Plot, Komplott oder Herrschaft des Zufalls: Die Findung und Erfindung von Geschichte im postmodernen amerikanischen Roman. - In: Weimann und Gumbrecht (Hrsg.) (1991), S. 265 - 277.

Illich, Ivan (1987): H_2O und die Wasser des Vergessens. Aus dem Englischen von Regina Carstensen und Wolfgang Mattern, unter Mitarbeit von Barbara Duden. Reinbek [rororo Aktuell 12131].

Irigaray, Luce (1991): Macht des Diskurses. Unterordnung des Weiblichen. Ein Gespräch. Aus dem Französischen von Hans-Joachim Metzger. - In: Barck, Karlheinz et al. (Hrsg.) (1991), S 123 - 140.

Jantsch, Erich (1982): Die Selbstorganisation des Universums. Vom Urknall zum menschlichen Geist. München [dtv 4397].

Kant, Immanuel (1977): Beantwortung der Frage: Was ist Aufklärung? - In: I.K.: Schriften zur Anthropologie, Geschichtsphilosophie, Politik und Pädagogik I. Hrsg. von Wilhelm Weischedel. Frankfurt/M. [stw 192], S. 53 - 61.

Kant,Immanuel (1982): Kritik der reinen Vernunft. Hrsg. von Wilhelm Weischedel. Frankfurt/M. (6. Aufl.) [stw 55].

Kambartel, Friedrich (1968): Erfahrung und Struktur. Bausteine zu einer Kritik des Empirismus und Formalismus. Frankfurt/M.

Kipphardt, Heinar (1986): Bruder Eichmann. Schauspiel und Materialien, Reinbek [rororo 5716].

Kipphardt, Heinar (1986,1): Der funktionale Mensch. Beitrag zum Haager Treffen 1982. - In: H.K. (1986): Bruder Eichmann, S. 210 - 212.

Kittler, Friedrich A. (1993): Den Riß zwischen Lesen und Schreiben überwinden. Im Computerzeitalter stehen die Geisteswissenschaften unter Reformdruck. - In: Frankfurter Rundschau, 12.1.1993, S. 16.

Kleist, Heinrich von (1980): Über das Marionettentheater. - In: Kleists Werke. 2 Bde. Berlin und Weimar (7. Auflage. Bd. 1, S. 314 - 321.

Kleist, Heinrich von (1986): Briefe. Briefe von und an Kleist. 13. März 1793 bis 21. November 1811. Hrsg. von Siegfried Streller. Frankfurt/M. [it 984].

Knörrich, Otto (1981): Didaktische Anmerkungen zur Interpretation und Vermittlung zeitgenössischer Lyrik. - In: Jordan, Lothar, Marquardt, Axel und Winfried Woesler (Hrsg.): Lyrik - Von allen Seiten. Gedichte und Aufsätze des ersten Lyrikertreffens in Münster. Frankfurt/M. [Fischer TB 2320], S. 352 - 363.

Knyphausen, Dodo zu (1992): Paradoxien und Visionen. Visionen einer paradoxen Theorie der Entstehung des Neuen. In: Konstruktivismus: Geschichte und Anwendung. Delfin 1992. Frankfurt/M. [stw 1040], S. 140 - 159.

Köhler, Willi (1993): Die Erfindung der Welt. Paul Watzlawick über unsere Wirklichkeit.- In: Süddeutsche Zeitung, 8.1.1993, S. 14.

Köller, Wilhelm (1988): Philosophie der Grammatik. Vom Sinn grammatischen Wissens. Stuttgart.

Kramaschki, Lutz (1992): Konstruktivismus, kostruktivistische Ethik und Neopragmatismus. - In: Konstruktivismus: Geschichte und Anwendung. Delfin 1992. Frankfurt/M. [stw 1040], S. 224 - 268.

Kreuzer, Helmut (Hrsg.) (1987): Die Zwei Kulturen. Literarische und naturwissenschaftliche Intelligenz. C.P. Snows These in der Diskussion. München [dtv 4454] (zuerst Stuttgart 1967).

Krohn, Wolfgang und Günter Küppers (Hrsg.) (1992): Emergenz: Die Entstehung von Ordnung, Organisation und Bedeutung. Frankfurt/M. [stw 984].

Kunert, Günter (1993): Die Macht der Zahl. - In: Die neue Gesellschaft. Frankfurter Hefte. Juni 6/1993, S. 562 - 563.

Kursbuch 91 (1988): Wozu Geisteswissenschaften? Berlin.
Lämmert, Eberhard (1990): Geschichte unter wechselndem Blick. Schlußbemerkungen zum Symposion. In: Eggert, Hartmut, Profitlich, Ulrich und Klaus Scherpe (Hrsg.) (1990), S. 415 - 423.
Leiris, Michel (1988): Mannesalter. Deutsch von Kurt Leonhard. Frankfurt/M. (Zuerst Paris 1939).
Lenk, Hans (1987): Kritik der kleinen Vernunft. Einführung in die jokologische Philosophie. Frankfurt/M.
Lenk, Hans (1992): Zwischen Wissenschaft und Ethik. Frankfurt/M. [stw 980].
Lenk, Hans (1991): Zu einem methodologischen Interpretationskonstruktionismus. -In: Zeitschrift für allgemeine Wissenschaftstheorie. Bd. 22. 1991, S. 283 - 301.
Lenk, Hans (1993): Philosophie und Interpretation. Vorlesungen zur Entwicklung konstruktionistischer Interpretationsansätze. Frankfurt/M. [stw 1060]
Lodge, David (1990): Schnitzeljagd. Ein satirischer Roman. Aus dem Englischen von Renate Orth-Guttmann. Frankfurt/M. und Berlin (2. Aufl.) [Ullstein Buch 20836].
Lütkehaus, Ludger (1991): Nation mit Seele einer Kirche. Ein Reiseführer durch das Labyrinth der amerikanischen Sekten.(Rez. zu: Malise Ruthven (1991): Der göttliche Supermarkt. Auf der suche nach der Seele Amerikas. Aus dem Englischen von Werner Richter. Frankfurt/M.) - In: SZ, 31.5.1991, S.51.
Lütkehaus, Ludger (1992): Porträt eines Zwerges. Henning Boëtius: Restaurator und Künstler. Ein Germanist erzählt von Lichtenberg, von entführten Bildern und ermordeten Holländern. - In: Die Zeit, 16.10.1992, S. 75.
Luhmann, Niklas (1992,1): Beobachtungen der Moderne. Opladen.
Man, Paul de (1988): Allegorien des Lesens. Aus dem Amerikanischen von Werner Hamacher und Peter Krumme. Frankfurt/M. [es 1357].
Manteuffel, Gerhard (1992): Konstruktivistische künstliche Intelligenz. - In: Schmidt, Siegfried J. (Hrsg.) (1992), S. 97 - 115.
Mayröcker, Friederike (1985): Das Herzzerreißende der Dinge. Frankfurt/M.
Mayröcker, Friederike (1987): Die Abschiede. Frankfurt/M. [st 1408].
Mehring, Walter (1980): Die verlorene Bibliothek. Autobiographie einer Kultur. Frankfurt/M., Berlin, Wien [Ullstein Buch 37022].
Michalzik, Peter (1992): Die digitale und die analoge Sicht der Welt. »Expedition '92«: Interviews mit dem Literaturwissenschaftler Friedrich A. Kittler und dem Psychotherapeuten Paul Watzlawick. - In: Süddeutsche Zeitung, 11.9.1992, S. 13.
Morin, Edgar (1992): Das Problem des Erkennens des Erkennens. - In: Fischer, Hans Rudi et al. (Hrsg.) (1992), S. 99 - 108.
Müller, Harro (1988): Kleist, Paul de Man und Deconstruction. Argumentative Nach-Stellungen. - In: Fohrmann und Müller (Hrsg.) (1988), S. 81 - 92.
Müller, Harro (1990): Zur Kritik herkömmlicher Hermeneutikkonzeptionen in der Postmoderne. - In: Diskussion Deutsch. 21. Jg., Heft 116 (Dez. 1990/Jan. 1991), S. 589 - 599.
Müller, Harro (1990,1): Systemtheorie und Literaturwissenschaft. - In: Bogdal, Klaus-Michael (Hrsg.) (1990), S. 201 - 217.

Musil, Robert (1913): Der mathematische Mensch. - In: R.M. (1955): Tagebücher, Aphorismen, Essays und Reden, S. 1004 - 1008.
Musil, Robert (1955): Tagebücher, Aphorismen, Essays und Reden. Hrsg. von Adolf Frisé. Hamburg.
Musil, Robert (1983): Der Mann ohne Eigenschaften. Reinbek.
Nestle, Wilhelm (1956): Die Vorsokratiker. Wiesbaden.
Nietzsche, Friedrich (1981): Jenseits von Gut und Böse. Vorspiel einer Philosophie der Zukunft. Mit Nachwort, Zeittafel, Anmerkungen und bibliographischen Hinweisen von Peter Pütz [Goldmann Klassiker 7530].
Nietzsche, Friedrich (1981,1): Die Geburt der Tragödie aus dem Geiste der Musik. Mit einem Nachwort von Hermann Glockner. Stuttgart [rub 7131].
Nietzsche, Friedrich (1982): Die fröhliche Wissenschaft. Mit einem Nachwort von Ralph-Rainer Wuthenow. Frankfurt/M. [it 635].
Nietzsche, Friedrich (1982,1): Menschliches, Allzumenschliches. Ein Buch für freie Geister. Nachwort: Ralph-Rainer Wuthenow. Frankfurt/M. [it 614].
Nietzsche, Friedrich (1983): Zur Genealogie der Moral. Eine Streitschrift. Mit Nachwort, Zeittafel, Anmerkungen und bibliographischen Hinweisen von Peter Pütz [Goldmann Klassiker 7556].
Nietzsche, Friedrich (1983,1): Morgenröte. Gedanken über die moralischen Vorurteile. Mit einem Nachwort von Ralph-Rainer Wuthenow. Frankfurt/M. [it 678].
Nix, Christoph (1992): Der Philosoph als Detektiv. - In: Die neue Gesellschaft. Frankfurter Hefte, Nr. 9, September 1992, S. 844 - 851.
Noll, Chaim (1992): Nachtgedanken über Deutschland. Reinbek [rororo Aktuell 13120].
Paz, Octavio (1984): Zwiesprache. Essays zu Kunst und Literatur. Aus dem Spanischen von Elke Wehr und Rudolf Wittkopf. Frankfurt/M. [NF 290], darin: Die Kunst Mexikos. Materie und Bedeutung, S. 7 - 28, Außerirdische Intelligenzen und Demiurgen, Bakterien und Dinosaurier (Rezension zu: Francis Crick: Life itself, its Origin and Nature, New York 1981), S. 149 - 151.
Piaget, Jean (1992): Einführung in die genetische Erkenntnistheorie. Übersetzt von Friedhelm Herborth. Frankfurt/M. (5. Aufl.) [stw 6].
Poser, Hans (1992): Mathematik. - In: Seiffert, Helmut und Gerard Radnitzky (1992): Handlexikon zur Wissenschaftstheorie. München [dtv 4586] (zuerst 1989), S. 206 - 215.
Prinz, Wolfgang und Peter Weingart (Hrsg.) (1990): Die sog. Geisteswissenschaften: Innenansichten. Frankfurt/M. [stw 854].
Proust, Marcel (1984): Die wiedergefundene Zeit. Auf der Suche nach der verlorenen Zeit. 7. Teil. Deutsch von Eva Rechel-Mertens. Frankfurt/M. [st 988].
Pütz, Peter (1978): Die deutsche Aufklärung. Darmstadt.
Quine, W.V.O. (1985): Theorien und Dinge. Übersetzt von Joachim Schulte. Frankfurt/M., darin: Kurt Gödel, S. 177 - 182, Erfolg und Grenzen der Mathematisierung, S. 183 - 190, Über die Grenzen der Entscheidung, S. 191 - 198.
Raddatz, Fritz J. (1982): Revolte und Melancholie. Essays zur Literaturtheorie. Frankfurt/M. [Fischer TB 6480].

Rorty, Richard (1987): Der Spiegel der Natur. Eine Kritik der Philosophie. Übersetzt von Michael Gebauer. Frankfurt/M. [stw 686].

Roth, Gerhard (1992): Die Entstehung von Bedeutung im Gehirn. - In: Krohn, Wolfgang und Günter Küppers (Hrsg.) (1992), S. 104 - 133.

Sacks, Oliver (1990): Der Mann, der seine Frau mit einem Hut verwechselte. Deutsch von Dirk van Gunsteren. Reinbek [rororo Sachbuch 8780].

Sartre, Jean-Paul (1981): Situation des Schriftstellers im Jahre 1947. - In: J.-P. S.: Was ist Literatur? Hrsg., neu übersetzt und mit einem Nachwort von Traugott König. Reinbek [rororo 4779], S. 124 - 225.

Schattschneider, Peter (1993): Von Katzen, Quanten und Cephalopoden. Eine Katzengeschichte. - In: Der Rabe, Nr. 35, 1993, S. 158 - 177.

Scheffer, Bernd (1992): Interpretation und Lebensroman. Zu einer konstruktivistischen Literaturtheorie. Frankfurt/M. [stw 1028].

Schiller, Friedrich (1983): Gedichte. Eine Auswahl. Hrsg. von Gerhard Fricke. Stuttgart [rub 7714].

Schmidt, Arno (1979): Aus julianischen Tagen. Frankfurt/M. [Fischer TB 1926], darin: Der Platz, an dem ich schreibe, S. 200 - 205, Berechnungen I, S. 234 - 242, Berechnungen II, S. 243 - 255.

Schmidt, Siegfried J. (1984): ›Der Fall ins Ungewisse‹. Anmerkungen zu einer Nicht-Erzählerin. - In: S.J.S. (Hrsg.) (1984): Friederike Mayröcker. Frankfurt/M. [st 2043], S. 13 - 23.

Schmidt, Siegfried J. (1987): Der Radikale Konstruktivismus: Ein neues Paradigma im interdisziplinären Diskurs. - In: S.J. Schmidt (Hrsg.) (1987), S. 11 - 88.

Schmidt, Siegfried J. (1988): Diskurs und Literatursystem. Konstruktivistische Alternativen zu diskurstheoretischen Alternativen. - In: Fohrmann und Müller (Hrsg.), S. 134 - 158.

Schmidt, Siegfried J. (1988,1): Literarische Wertung. Zur Reformulierung eines Problems im Rahmen der Empirischen Literaturwissenschaft. - In. Jordan, Lothar, Marquard, Axel und Winfried Woesler (Hrsg.) (1988): Lyrik - Erlebnis und Kritik. Gedichte und Aufsätze des dritten und vierten Lyrikertreffens in Münster. Frankfurt/M. [Fischer TB 2359], S. 186 - 211.

Schmidt, Siegfried J. (1992): Medien, Kultur: Medienkultur. Ein konstruktivistisches Gesprächsangebot. (Die Arbeit ist entstanden im Rahmen des Projekts C3 ›Der kommerzielle deutsche TV-Werbespot als Indikator sozialen Wandels‹.) - In: Schmidt S.J. (Hrsg.) (1992), S. 425 - 450.

Schmidt, Siegfried J. (1992,2): Über die Rolle von Selbstorganisation beim Sprachverstehen. - In: Krohn, Wolfgang und Günter Küppers (Hrsg.) (1992), S. 293 - 333.

Schmidt, Siegfried J. (Hrsg.) (1987): Der Diskurs des Radikalen Konstruktivismus. Frankfurt/M. [stw 636].

Schmidt, Siegfried J. (Hrsg.) (1991): Gedächtnis. Probleme und Perspektiven der interdisziplinären Gedächtnisforschung. Frankfurt/M. [stw 900].

Schmidt, Siegfried J. (Hrsg.) (1992): Kognition und Gesellschaft. Der Diskurs des Radikalen Konstruktivismus 2, Frankfurt/M. [stw 950].

Schnurre, Wolfdietrich (1981): Der Schattenfotograf. Frankfurt/M., Berlin und Wien [Ullstein Buch 26042].

Scholtz, Gunter (1991): Zwischen Wissenschaftsanspruch und Orientierungs-

bedürfnis. Zu Grundlage und Wandel der Geisteswissenschaften. Frankfurt/M. [stw 966].
Schwanitz, Dietrich (1990): Systemtheorie und Literatur. Ein neues Paradigma. Opladen.
Schwegler, Helmut (1992): Konstruierte Wissenschaftswelten. Die Erfahrungen eines Physikers. - In: Schmidt, Siegfried J. (Hrsg.) (1992), S. 257 - 276.
Soeffner, Hans Georg (1989): Auslegung des Alltags - Alltag der Auslegung. Zur wissenssoziologischen Konzeption einer sozialwissenschaftlichen Hermeneutik. Frankfurt/M. [stw 785].
Sontag, Susan (1982): Gegen Interpretation. (Against Interpretation). - In: S.S.: Kunst und Antikunst. 24 literarische Analysen. Deutsch von Mark W. Rien. Frankfurt/M. [Fischer TB 6484], S. 11 - 22 (zuerst 1962).
Spinnler, Rolf (1991): Die Meister der Fußnoten. Über die Beschädigung der Literatur in der Literaturwissenschaft. - In: Süddeutsche Zeitung, 19./20.1.1991, S. 210.
Stegmüller, Wolfgang (1986): Wertfreiheit, Interesse und Objektivität. - In: W.St.: Rationale Rekonstruktion von Wissenschaft und ihrem Wandel. Mit einer autobiographischen Einleitung. Stuttgart [rub 9938], S. 177 - 203.
Steiner, George (1990): Von realer Gegenwart. Hat unser Sprechen Inhalt? Mit einem Nachwort von Botho Strauß. München.
Stewart, Ian (1990): Spielt Gott Roulette? Chaos in der Mathematik. Aus dem Englischen von Gisela Menzel. Basel, Boston und Berlin (zuerst 1989, Cambridge, Mass.).
Stierlin, Helm (1992): Entwürfe der Gerechtigkeit im Lichte der systemischen Praxis. - In: Fischer, Hans Rudi et al. (Hrsg.) (1992), S. 156 - 168.
Strauß, Botho (1992): Beginnlosigkeit. Reflexionen über Fleck und Linie. München und Wien.
Valéry, Paul (1962): Notwendigkeit der Dichtkunst (zuerst 1937). - In: P.V. (1962): Zur Theorie der Dichtkunst. Aufsätze und Vorträge. Übertragen von Kurt Leonhard. Frankfurt/M., S. 51 - 56.
Varela, Francisco (1984): Der kreative Zirkel. Skizzen zur Naturgeschichte der Rückbezüglichkeit. - In: Paul Watzlawick (Hrsg.) (1984), S. 294 - 309.
Vattimo, Gianni (1990): Das Ende der Moderne. Aus dem Italienischen übersetzt und herausgegeben von Rafael Capurro. Stuttgart [rub 8624].
Virilio, Paul (1991): Technik und Fragmentierung. Paul Virilio im Gespräch mit Sylvère Lotringer. - In: Barck, Karlheinz et al. (Hrsg.) (1991) S. 72 - 82.
Watzlawick, Paul (1982): Wie wirklich ist die Wirklichkeit? Wahn. Täuschung. Verstehen. München (9. Aufl.) [SP 174].
Watzlawick, Paul, Beavin, Janet H. und Don D. Jackson (1985): Menschliche Kommunikation. Formen, Störungen, Paradoxien. Bern, Stuttgart und Wien (7. Aufl.).
Watzlawick, Paul (Hrsg.) (1984): Die erfundene Wirklichkeit. Wie wissen wir, was wir zu wissen glauben? Beiträge zum Konstruktivismus. München und Zürich [SP 373].
Weber, Max (1920): Gesammelte Aufsätze zur Religionssoziologie I. - Zit. nach dem photomechanischen Nachdruck, Tübingen 1988 (9. Aufl.) [UTB 1488], darin: Vorbemerkung, S. 1 - 16, Die protestantische Ethik und der Geist des Kapitalismus, S. 17 - 206.

Wehrli, Max (1987): Literatur im deutschen Mittelalter. Eine poetologische Einführung. Stuttgart.

Weimann, Robert und Hans Ulrich Gumbrecht (Hrsg.) (1991): Postmoderne - globale Differenz. Frankfurt/M. [stw 916].

Weizenbaum, Josef (1992): Das Menschenbild der Künstlichen Intelligenz. - In: Fischer, Hans Rudi et al. (Hrsg.) (1992), S. 140 - 146.

Welsch, Wolfgang (1990): Ästhetisches Denken. Stuttgart [rub 8681].

Welsch, Wolfgang (1990,1): Zur Aktualität ästhetischen Denkens. - In: W.W.: Ästhetisches Denken, S. 41 - 78.

Welsch, Wolfgang (1990,2): Für eine postmoderne Ästhetik des Widerstands. - In: W.W.: Ästhetisches Denken, S. 157 - 167.

Welsch, Wolfgang (1930,3): Identität im Übergang. Philosophische Überlegungen zur aktuellen Affinität von Kunst, Psychiatrie und Gesellschaft. - In: W.W.: Ästhetisches Denken, S. 168 - 200.

Welsch, Wolfgang (1990,4): Perspektiven für das Design der Zukunft. - In: W.W.: Ästhetisches Denken, S. 201 - 218.

Welsch, Wolfgang (1992): Topoi der Postmoderne. - In: Fischer, Hans Rudi et al. (Hrsg.) (1992), S. 35 - 55.

Wilde, Oscar (1985): Das Bildnis des Dorian Gray. Deutsch von Hedwig Lachmann und Gustav Landauer. Mit einem Essay, einer Auswahlbibliographie und einer Zeittafel hrsg. von Norbert Kohl. Frankfurt/M. [it 843].

Willemsen, Roger (1991): Tragödien der Forschung. Über eine Literaturwissenschaft ohne Literatur. - In: Griesheimer und Prinz (Hrsg.) (1991), S. 47 - 64.

Zapf, Hubert (1991): Kurze Geschichte der anglo-amerikanischen Literaturtheorie. München [UTB 1629].

Bildquellen

Cover und S. 231	»Dick und Doof als Studenten«: © Transglobe, Hamburg.
S. 65	»2 x 2 aus Holland«: Bonner Kunstverein (Hrsg.) 1987.
S. 101	Bonn, Adenauerallee, Auswärtiges Amt. Herbst 1989 (Foto des Verfassers).
S. 149	dtv-Atlas zur Philosophie, Tafeln und Texte. Hrsg. von Peter Kunzmann, Franz-Peter Burkhard und Franz Wiedmann. Mit 111 farbigen Abbildungsseiten. Graphiker: Axel Weiß. München 1991 (Deutscher Taschenbuch Verlag).
S. 184	D. R. Hofstadter: Gödel - Escher - Bach. ein endloses geflochtenes Band. Aus dem Amerik. v. Ph. Wolff-Windegg/Herm. Feuersee. Stuttgart 1979 (Klett-Cotta).
S. 207	Georges Ifrah: Universalgeschichte der Zahlen. Frankfurt/M./New York 1986 (Campus Verlag).
S. 236	›Bussi Bär‹: Mit frdl. Genehmigung von VPM, Rastatt. Entnommen vom Titelblatt der Kinderzeitschrift ›Bussi Bär‹. © Rolf Kauka und VPM, Rastatt.
S. 239	© Markus 1986 - Gruner & Jahr, Hamburg.
S. 314	© Horst Haitzinger, München (13.4.1989).
S. 347	Max Ernst: »Zwei und zwei macht eins - 1925«: Staatsgalerie Stuttgart. Maße: 20,5 x 16 cm. Bez.: Links unten: »1925 deux et deux font un«; rechts unten: »max ernst«. © VG Bild-Kunst, Bonn 1994.

[Nicht in allen Fällen war es möglich, die Rechtsinhaber heute geschützter Texte zu ermitteln. Selbstverständlich werden berechtigte Ansprüche auch nach Erscheinen des Buches erfüllt.]